JN192736

富山・本法寺蔵
法華経曼荼羅図
の研究

原口志津子

法藏館

口絵

富山・本法寺蔵　法華経曼荼羅図（全二十二幅）

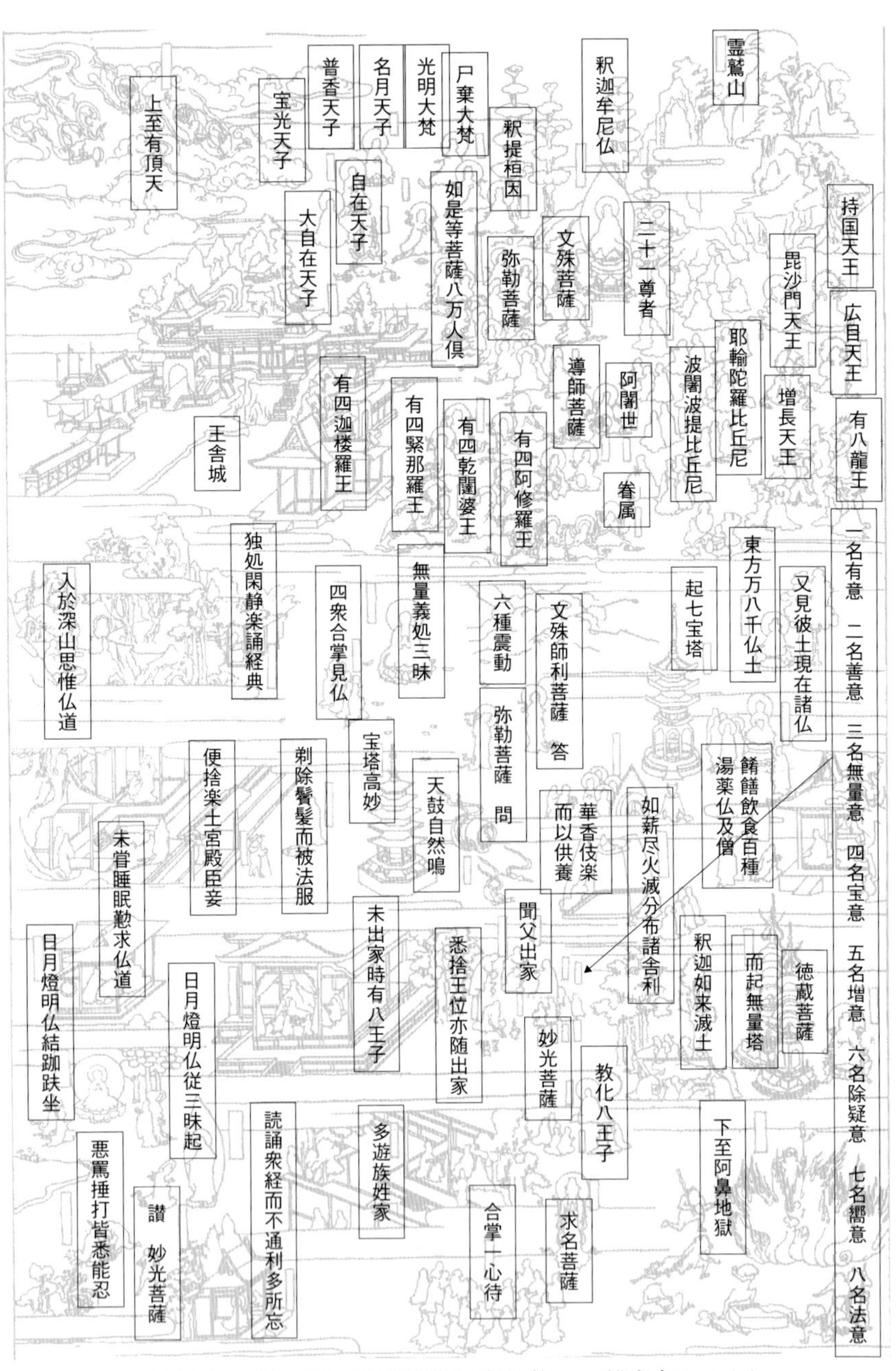

口絵１　第一幅　妙法蓮華経序品第一　描き起こし図

口絵２　第一幅　妙法蓮華経序品第一

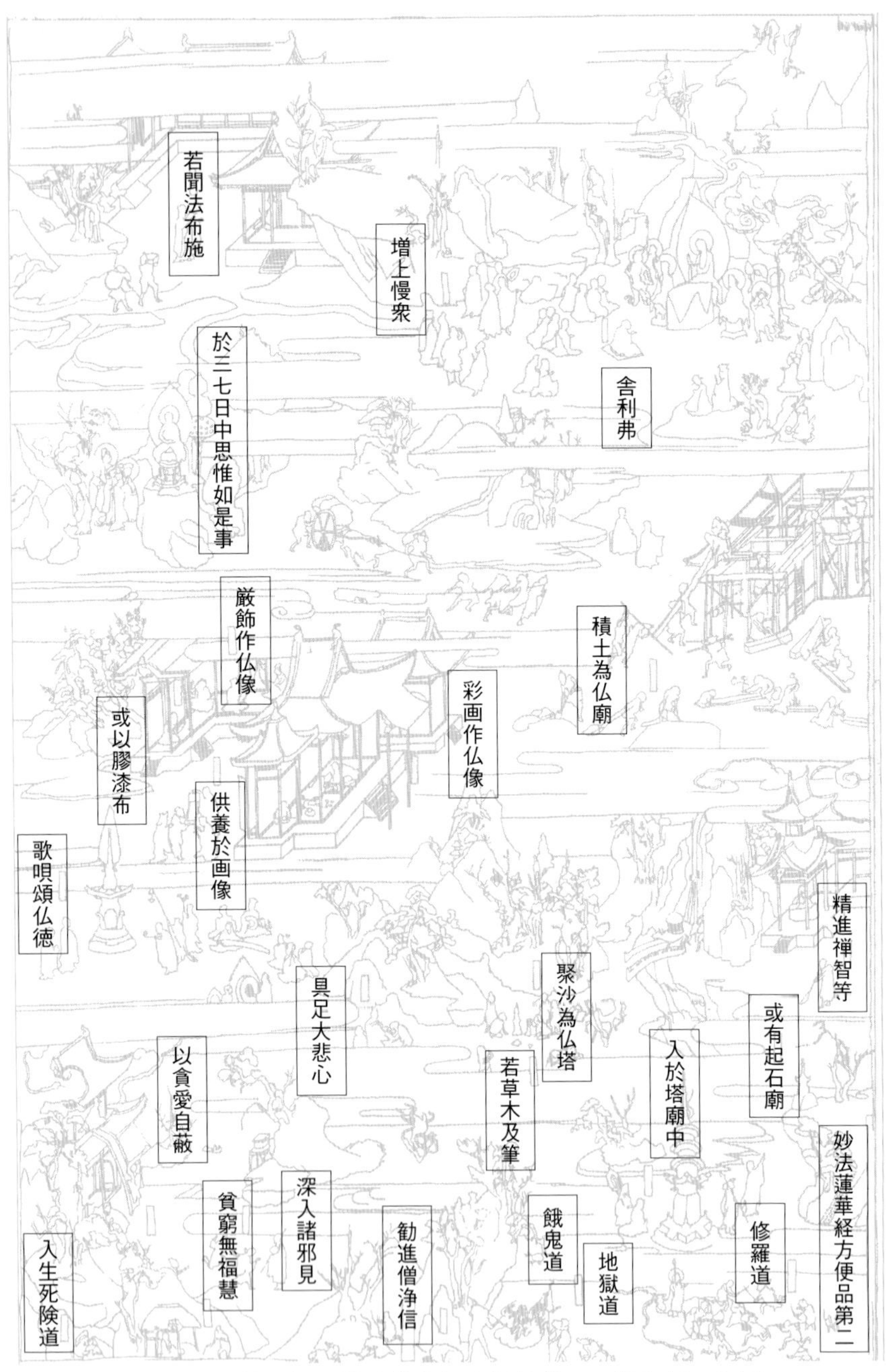

口絵3　第二幅　妙法蓮華経方便品第二　描き起こし図

口絵４　第二幅　妙法蓮華経方便品第二

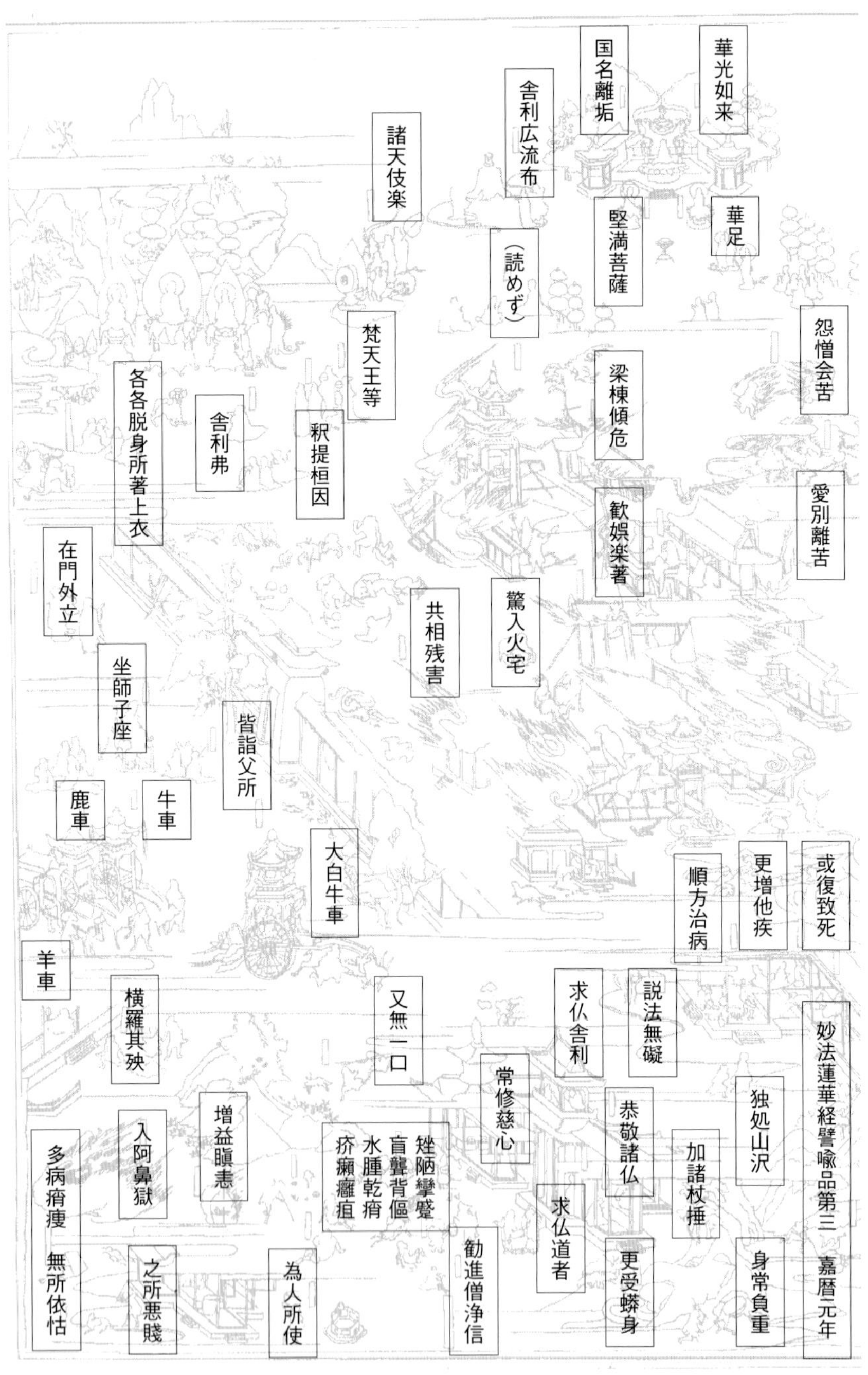

口絵５　第三幅　妙法蓮華経譬喩品第三　描き起こし図

口絵６　第三幅　妙法蓮華経譬喩品第三

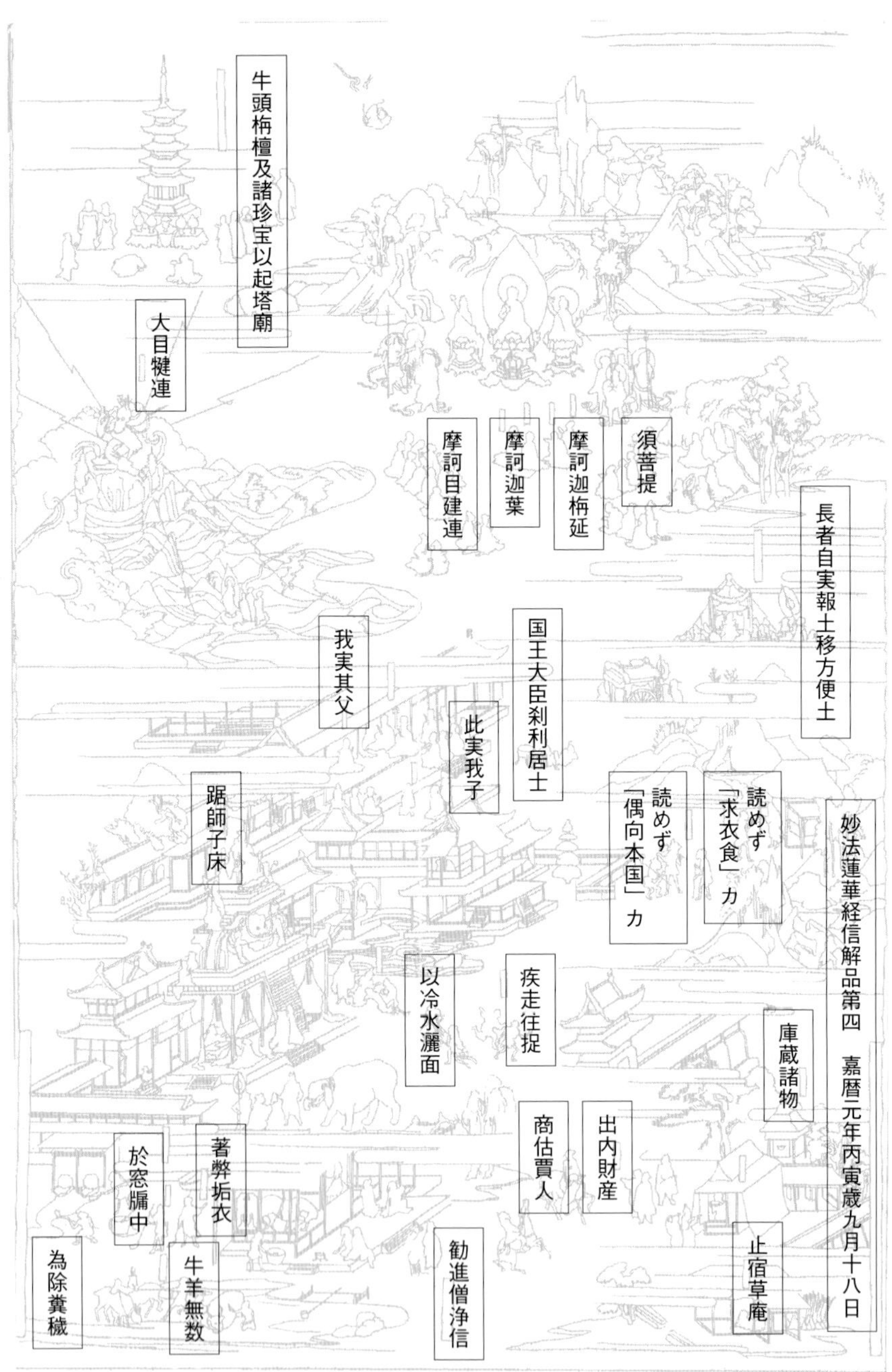

口絵7　第四幅　妙法蓮華経信解品第四　描き起こし図

口絵８　第四幅　妙法蓮華経信解品第四

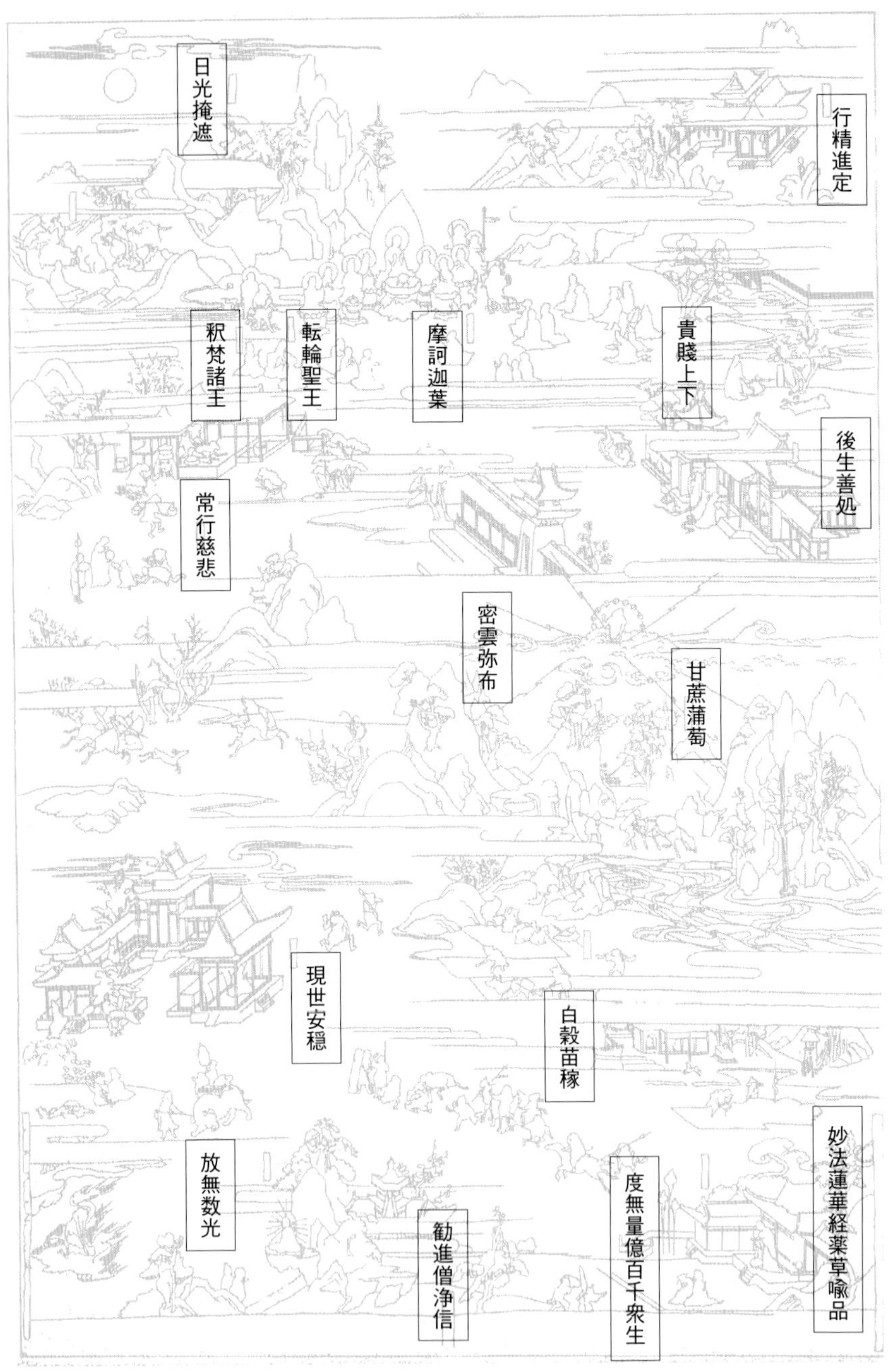

口絵９　第五幅　妙法蓮華経薬草喩品第五　描き起こし図

口絵10　第五幅　妙法蓮華経薬草喩品第五

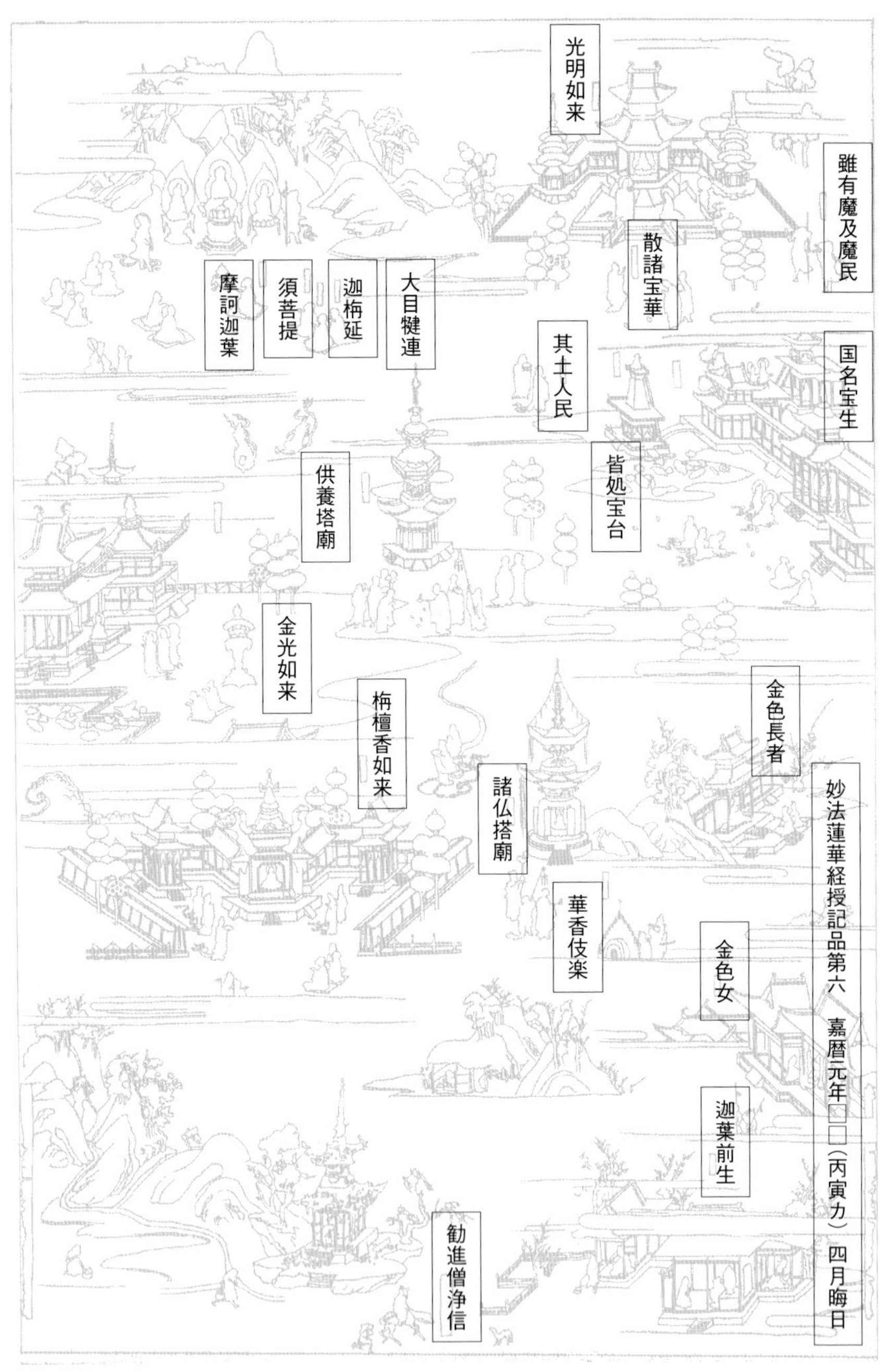

口絵11　第六幅　妙法蓮華経授記品第六　描き起こし図

口絵12　第六幅　妙法蓮華経授記品第六

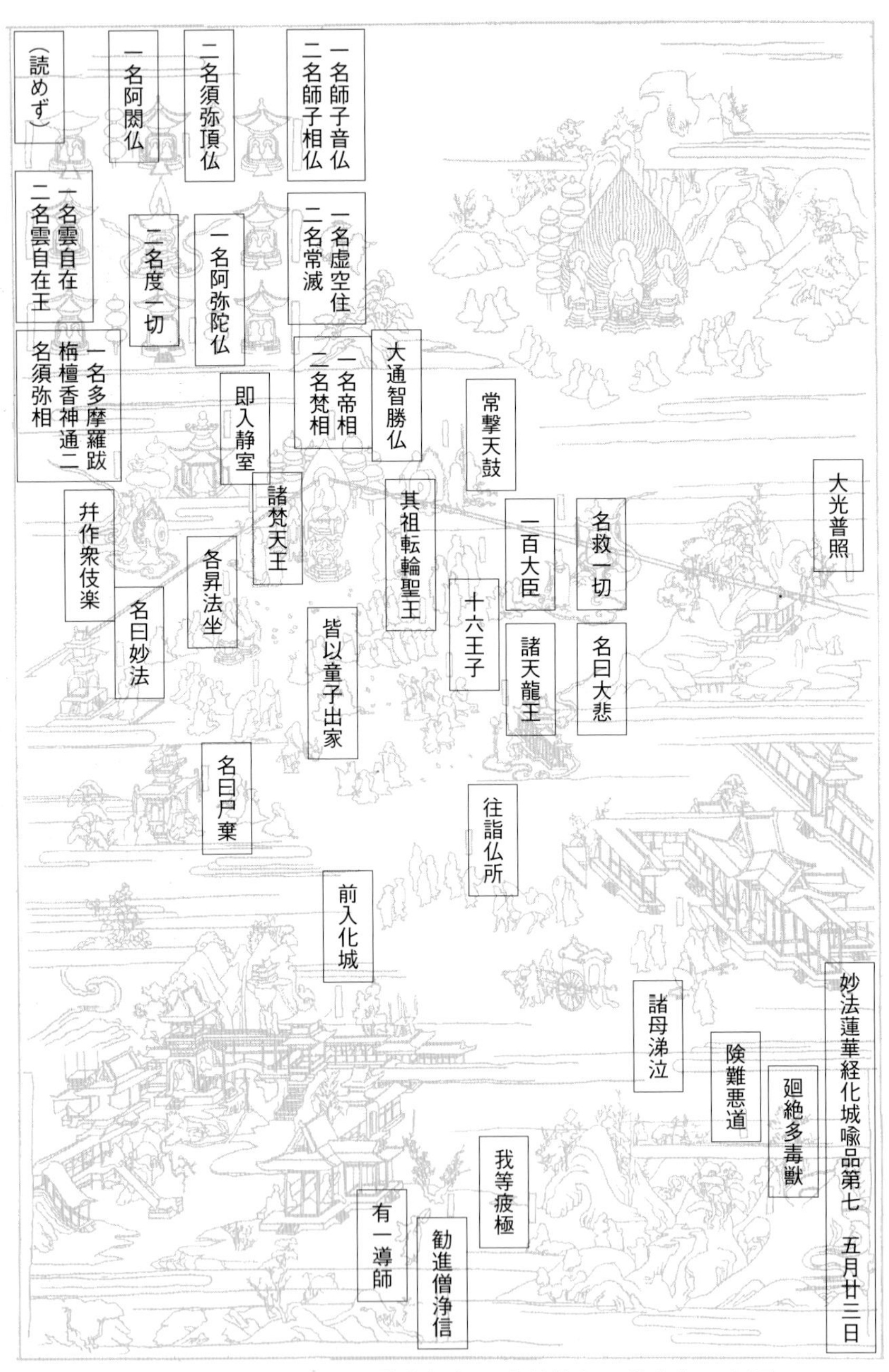

口絵13　第七幅　妙法蓮華経化城喩品第七　描き起こし図

口絵14　第七幅　妙法蓮華経化城喩品第七

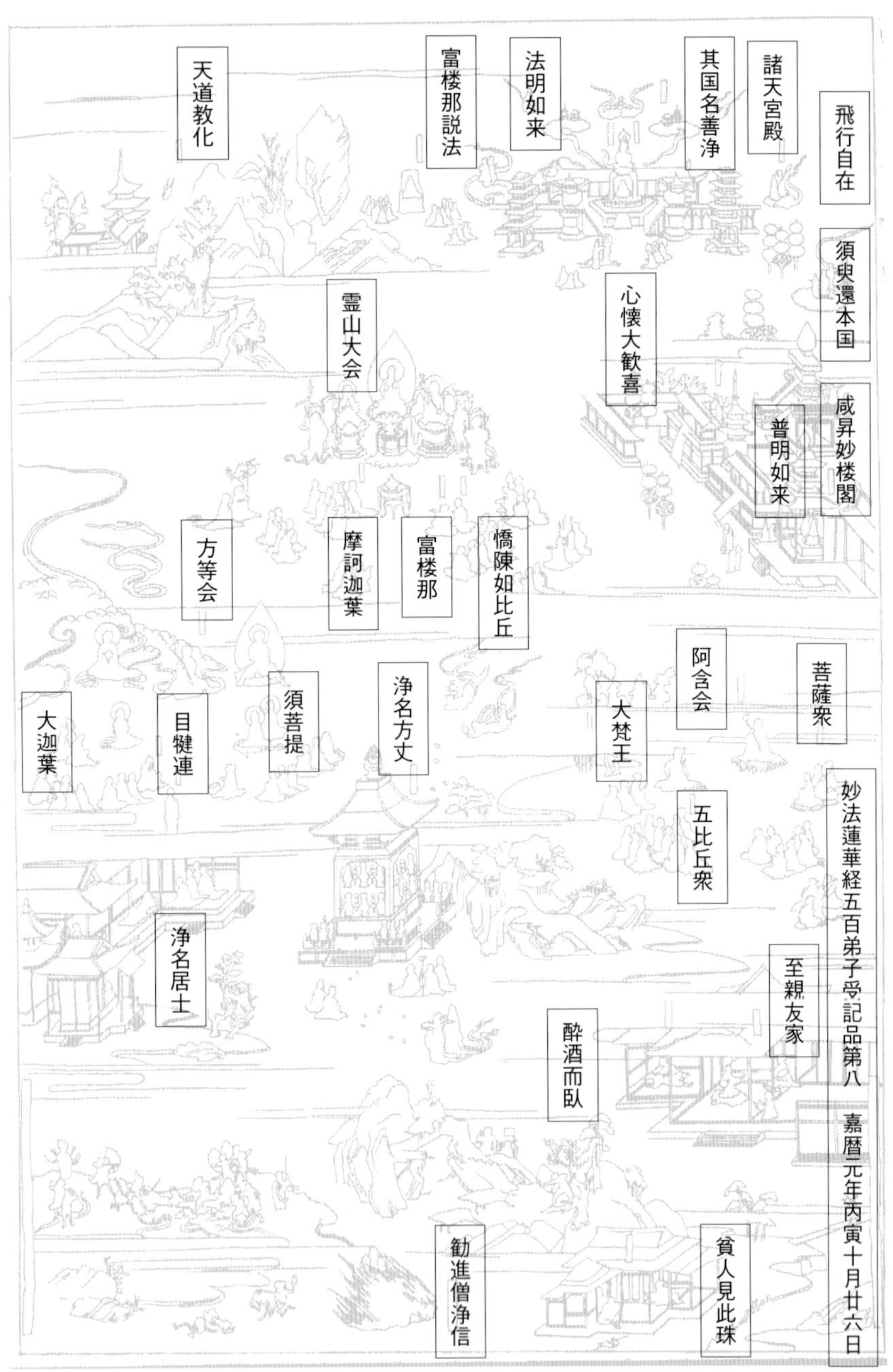

口絵15　第八幅　妙法蓮華経五百弟子受記品第八　描き起こし図

口絵16　第八幅　妙法蓮華経五百弟子受記品第八

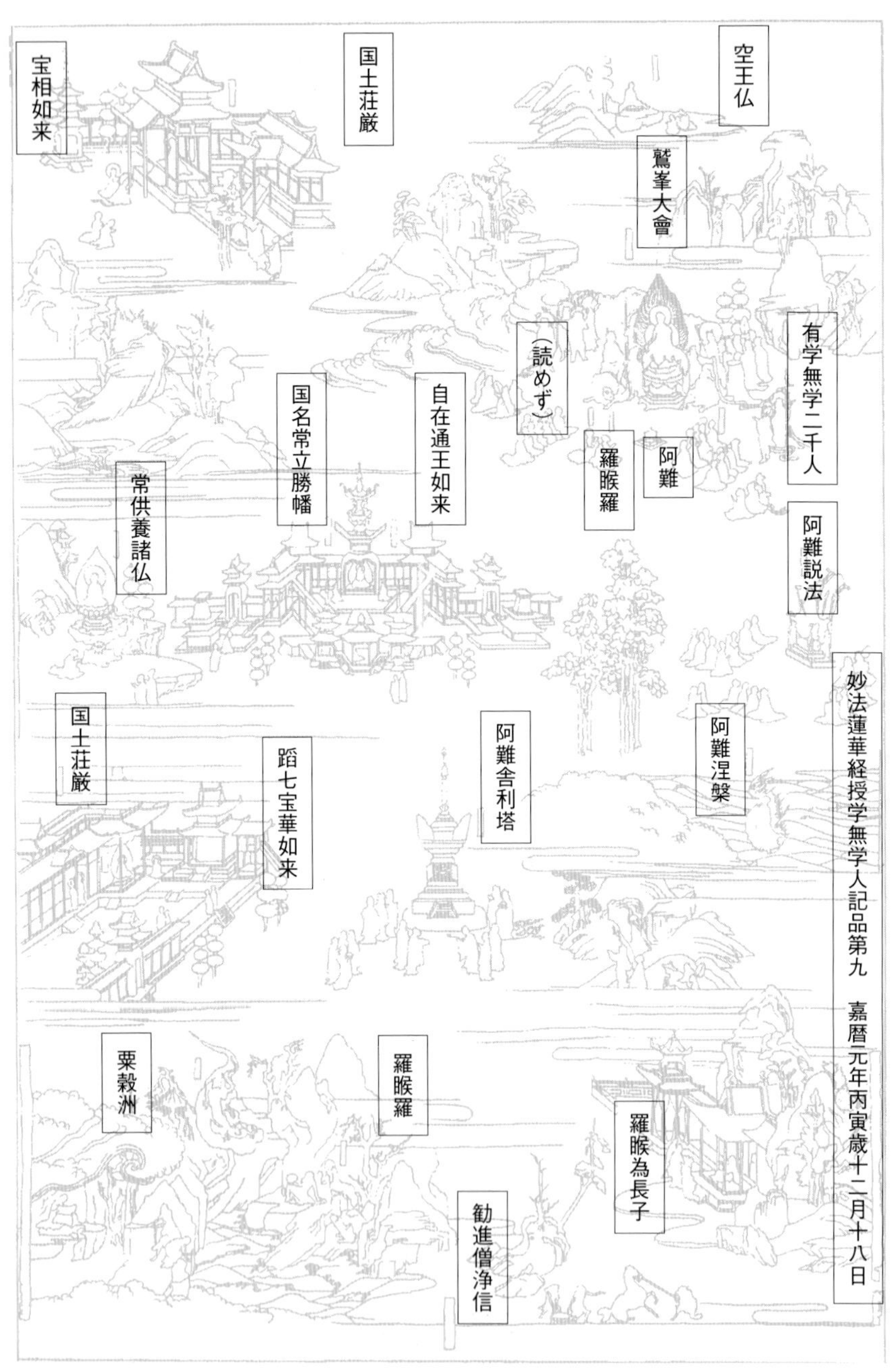

口絵17　第九幅　妙法蓮華経授学無学人記品第九　描き起こし図

口絵18　第九幅　妙法蓮華経授学無学人記品第九

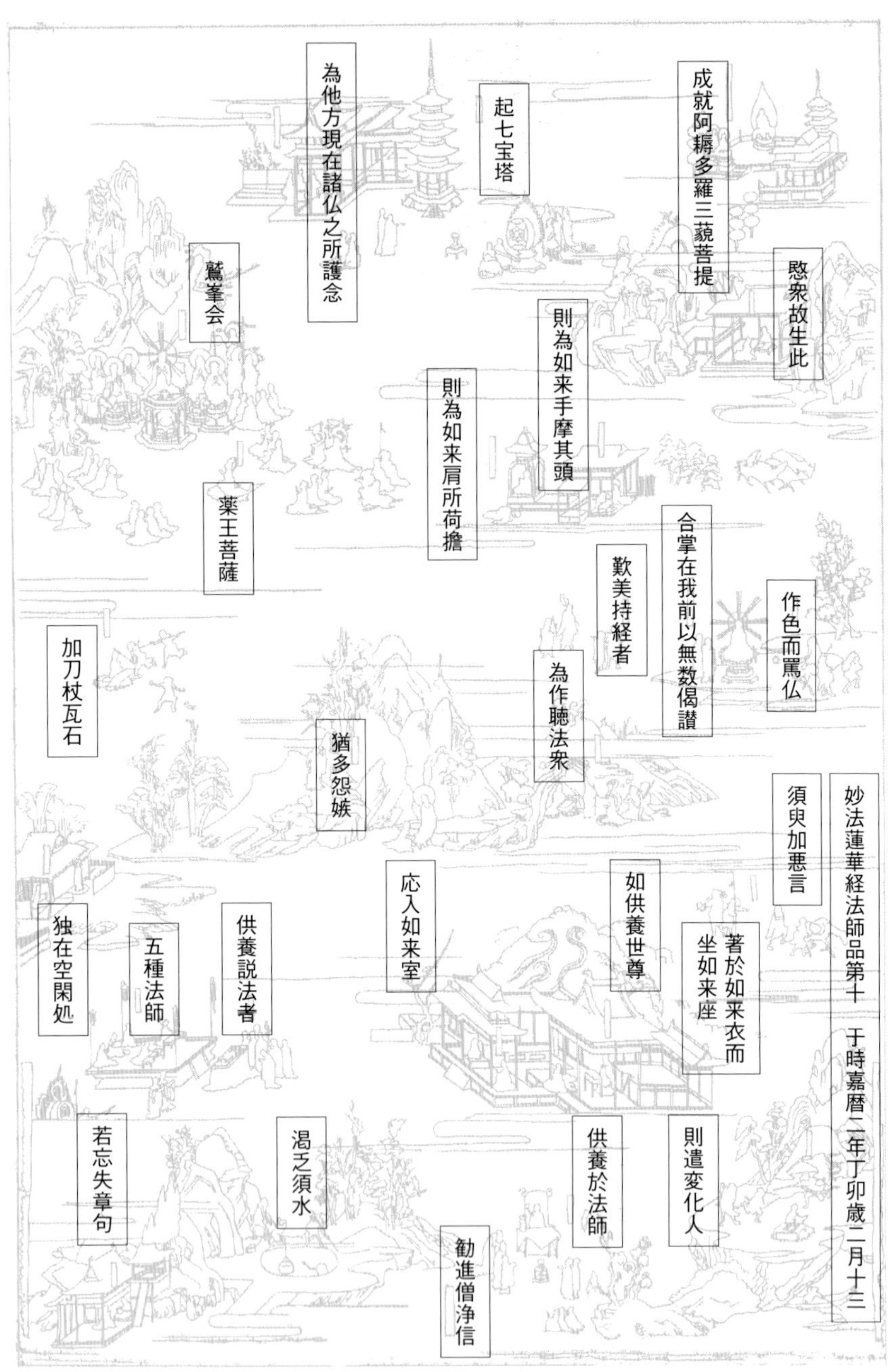

口絵19　第十幅　妙法蓮華経法師品第十　描き起こし図

口絵20　第十幅　妙法蓮華経法師品第十

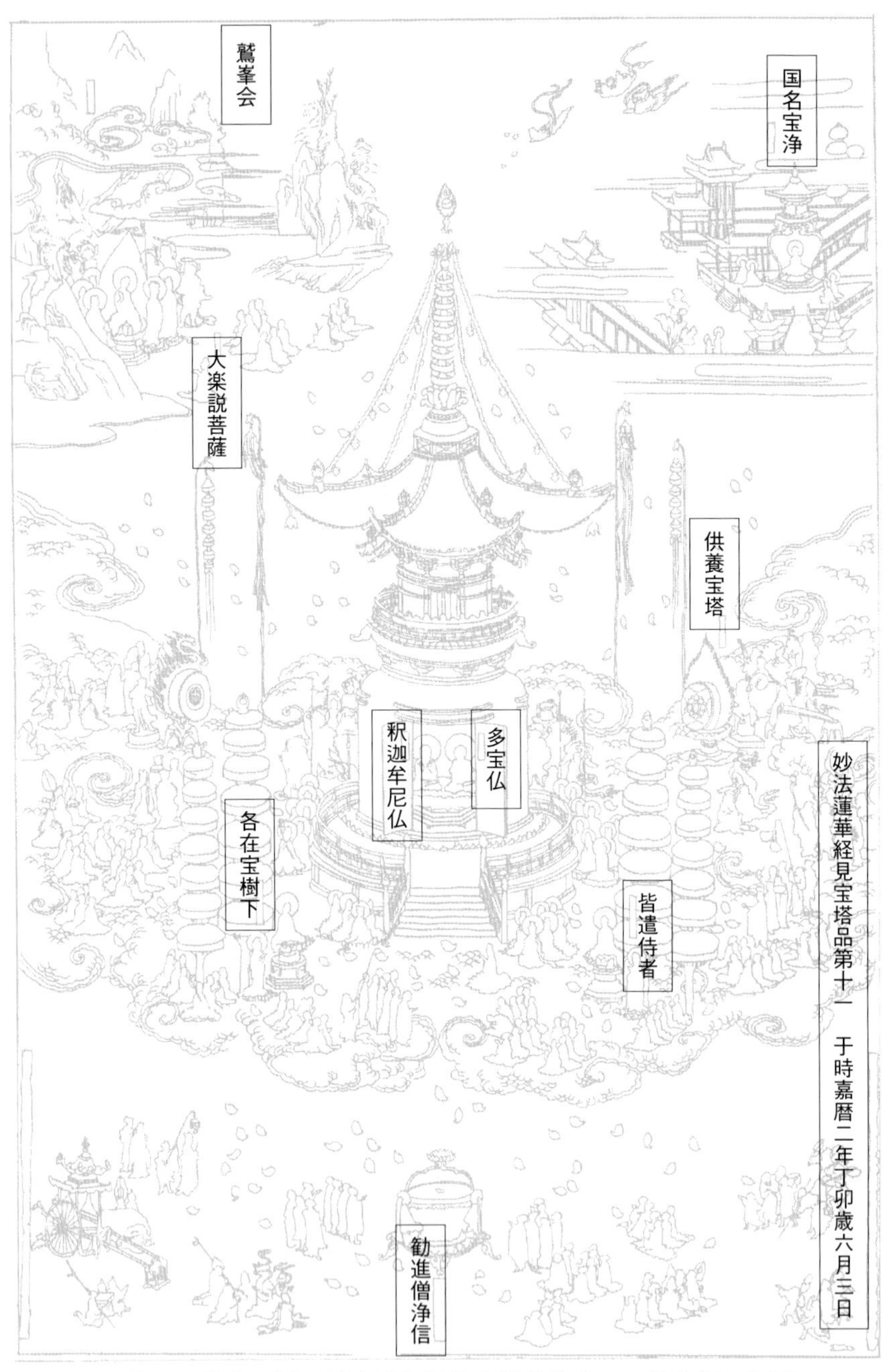

口絵21　第十一幅　妙法蓮華経見宝塔品第十一　描き起こし図

口絵22　第十一幅　妙法蓮華経見宝塔品第十一

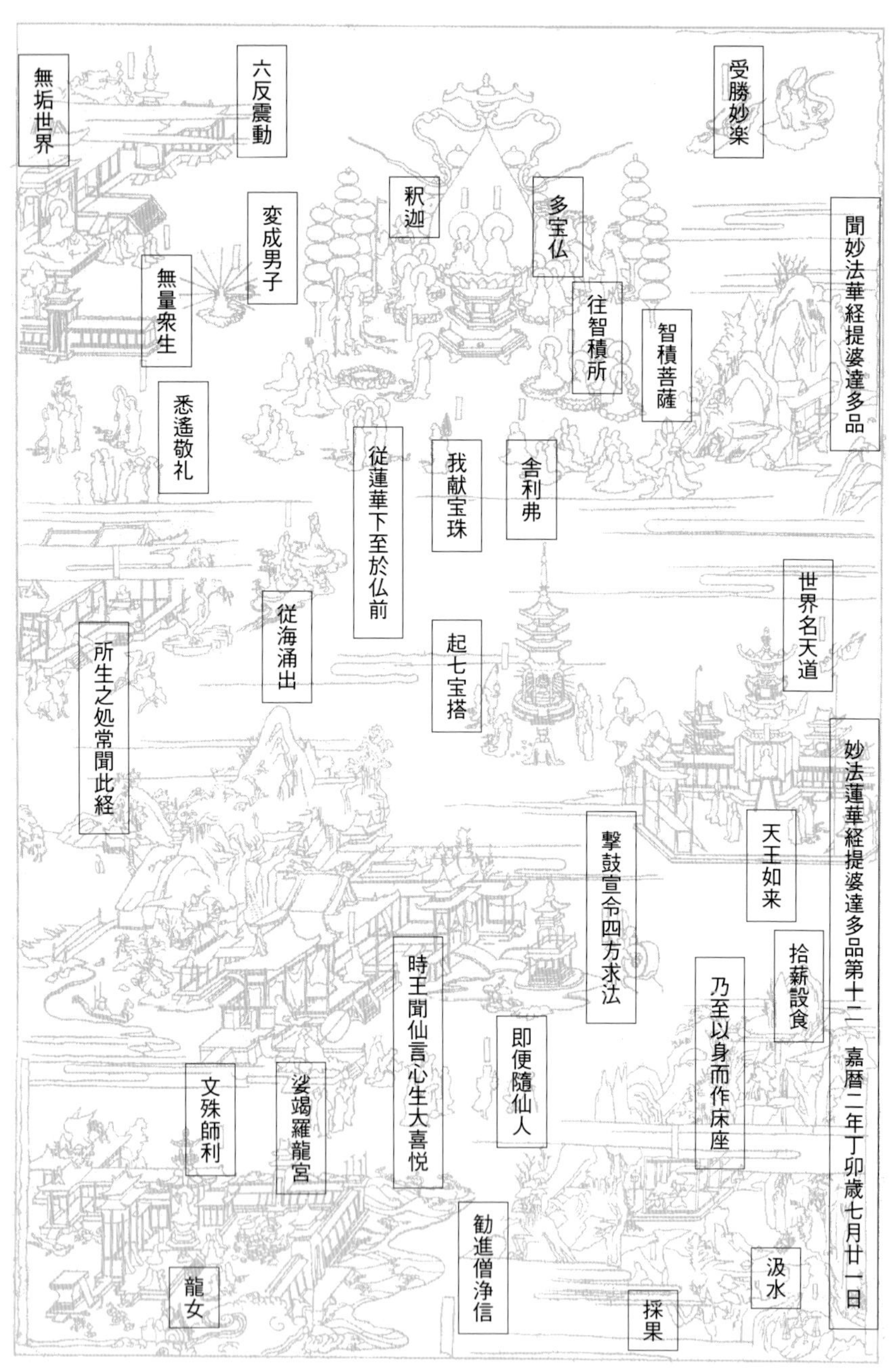

口絵23　第十二幅　妙法蓮華経提婆達多品第十二　描き起こし図

口絵24　第十二幅　妙法蓮華経提婆達多品第十二

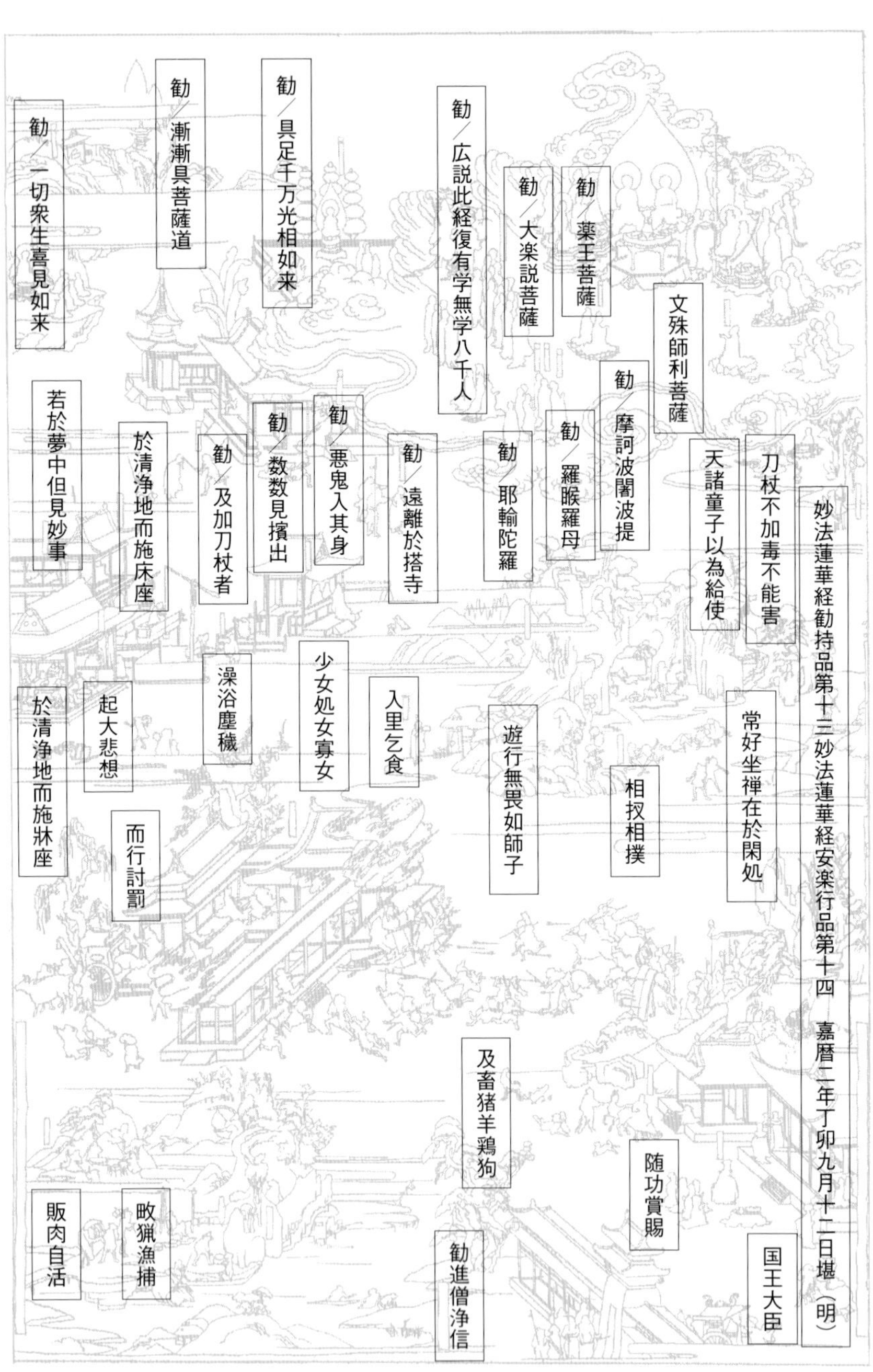

口絵25　第十三幅　妙法蓮華経勧持品第十三・安楽行品第十四　描き起こし図

口絵26　第十三幅　妙法蓮華経勧持品第十三・安楽行品第十四

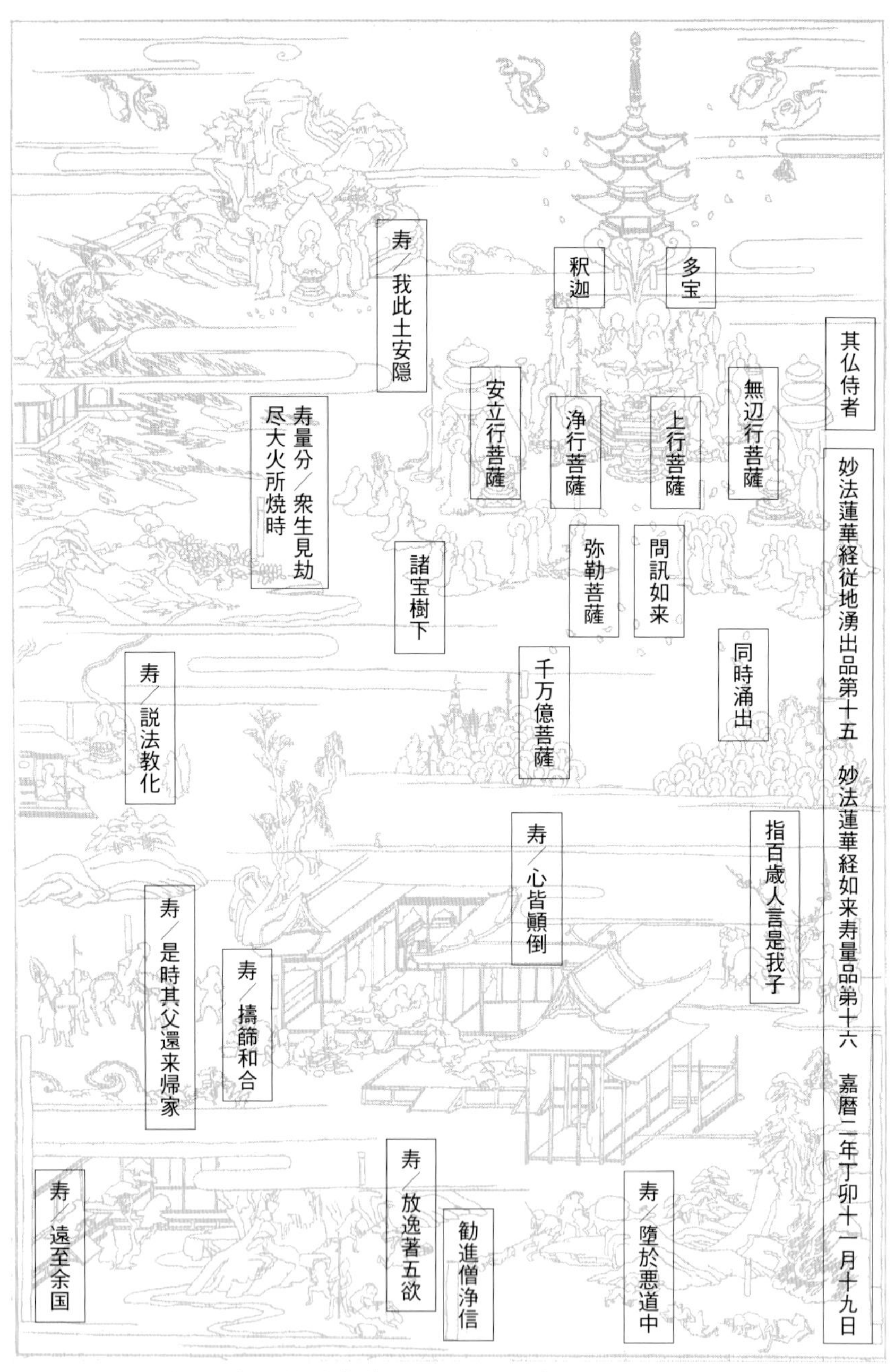

口絵27　第十四幅　妙法蓮華経従地涌出品第十五・如来寿量品第十六
描き起こし図

口絵28　第十四幅　妙法蓮華経従地涌出品第十五・如来寿量品第十六

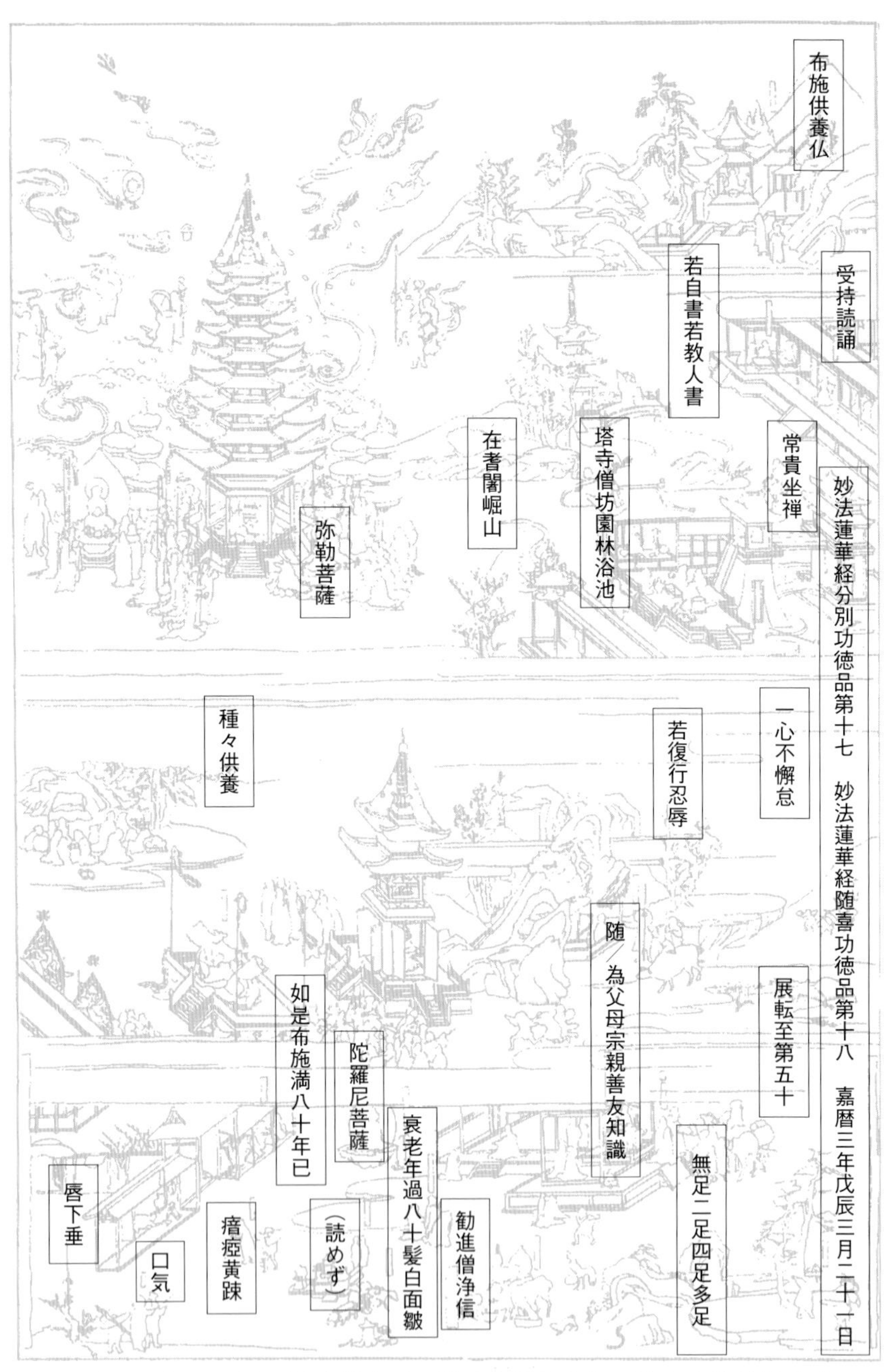

口絵29　第十五幅　妙法蓮華経分別功徳品第十七・随喜功徳品第十八
描き起こし図

口絵30　第十五幅　妙法蓮華経分別功徳品第十七・随喜功徳品第十八

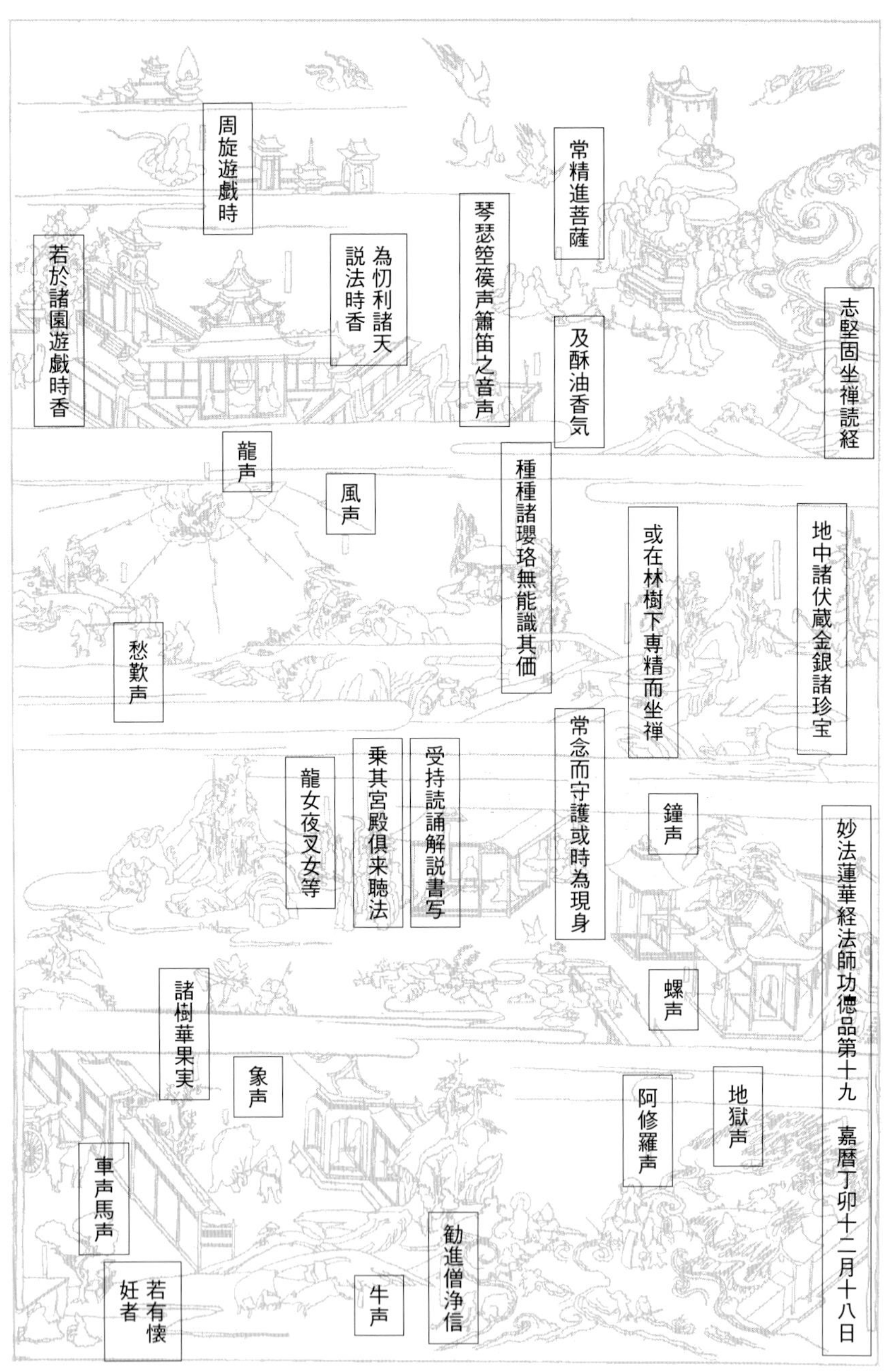

口絵31　第十六幅　妙法蓮華経法師功徳品第十九　描き起こし図

口絵32　第十六幅　妙法蓮華経法師功徳品第十九

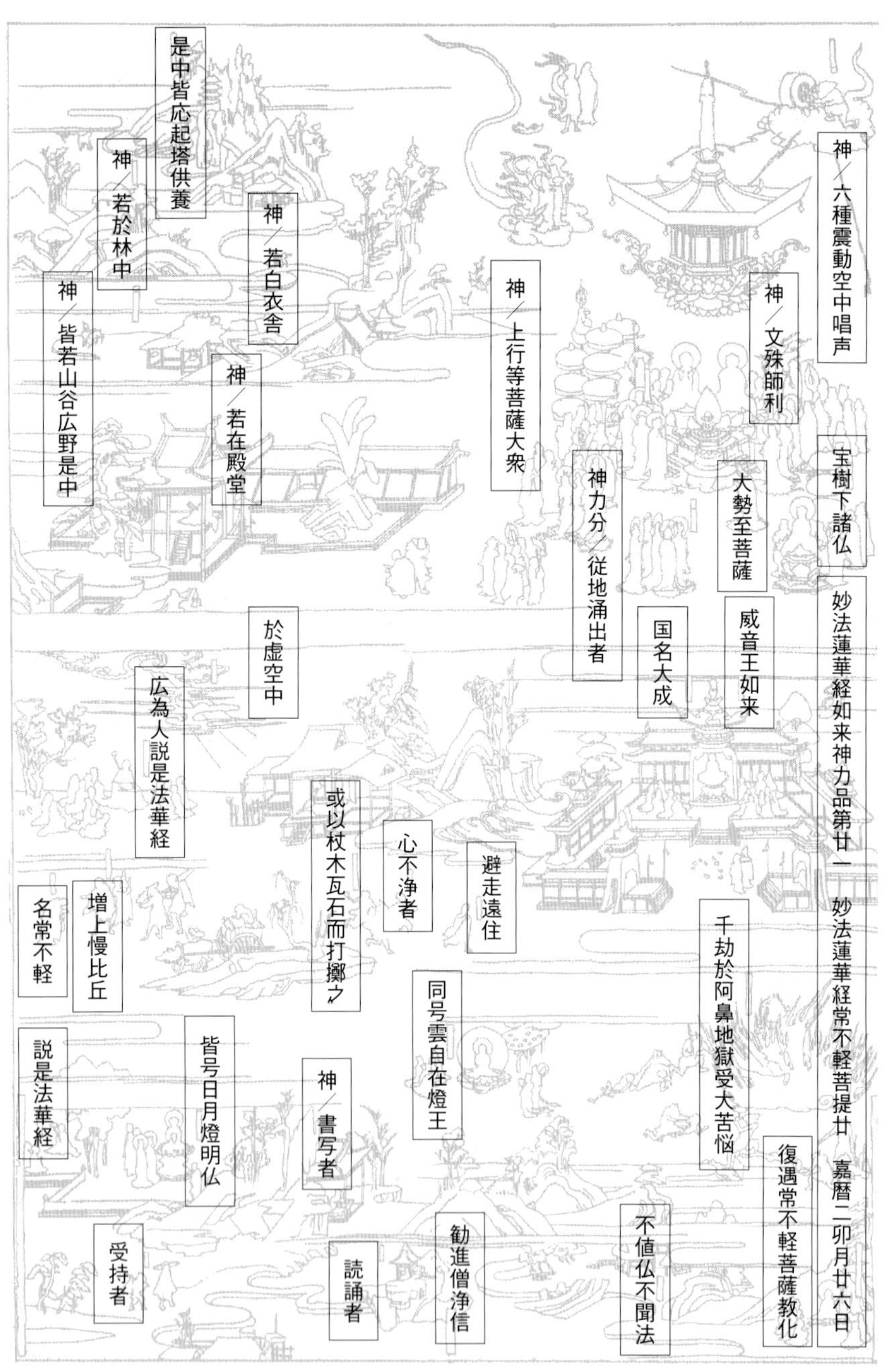

口絵33　第十七幅　妙法蓮華経常不軽菩薩品第二十・如来神力品第二十一
描き起こし図

口絵34　第十七幅　妙法蓮華経常不軽菩薩品第二十・如来神力品第二十一

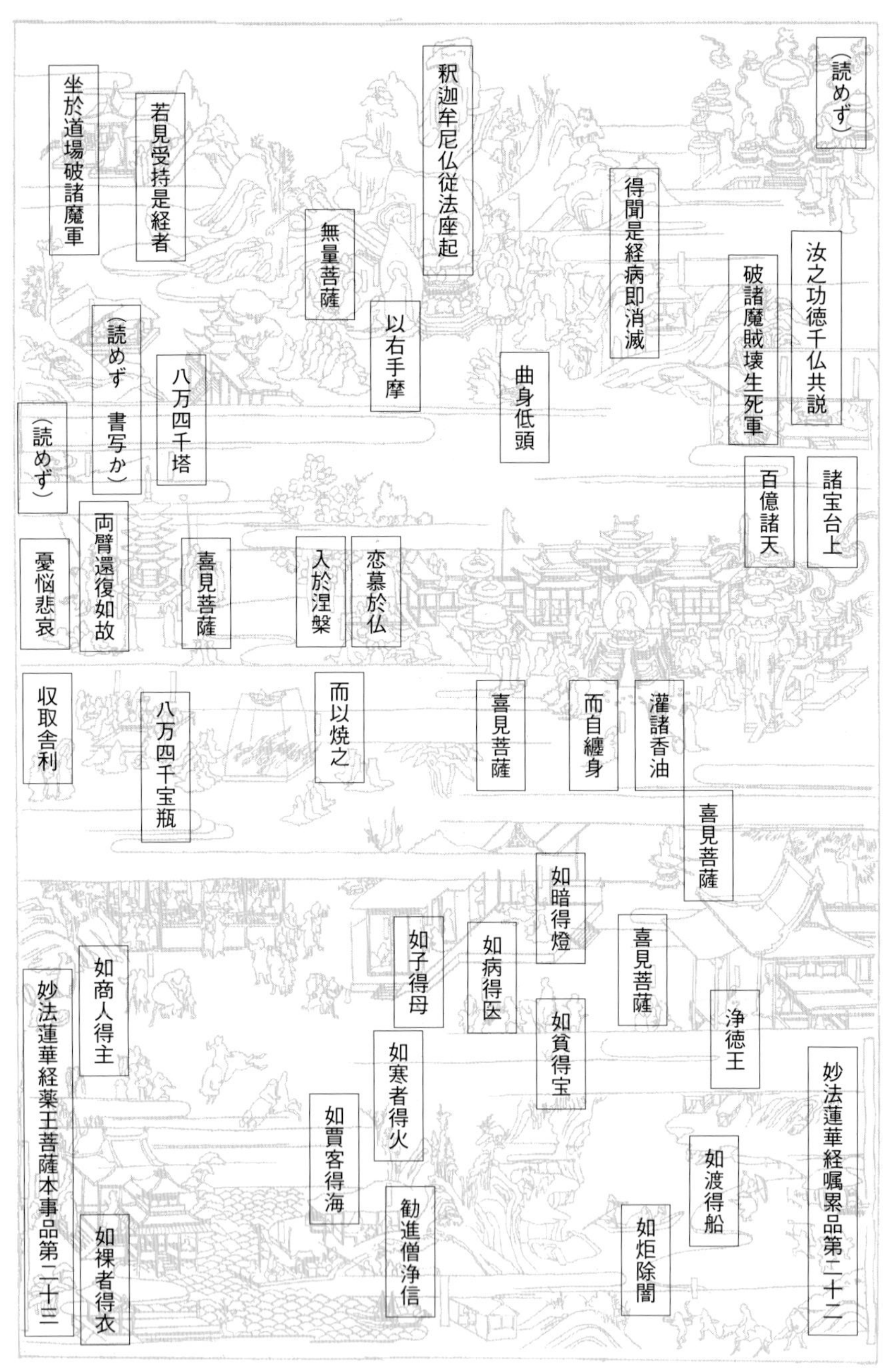

口絵35　第十八幅　妙法蓮華経嘱累品第二十二・薬王菩薩本事品第二十三
描き起こし図

口絵36　第十八幅　妙法蓮華経嘱累品第二十二・薬王菩薩本事品第二十三

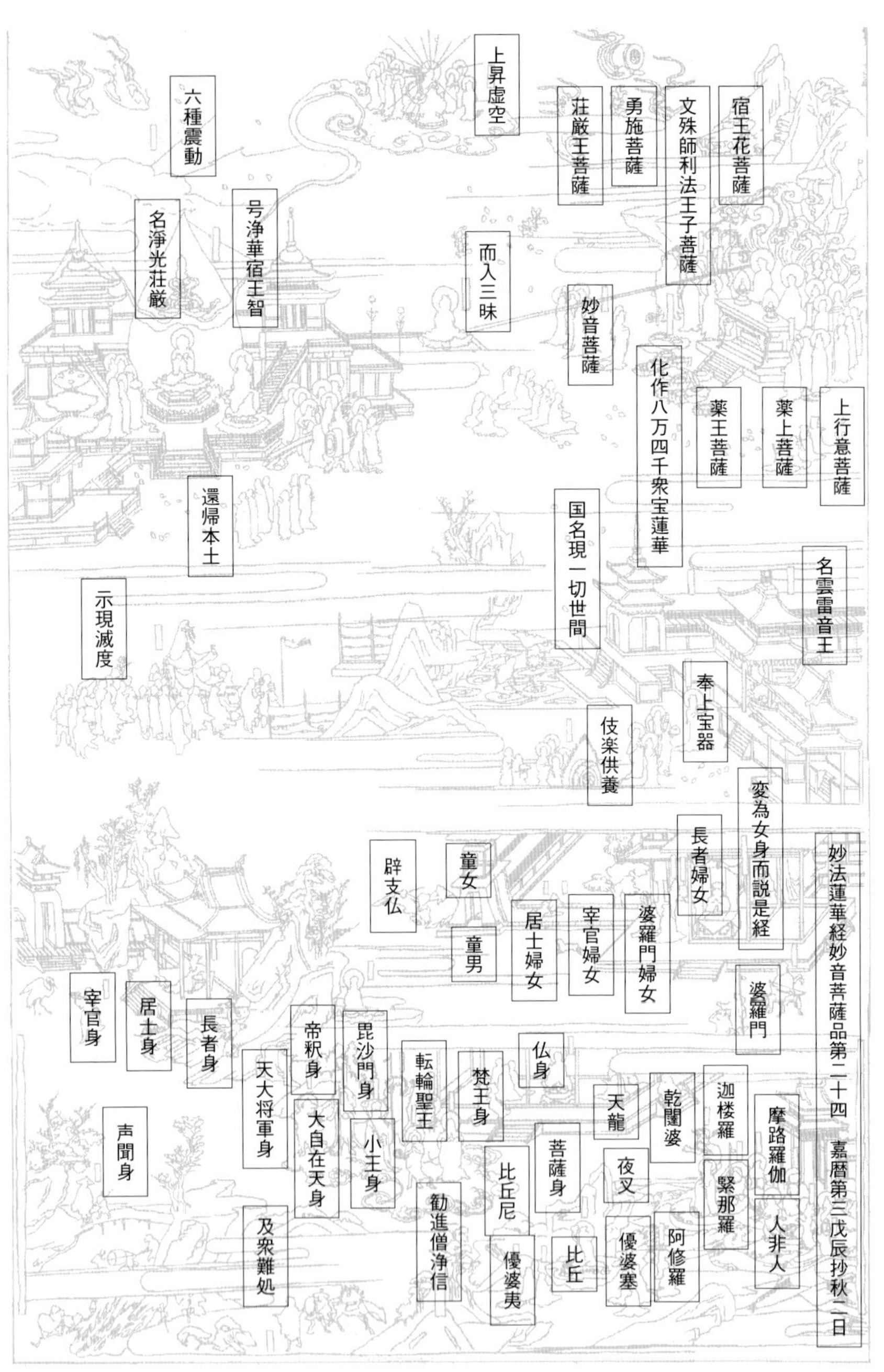

口絵37　第十九幅　妙法蓮華経妙音菩薩品第二十四　描き起こし図

口絵38　第十九幅　妙法蓮華経妙音菩薩品第二十四

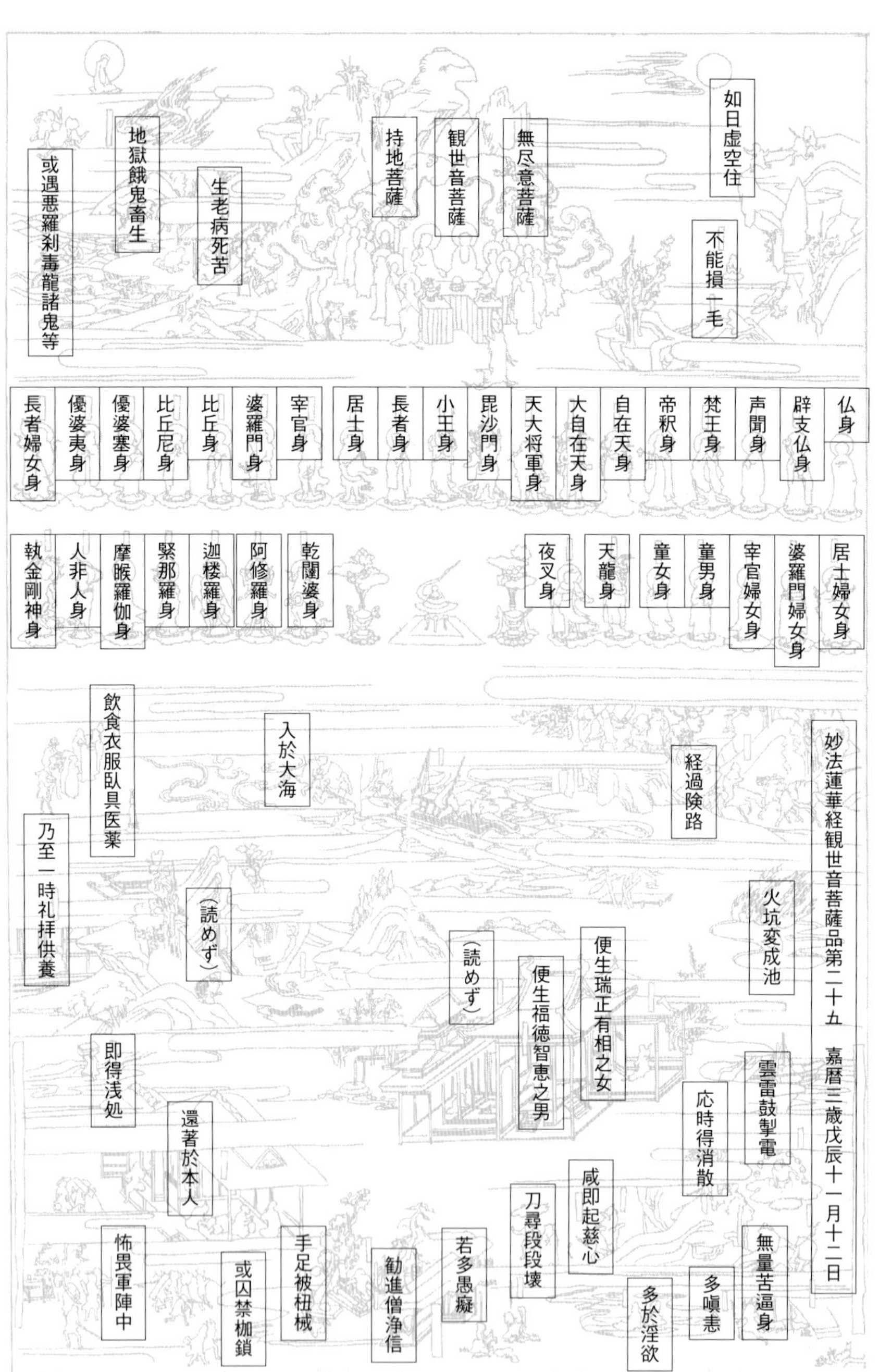

口絵39　第二十幅　妙法蓮華経観世音菩薩普門品第二十五　描き起こし図

口絵40　第二十幅　妙法蓮華経観世音菩薩普門品第二十五

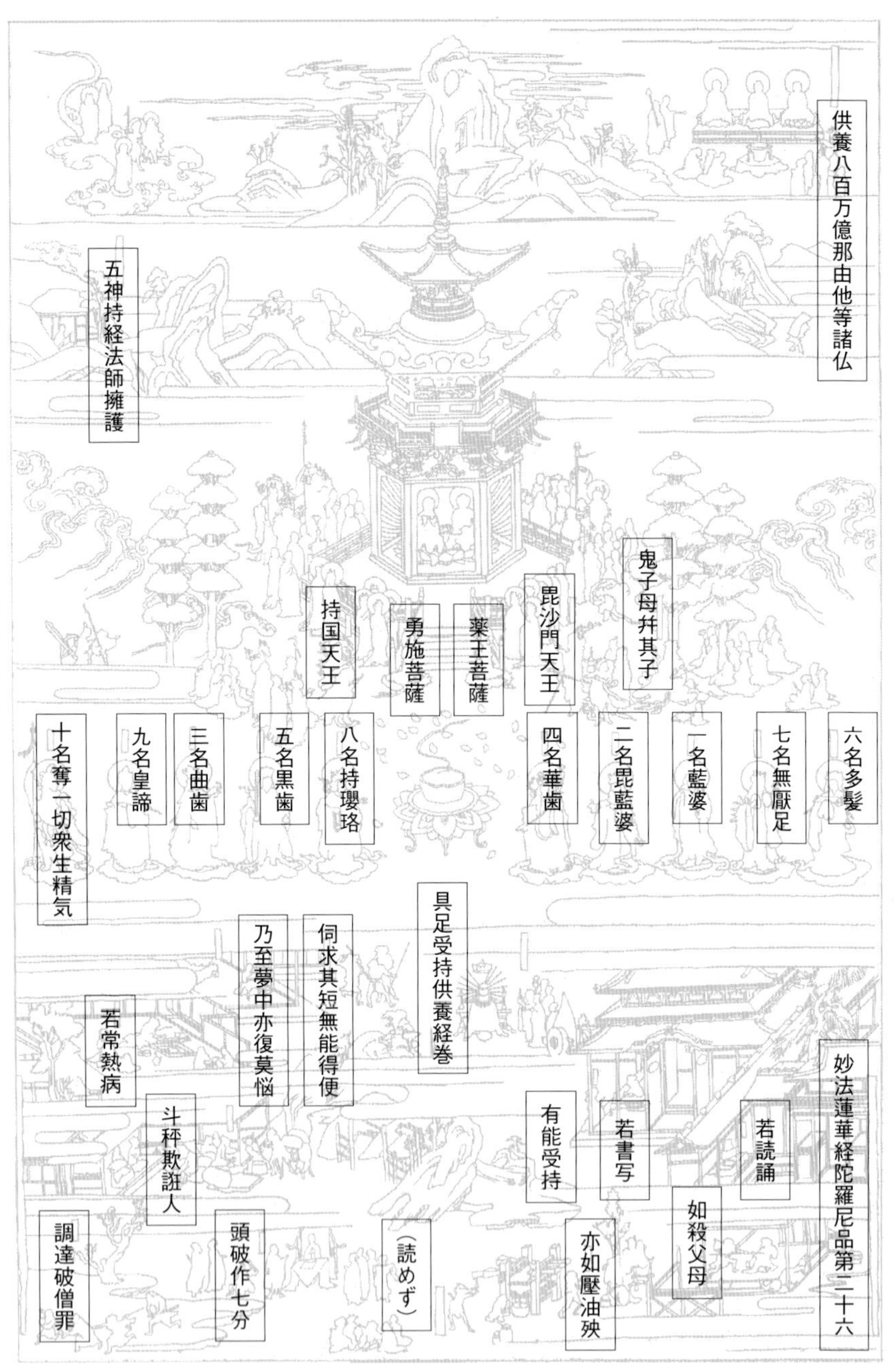

口絵41　第二十一幅　妙法蓮華経陀羅尼品第二十六　描き起こし図

口絵42　第二十一幅　妙法蓮華経陀羅尼品第二十六

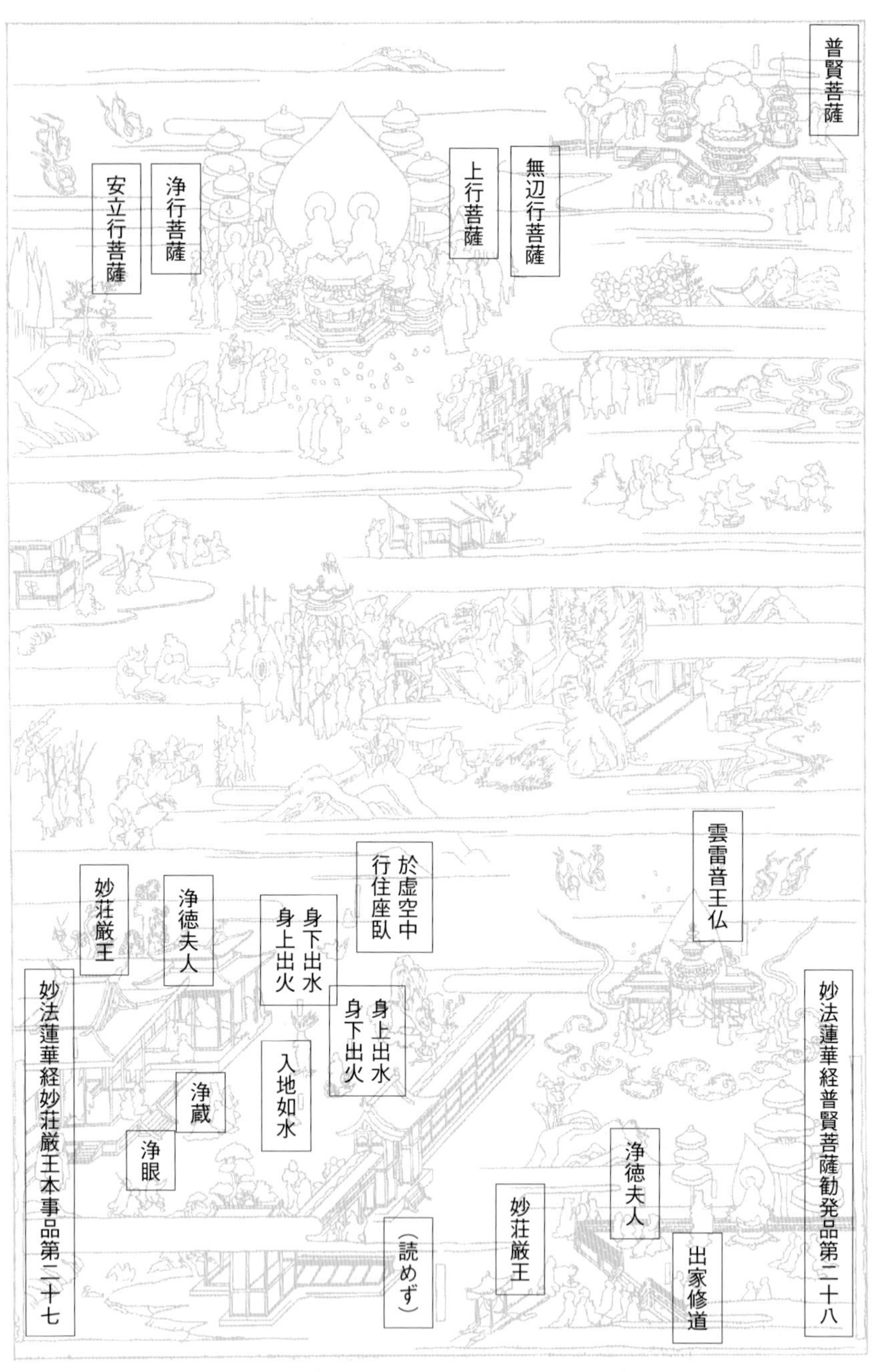

口絵43　第二十二幅　妙法蓮華経妙荘厳王本事品第二十七
普賢菩薩勧発品第二十八　描き起こし図

口絵44　第二十二幅　妙法蓮華経妙荘厳王本事品第二十七
普賢菩薩勧発品第二十八

口絵45　第二幅「妙法蓮華経方便品第二」部分図　方便品の説法場面。左側は立ち去る五千の増上慢たちである。

口絵46　第五幅「妙法蓮華経薬草喩品第五」部分図　薬草喩（三草二木の喩え）。上、中、下の三草と、大、小の二木が差別なく等しく雨に潤う様が描かれている。

口絵47　第十八幅「妙法蓮華経嘱累品第二十二」部分図　「如商人得主」
「渡りに船」などと同じく、薬王菩薩本事品の中に説かれた法華経の功徳を説く喩えの一つ。売買の様子が描かれている。

富山・本法寺蔵　法華経曼荼羅図の研究　目次

【凡　例】

一、本書の字体は読解の便宜のため、漢字・かなを問わず常用字体を原則としたが、一部原形を残した。

一、註にあげた参考文献等以外に、各種データベースを利用した。主に利用したデータベースは以下である。

SAT大正新脩大蔵経テキストデータベース　http://21dzk.l.u-tokyo.ac.jp/SAT/

東京大学史料編纂所データベース　http://wwwap.hi.u-tokyo.ac.jp/ships/db.html

東京国立博物館・京都国立博物館・奈良国立博物館ホームページ

e国宝 http://www.emuseum.jp/

一、巻頭の口絵には、各幅の描き起こし図に短冊墨書を掲げて、全図カラー図版と対照させた。短冊墨書は誤脱もそのままに翻刻した。また読解の便宜のために通行の字体に改めた。

富山・本法寺蔵　法華経曼荼羅図の研究

序

本書は、富山県富山市（旧・婦負郡）八尾町の長松山本法寺に蔵される「法華経曼荼羅図」絹本著色二十二幅（重要文化財、序品の第一幅のみは富山市指定文化財）（口絵参照）に関するモノグラフである。平成二十六年（二〇一四）三月に筆者が京都大学大学院文学研究科に提出した学位論文を基にしており、美術史学的な観点から制作主体と制作背景を明らかにしようとするものである。

本法寺蔵「法華経曼荼羅図」（以下、本作）は、古社寺保存法により、明治三十三年（一九〇〇）に国宝（いわゆる、旧国宝）に指定されている。[1] 本作が指定要件を満たしたのは以下の三つの理由によろう。

まず、規模の大きさである。一幅の本紙が、縦約一九〇センチメートル、横約一二七センチメートルの巨大な掛幅である（表1）。一幅は三副一鋪で、絵絹の幅は四十数センチメートルである。滋賀県・聖衆来迎寺蔵「六道絵」の幅六八センチメートル強もある絵絹のように特別に調整された大きさではないが、[2] 絹目は緻密で上質なものである。しかも、二十二幅が一具であるという、規模の点で類例のないものである。ただし、序品の第一幅は、早くに失われ、延宝七年（一六七九）、富山藩第二代藩主・前田正甫（利之）の支援によって補作されている。

次に、各幅には短冊形に胡粉を塗った上に絵の内容に対応する『法華経』の経文が書かれている。また、序品以

表1　各幅法量（本宮日顕『法華経曼荼羅絵図　全』による）

	『法華経』巻次	縦	横
第一幅	序品第一	188.0cm	124.5cm
第二幅	方便品第二	192.5cm	126.0cm
第三幅	譬喩品第三	190.3cm	126.3cm
第四幅	信解品第四	189.5cm	126.7cm
第五幅	薬草喩品第五	191.0cm	127.0cm
第六幅	授記品第六	190.7cm	126.5cm
第七幅	化城喩品第七	188.5cm	125.0cm
第八幅	五百弟子受記品第八	191.0cm	127.0cm
第九幅	授学無学人記品第九	191.5cm	127.1cm
第十幅	法師品第十	190.0cm	126.0cm
第十一幅	見宝塔品第十一	190.5cm	126.0cm
第十二幅	提婆達多品第十二	189.5cm	127.0cm
第十三幅　合幅	勧持品第十三 安楽行品第十四	191.0cm	127.5cm
第十四幅　合幅	従地涌出品第十五 如来寿量品第十六	188.5cm	126.5cm
第十五幅　合幅	分別功徳品第十七 随喜功徳品第十八	190.6cm	127.5cm
第十六幅	法師功徳品第十九	189.3cm	126.7cm
第十七幅　合幅	常不軽菩薩品第二十 如来神力品第二十一	190.7cm	127.8cm
第十八幅　合幅	嘱累品第二十二 薬王菩薩本事品第二十三	191.2cm	126.7cm
第十九幅	妙音菩薩品第二十四	191.0cm	126.6cm
第二十幅	観世音菩薩普門品第二十五	192.5cm	127.2cm
第二十一幅	陀羅尼品第二十六	189.7cm	126.3cm
第二十二幅　合幅	妙荘厳王本事品第二十七 普賢菩薩勧発品第二十八	190.0cm	125.3cm

外の各幅には「勧進僧浄信」という記名、嘉暦元年から三年（一三二六〜二八）の年紀墨書がある。鎌倉時代において制作年代が明らかであるという点において貴重である。

第三に、本作は、規模の点でも類例がないが、絵の精密さにおいても群を抜いている。幅によっては平板な構図もあり、また復元修復によって、人物の面貌表現等が損なわれている部分もある。しかし、『法華経』の内容を緻密に描く構図や水墨技法を加味した山水の描写は見事である。画面を子細に観察すれば、図像の点でも、様式の点でも、中世における非常に重要な作例であることがわかる。鎌倉時代末期に、在地の絵師がこれほどの規模の絵画を緊密に描くことができたとは考えられない。発注者が誰であるかは別として、畿内において制作されたことは間違いないだろう。

以上のほかに、本法寺では、毎年八月六日[3]に行われる「風入法要」と呼ばれる盛大な法会（**図1**）がある。現在も本作の絵解きが行われており、絵解き研究者の間では知られた存在である[4]。

しかしながら、本作の重要性と比して、研究状況は必ずしも活発とはいえなかった[5]。最も大きな理由は、あまりにも浩瀚であり、図版刊行物が整備されていない状況では手のつけようがなかったことにある。全幅が掲載されているのは、倉田文作・田村芳朗監修『法華経の美術』[6]であるが、部分図があるのは方便品と譬喩品のみ、一幅がB6版程度の大きさでは細かな図像を確認できない。これは、本作に限ったことではなく掛幅説話画全般にいえることである。『日本絵巻物全集』『新修日本絵巻物全集』[7]、『日本

図1　本法寺　風入法要（2011年8月6日）

絵巻大成』『続日本絵巻大成』『続々日本絵巻大成』[8]が刊行されて、美術史のみならず、日本史、民俗学、宗教学、国文学等さまざまな領域で絵巻物が研究対象となってきたのに比して、掛幅説話画に関しては、いまだ一九七五年刊行の奈良国立博物館編『社寺縁起絵』[9]が網羅的基本文献で、真保亨監修『仏伝図』[10]、奈良国立博物館編『聖徳太子絵伝』[11]、同『仏教説話の美術』[12]、大阪市立美術館監修『聖徳太子信仰の美術』[13]、『真宗重宝聚英』[14]、泉武夫・加須屋誠・山本聡美編著『国宝六道絵』[15]等に各種展覧会図録等が補完するにすぎない。本作は特に規模が大きいために研究対象にしにくいところがあった。

また、本作の来歴については、不明なところが多い。寺伝には海底より出現といい、補作を除く全幅の下端中央に記名された「勧進僧浄信」についても、元天台僧で日蓮六老僧日朗の高弟日印に帰伏した日順というが[16]、具体的な伝記は不明である。海底より出現する以前の、本作の制作保管状況についても明らかではない。

筆者は、平成二年（一九九〇）の富山県立大学赴任以来、「勧進僧浄信」とは何者なのか、本作はどこで制作されたのか、なぜ富山の本法寺に現有されるのか、を解明するために本作についての研究を行ってきた[17]。

平成十六年（二〇〇四）に、制作主体と伝来に関する、以下のような知見をまとめた。まず、本作には『法華経』の内容が描かれるが、それのみならず貧女の寄進が報われる金色女の話譚等の説話的内容をも含むこと、第五幅「妙法蓮華経薬草喩品第五」に施粥や温室、ハンセン病と思われる人物を背負う図像、第十幅「妙法蓮華経法師品第十」に井戸掘りの詳細な図像が描かれるなど、忍性等律僧の活動に関わる図像が見られることを指摘した[18]。次に、「勧進僧浄信」とは元徳二年（一三三〇）時に福泊島関勧進上人として史料に名を残し、暦応三年（一三四〇）には一条戻橋寺恩徳院長老である律僧浄信の可能性が高いこと[19]、さらに、本作が富山市の本法寺に帰属するにいたる歴史状況については、鎌倉時代の越中守護名越氏の関与、あるいはより蓋然性の高い可能性としては室町幕府第十代将軍足利義稙を放生津に迎えた神保長誠の関与があることを指摘した[20]。

その後、金沢美術工芸大学の太田昌子教授、学習院大学の佐野みどり教授、大手前大学の岡佳子教授、相愛大学の西口順子名誉教授の科学研究費助成事業による研究会や国際日本文化研究センター白幡洋三郎教授班研究会[21]等において得た知見等を加えて、平成二十二年(二〇一〇)には、以下の論考を発表した。まず、本作が、『法華経』の内容を描くにとどまらず、『妙法蓮華経文句』等の『法華経』注釈活動に基づく説話内容を含むことを指摘した。第四幅「妙法蓮華経信解品第四」画面左上には、『妙法蓮華経文句』に由来する難陀跋難陀兄弟二龍を目犍連(目連)が調伏する話譚が描かれている。そしてそれは、後代の『釈迦の本地』に発展してゆく[22]。さらに、第二幅「妙法蓮華経方便品第二」の「聚沙為仏塔」の図像が「賽の河原」の図像成立への過渡的な様相を色彩豊かに示しており、後代の図像の母胎ともなっていることを指摘した[23]。

平成二十五年(二〇一三)には、第九幅「妙法蓮華経授学無学人記品第九」に、『高僧法顕伝』毘舎離国に基づく阿難の図像や仏伝に基づく羅睺羅の図像があることを指摘した。羅睺羅の図像については、『関東往還記』中の「羅漢供」「羅睺羅供」との関連について考察した[24]。

平成二十六年(二〇一四)には、第六幅「妙法蓮華経授記品第六」の菜を摘む女性像に注目し、金色女話譚と「聖徳太子絵伝」中の芹摘姫—菜を摘む女性像との交錯について考察した[25]。また、国際日本文化研究センター共同研究「日本庭園のあの世とこの世——自然、芸術、宗教——」研究班の一員として、第七幅「妙法蓮華経化城喩品第七」に描かれた庭園の基本的な枠組みが、州浜を含む曲池と荒磯であることを指摘した。本作は、宋元画の影響が強いとされるが、植栽も含めて庭園表現が当時の理想的な浄土式庭園であることからみても、むしろ平安時代以来の伝統に連なるものと考えた[26]。

これらをふまえた本書の構成は以下である。

第一部では、本作を現蔵する寺院の歴史と寺内資料について、できる限りの検討を行い、史料批判に堪えうる材料を抽出した。その結果、嘉暦の年紀、浄信の記銘については信憑性が高いことがわかった。ただし、本作の構成と法華宗陣門流寺院である本法寺の宗義とには齟齬があり、本作の本来的な制作主体は法華宗外にあると考えられると指摘した。

第二部では、本来の制作主体を考えるために、本作そのものから抽出しうる情報、つまりは、絵から得られる情報について美術史学的な検討を行った。本作は、『法華経』の内容を描くにとどまらず、『妙法蓮華経文句』『妙法蓮華経玄義』『妙法蓮華経玄賛』『法華義疏』等の『法華経』注釈活動に関わるテクストに依拠した図像を含む。それだけではなく、『維摩経』や『法苑珠林』、そして当時の口演唱導から派生し、『草案集』や『花文集』に著録された内容や仏伝図に由来する図像をも描いている。これについて図像の具体的な根拠を示した。さらにそれらが南北朝、室町時代以降の造形や文芸作品、法華直談に発展してゆく過渡的な様相を示していることを指摘した。

また、本作には、極めて珍しい「変成男子」の図像が存する。古代より受容されながら平安時代の女性たちに女人罪業観をうえつけるにはいたらなかった一切経の『転女身経』と本図像との関わりについて考察を行い、康元元年（一二五六）に『転女身経』を開板した西琳寺の日浄房惣持の思想と関連づけられることを指摘した[(27)]。前掲拙稿においても、本作に施粥や温室、ハンセン病者を背負う図像、井戸掘りの詳細な図像、忍性等律僧の活動に関わる図像が見られることを指摘したが、本書ではこの「変成男子」の図像について詳述し、鎌倉時代後期の律宗の関与について考察した。

第三部は本作の制作主体と伝来について検討した。主に前掲拙稿に基づき、同時代史料を検討し、不十分ながら、本作が、富山・本法寺に現蔵されるにいたる歴史的経緯を明らかにしようとした。

なお、用語について以下の三点を断っておく。

第一は、本書では本作を指定名称に従い「法華経曼荼羅図」と呼ぶ。本作は、大日如来を中心とした仏教的世界を描く「曼荼羅」と呼ぶべき体裁ではなく、説法場面や功徳、挿話を叙景的に描いた説話画である。本来的には「法華経変（あるいは変相）」と呼ぶべきであり、『国宝重要文化財大全』第一巻絵画上[28]には、「仏画—変相図」の分類になっている。本法寺においては、「絵像」、「絵曼荼羅」（あるいは「絵曼陀羅」）、「画曼荼羅」と書記され、近代には「おまんだら」と呼び習わされてきた。拙稿においても、呼称を優先して「法華経曼荼羅」とした場合があるが、本書では指定名称に従う。指定名称において「曼荼羅図」となっているのは、「曼荼羅」と区別されているからである。

第二は、本書では、前掲拙稿同様、意味の解釈を行うという意味において、「図像」の語を用いる。近代の美術史用語としての「図像」である。

「図像」という用語は、仏教美術においては通常、密教の尊像や儀軌をいう言葉であるために、誤解を招きそうであるが、逆に近年、美術史の論文で多く用いられる「図様」という用語を用いることもためらわれた。「図様」という用語は、多く定義されずに用いられているからである。「図様」という語を定義している場合にも厳密な定義とはいいがたいように思われる。

しかし、平田寛は、「図様」は図の様子という程度の大雑把な意味のようでありながら、平安時代・鎌倉時代の用例を探れば、それほど単純ではなく、絵仏師の技術的な問題と大きく関わることを指摘している。『門葉記』の記事から、建仁二年（一二〇二）十月十一日の後鳥羽院新御所の安鎮法について「曼荼羅図様」という用語が用いられているが、細工については「絵様」、「曼荼羅」の場合は「図様」といい、明らかに使い分けられていること、ただし、「図様」という語が、制作を前提とした下図の意味であるのか（この場合「絵様」といわれる用例もある）、尊像の「図像」（iconographyとしての図像）なのかについては決しがたいとしている。[29] この指摘に徴しても、「絵様」「図様」「図像」の用語を、古記録における文脈を明らかにせずに用いることがためらわれた。それぞれの語に制作の実態が的確に反映されていたことが忘れ去られるのではないかと危惧するのである。[30]

本書において用いる「図像」は近代の美術史用語としての「図像」であり、現在の美術史論文で多く用いられる「図様」については、適宜、モチーフ、身振り、構図などの適切と思われる具体的な用語を使うこととする。

第三は、本文中に、現在では決して使うべきではないと考える差別的表現があるが、『法華経』の経文、史料に基づく部分については、原文のまま使用した。筆者は、勿論、美術史学も含む歴史学、文献学が、差別を再生産することはあってはならないと考える。ここに言語化すること、研究考察を深めることによって、むしろ差別を無くすることに寄与することを強く望むものである。

図版は、本法寺御山主・髙橋日啓師、本法寺国宝護持会、富山県教育委員会、株式会社チューエツのご厚意により全図二十二幅をカラー口絵で掲載させていただいた。また、石崎誠和氏（現・佐賀大学文化教育学部准教授）の手になる描き起こし図に短冊墨書を付し対照させた。記して感謝申し上げる。

註

（1）明治三十三年（一九〇〇）四月七日付で、内務省告示第三二号甲種三等国宝に指定された。文化財保護法の規定により、昭和二十五年（一九五〇）八月二十九日付で重要文化財に指定された。

（2）泉武夫「六道絵の作風と絵師の分類」（泉武夫・加須屋誠・山本聡美編著『国宝六道絵』中央公論美術出版、二〇〇七年）二〇三〜二〇四頁。泉は、鎌倉時代の絵絹の一般的な幅は四十数センチメートル内外である中で、聖衆来迎寺蔵「六道絵」の絵絹は幅六八センチメートル強あり、強固な経済的基盤をもって特別に調整されたものとする。

（3）かつては八月六日、七日の二日間行われていたが、二〇〇五年以降、八月六日のみに短縮された。

（4）昭和後期に、絵解き研究者の林雅彦、赤井達郎によって当時の絵解きが記録されている。①林雅彦「絵解き一見」（『暁の鐘』第一五号、一九八二年、同『増補　日本の絵解き――資料と研究――』三弥井書店、一九八四年所収、一五八〜一六八頁）。②赤井達郎「絵解きの系譜・日本絵画鑑賞史試論30　法華経絵曼荼羅」（『日本美術工芸』五七八号、一九八六年、同『絵解きの系譜』教育社、一九八九年所収、三二九〜三三二頁）

（5）本法寺蔵「法華経曼荼羅図」に関する先行文献（絵解きに関係する註〈4〉文献①②および後掲註〈17〉の拙稿を除く）。①白念坊如電「法華経二十八品の曼陀羅を観て（漫録）」（東洋絵画会事務所『絵画叢誌』第一五三巻、一八九九年）。②瀧精一編『日本古美術案内』（丙午出版社、一九三一年）上巻四三四頁。③中坪久一「本法寺曼荼羅について」（『富山教育』二二〇号、一九三二年）。④梅津次郎「図版解説2・19〜22」（京都国立博物館編『日本の説話画』便利堂、一九六一年）。⑤『八尾町史』（一九六七年）三四〜四七頁「法華経二十八品曼荼羅図大要」。⑥宮次男「金字宝塔曼陀羅三本の性格」（同『金字宝塔曼陀羅』第五章、吉川弘文館、一九七六年）一三六〜一三七頁。⑦佐藤清賢「越中斎藤氏と本法寺　本法寺縁起と法華経絵曼陀羅」（同『日導上人の八重襷歌』雁思社、一九八一年）一七二〜一八一頁。⑧河原由雄「法華経変相図（絵解き）法華経曼荼羅・本法寺本について」（倉田文作・田村芳朗監修『法華経の美術』佼成出版社、一九八一年）。⑨宮次男「法華経美術の特質」（⑧に同じ）。⑩『富山県史』（以下『県史』）通史編Ⅱ（一九八四年）一二〇四〜一二一四頁（解説・遠藤幸一）。⑪久保尚文『越中における中世信仰史の展開　増補版』（桂書房、一九九一年、初版一九八四年）四九〜五一頁。⑫梶谷亮治「法華経見返絵の展開」（奈良国立博物館編『法華経――写経と荘厳――』東京美術、一九八八年）三五九〜三六〇頁。⑬梶谷亮治「我が国における仏教説話の展開」（奈良国立博物館編『仏教説話の美術』思文閣出版、一九九六年）

二三二～二三四頁。⑭大角修訳・監修『図説法華経大全――「妙法蓮華経全二十八品」現代語訳総解説――』（学習研究社、二〇〇一年）。⑮東京国立博物館展覧会図録『大日蓮展――立教開宗七五〇年記念――』（二〇〇三年）図版69、解説二三六頁。⑯京都国立博物館展覧会図録『日蓮と法華の名宝』（二〇〇九年）図版17、解説二四〇頁。⑰太田昌子他「座談会　絵の読み方――イメージ・テクスト・メディア――」（『文学　特集＝語りかける絵画――イメージ・テクスト・メディア――』第一〇巻五号、二〇〇九年）。⑱太田昌子「本法寺の法華経曼荼羅を読み解く――巨大掛幅のなかで共鳴し合う礼拝像と物語場面――」（『芸術学学報』第一七号、二〇一〇年）

（6）倉田文作・田村芳朗監修『法華経の美術』（佼成出版社、一九八一年）

（7）『日本絵巻物全集』全二四巻（角川書店、一九五八～六九年）、『新修日本絵巻物全集』全三〇巻・別巻二（角川書店、一九七五～八〇年）

（8）『日本絵巻大成』全二六巻別巻一（一九七七～七九年）、『続日本絵巻大成』全二〇巻（一九八一～八四年）、『続々日本絵巻大成』全七巻（一九九三～九五年）

（9）奈良国立博物館編『社寺縁起絵』（角川書店、一九七五年）

（10）真保亨監修『仏伝図』（毎日新聞社、一九七八年）

（11）奈良国立博物館編『聖徳太子絵伝』（東京美術、一九六九年）

（12）奈良国立博物館編『仏教説話の美術』（思文閣出版、一九九六年）

（13）大阪市立美術館監修『聖徳太子信仰の美術』（東方出版、一九九六年）

（14）信仰の造形的表現研究委員会編『真宗重宝聚英』（同朋舎出版、一九八七～八九年：同朋舎メディアプラン再版、二〇〇六年）

（15）泉武夫・加須屋誠・山本聡美編著『国宝六道絵』（中央公論美術出版、二〇〇七年）

（16）本法寺の寺伝のうち管見に及んだものは以下の通りである（資料編参照）。①板行　本法寺智光院日遙「海中出現法華経二十八品図貌略縁起　越中国本法寺」（宝暦十二年〈一七六二〉）。②飯田日亮『法華経二十八品画曼荼羅説明書』（長松山本法寺、一九〇〇年）。③小松日期「本堂再建事業経過」「長松山沿革」「国宝曼荼羅縁起及説明」

（『本堂再建記念』長松山本法寺、一九一八年）。④本宮日顕『法華経曼荼羅絵図　全』（長松山本法寺、一九八一年）。なお、富山県射水市（旧・新湊市）の曼陀羅寺の寺伝には、本法寺が現有する「法華経曼荼羅図」が旧蔵されていたと主張する部分がある。⑤橋本芳雄・長島勝正・高瀬保編『曼陀羅寺』（曼陀羅寺、一九七三年）所収。(a)文政八年（一八二五）撰述・曼陀羅寺中興二十七世聴誉上人「当山起立の由来」、(b)安政二年（一八五五）撰述・「開山上人　二十七代聴誉上人略歴」、(c)年時不詳「当山観世音菩薩略縁起」。一方、前掲文献②に、「浦長大工屋喜平」の名があり、曼陀羅寺の縁起を引いている箇所がある。

(17)　［論文］①拙稿「富山県本法寺蔵法華経曼荼羅について」（『鹿島美術財団年報』第八号、一九九一年）。②拙稿「本法寺法華経曼荼羅研究（序）」（『富山県立大学紀要』第二巻、一九九二年）。③拙稿「富山・本法寺所蔵「法華経曼荼羅」の図像解釈と勧進僧浄信」（『京都美学美術史学』三号、二〇〇四年）。④拙稿「八尾・本法寺所蔵「法華経曼荼羅」の伝来に関する新知見」（『富山県立大学紀要』第一四巻、二〇〇四年）。⑤拙稿「室町将軍と絵――足利義材と放生津城――」（県民カレッジテレビ放送講座　歴史と文化のクロスロード富山『山河を越えて』富山県民生涯学習カレッジ・北日本放送、二〇〇五年）。⑥拙稿「法華経曼荼羅と女人成仏――富山市・本法寺所蔵本を中心に――」（研究代表者・岡佳子『基盤研究（B）日本の宗教とジェンダーに関する国際総合研究――尼寺調査の結果を基礎として――平成十八年度～二十年度』報告書、二〇〇九年）。⑦拙稿「本法寺蔵「法華経曼荼羅」にみる掛幅説話絵の論理」（佐野みどり・新川哲雄・藤原重雄編『中世絵画のマトリックス』青簡舎、二〇一〇年）。⑧拙稿「本法寺蔵「法華経曼荼羅」における阿難と羅睺羅の図像――舎利信仰と出家者――」（『富山県立大学紀要』第二三巻、二〇一三年）。⑨拙稿「本法寺蔵「法華経曼荼羅」と女性の信仰――芹を摘む女と変成男子――」（佐野みどり・加須屋誠・藤原重雄編『中世絵画のマトリックス　Ⅱ』青簡舎、二〇一四年）。⑩拙稿「幻の庭園――本法寺蔵「法華経曼荼羅」化城喩品を例として――」（白幡洋三郎編『『作庭記』と日本の庭園』思文閣出版、二〇一四年）

［口頭発表］①「法華経曼荼羅と女人成仏――富山市・本法寺所蔵本を中心に――」、基盤研究（B）「日本の宗教とジェンダーに関する国際総合研究――尼寺調査の結果を基礎として――」（平成十八年度～二十年度、代表

者・大手前大学准教授岡佳子）、ハーバード大学ライシャワー研究所共催国際シンポジウム「仏教学を超えて」二〇〇七年十一月四日、於・ライシャワー研究所。②"Ritual and Large Format Paintings: A Case Study of the Honpō-ji Version Lotus Sūtra Mandala," International Workshop *Beliefs, Rituals, Stories and Art in Medieval Japan* II, Thursday 10-Saturday 12 March 2011, Harvard Sackler Museum　研究会代表者・学習院大学教授佐野みどり、ハーバード大学教授メリッサ・マコーミック。③「幻の庭――本法寺蔵『法華経曼荼羅』化城喩品・提婆達多品を例として――」国際日本文化研究センター共同研究「日本庭園のあの世とこの世――自然、芸術、宗教――」シンポジウム（平成二十四年度〜二十五年度、代表者・国際日本文化研究センター教授白幡洋三郎）、二〇一二年十月九日、於・国際日本文化研究センター

拙稿に関する論評、引用は以下。(a)藤原重雄「文献案内　原口志津子「富山・本法寺蔵「法華経曼荼羅」の図像解釈と勧進僧浄信」（『画像史料解析センター通信』二七、二〇〇四年）。(b)久保尚文『越中富山　山野川湊の中世史』（桂書房、二〇〇八年）三八二〜三八六頁。(c)本井牧子「『釈迦の本地』とその淵源――『法華経』の仙人給仕をめぐる――」（石川透編『中世文学と隣接諸学9　中世の物語と絵画』竹林舎、二〇一三年）

(18)　前掲註（17）拙稿③

(19)　前掲註（17）拙稿③

(20)　前掲註（17）拙稿④

(21)　代表者および分担者として以下の科学研究費助成事業に参加した（学内競争的資金助成は除いた）。①基盤研究（C）「北陸における説話画の研究」（平成十七年度〜二十年度、代表・富山県立大学助教授原口志津子）。同報告書として『本法寺蔵法華経曼荼羅描き起こし図』（石崎誠和・太田昌子・原口志津子共編著、チューエツ、二〇〇八年）を刊行した。②基盤研究（B）「日本の宗教とジェンダーに関する国際総合研究――尼寺調査の結果を基礎として――」（平成十八年度〜二十年度、代表者・大手前大学助教授岡佳子）。③学習院大学人文科学研究所共同研究プロジェクト「中世掛幅縁起絵の総合研究」（平成十八年度〜二十一年度、代表者・学習院大学教授佐野みどり）。④基盤研究（B）「中世寺社縁起絵の総合的研究」（平成十九年度〜二十一年度、代表者・学習院大学教授佐野みど

り）。⑤基盤研究（A）「大画面説話画の総合研究」（平成二十二年度〜二十五年度、代表者・学習院大学教授佐野みどり）。⑥国際日本文化研究センター共同研究「日本庭園のあの世とこの世――自然、芸術、宗教――」（平成二十四年度〜二十五年度、代表者・国際日本文化研究センター教授白幡洋三郎）

(22) 前掲註（17）拙稿⑦
(23) 前掲註（17）拙稿⑦
(24) 前掲註（17）拙稿⑧
(25) 前掲註（17）拙稿⑨
(26) 前掲註（17）拙稿⑩、口頭発表③
(27) 前掲註（17）拙稿⑧、口頭発表①
(28) 文化庁編『国宝重要文化財大全1　絵画上』（毎日新聞社、一九九七年）二一四〜二一九頁
(29) 平田寛「絵様と紙形」（『國華』一〇一五号、一九七八年、同『絵仏師の時代［研究篇］』第四章第二節、中央公論美術出版、一九九四年所収、二四七頁）
(30) この種の危惧については、以前「吹抜屋台」という江戸時代の終わりに作られた用語について指摘した。女性の部屋をあらわすためなどに、限定的な用いられ方をしていたのが、表現の便宜や視覚的な効果のために、あまたある選択肢から物語にふさわしい構図として選ばれたと、超歴史的、技術的に理解されるようになる過程について検討したことがある。拙稿「吹抜屋台について――源氏物語絵巻を中心として――」（京都大学大学院文学研究科編『世界の中の『源氏物語』――その普遍性と現代性――』臨川書店、二〇一〇年）

第一部　所蔵寺院

第一章　所蔵寺院・長松山本法寺について

本作を所蔵する長松山本法寺は、新潟県三条市の長久山本成寺を総本山とする法華宗陣門流の別院（北陸教区本山）である。現在地は、久婦須（くぶす）川上流の河岸段丘上にある（現在の富山県地図における本法寺の概略位置を図2として示した）。寛政六年（一七九四）築造の山門（図3）、大正七年（一九一八）の再建ながら十二間四方の本堂（図4）、天保二年（一八三一）築造の鐘楼（図5）、日本庭園をのぞむ宏壮な客殿など、山間部にあるとも思えぬ広大な伽藍を構えることによっても知られている。

本法寺の開基そのものは、中世にさかのぼると考えられている。[1]本法寺を菩提寺とした城生（じょうのお）（蛇尾）城[2]の主・斎藤氏は、その祖・斎藤左衛門大夫入道常喜が、文和年中（一三五二〜五六）、桃井直常追討の功により、楡原保内猪谷・管寺両村を拝領以来、[3]当地を知行してきた。『寛政重修諸家譜』によれば、天正元年（一五七三）七月二十七日に没した利基（伯耆守、法名浄賢、妻は神保氏張の女）は越中新川郡蛇尾（ママ）の本法寺に葬られ、次代・信利は京都・本禅寺（法華宗陣門流別院）に、その子利政以降は、東京丸山・本妙寺を菩提寺とするも、[4]代々、法名を本法寺に送り供養を怠らなかったという。[5]斎藤氏の氏寺的な宗教施設が、十四世紀半ば以降より、楡原保内に存したと推定することは可能だろう。[6]天正十九年（一五九一）から明和年中（一七六四〜七二）まで寺基があったという黒瀬谷（くろぜだに）の

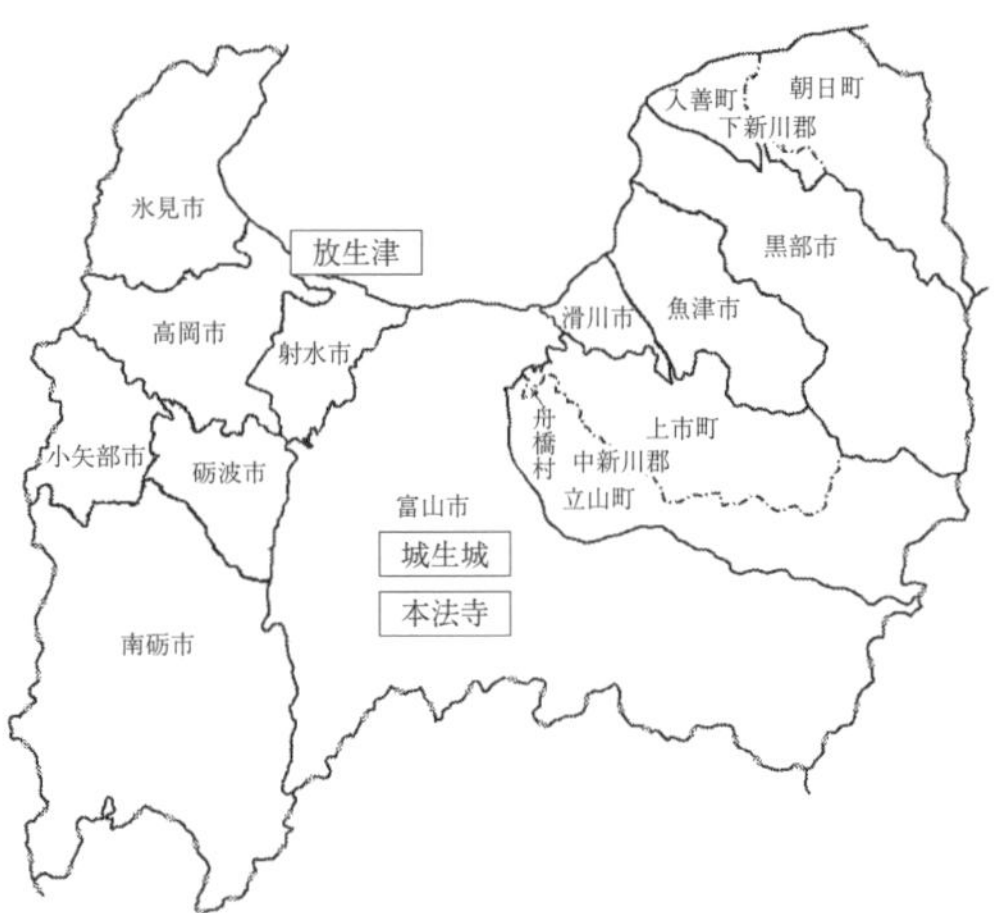

図２　現在の富山県地図における本法寺、城生城、放生津の位置関係

図４　本法寺　本堂

図３　本法寺　山門

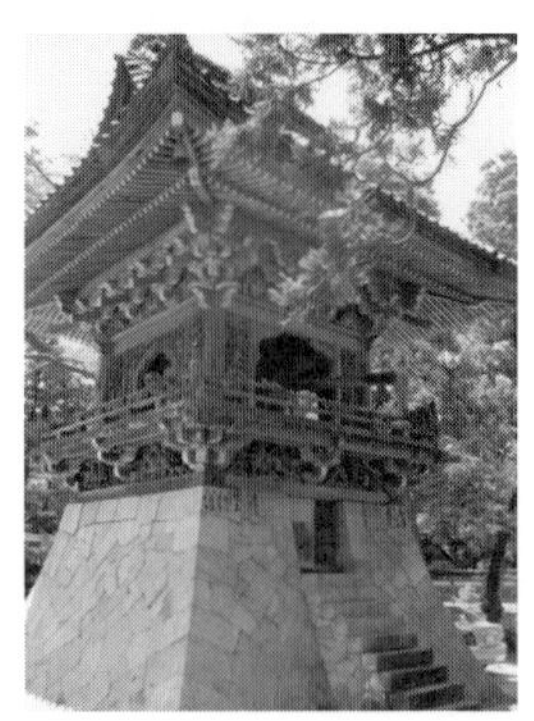

図５　本法寺　鐘楼

墓地には、室町時代の石塔類が存し、中には南北朝頃のものもあったという[7]。

しかし、十五世紀以前の史料にはあまり恵まれない。大正七年の本堂再建記念誌[8]には、婦負郡井田村において日印の弟子日順（応安元年八十七歳にて入滅）が本寺を創立した後、二世日賢（応永十五年七十五歳にて入寂）を経て「日秀、日仙、日真、日栄、日清等当時の代官として」漸次衰微とその間の事情が説明されてはいるが、史料の裏付けに乏しい。

十六世紀以降は、史料に恵まれており、本法寺を菩提寺とした城生城主・斎藤氏が、大永七年（一五二七）、井田菩提心院（現在の井田・妙法寺）に隠居した本成寺九世日覚に深く帰依したこと、一向一揆の進行のなか、対抗勢力としての法華信仰に傾いたことがよく知られている[9]。日覚は、天文法華の乱後、京都・本禅寺（現・法華宗陣門流関西教区本山）を再興した人物である。

戦国期には、城生、樫尾（がうん）、黒瀬谷と、寺基が移転している[10]。

前田家の支配以降は、手厚い保護を受けている。富山藩第二代藩主・前田正甫（まさとし）（一六四九～一七〇六）は、生母・泰寿院が「柴田氏、もとは八尾宿笹原屋彦治女、利次側室[11]」で八尾と縁が深い。泰寿院自身も、法華宗の篤信者であった。元禄三年（一六九〇）に、泰寿院が願主となり、初代藩主・前田利次の十七回忌にあわせて、本寿寺十七代興雲院日鏡に書写させた「紺紙金字法華経」が富山市・本寿寺に現蔵されている[12]。生母・泰寿院の信仰が、藩主改宗にも影響を与えたのではないかとみられている。正甫は、富山・大法寺日徳の教化により、元禄四年（一六九一）、前田家の宗旨を曹洞宗から法華宗に改宗し、富山・大法寺を菩提寺とするほど法華の教えに帰依した[13]。法華宗である八尾・本法寺も厚遇したものとみられる。

註

（1）序註（5）文献⑪久保尚文『越中における中世信仰史の展開　増補版』五三～八〇頁

（2）城生城については以下。①金子拓男他編『日本城郭大系』第七巻（新人物往来社、一九八〇年）七四～七五頁。②富山県埋蔵文化財センター『富山県中世城館遺跡総合調査報告書』（二〇〇六年）二〇二～二〇三頁。③佐伯哲也『越中中世城郭図面集Ｉ――中央部編（富山市・中新川郡・射水市）――』（桂書房、二〇一一年）三〇～三一頁

（3）『県史』史料編Ⅱ（一九七五年）三三二頁四〇五号「貞治六年（一三六七）二月五日付・足利義詮御教書案」（聞名寺文書）、同書四三一～四三四頁五九三号・五九四号・五九五号「応永廿一年（一四一四）二月付・仁和寺雑掌申状案」「斎藤国則訴状案」（仁和寺文書）

（4）『寛政重修諸家譜』巻七九八・新訂版第一三巻（続群書類従完成会、一九六五年）一四一頁

（5）序註（5）文献⑦一七二頁所引系譜（東京都斎藤富美子氏蔵）および一七四頁参照。

（6）現在の楡原は、富山市（旧・婦負郡細入村）の神通川左岸地域のみを指し、上行寺を中心とした法華信仰の地域である。中世においては現在よりも広域の、旧婦負郡細入村と八尾町（現在ともに富山市）の一部を指す。①『日本歴史地名大系16　富山県の地名』（平凡社、一九九四年）三六〇頁。②小川英雄・坂井誠一「楡原法華について」（『富山史壇』四〇号、一九六八年）。③阿部猛・佐藤知彦編『日本荘園大辞典』（東京堂出版、一九九七年）五三一頁。④瀬野精一郎編『日本荘園史大辞典』（吉川弘文館、二〇〇三年）一七一頁

（7）序註（5）文献⑤『八尾町史』三〇頁、京田良志氏のご指摘による。

（8）序註（16）文献③「長松山沿革」

（9）『県史』通史編Ⅱ（一九八四年）九四八～九五四頁。天正十一年（一五八三）、城生城主斎藤信利が発給した補任状が本法寺に現蔵されている。

（10）寺伝および序註（16）文献④『法華経曼荼羅絵図　全』所収年表にいう。城生、樫尾、黒瀬谷はいずれも現在地の二キロメートル内外にある。

（11）『県史』通史編Ⅲ（一九八二年）三六四頁

（12）富山市郷土博物館展覧会図録『特別展　お殿さまとお寺——富山前田家ゆかりの寺々——』（二〇一二年）二四～二五頁、図版19

（13）①金森（旧姓・中坪）久一「富山藩主の改宗事情」（『富山史壇』五号、一九五五年）。②前掲註（12）一五～二七頁および史料翻刻。

第二章　寺内資料

第一節　画中年紀

本作（序品を除く）の制作年代は、画中年紀により、嘉暦元年（一三二六）から三年とみられている。

しかし、鎌倉時代以前制作の絵画においては画中に落成款識を残すことはまれである。岐阜県・来振寺蔵「五大尊像」には、寛治二年（一〇八八）と四年の銘[1]、広島県・持光寺蔵「普賢延命菩薩像」には、仁平三年（一一五三）の銘[2]がそれぞれあるが、画中にではなく、絹裏に記されている。文永十一年（一二七四）制作の広島県・浄土寺蔵「八相涅槃図」の年紀も旧軸木に記されていた[3]。応徳三年（一〇八六）の年紀をもつことで知られる和歌山県・金剛峯寺蔵「仏涅槃図」の場合も、後代の修理時に現在の場所に写し書きされたと指摘されている[4]。画中に年紀を記すことは憚られていたのだろう。

十四世紀に入ってからの例としては、福井県・本覚寺蔵「仏涅槃図」がある。「仏涅槃図」においては、画中左端樹幹に、金泥で隠し落款のごとく、「海西人良詮之筆嘉暦第三　二月日」とある[5]。良詮独特の筆跡とみられており、鎌倉時代末期には、宋元画にならって、画中款記が行われるようになったと考えられる。

美術史における先行研究において、本作の画風は、鎌倉時代末期の作例とみて様式的に齟齬が生じないとみられ、正安元年（一二九九）制作の「一遍聖絵」の画風に近いことが指摘されている。[6]そのこともあって、本作の年紀について、今まで疑義が差し挟まれることはなかった。

だが、本作年紀については、書体、書式などからみて、鎌倉時代に書記されたものとは思えない部分もある。本法寺に現蔵される史料にも、江戸時代中期以降における寺伝改変や、「古表具之裏書」の部分的抹消などの物理的な改変があり、慎重に取り扱う必要がある。まず、画中年紀が確実なものであるか、史料が信頼に足るものであるのかについて、確認しておこう。

年紀は、画面右端に細長く短冊状に胡粉を塗った上に、『法華経』[7]の巻名とともに墨書されている。画面向かって左端にも胡粉が細長く塗られている。第二十二幅のみは、画面左右の短冊上に「妙法蓮華経妙荘厳王本事品第二十七」（左）と「妙法蓮華経普賢菩薩勧発品第二十八」（右）が分けて記されているが、第二十二幅以外には、左端の墨書は見られない（表2）。現存する年紀のうち最も早いものが、第六幅の「嘉暦元年□□四月晦日」、最も遅いものが、第二十幅の「嘉暦三年戊辰十一月十二日」である（図6）。第二幅のように、今は読めなくなっているものもあるし、そもそも第一幅序品は補作であるから、四月晦日が最も古い年紀であるのかについては不詳といわざるをえない。

ただ、嘉暦元年には、ほぼ一、二ヶ月に一幅のペースで、第九幅まで年紀が継続する。嘉暦二年の年紀をもつものは、第十幅から第十四幅、第十六幅、第十七幅の七幅である。嘉暦三年の年紀をもつものは、残りの第十五幅、第十九幅、第二十幅の三幅である。年紀の記されている幅を年次順に並べたのが、表3である。これを見れば、ほぼ『法華経』の巻次に従い、年紀が推移する。

平成二年（一九九〇）、本法寺と国宝護持会[8]のご高配を賜り、全二十二幅のうちから、「堪明」「□叟」と読めた

図6　画中年紀

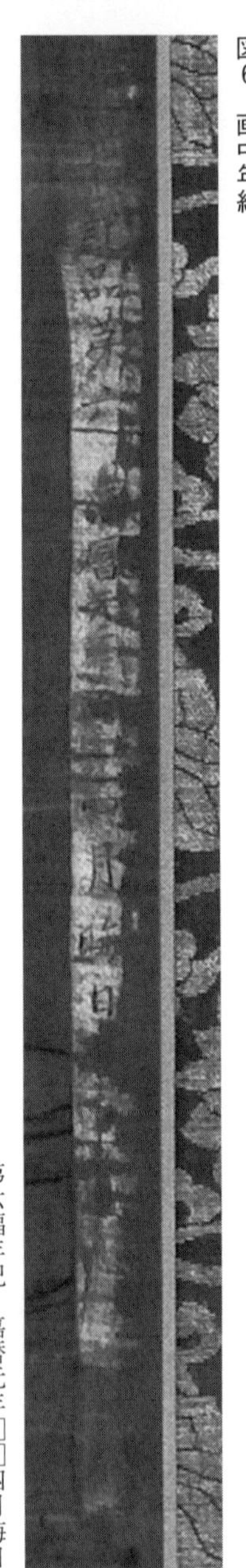
第六幅年紀　嘉暦元年□□四月晦日

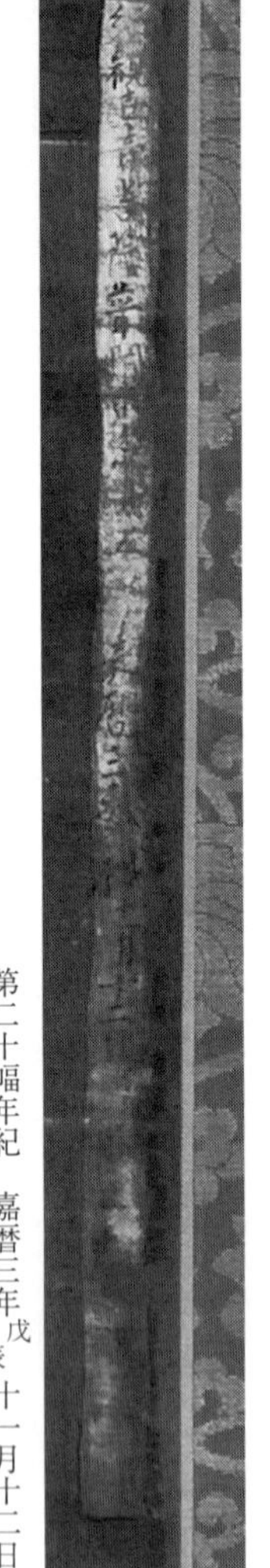
第二十幅年紀　嘉暦三年戊辰十一月十二日

という[9]第十三幅、第二十幅銘文の光学的調査を行った。胡粉の下には墨書銘があったようにも思われるが、赤外線を用いた光学的調査によっても、はっきりと字形を結ぶほどの墨は残っていない。端なので絹そのものが失われている幅もある。全幅を赤外線調査によって確認できたわけではないが、昭和の修復以降には読解できる文字は確認できないようである[10]。現状においては、嘉暦元年四月晦日から嘉暦三年十一月十二日の間の年紀が確認できるのみである。十干を右上に、十二支を左下に斜め書きにする書式からしても鎌倉時代当初のものとは考えにくく、さらに第十七幅は、明らかな別筆後補で、如来神力品と常不軽菩薩品の順序を誤記している。

若き日に、本法寺に住した佐藤清賢（隆岳院日貫、一九一五～二〇〇五）は、本作二十一幅すべての裏面に墨で抹

表2　年紀一覧表

第一幅	序品	
第二幅	方便品	妙法蓮華経方便品第二
第三幅	譬喩品	妙法蓮華経譬喩品第三　嘉暦元年
第四幅	信解品	妙法蓮華経信解品第四　嘉暦元年丙寅歳九月十八日
第五幅	薬草喩品	妙法蓮華経薬草喩品第五
第六幅	授記品	妙法蓮華経授記品第六　嘉暦元年□□（丙寅カ）四月晦日
第七幅	化城喩品	妙法蓮華経化城喩品第七　□（元年カ）五月廿三日
第八幅	五百弟子受記品	妙法蓮華経五百弟子受記品第八　嘉暦元年丙寅十月廿六日
第九幅	授学無学人記品	妙法蓮華経授学無学人記品第九　嘉暦元年丙寅歳十二月十八日
第十幅	法師品	妙法蓮華経法師品第十　于時嘉暦二年丁卯歳二月十三
第十一幅	見宝塔品	妙法蓮華経見宝塔品第十一　于時嘉暦二年丁卯歳六月三日
第十二幅	提婆達多品	妙法蓮華経提婆達多品第十二　嘉暦二年丁卯歳七月廿一日
第十三幅	勧持品・安楽行品	妙法蓮華経勧持品第十三　妙法蓮華経安楽行品第十四　嘉暦二年丁卯九月十二日　堪明
第十四幅	従地涌出品・如来寿量品	妙法蓮華経従地涌出品第十五　妙法蓮華経如来寿量品第十六　嘉暦丁卯十一月十九日
第十五幅	分別功徳品・随喜功徳品	妙法蓮華経分別功徳品第十七　妙法蓮華経随喜功徳品第十八　嘉暦三年戊辰三月廿一日
第十六幅	法師功徳品	妙法蓮華経法師功徳品第十九　嘉暦二年丁卯十二月十八日
第十七幅	常不軽菩薩品・如来神力品	妙法蓮華経如来神力品第二十一　妙法蓮華経常不軽菩提（薩カ）廿　嘉暦二卯月廿六日
第十八幅	嘱累品・薬王菩薩本事品	妙法蓮華経嘱累品第二十二　妙法蓮華経薬王菩薩本事品第二十三
第十九幅	妙音菩薩品	妙法蓮華経妙音菩薩品第二十四　嘉暦第参戊辰抄秋二日
第二十幅	観世音菩薩普門品	妙法蓮華経観世音菩薩普門品第二十五　嘉暦三年戊辰十一月十二日
第二十一幅	陀羅尼品	妙法蓮華経陀羅尼品第二十六
第二十二幅	妙荘厳王本事品・普賢菩薩勧発品	妙法蓮華経妙荘厳王本事品第二十七（左端）　妙法蓮華経普賢菩薩勧発品第二十八（右端）

表3　年紀一覧表（年次順）

年紀のない幅

第一幅	序品	
第二幅	方便品	妙法蓮華経方便品第二
第五幅	薬草喩品	妙法蓮華経薬草喩品第五
第十八幅	嘱累品・薬王菩薩本事品	妙法蓮華経嘱累品第二十二　妙法蓮華経薬王菩薩本事品第二十三
第二十一幅	陀羅尼品	妙法蓮華経陀羅尼品第二十六
第二十二幅	妙荘厳王本事品・普賢菩薩勧発品	妙法蓮華経妙荘厳王本事品第二十七　妙法蓮華経普賢菩薩勧発品第二十八

嘉暦元年の年号をもつ幅

第三幅	譬喩品	妙法蓮華経譬喩品第三　嘉暦元年
第六幅	授記品	妙法蓮華経授記品第六　嘉暦元年□□（丙寅カ）四月晦日
第七幅	化城喩品	妙法蓮華経化城喩品第七　□（元年カ）五月廿三日
第四幅	信解品	妙法蓮華経信解品第四　嘉暦元年丙寅歳九月十八日
第八幅	五百弟子受記品	妙法蓮華経五百弟子受記品第八　嘉暦元年丙寅十月廿六日
第九幅	授学無学人記品	妙法蓮華経授学無学人記品第九　嘉暦元年丙寅歳十二月十八日

嘉暦二年の年号をもつ幅

第十幅	法師品	妙法蓮華経法師品第十　于時嘉暦二年丁卯歳二月十三
第十一幅	見宝塔品	妙法蓮華経見宝塔品第十一　于時嘉暦二年丁卯歳六月三日
第十二幅	提婆達多品	妙法蓮華経提婆達多品第十二　嘉暦二年丁卯歳七月廿一日
第十三幅	勧持品・安楽行品	妙法蓮華経勧持品第十三　妙法蓮華経安楽行品第十四　嘉暦二年丁卯九月十二日　堪[明]
第十四幅	従地涌出品・如来寿量品	妙法蓮華経従地涌出品第十五　妙法蓮華経如来寿量品第十六　嘉暦丁卯十一月十九日

第十六幅	法師功徳品	妙法蓮華経法師功徳品第十九　嘉暦二年丁卯十二月十八日
第十七幅	常不軽菩薩品・如来神力品	妙法蓮華経如来神力品第二十一　妙法蓮華経常不軽菩提（薩カ）廿　嘉暦二卯月廿六日

嘉暦三年の年号をもつ幅

第十五幅	分別功徳品・随喜功徳品	妙法蓮華経分別功徳品第十七　妙法蓮華経随喜功徳品第十八　嘉暦三年戊辰三月廿一日
第十九幅	妙音菩薩品	妙法蓮華経妙音菩薩品第二十四　嘉暦第参戊辰抄秋二日
第二十幅	観世音菩薩普門品	妙法蓮華経観世音菩薩普門品第二十五　嘉暦三年戊辰十一月十二日

消された裏書が存在したと指摘している[11]。佐藤は、画面右端に年紀が書写され、裏書が抹消されたのは、本法寺が聖号を授与される正徳元年（一七一一）直前と推測している。ただ、塗りつぶされた裏書は現存しておらず確認できない。失われた裏書は、本作が別の寺院によって制作され襲蔵せられていたことが記されていたために墨で塗りつぶされた可能性が高い。画中年紀も、佐藤の指摘するように、江戸時代初期に記入されたものである可能性は充分ありうる。

経文（偈）を書いた短冊墨書については、一部、短冊形にではなく、直接画面に記されている。短冊形の胡粉も塗り替えられている部分もあり、すべてを鎌倉時代の書き入れとみることは難しい。後代、付加された可能性も考えるべきであろう。

それでは、画中に記入された嘉暦の年号は根拠のない捏造とみるべきなのだろうか。これを検討するために、以下、本作に関して嘉暦の年号が見いだせる寺内史料を検討しよう。

第二節　古表具裏書および軸墨書の検討

本作に関する最も古い史料は、昭和三十七年から四十一年の修理の際に取り外された十九枚の「古表具之裏書」（富山市指定文化財）である。[12]

まず、これについての検討を行おう。大別して、以下(1)〜(4)の四種の「古表具之裏書」がある。

(1)軸付部分のみが残ったものと思われるもの

一枚（図7）

妙法蓮華経方便品第二　都合廿一幅ノ内

(2)同内容で軸付部分（幅名）のみが異なるもの

十五枚。

内容は同じで、軸付に記された経巻名と幅数が違うだけである。図は、第四幅の裏書を掲げた（図8）。

古表具之裏書

明応第六丁巳暦伍月廿一日

越中婦負郡楡原保内本法寺常住也

法印日順

法花経廿八品之絵像都合廿一幅表
具再興之意趣書致始中終三幅
置候通願主松平淡路守利次
　于時寛文十二壬子暦五月廿一日
　　当寺十二世
　　　智詮院日逞
（妙法蓮華経信解品第四　〆廿一幅ノ内）

＊（　）内は軸付部分に記されたもので、幅によって異なる。

第四～第七幅、第九～第十三幅、第十五～十六幅、第十八～二十一幅、の都合十五幅に記されている。

この十五枚の筆跡は同一人のものとみられる。寛文十二年（一六七二）、十二世智詮院日逞が、新装なった表具に、明応六年（一四九七）の墨書を書き写し、次いで寛文年間の修復

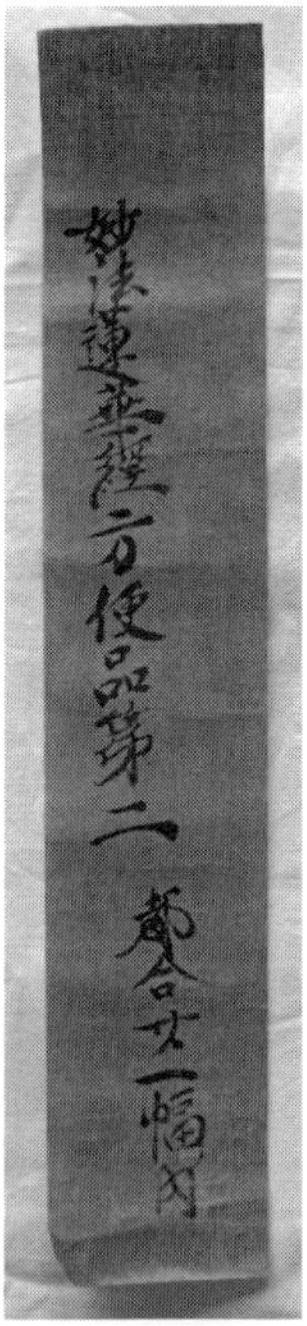

図7　「古表具之裏書」第二幅　縦三六・二cm、横五・六cm

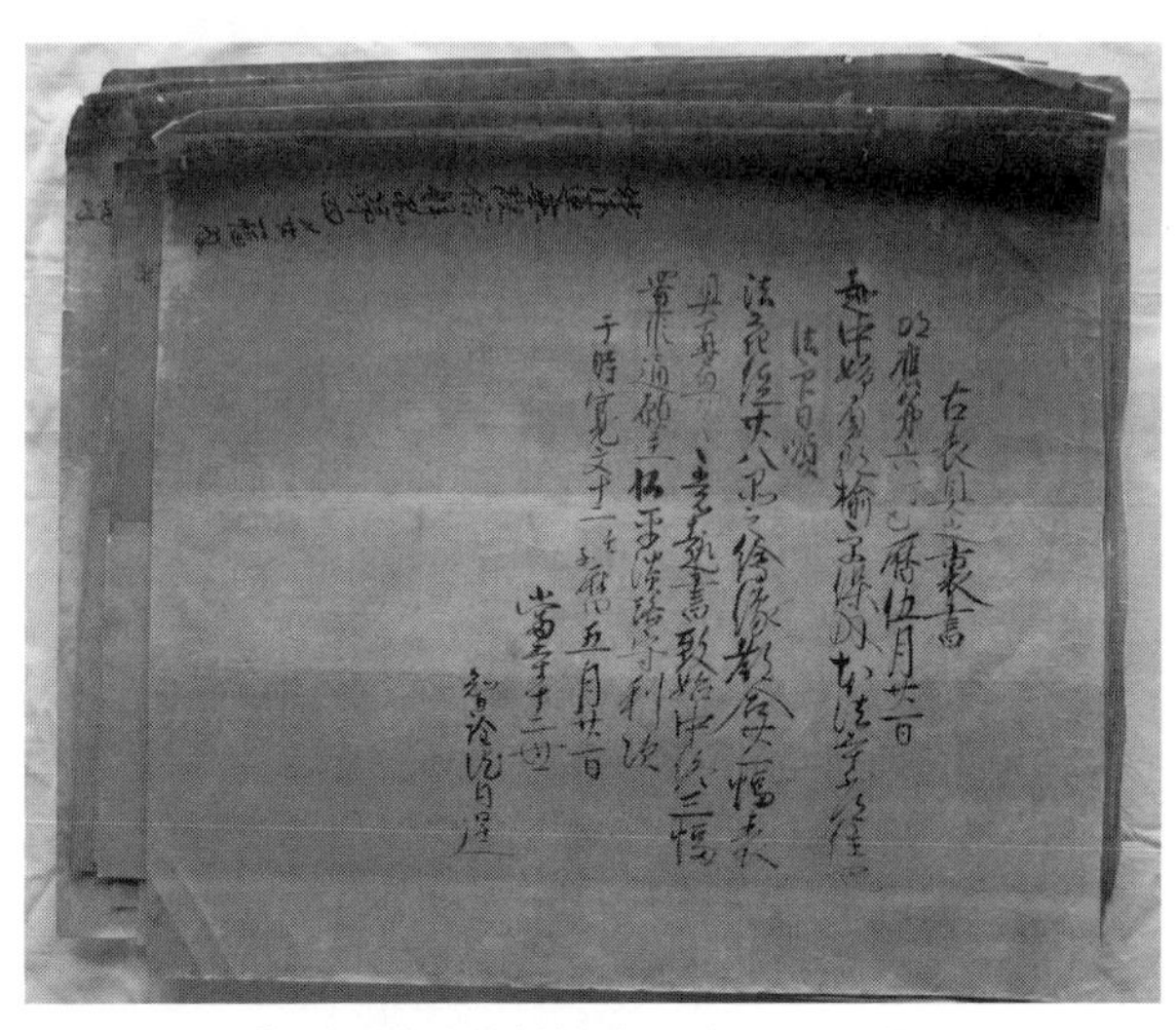

図8　「古表具之裏書」第四幅　縦46.2cm、横51.3cm

経緯を記したものであろう。ただし、「妙法蓮華経薬草喩品第五」のみは「法印日順」にあたる部分の紙が剝がされており読めない。

「古表具之裏書」にいう「越中婦負郡楡原保」は、中世においては、婦負郡北部の広域地域名を指し、井田、城生、樫尾、黒瀬谷など、本法寺が宮腰に移転する前に寺基があったとされる地域をすべて含む。[13]旧・細入村楡原ではない。この「古表具之裏書」そのものは寛文時の二次資料であるが、この内容に信をおくとすれば、明応六年時には、本作が越中にあることが証されるわけである。

(3)寛文修復時の再興之意趣書（図9）（図10）

ほぼ同内容のものが二枚ある。(2)の裏書に記述された「表具再興之意趣書」にあたるもので、本来はもう一枚あっただろう。御山主・高橋日啓師のご教示によれば、緑青焼けの形状から第二幅と第二十二幅の裏書にあたる。

以下は図10（第二幅裏書）の翻刻である（傍線引用者）。

古表具之裏書

明応第六丁巳伍月廿一日

越中婦負郡楡原保内本法寺常住也

法印日順

日逞注曰

此法華経壱部廿八品之絵像者厥人王九十五代後醍醐天皇御宇嘉暦元年自海底上其時代当国富崎城主神保八良左衛門殿当寺先住日順法印寄与之爾已来歴三百三十余歳以故絵像表具皆悉破損依之代々之住持雖有修治願而無其

力矣爰当国富山城主松平淡路大守利次尊君万治年中有御披見忽発欽仰之志欲厳飾之自爾至寛文年中始終十三箇年之間都合廿一幅修成之加焉山林畠田等寄附之給畢
寔是善根無量福徳無限於茲我願既満衆檀望足焉
然者則当寺歴代之住持為利次尊君武運長久毎朝勤行刻御祈禱一座宛永代可相勤者也

伏冀

利次尊君武運長久家門安寧国中快楽伽藍昌盛衆檀繁栄至祝至禱
至禱至祝

表具師

松平淡路守尊君御家礼松井庄右衛門宗有令表具畢数年細工之砌及拝見忽発宗門改転志頂大乗妙典成当寺檀那与
依之信力堅固之志願記茲矣

于時寛文拾弐壬子暦五月廿一日

越中国婦負郡楡原保内黒瀬谷
長松山本法寺常住

十二世住持智詮院敬書

日逞（花押）

（日逞注読み下し）

此の法華経壱部二十八品の絵像は、それ人王九十五代後醍醐天皇の御宇嘉暦元年海底より上り、其時代の当国富崎城主・神保八良左衛門殿、当寺先住日順法印にこれを寄与す。来歴三百三十余歳のゆえをもって絵像の表

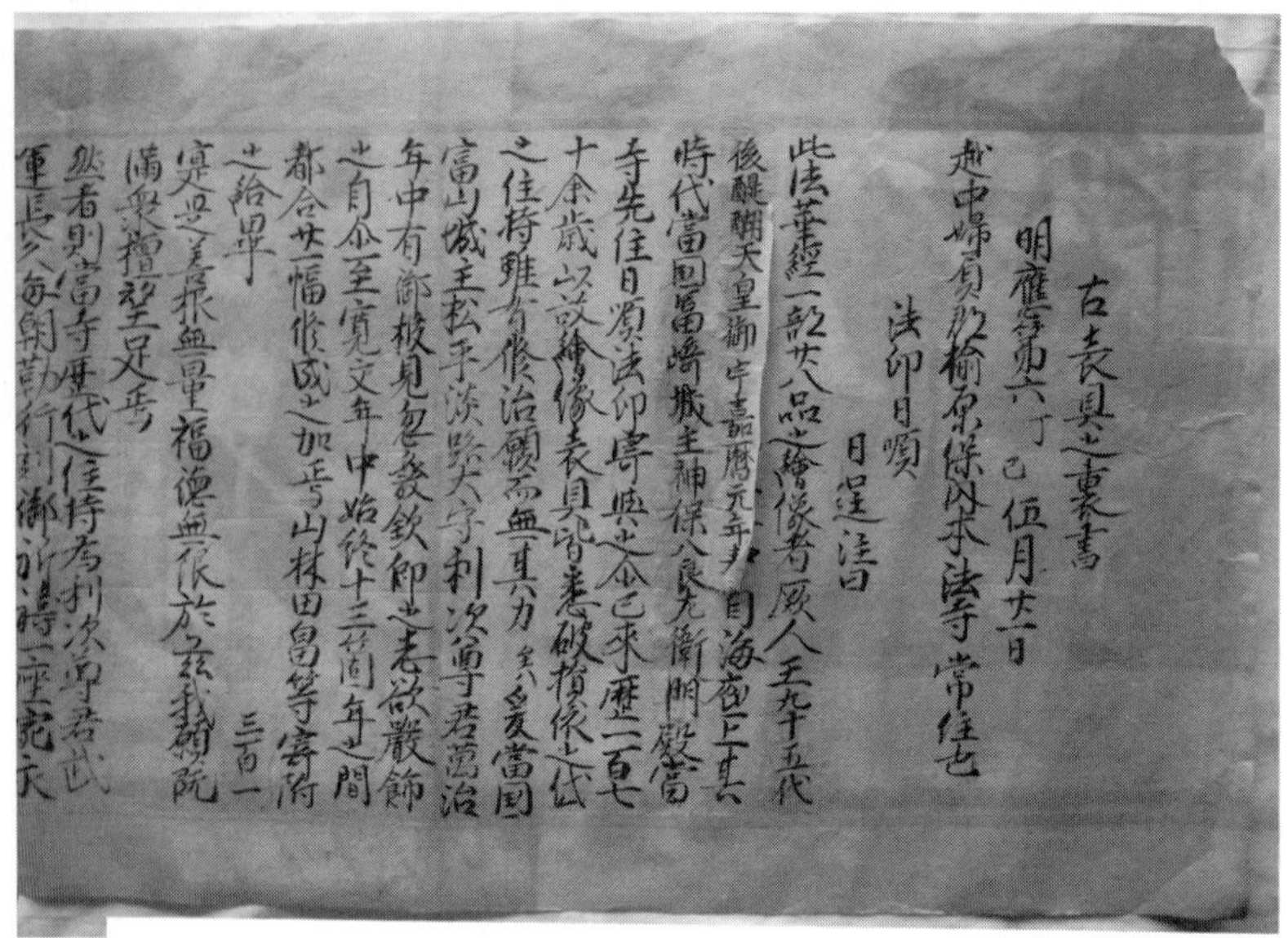

図９　「表具再興之意趣書」１　縦36.2cm、横98.1cm

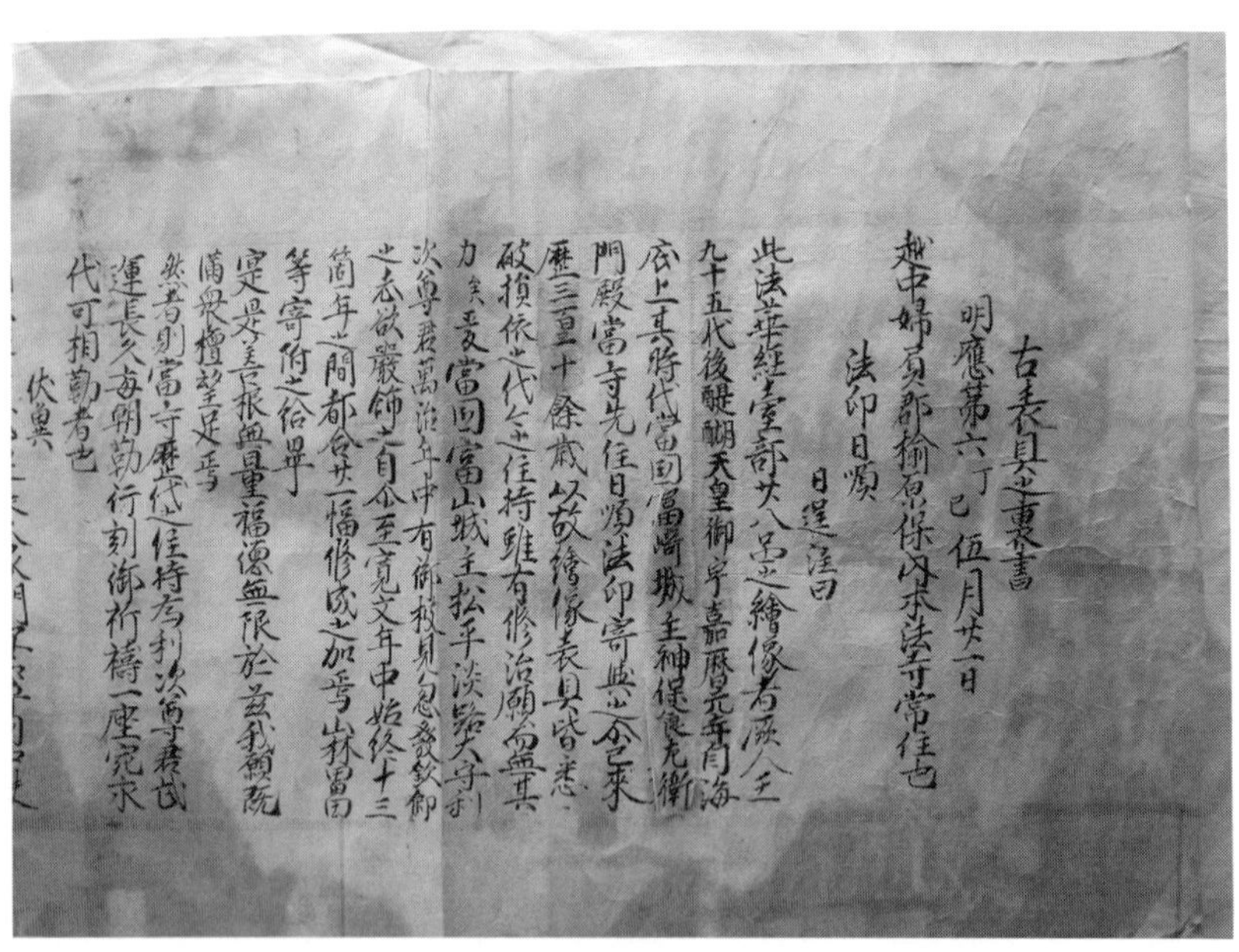

図10　「表具再興之意趣書」２　縦42.4cm、横96.0cm

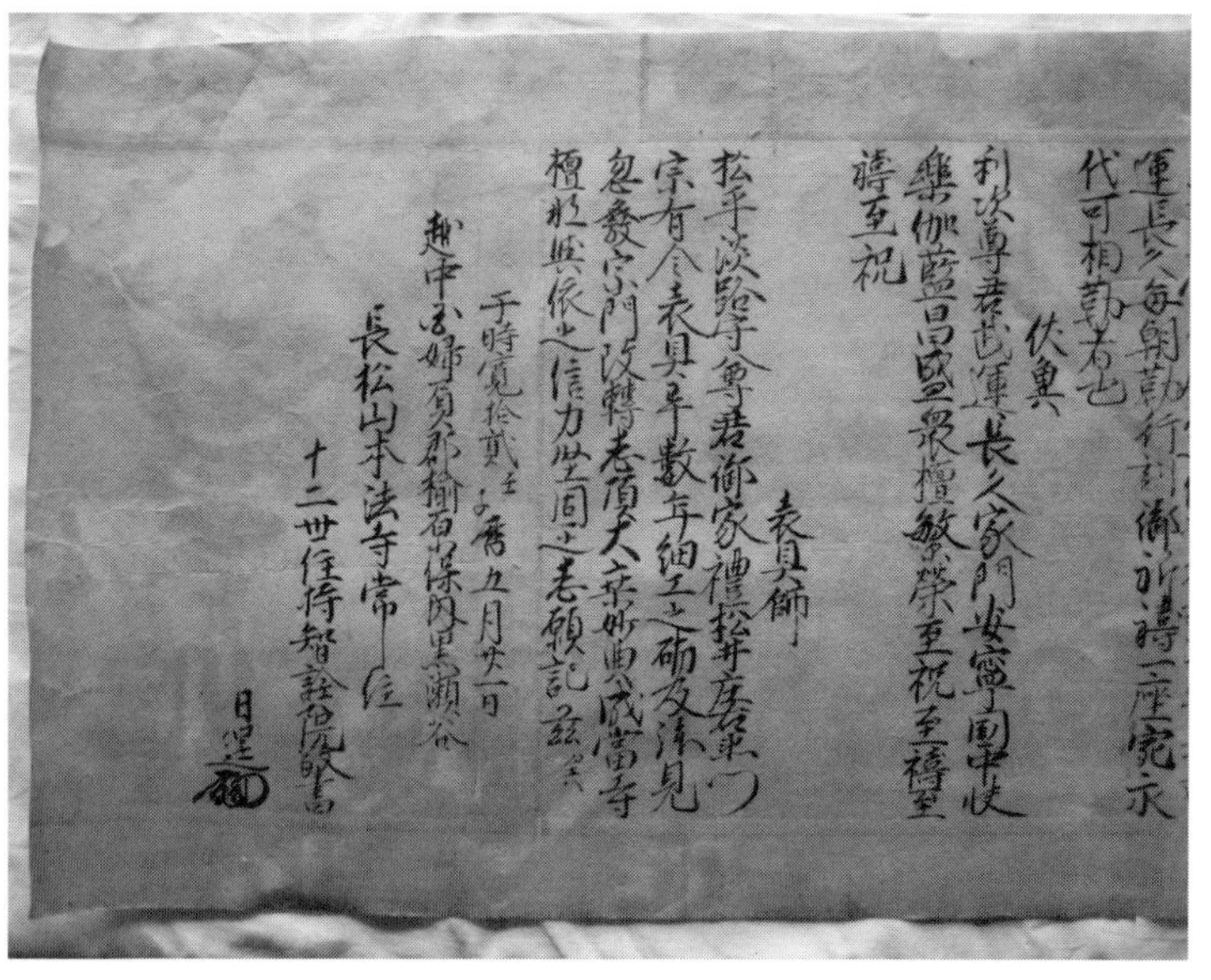
運長久毎月勤行刻御祈禱一座宛永
代可相勤者也
伏惟
利次尊君武運長久家門安寧國中快
樂伽藍昌盛衆檀繁榮至祝至禱至
禱至祝
表具師
松平淡路守尊君御家禮松井彦右衛門
宗有今表具平數年細工之砌及德見
忽發宗門改轉志頂大乘妙典成當寺
檀那與依之信力堅固之志願記茲矣
于時寛文拾貳壬子曆五月廿一日
越中國婦負郡榆原保内里瀬谷
長松山本法寺常住
十二世住持智詮院日是敬書
日是（花押）

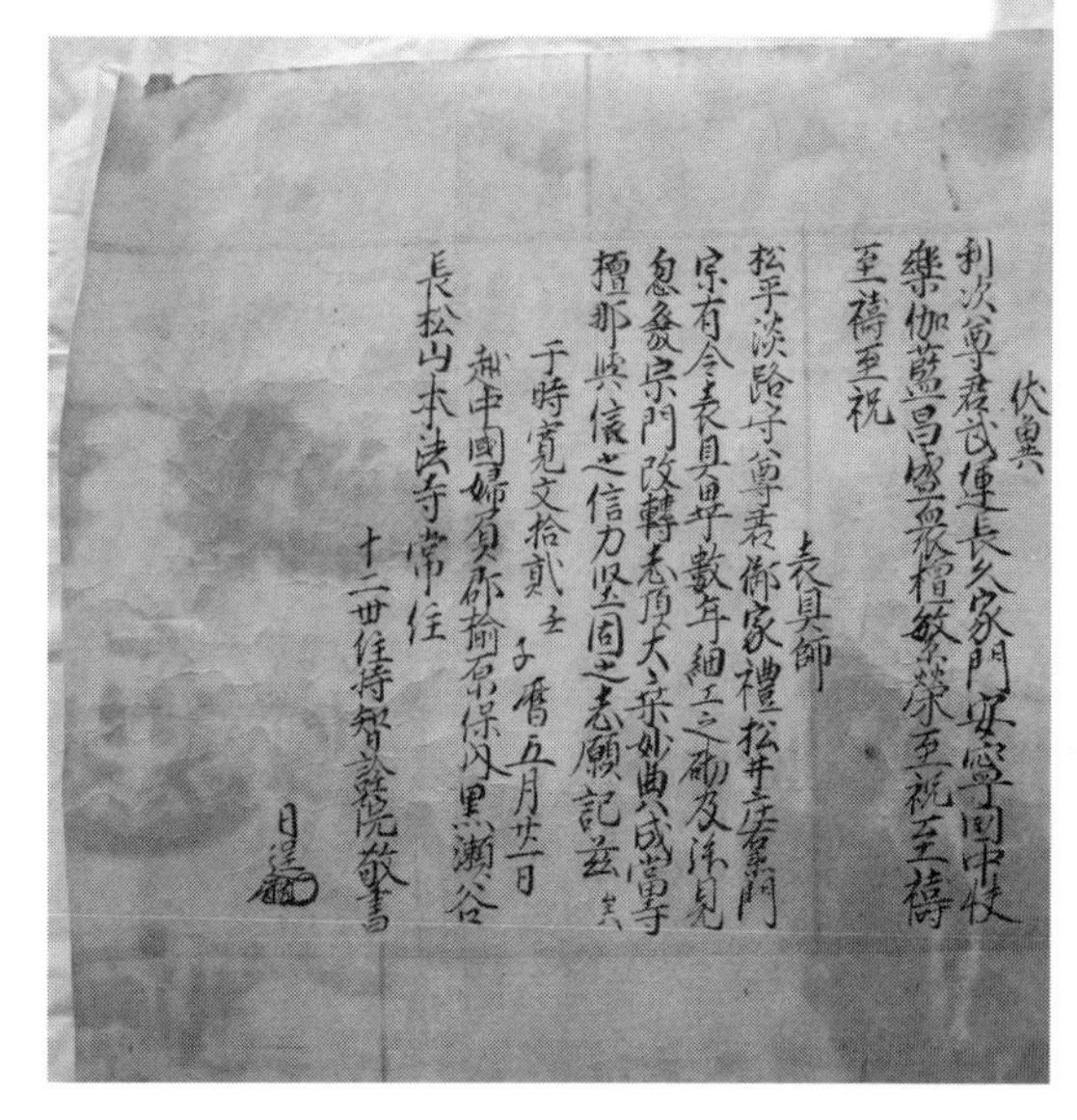
伏惟
利次尊君武運長久家門安寧國中快
樂伽藍昌盛衆檀繁榮至祝至禱
至禱至祝
表具師
松平淡路守尊君御家禮松井彦右衛門
宗有今表具平數年細工之砌及德見
忽發宗門改轉志頂大乘妙典成當寺
檀那與依之信力堅固之志願記茲矣
于時寛文拾貳壬子曆五月廿一日
越中國婦負郡榆原保内里瀬谷
長松山本法寺常住
十二世住持智詮院日是敬書
日是（花押）

具皆悉く破損す。これによりて代々の住持、修治の願いありといえどもその力なかりし。ここに当国富山城主・松平淡路大守・利次尊君、万治年中に御披見あり。たちまち欽仰の志を発し、これを厳飾するを欲す。これより寛文年中にいたる始終十三箇年の間、都合二十一幅これを修成す。ここに加うるに山林畠田等寄附これを給いおわんぬ。

まことに是れ善根無量、福徳無限。ここにおいて我が願いすでに満ち、衆檀の望み足れり。しかればすなわち当寺歴代の住持、利次尊君の武運長久の為、毎朝勤行し、ときに御祈禱一座宛、永代あい勤むるものなり。伏してこいねがう、利次尊君の武運長久、家門安寧、国中快楽、伽藍昌盛、衆檀繁栄、至祝至禱、至禱至祝。

表具師

松平淡路守尊君御家礼、松井庄右衛門宗有表具せしめ畢んぬ。数年細工のみぎり拝見におよび忽ち宗門改転の志を発し、大乗妙典を頂き、当寺の檀那となる。これによりて信力堅固の志願をここに記す。

この時寛文拾弐壬子暦五月廿一日

越中国婦負郡楡原保内黒瀬谷

長松山本法寺常住

十二世住持智詮院敬書

日逞（花押）

ただ、不審なことに、傍線部「九十五代後醍醐天皇御宇嘉暦元年」「富崎城主神保八良左衛門」「三百三十」の部分は、実は本紙に貼紙をしたものに書かれている。二〇〇四年時の拙稿では、貼紙の状態のまま翻刻したので、松山充宏の翻刻[14]を参照し、ここに訂正する。一部剥がれた部分と裏からの観察によれば、「一百四代御土（ママ）御門天皇御宇明応年中」「富山城主神保若狭守」「一百七十」とあったようである。表4に対照を示した。

もう一枚の同じ内容の裏書（図9）の貼紙は二枚で、「一百七十」の部分がもとのまま読める。貼紙部分の筆跡は、他の部分の筆跡と似てはいるが、伸びやかさに欠ける。また、日浧は、文中の他の部分では年紀に「明応第六暦」「余歳」と「暦」「歳」の文字を用いており、「年」という用語は用いていない。「妙法蓮華経薬草喩品第五」の「法印日順」の部分が剝がされていることも勘案すれば、筆者である日浧本人が書き損じた部分を訂正したというよりは、「明応」の年号が不都合であること、つまり他の史料と齟齬すること、に気づいた後代の人物によってなされた作為ではないかと思われる。

表4　裏書　旧状と現状対照表

旧状	貼紙（現状）
一百四代御土(ママ)御門天皇御宇明応年中	九十五代後醍醐天皇御宇嘉暦元年
富山城主神保若狭守	富崎城主神保八良左衛門
一百七十	三百三十

(4) 序品補作時の裏書（図11）

延宝七丁未五月十三日

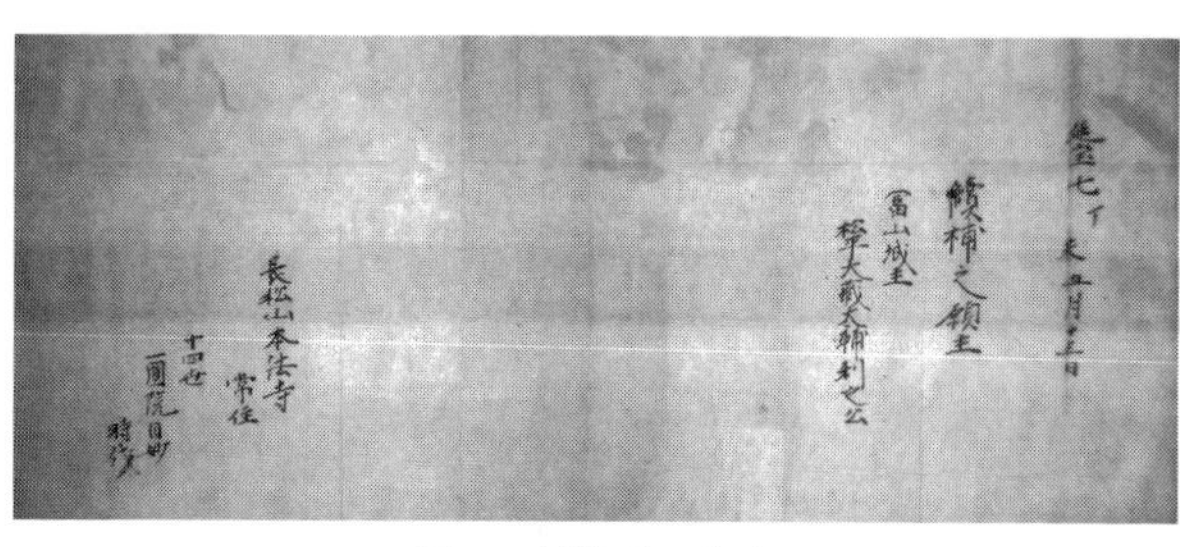

図11　補作時の裏書

続補之願主
富山城主
松平大蔵大輔利之公
長松山本法寺
常住
十四世
一円院日妙
時代

松平大蔵大輔利之公とは、元禄四年（一六九一）に、曹洞宗から日蓮宗に改宗し、富山・大法寺を菩提寺とした富山藩第二代藩主・前田正甫である。

(5)軸木墨書

直に墨書された軸木が二本遺存している（図12）。長さは一三八・〇センチメートルである。ほかに墨書の痕跡のみ残り、全く読めなくなっている軸木も二本ある。

寛文六年　十月四日出来
黒瀬村本法寺　寛文拾壱暦九月十三日　松井庄右衛門尉宗在仕之

(6)表具切

包上書に「古来伝説曰海中出現之表具切也ト云々」と記された表具切（図13）が遺存する。繊維はほぐれかけており、植物文様であったかと思われるが明確ではない。

「古表具之裏書」「軸木墨書」等の内容から抽出できる情報は以下のようにまとめられよう。

(a)明応六年（一四九七）五月二十一日に、本作が越中婦負郡楡原保内本法寺常住である旨を法印日順が記した裏書がかつて存在していた。

(b)万治年中より寛文十二年（一六七二）まで十三箇年を要して、富山藩初代藩主・前田利次（一六一七～七四）が

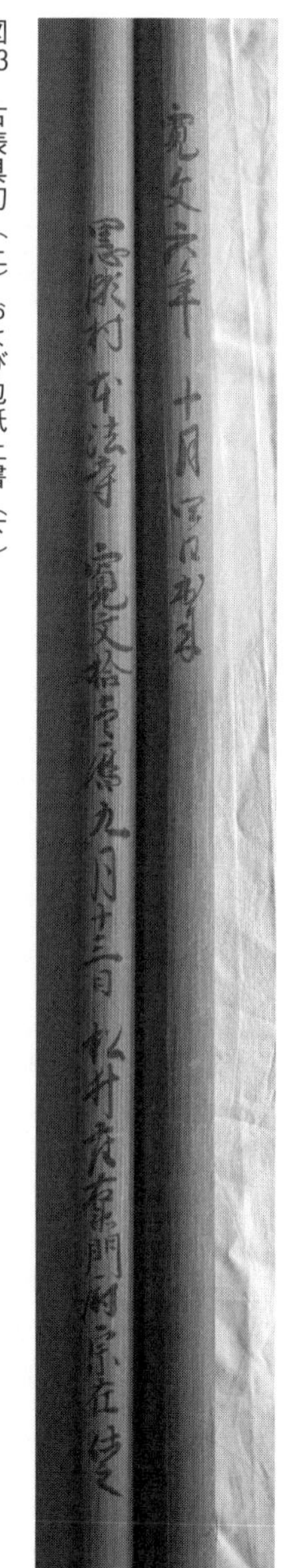

図12　軸木墨書

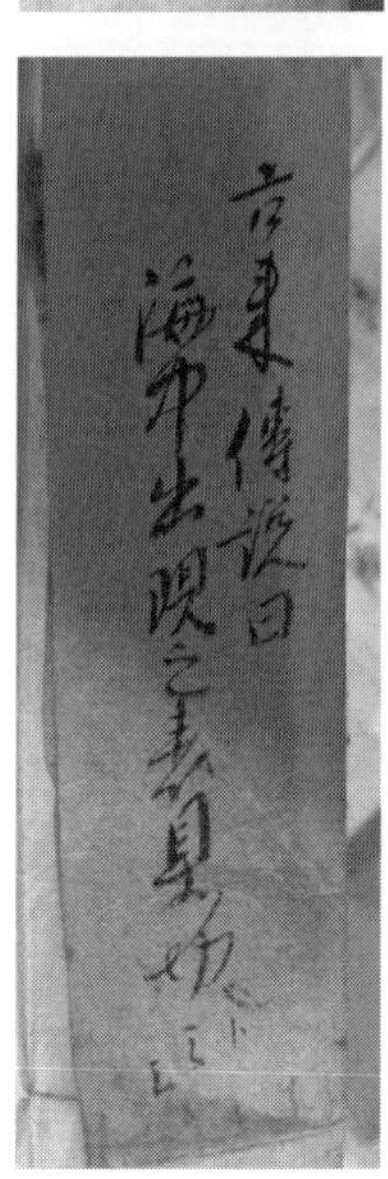

図13　古表具切（上）および包紙上書（下）

二十一幅の修復を行わせた。

(c)寛文十二年、本法寺十二世智詮院日逞が、(a)を写し、あわせて(b)の修復経緯を記した。これが現存する指定文化財「古表具之裏書」である。

(d)修復の際の表具師は利次の家来・松井庄右衛門であった。

(e)延宝七年（一六七九）、富山藩第二代藩主・前田正甫（利之）によって序品が補作された。

(f)後代、本法寺十二世智詮院日逞が書記した「古表具之裏書」に、何者かによって貼紙が押され、内容が書き改められた。

第三節　由緒書、寺伝の検討

「古表具之裏書」以外に、本法寺に現存する史料で、本作に関係するものには以下がある。

(1)「本法寺由緒」

本法寺に伝来する史料において、嘉暦の年号が見いだせる最も古いものは、元禄十年（一六九七）四月二十八日に本法寺日修が書き上げた「本法寺由緒」である。佐藤清賢が『日導上人の八重襷歌』[15]に紹介しているが、原史料については、筆者は未見である。

本法寺由緒

一、越中婦負郡黒瀬長松山本法寺嘉暦元年建立寺院開山八日順法印応安元年八十七歳ニ而寂

一、嘉暦年中ニ法華経廿八品絵像海底より上リ当寺之重宝ニ罷成今以御座候
一、御本山日陣聖人より代々之御本尊御座候
一、往事城主斎藤家之菩提所天正年中ニ斎藤信利より補任状御座候
一、寺地ハ井田村より村雲村江引夫より慶長年中ニ只今之所江移申候開基より元禄十年迄三百七十二年ニ罷成
　中候事

この書式は、「延宝年中加越能社寺来歴」（底本：金沢市立図書館加越能文庫蔵）や「貞享二年寺社由緒書上」（底本：石川県立図書館蔵）[16]などの、加賀藩に差し出された書式と共通する。正確な内容が必要とされる書式である。しかしながら、この時点で、寛文時の「古表具之裏書」では先住という位置づけでしかなかった明応六年（一四九七）時裏書筆者・日順が、嘉暦元年（一三二六）建立寺院の開山で応安元年（一三六八）に没すると変更された。

(2)『海中出現法華経二十八品図貌略縁起　越中国本法寺』

宝暦十二年（一七六二）に開板された「海中出現法華経二十八品図貌略縁起　越中国本法寺」（巻末資料編、資料1）は、以下のような書き出しで始まる（読解のため句読点を補う）。

人王九十五代後醍醐天皇の御宇正中二年夏乃頃より嘉暦元年の正月に至るまで、越中の放生津乃浦乃海上におゐて毎夜光を発して波浪紅に変ず。魚鱗怖をなして都て近づき湊る事なし。漁人網をおろすに一魚をも得ず。（中略）宦吏恠をなして大綱をしつらひ光のもとを探求るに一奇物を獲たり。其形団〻としてうき木のごとく海艸しげり群貝よりついて海底に在こと幾歳を経とも計がたし。打擲て内を窺ふに中に廿二幅の巻軸あり。則同国富崎乃城主神保氏に是を献ず。

この二十二幅の巻軸の内容を解説できたのが、本法寺の日順であるという。

吾寺乃開祖日順法印、字ハ浄信といふ者博学の名あり。（中略）法印を請じて絵釈談義を聞給ふ事三年に及ぶ。是に依て信伏随従し、終に法華経受持の行者となり、此曼荼羅を以て日順に賜ふ。日順これを得て当寺に納什物とす。是此絵乃吾寺の霊宝たる由来也。嘉暦元年海中出現より今年壬午に至るまで都て四百三十七年也。

この縁起文は、宝暦十二年（一七六二）の出開帳のために作成されたものとみられ[17]、以下のことが語られる。

(ア)嘉暦元年、二十二幅の画幅が放生津の海中より出現した。
(イ)画幅は富崎城主・神保氏に献じられた。
(ウ)城主に対して、日順法印が、三年にわたり絵解き談義を行った。
(エ)日順法印の字は浄信である。
(オ)絵解き談義の功績により、日順に二十二幅が下賜された。
(カ)享保四年（一七一九）に四谷大木戸理性寺において出開帳が行われた[18]。
(キ)宝暦十二年（一七六二）に伊皿子長応寺において出開帳が行われた。

すでに元禄十年の「本法寺由緒」において、明応期の先住・日順は、嘉暦元年建立寺院の開山に改変されていた。宝暦十二年の略縁起では、日順の字（あざな）が浄信とされた。この認識は明治時代以降の刊行物に受け継がれてゆくが、さらに浄信は、日印に帰伏する以前に天台僧であった時の名とされる[19]。

嘉暦元年から三年の年号についてはどうか。捏造あるいは潤色とすれば、嘉暦の年号が、江戸時代初期の本法寺において、特別な意味をもつ画期であったはずである。鎌倉時代末期には、興門流初期の宗学者で建武三年（一三三六）に「日順阿闍梨血脈譜」を著した三位房あるいは三位阿闍梨（一二九四～一三五四）と呼ばれる日順という名の僧侶がいる[20]。嘉暦頃は、三位日順の活躍期でもある。「日順」の名にひかれ、制作年代を嘉暦の年号に仮託したということは想定としてはありえる。しかし、門流意識の強い江戸時代にあって、日陣門流である本法寺が、日興門流の学頭をことさらに顕彰する理由はないだろう。

管見の及ぶ限りにおいて、日陣門流の本法寺と嘉暦の年号の接点は、六老僧の一人・日朗の弟子にあたる日印が、嘉暦三年（一三二八）、日陣門流本山・越後本成寺と鎌倉本勝寺を弟子・日静（一二九八～一三六九）に付属したことである[21]。日静は、日陣の師である。法華宗陣門流総本山の長久山本成寺には、嘉暦三年十月八日付の「本成寺置文」（新潟県三条市指定有形文化財「本成中世文書」のうち）が現存する。ただ、日静は六条門流・大光山本国寺[22]の四祖にもあたる。佐藤清賢[23]によれば、足利氏という有力な外護者をたよって、日蓮旧跡・鎌倉本勝寺を京都に移して寺名を本国寺に改め、本成寺に一度も登山せず、三箇の重宝を本国寺に移したという人物である。江戸時代の日陣門流の追慕の対象となる人物とはいえないのではないだろうか。むしろ、法華宗らしからぬ僧名の浄信と、いかにも法華宗僧侶らしい僧名の日順とを同一視する行為は、逆に、本法寺に本作が伝来した時点で「勧進僧浄信」の記名があったことを証するだろう。それは同時に「勧進僧浄信」は、本法寺の歴代とは無縁であることを証するのではないだろうか。また、『法華経』の巻次に従って二、三ヶ月ごとに推移する画幅年紀は、今は失われた裏書か、あるいはなんらかの文書に典拠があるとみた方が自然であろう。

おそらく寛文修復時の関係者には、法華宗寺院としての整合性よりも、もともとあった墨書銘を尊重する態度がありえたのだろう。それが、本末制度が整備されるにつれ、年紀や「勧進僧浄信」の記名が、法華宗寺院の寺格との整合性に欠けることが次第に本法寺内の重要な関心事となり、ついに積極的に改変する挙に出たものと思われる。こうした改変は、同時期、宗派を問わず、多くの寺院でも行われたようで、同じ富山県下の勝興寺の古文書あるいは裏書の偽作も知られている(24)。

以上を要約すれば、本作は、嘉暦元年から三年（一三二六～二八）の間に、僧浄信によって勧進され、制作された。明応六年時（一四九七）には、婦負郡楡原保内本法寺における存在が確認でき、以後、本法寺に重宝として襲蔵せられてきた。当時の本法寺住職は日順である。この認識は、寛文時修復まで継承されたが、元禄十年（一六九七）以降、日順は嘉暦元年建立時の開山であるとされ、宝暦十二年（一七六二）以後は、浄信と日順とを同一視するようになった。

註

（1）有賀祥隆「来振寺本五大尊像より再出の紀年銘（研究資料）」（『美術研究』三一〇号、一九七九年）

（2）柳沢孝「仁平三年銘の持光寺蔵普賢延命菩薩絵像」（『美術研究』二五四号、一九六七年、同『柳沢孝 仏教絵画史論集』中央公論美術出版、二〇〇六年所収）

（3）「新指定の文化財」（『月刊文化財』五七号、一九六八年）

（4）泉武夫「応徳涅槃図の図像と表現」（同『仏画の造形』吉川弘文館、一九九五年）二〇七頁（初出原題「応徳涅槃図小論」『佛教藝術』一二九号、一九八〇年）

（5）赤沢英二「海西人良詮筆仏涅槃図について」（『國華』一〇四五号、一九八一年、同『日本中世絵画の新資料とその研究』中央公論美術出版、一九九五年所収）

（6）序註（5）文献①に、松岡映丘の談として記載がある。また、序註（5）文献⑮東京国立博物館展覧会図録『大日蓮展――立教開宗七五〇年記念――』の本作解説（行徳真一郎担当、二三六頁）に、「一遍聖絵、春日権現験記絵巻、東征伝絵巻など、鎌倉時代後期の各種説話画の特徴が混在してみえる」とある。

（7）以下特に断らない限り、すべて『妙法蓮華経』のことを指す。

(8) 旧国宝時代に結成されたため、昭和二十五年（一九五〇）の文化財保護法の規定により重要文化財指定となった後も、この名称が使われている。
(9) 東京国立文化財研究所美術部・情報資料部編『日本絵画史年紀資料集成 十世紀―十四世紀』（中央公論美術出版、一九八四年）一九七頁。ただし序註（5）文献①②には「湛明」となっている。
(10) 第十三幅、第二十幅の年紀について光学的調査を行わせていただいた。その際の知見は、序註（17）拙稿①②にまとめた。
(11) 序註（5）文献⑦佐藤清賢『日導上人の八重襷歌』一八〇頁。佐藤清賢は、三条市・円明寺五世、豊橋市・乗運寺二十三世。
(12) 『八尾町史』に五片とあり、平成二年（一九九〇）時調査において撮影が許されたのが五片であったため、平成十六年（二〇〇四）時の拙稿においては五片となっているが、本法寺には十九枚の「古表具之裏書」が現存している。
(13) 序註（16）文献④本宮日顕『法華経曼荼羅絵図 全』所収年表
(14) 松山充宏「史料紹介 本法寺「絹本著色法華経曼陀羅図」裏書」（富山市教育委員会編『日本海文化研究』、二〇一二年）
(15) 序註（5）文献⑦『日導上人の八重襷歌』一七五～一七六頁
(16) 井上鋭夫校訂『加越能寺社由来 上』（金沢大学法文学部内日本海文化研究室編、日本海文化叢書第一巻、石川県図書館協会、一九七四年）所収
(17) 宝暦十二年の出開帳の認可記録が以下にある。松山充宏氏のご教示による。朝倉治彦「資料紹介『開帳差免帳』細目（稿）」（国立国会図書館主題情報部『参考書誌研究』第五五号、二〇〇一年）一〇頁に「宝暦十二年（中略）越中国婦負郡黒瀬谷　日蓮宗　本法寺」がある。
(18) 四谷大木戸理性寺（現・東京都杉並区永福）と伊皿子長応寺（現・東京都品川区小山）は、同じ法華宗陣門流である。

（19）序註（16）文献②③④
（20）①執行海秀『日蓮宗教学史』（平楽寺書店、一九五二年）四二～四四頁。②『日蓮宗事典』（日蓮宗宗務院、一九八一年）六一二～六一三頁
（21）序註（5）文献⑦佐藤清賢『日導上人の八重襷歌』八一頁
（22）本国寺は、現在の本圀寺。江戸時代初期に水戸光圀より一字を賜り改名という（『日蓮宗事典』日蓮宗宗務院、一九八一年、七〇六頁）。
（23）序註（5）文献⑦佐藤清賢『日導上人の八重襷歌』八一頁
（24）岫順史編『雲龍山勝興寺古文書集』（桂書房、一九八三年）二～七号実如文書

第三章　宗義と二十二幅の構成

本作を現蔵する本法寺は、新潟県三条市・本成寺を総本山とする法華宗陣門流寺院である、自らを法華経行者と位置づける日蓮を祖師とし、『法華経』を格別に扱う法華宗寺院に、二十二幅の「法華経曼荼羅図」が伝来し尊重せられていることは、当然といえる。

ただ、制作期と考えられる鎌倉時代末期の歴史的背景を考えると疑問も生じる。日蓮に関係する造像活動としては、髭題目とも呼ばれる特異な題目が思い浮かぶ。十四世紀の造像活動の場合でも、福井県・本境寺蔵「大曼荼羅図」二幅（妙顕寺旧蔵）のような題目を中心とする絵画や、京都市・本法寺蔵の二仏並座の「宝塔絵曼荼羅図」などであり、経意を詳細に描くものではない[1]。

また、日蓮を開祖とし、日陣を門流の祖とする宗義からみれば、本作二十二幅の構成は理解に苦しむ部分もある。本作の典拠となっている『法華経』は、智顗（五三八～五九七）の『妙法蓮華経文句』巻第一上によって、序品から安楽行品第十四までが迹門、従地涌出品第十五から普賢菩薩勧発品第二十八品までが本門と分けられ、さらにそれぞれが序分、正宗分、流通分と分科される[2]。この科段は、『法華経』を学ぶ者にとっては必須である。

そして、日蓮の思想においては、本門こそが重視されねばならない。特に久遠の本仏を説く如来寿量品は、一門六段の分科では、本門中の本門、正宗中の正宗である。「寿量品ヲシラサル諸宗ノ者畜ニ同シ。不知恩ノ者ナリ[3]」とまで激越に、寿量品の大切さを説く。そして、日蓮は、度重なる法難と経文との符合から、特に地涌四大菩薩の上行菩薩に自己を擬し、従地涌出品を重視する[4]。以上の認識は、本迹勝劣論争を行った日陣[5]を祖とする門流においては、当然の認識であろう[6]。

ところが、本作においては、その最も重視されるべき従地涌出品と如来寿量品とが一幅にまとめて描かれている。また、迹門十四品のうち十二品までを一幅ずつ独立させて経意を詳細に描くのに対し、むしろ本門は二品ずつ一幅に描かれる。つまり、本門の方が簡易に描かれているのである。これは、勝劣一致派の門流においてさえも認めがたい本門軽視といえよう。

こうした構成から考えて、本作が本来的に日蓮を祖とする門流のために制作されたものとは考えにくい。例えば、本法寺と同じ法華宗陣門流に属する静岡県・本興寺に所蔵される「法華経曼荼羅図」四幅（重要文化財）が、もともと制作された寺院から移動しているということを考慮に入れねばならないだろう。本興寺蔵本の裏書によれば、もとは奈良県・楽田寺の阿闍梨によって建武二年（一三三五）に制作されたもの[7]で、本興寺七祖日勝（享禄三年〈一五三〇〉没）の代に本興寺に施入されていることがわかる[8]。

本法寺蔵本も本興寺蔵本と同様に、所蔵が変転していると考えねばならないだろう。では、本来制作が発願されたのは、どこか。

その検討のための原資料は、実のところ、絵そのものしかない。本作に関連する最も古い史料である「古表具之裏書」、つまり寛文十二年（一六七二）修復時の史料以前は、所在についてすら、実は明確ではないのである。従って、原資料である二十一幅の画面を充分に検討する必要がある。

註

（1）①若狭の古寺美術刊行会編『若狭の古寺美術』（一九八三年）一九九～二〇〇頁。②序註（5）文献⑮東京国立博物館展覧会図録『大日蓮展――立教開宗七五〇年記念――』九〇～九五頁および解説二三一～二三三頁

（2）①『大正新脩大蔵経』一七一八、三四巻「妙法蓮華経文句巻第一上」（以下『大正蔵』番号、巻数、頁数、上中下段、行数で示す）。②『国訳一切経　印度撰述部　法華部　二』（大東出版社、一九九〇年）一四～一五頁。なお、本作短冊墨書の文言と『大正蔵』が相違する場合は、『大正蔵』を優先したが、「従地踊出品第十五」と「従海踊出」については、通行の「従地涌出品第十五」と「従海涌出」とした。

（3）立正大学日蓮教学研究所編『昭和定本日蓮聖人遺文』第一巻（総本山身延久遠寺、一九八八年改訂増補版）「九八開目抄」五七八頁一〇行

（4）日蓮の従地涌出品、如来寿量品についての認識については以下を参照した。①『日蓮宗事典』（日蓮宗宗務院、一九八一年）五七・三八二頁。②田村芳朗・藤井教公『仏典講座7　法華経　上』（大蔵出版、一九八八年）二〇～二二頁

（5）①執行海秀『日蓮宗教学史』（平楽寺書店、一九五二年）一〇七～一〇八頁。②『日蓮宗事典』（日蓮宗宗務院、一九八一年）六一七～六一八頁

（6）構成上の問題については、三重県・安楽寺・西片元証御住職にご教示を受けた。また、前掲註（5）文献と以下を参照した。①久保尚文「日陣の勝劣義」（同『越中における中世信仰史の展開　増補版』桂書房、一九九一年、初版一九八四年）六六～六八頁。②布施義高「初期日蓮教学史と本迹論」（『印度学仏教学研究』六〇（二）、二〇一一年）

（7）本興寺蔵「法華経曼荼羅図」と楽田寺に関する文献は以下。①廣瀬瑞弘『田原本郷土史』（田原文化クラブ、一九五一年）二八～二九頁。②百橋明穂「本興寺の法華経変相図」（『日本美術工芸』四五七号、一九七六年、同『仏教美術史論』中央公論美術出版、二〇〇〇年所収）。③『田原本町史』本文編（一九八六年）六五九頁。④倉田文作・田村芳朗監修『法華経の美術』（佼成出版社、一九八一年）一九八頁。⑤『ふるさとの古寺らくでんじ』（田原

本町、一九八二年）。⑥赤井達郎『絵解きの系譜』（教育社、一九八九年）三二九〜三四〇頁。⑦『角川日本地名大辞典29　奈良県』（一九九〇年、角川書店）。⑧梶谷亮治「我が国における仏教説話の展開」（奈良国立博物館編『仏教説話の美術』思文閣出版、一九九六年）二三三頁。⑨梶谷亮治「法華経見返絵の展開」（奈良国立博物館編『法華経――写経荘厳――』東京美術、一九八八年）三六〇頁。⑩東京国立博物館展覧会図録『大日蓮展――立教開宗七五〇年記念――』（二〇〇二年）図版71、解説二三六頁

（8）前掲註（7）文献④一九八頁によれば以下である。

此廿八品絵像者　遠州越智郡常霊山本興寺　什物之　昔シ年号建武二年ヨリ今年マデ三百六拾八年田原本楽田寺阿闍梨トアリ　于後七祖日勝之判有此時納ルト見ヘタリ亦日翁之代寛永七年再興今亦正徳元辛卯年霜月十三日再興之　于時安永年中日義師住職砌於江府表具令寄付者也　安永七戊戌年七月十三日　施主□□□□

第二部　二十一幅の図像の根拠

第一章　『法華経』に基づく図像

第一節　補筆補彩と家屋・服飾の図像学的コード

本作は、制作されてから七百年近い作品である。また、神庫や宝蔵に厳重に納められて伝世したものと異なり、所蔵が変転している。さらに少なくとも三度（明応六年、寛文十二年、昭和四十一年、それぞれ完成年）[1]修復が行われており、補筆補彩という物理的な問題がある。方便品[2]は地面の部分にも補彩があるように見えるし、そのほかの幅にも補筆補彩も見受けられるので、慎重に検討してゆく必要がある。全般的には、教義の上で重要な部分、仏菩薩や宝塔などに補筆補彩が甚だしい。

例えば、法華宗で最も尊重される地涌の菩薩と久遠実成を説く如来寿量品を含む第十四幅（「妙法蓮華経従地涌出品第十五」と「妙法蓮華経如来寿量品第十六」の合幅）は補筆補彩が甚だしい。地涌の菩薩たちの尊顔が、金泥の上に単調で簡略な目鼻を描くのみになっている（図14）。

以下、補筆補彩に留意しつつ慎重に検討してゆくが、図像の読み取りの前に、本作における家屋・服飾の図像学的コードにふれておく。太田昌子の研究にすでに活字化されているように[3]、本作には、衣冠束帯や十二単姿の人物、いかにも寝殿造風である建築は見当たらない。しかし、かといって礼拝対象となる本尊のように、服飾や家屋が完

図14　第十四幅「妙法蓮華経従地涌出品第十五」「妙法蓮華経如来寿量品第十六」合幅　地涌の菩薩

全に、天竺風、震旦風であるかというとそうでもない。ここでは、当時の仏教三国東漸意識(4)にまでは立ち入らないが、おおまかな見取り図を表5に示しておく。

仏教絵画の通例として、仏菩薩は、偏袒右肩や通肩の衣で天竺（インド）風である。また、フリル状の鰭袖のついた裲襠衣、冠、ブーツのような沓を履いた軍装など、震旦（中国）風の服飾は仏菩薩に準じる存在の服飾として、明王や天部の表現に定着している。ただ、本作は儀礼の本尊ではなく、さまざまな階層の人物が登場する説話画であるから、当然、それら俗人の階層や属性が服飾や家屋で表現されている。

群青や緑青で著色された瓦屋根の、宮殿風の建物に住まう人物たちの服飾は、大袖の袍など盤領の長衣である。くつろいだ姿には交領の場合もある。衣服は明度の高い色で塗られ、文様が描かれている。金彩が施される場合もあるが、階級や場に応じて、複雑な様相を示している。特に被り物に関しては、唐式の幞頭が見当たらず、脚のない、むしろ高く張った頭巾とでもいうべきものを着している場合が多い(5)。ボストン美術館蔵「吉備大臣入唐絵」に見られるような唐装ではなく、より新しい震旦（中国）風をあらわしているものと思われる。これらは、正確ではないが、上流階級あるいはその階級に近侍する階級の表象として使われているようである。

黒色か褐色である瓦を葺いた家屋、あるいは藁屋根や板葺き屋根の家屋に住む人々は、ほとんどが、裾短な垂領の着物か、裸体に近い腰蓑姿や褌姿である。褌をつけずに足を剥き出しにする衣服の表現などは、むしろ本朝風といえよう。日常性や貧困のあり様を描く際には、目のあたりにしていた本朝風の表現がとられているのであろう。仏教発祥の地である天竺風を仏菩薩にあて、登場人物の階層を描き分けるにあたって、震旦風を上中流階級にあて、日常具や貧困のあり様を描く際には、むしろ当時の受容者が同時代的に目にしていた表現がとられるようである。第二幅「妙法蓮華経方便品第二」に見られる棟上げの様子などは、宮内庁三の丸尚蔵館蔵「春日権現験記絵」巻一、山口県・防府天満宮蔵「松崎天神縁起絵」巻六などに共通する。[6]

建物に関していえば、本作には「吹抜屋台」は全く見られない。かわって使われているのは、いわば、吹き放ち描法[7]とでもいうべき、四阿風の建物である。これは、鎌倉時代の絵巻や掛幅絵には多く見受けられる表現である。さらに、本作で「吹抜屋台」を全く用いないのは、異国の表象であることを強調するものであったと思われる。

表5　本作の家屋・服飾における三国の描き分け

モード	階層	服飾	家屋
天竺（インド）	仏菩薩	袈裟、納衣等 文様あり、または明度の高い色彩の無地	虚空 屋外
震旦（中国）	仏菩薩に準じる存在 上流階級	冠、幞頭、頭巾 襤襠衣、大袖・盤領の長衣など 文様あり、または明度の高い色彩の無地	瓦葺き家屋 瓦の色は群青、緑青など
本朝（日本）	庶民階級	頭巾等簡単な被り物 筒袖短衣、無地	瓦葺き家屋 瓦の色は黒色 板葺き屋根
	貧困層	半裸、褌、腰蓑	藁屋根

別稿[8]に記したので詳細は省くが、「吹抜屋台」という語そのものが、近代における造語であること、平安時代において、「吹抜屋台」は、「源氏物語絵巻」のような物語絵に固有のものではないことは確認しておきたい。平安時代には説話絵や行事絵にも広く使われている上に、大画面絵画である東京国立博物館（法隆寺宝物館）蔵「聖徳太子絵伝（旧絵殿障子絵）」にも使われている。ただ、鎌倉時代以降の絵師にとっては、古代的な描法である俯瞰構図[9]は、不合理な、使いづらい画法となったのではないかと推測する。用例をみれば、絵師たちは先行作例を参照しつつ、行事の全体的な俯瞰か、産所、寝室など女性に関わる場に限定的に用いるべきであるという意識を強くもつようになったようである。「吹抜屋台」という構図そのものが、「倭」の表現、奥深く座し不可視であるべき権力者の表現、源氏絵の権威などと関わる構図となってゆく趨勢がみてとれる。異国を描く本作に「吹抜屋台」が全く見られないのはそのゆえだろう。

さて現代のように情報が行き渡った時代の目からみれば、必ずしも正確には見えないが、これらの表現が前近代の受容者にどのような感銘を与えたかについては、宝暦十二年（一七六二）に本法寺智光院日遙が撰した略縁起[10]（巻末資料編、資料1）が伝えてくれる。

『海中出現法華経廿八品図貌略縁起　越中国本法寺』（傍線、句読点引用者）

爰に吾寺乃開祖日順法印字ハ浄信といふ者博学の名あり。是をめして問給ふ。法印披見して恭敬礼拝し感歎袂を浸して渇仰信伏する事殆真仏に向ふがごとし。城主是を見て問て云、公既に敬礼する事群をこえたり。是いかなる事を画たるぞや。法印泪を押て答云、是ハこれ本師釈迦牟尼世尊当初霊鷲山におゐて八箇年の間説給ふ処の法華経廿八品二処三会説法開導の図貌なり。夫釈尊乃大慈法華経を説て普く法界の群類を救給ふに、上は有頂に至り下は阿鼻獄に至る。然に我等宿善薄して仏在世におくること已に二千余回の星霜を送り、霊鷲山を去こと悠に幾十万里の山海を隔。年来是を嘆おもふ処に今此図貌を拝し奉れば、幸に仏在世に生れ値て牟尼の尊貌拝し直に霊鷲山に往詣して真仏の御口より法華経一部の始終を聴聞し奉る心地して、歓喜身にあまり覚(おぼ)えずして落涙(らくるい)すと。

見慣れぬ異国の行装は、直に霊鷲山に詣り「真仏の御口より法華経一部の始終を直接聴聞し奉る心地」を感じせしめたのである。

第二節　長者窮子喩を例として

本作は、指定名称の示す通り『法華経』を描いたものである。『法華経』は、奈良時代以来、護国経典として扱われ、写経も盛んに行われた。経巻の見返絵、装飾法華経については、現存するものに限っても、枚挙に暇ない。また、宝塔曼荼羅図や堂塔荘厳の柱絵、経箱など、経巻以外の形式にも、『法華経』の内容が描かれてきた。

しかし、十三世紀以前の制作にかかる法華経絵の現存事例のほとんどが、見返絵のような小画面か、宝塔曼荼羅図のように区画の小さい画面であるため、奈良国立博物館蔵（滋賀県・観音正寺旧蔵）「法華経曼荼羅図」七幅、滋賀県・西明寺の三重塔内部壁画を除けば、本作のように二十二幅の大画面に二十八品すべての経意を詳しく色彩豊かに描いた事例が現存しない。また、平安時代以降の貴族社会においては、写経や法華八講等の儀礼を通じて、『法華経』の内容はよく知られていたため、それぞれの品の最もよく知られた場面を一図か二図描いて経意を示すのが通例で、図像もほぼ固定化している。ところが、本作は、経文の内容を実に詳細に絵画化している。

また、画中にはその図像に対応する『法華経』の経文（偈）が墨書されている。経文は胡粉を塗った短冊形の上に書かれている。これら短冊墨書についてはすべてが当初の書き入れとはいえない。第十四幅「妙法蓮華経従地涌出品第十五　妙法蓮華経如来寿量品第十六」のように補彩の甚だしい幅は短冊形の胡粉も塗り替えられているから、当然墨書も新しい。また、第二幅「妙法蓮華経方便品第二」の「於三七日中思惟如是事」のように、一部、短冊形にではなく直接画面に経文が記されている。さらに、『法華経』本文にない説話部分については、短冊形がほとんど見られない。すべてを当初からの書き入れとみることは困難であり、後代に便宜のために後補された可能性も考えねばならない。が、前代の「仏涅槃図」等にも尊名を書き入れた例は見られ[11]、また図像とは対応しているので、短冊墨書を手がかりに各幅をみてゆきたい。

まず、第四幅「妙法蓮華経信解品第四」長者窮子喩を例として経文の逐語的表現を確認する。本作の法華七喩は、異時同図法を用い、物語の内容を追いやすいように登場人物の着衣の色彩を統一するなど、絵巻物のように描かれている。本来的には火宅喩から始めるべきであるが、本作の長者窮子喩の場面はことのほか詳細、長大であり、本作の特徴を遺憾なく発揮している、美術史的に極めて興味深い例であることから、最初に確認する。

なお、文言の理解については、坂本幸男・岩本裕校注『法華経　上・中・下』[12]、田村芳朗・藤井教公『仏典講座7・8　法華経　上・下』[13]等を参照、引用した。

信解品は、仏の慈悲の広大無辺なること、衆生すべてが仏の子たることを述べる譬喩が中心である。若くして父を捨て、貧窮のうちに諸国をさすらい、たまたま、父である長者の大邸宅にたどりついた窮子は、あまりにも威徳ある長者の姿に逃げ出してしまう。長者は、窮子の機根に応じて順次仕事を与え、ついには群臣の前で親子であることをあかし、全財産を受け継がせるという内容である。

第一項　先行図像の検討

この内容が見返絵に絵画化されることは少ない。宮次男の「法華経見返絵主題一覧[14]」には、わずかに滋賀県・延暦寺蔵「紺紙銀字法華経」、静岡県・本興寺蔵「紺紙金字法華経八巻本」の各第二巻見返絵があげられるのみである。延暦寺蔵「紺紙銀字法華経」の後補を除く当初部分（二、三、五、七巻）の制作年代・制作地については、諸説ある。九世紀中葉の新羅または渤海[15]、九世紀の唐[16]、九世紀の日本[17]、十世紀の日本[18]、十一世紀の日本[19]と判断が分かれている。本興寺蔵「紺紙金字法華経八巻本」についても、八世紀中葉の唐文化圏[20]から十一、十二世紀の日本[21]まで論は分かれるが、遺存する数少ない先行作例として検討しておく。

図15　奈良県・談山神社蔵「紺紙金銀泥法華経宝塔曼荼羅図」第二幅　たまたま父の邸宅前にたどりつくが、①使いが近づくのを見て、殺されるのではないかと逃げ出す　②父から施しを受ける　③荷をおいて地に伏せる姿が描かれている（宮次男『金字宝塔曼陀羅』〈吉川弘文館、1976年〉より転載）

　見返絵は狭小であるために、この二作には諸国をさすらう空間的移動は描かれていない。また、邸宅を一つ描いて、その内外で場面を分けるという方式がとられている。邸宅前では、長子が父と知ら

図16　京都市・立本寺所蔵「紺紙金銀泥法華経宝塔曼荼羅図」第二幅　群臣の前で実子であることをあかす（宮次男『金字宝塔曼陀羅』〈吉川弘文館、1976年〉より転載）

ず見上げるうちに、使いにとらえられ、気絶して水をかけられる場面と、門前の長子が住まう小さな小屋が描かれている。邸宅内では長者が群臣の前で実子であることをあかす場面が示される。江上綏は、延暦寺蔵「紺紙金銀交書法華経」第二巻見返絵の図像も、群臣と長者、窮子とする[22]。

「紺紙金銀泥法華経宝塔曼荼羅図」は画面が大きくなる分、やや詳しく描かれている。十二世紀制作とみられる奈良県・談山神社蔵本第二幅では、金字宝塔の向かって右側に、図像化されている[23]。

自然景の中に場面がちりばめられているので、内容の順序をおうのはかなり難しいが、宮次男によれば、諸国をさすらう空間的な移動も描かれている。父を捨てて困窮し、戸口で衣食を求め、荷物を背負って諸国をさすらいつつ、施しを受ける様が描かれる。そして、たまたま父の邸宅前にたどりつくが、父の使いが近づくのを見て、殺されるのではないかと逃げ出してしまう。絵には、逃げる姿、父から施しを受けるところと、荷をおいて地に伏せる姿が連続的に描かれている（図15）。その後、掃除をする窮子に父が語りかける場面、群臣の前で実子であることをあかす場面がある。

鎌倉時代の制作とみられる京都市・立本寺蔵「紺紙金銀泥法華経宝塔曼荼羅図」第二幅には、諸国をさすらうところは描かれず、長者の邸宅を正面観で二度描いて、門前で逃げ出すところと群臣の前で実子であることをあかす内容を示している（図16）。立本寺蔵本には、掃除をする場面はあるが、父と語らう場面はない[24]。

そのほかに、滋賀県・西明寺の三重塔の初層内部にも、『法華経』を描いた八面の壁画があり、西面北側に譬喩品と信解品が描かれている[25]。西明寺三重塔は建築史的には、十三世紀中葉とされている。剥落は甚だしいものの、信解品の部分は、長者の大邸宅と門前にて悶絶する窮子、とらえられる窮子、門内を掃除する窮子、邸宅内の長者と群臣とが描かれている。延暦寺蔵「紺紙銀字法華経」、本興寺蔵「紺紙金字法華経八巻本」とも共通する内容で、壁画である分、邸宅は大きく描かれている。

これらの説話的図像には、唐から南宋にかけての経絵の流行、版本の刊行、さらにその背景に、須藤弘敏が指摘するごとく「唐以来の大画面経典変相図の豊かな歴史が反映している[26]」。

第二項　本作の図像

先行作例と比較して、本作の図像（図17）はどのようなものであるか、以下に物語内容の時間軸に沿って記述する。右端中辺に、輿に乗った長者の姿が描かれている。長者が、自分を捨ててさすらう我が子を四方に尋ねもとめるも得ずして一城に止まるという場面と思われる。短冊には「長者自実報土移方便土」と墨書されている（図18）。この文言は、『法華経』本文に直接的な典拠がない。

ただ、本作制作と同時代である元亨四年（一三二四）、八月二十八日から行われた伏見天皇法華八講の講問論議においても、「問、信解品中に一城に止む、自他中間ト尺セリ。実報土を以て自土となすべきや。答へて云ふ、実

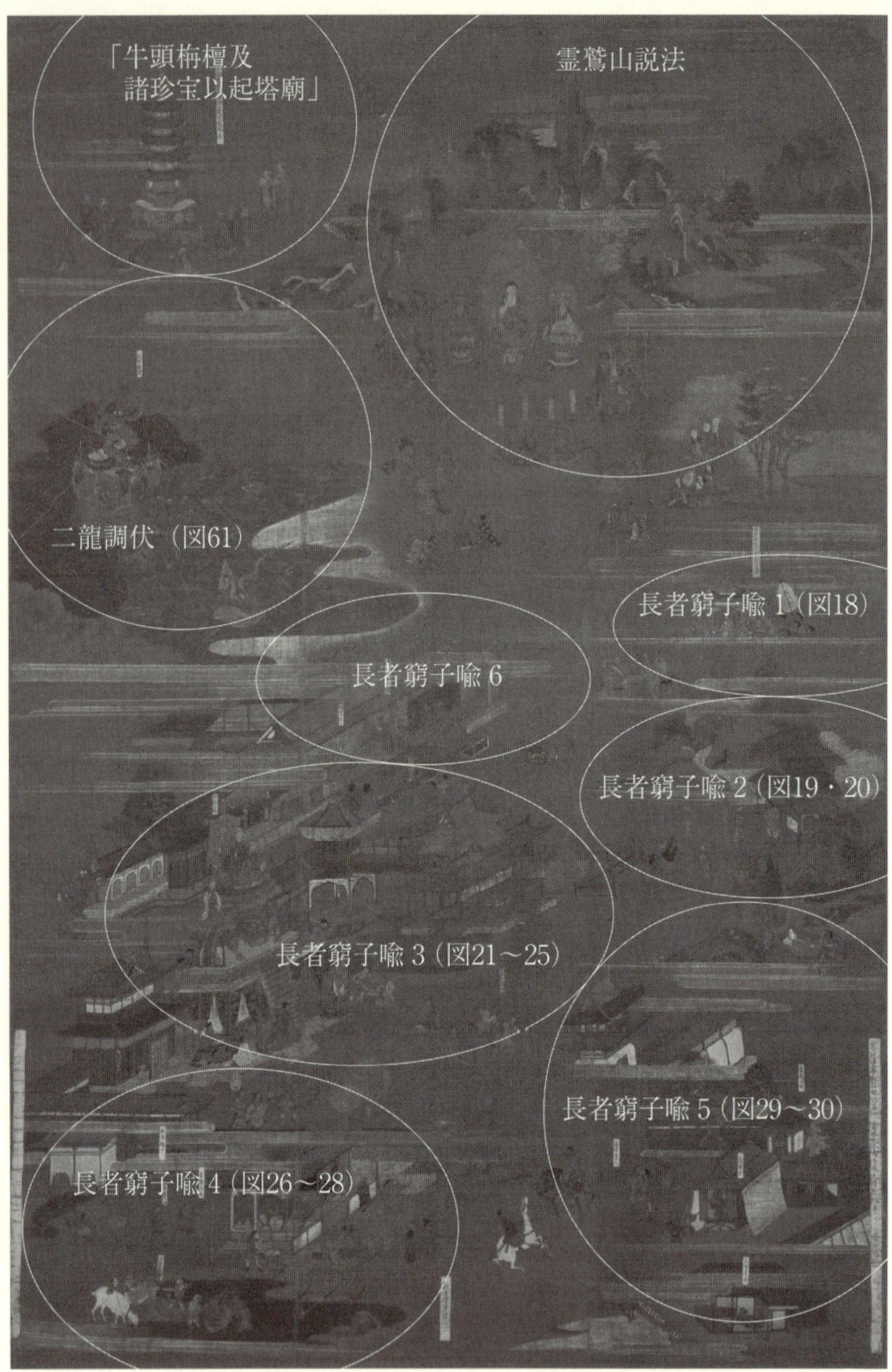

図17　第四幅「妙法蓮華経信解品第四」場面分け図

報土を以て自土となす」の応答[27]が見られることから、『法華経』を学ぶ僧や聴聞者にとっては必須の事項であったと思われる。『妙法蓮華経文句』巻第六上[28]等に詳述される教相判釈の文言であろう。

この文言は、本法寺の所属する法華宗陣門流の教学にも受け継がれている。明治三十二年から大正六年までの本法寺山主・飯田日亮が、国宝指定を記念して、明治三十三年に刊行した『法華経二十八品画曼荼羅説明書』第四軸解説附言には「長者窮子の譬喩に五段あり是を信解品の五箇譬と云ふ。（中略）中止一城父子相見は実報土より方便土に移り仏機を鑑み機仏を叩くなり」とある[29]。

図18　第四幅「妙法蓮華経信解品第四」　長者窮子喩１「長者自実報土移方便土」

この真下に、鹿のいる山が描かれ、さらにその下に白い頭巾をかぶった裸足の人物がいる。白緑で彩色された衣は裾が短く、足は剝き出しである。藁葺きの陋屋の前にいる朱色の着物の人物から施しを受けている（図19）。その左下には同一人物が描かれ、腰蓑をつけた人物の指さす方向を見遣っている（図20）。二つの短冊墨書は読めないが、四方をさすらい、家々の門で衣食をもとめ続けたあげく、たまたま本国に向かう窮子の姿であろう。内容的には「漸漸遊行」「馳騁四方以求衣食」「偶向本国」などの経文に相当する。

窮子の視線の先には、大画面の左下ほぼ四分の一を生かして、大邸宅と壮麗な獅子座が描かれている（図21）。獅子座の上には、冠をかぶった男性が座している（図22）。長袂衣の上に、フリル状の鰭袖をつけた襦襠衣を着している。茶地に金泥で文様が施され、裾からは翹頭履がのぞいている。長者の姿である（「踞師子床」）。

図19　第四幅「妙法蓮華経信解品第四」長者窮子喩２「漸漸遊行」「馳騁四方以求衣食」

図20　第四幅「妙法蓮華経信解品第四」長者窮子喩２「偶向本国」

窮子は長者の威徳ある姿におそれをなし逃げ出す（「疾走往捉」図23）。しかし、家来たちに連れ戻され（図24）、気絶したところに冷水をかけられる（「以冷水灑面」図25）。窮子の衣服は白緑で彩色されており、同一人物であることの記号となっている。

さらに、この場面の下には、「著弊垢衣」「為除糞穢」の短冊墨書があり、垢衣を着して汚穢を掃除する姿が描かれる（図26）。長者が窮子の状況を悟って、汲み取りの仕事から始めさせ、その仕事ぶりを窓から観察するところも描かれる（「於窓牖中」図27）。この右には厩舎が描かれ、世話をする使用人と、腹吊りをした連銭葦毛、青毛の馬が描かれる。下には池が描かれ、「牛羊無数」の短冊墨書通りに、水浴びをする牛や羊が描かれている。屋舎の上には象までいる（図28）。

画面右下には、徐々に、財産に関わる仕事を行うようになるところが描かれている。子が慎ましく草庵に宿して（「止宿草庵」図29）、後には短冊墨書に「商估賈人」「庫蔵諸物」「出内財産」とにあるように、財産管理まで行うようになる（図30）。そして、獅子座の右上あたりには、最終的に群臣たちの前で（「国王大臣刹利居士」）、親子であ

図21　第四幅「妙法蓮華経信解品第四」長者窮子喩 3

図22　第四幅「妙法蓮華経信解品第四」長者窮子喩 3「踞師子床」

図23　第四幅「妙法蓮華経信解品第四」長者窮子喩 3「疾走往捉」1

図24　第四幅「妙法蓮華経信解品第四」長者窮子喩 3「疾走往捉」2

図25　第四幅「妙法蓮華経信解品第四」長者窮子喩 3 「以冷水灑面」

図26　第四幅「妙法蓮華経信解品第四」長者窮子喩 4 「著弊垢衣」「為除糞穢」

図28　第四幅「妙法蓮華経信解品第四」長者窮子喩 4 「牛羊無数」

図27　第四幅「妙法蓮華経信解品第四」長者窮子喩 4 「於窓牖中」「為除糞穢」

図29　第四幅「妙法蓮華経信解品第四」長者窮子喩５「止宿草庵」

図30　第四幅「妙法蓮華経信解品第四」長者窮子喩５「出内財産」

図31　第四幅「妙法蓮華経信解品第四」長者窮子喩６　「国王大臣刹利居士」「此実我子」「我実其父」

ることを明かし（「此実我子」「我実其父」）、長者の全財産を受け継ぐという場面が描かれている（図31）。五時八教判の教えの根拠ともなった有名な譬喩が、大画面の中に細かに時間をおって詳述されている。また、コマ割りにすればそのまま漫画にでもなりそうなほど、登場人物の身振りや表情も生き生きと描かれている。

第三項　本作の特色

本作の長者窮子喩の特色は以下である。

(a)『法華経』本文の内容に逐一添っており、異時同図法を用いて譬喩がくまなく描かれている。
(b)さらに「長者自実報土移方便土」という教相判釈の文言とその図像が描かれている。
(c)大画面であることを充分に生かして、子の時間的な移動（諸国流浪）を詳しく描いている。

(d)大画面であることを充分に生かして、父の邸宅の空間的な壮麗さを描いている。
(e)汚穢を取り除くという直截な図像を取り入れている。

汚穢を取り除く図像とみられる図像は、敦煌莫高窟第九八窟南壁中央の信解品の部分にある。第九八窟は五代(九〇七～九六〇)の制作とみられているから[30]、平安時代に同様の図像がなかったとはいえない。『源氏物語』常夏巻の姫君(近江の君)の言動にも、『法華経』信解品の「為除糞穢」、提婆達多品の「汲水」「拾薪設食」を想起させる部分がある。薪の行道のように法華八講で演じられたりはしなくとも、肉体労働を厭わないという意味においてはよく知られていたはずである。それゆえ、「為除糞穢」が、大画面変相の図像として平安時代からあり、本作はそれを真似た可能性はある。ただし、現存例は他に存在しない。

少なくとも、本作の制作者と制作当初に想定された受容者が、教相判釈の内容を理解する知的関心をもつ一方で、抑制のきいた洗練された表現よりも、逐語的で直截な表現を好む傾向にあったことは指摘できるだろう。

第三節　そのほかの法華七喩

本作の法華七喩については、異時同図法を用いるなど時間的な展開が見られるため、以下に画面の説明を加える。それ以外の場面については短冊墨書によって場面対照がある程度可能である。短冊墨書だけでは解釈が困難であるものについては第二部第二章、第三章、第四章に図像の根拠を示した。

第一項　火宅喩

譬喩品第三は、前章の方便品に説かれた一乗と三乗の違いをより詳しく説くものである。方便品では「声聞・縁覚・菩薩の三乗の教えは、一乗に導くための教化の手段であって、決してそれが究極の目的ではないということが明かされた[31]」。

画面左上には霊鷲山説法、画面右上には舎利弗が華光如来として成仏するとされる離垢国が描かれている。画面中央が火宅喩、下段は『法華経』や持経者を誹る者たちに対する応報である。

長者窮子喩とは異なり、火宅喩は見返絵には必ず描かれており、先行作例は豊富である。炎上する邸宅と三車、長者と子どもというモチーフは見返絵においても必須である。本作では、長者窮子ほど細かな場面分けはなされておらず、先行作例を大画面化したといってよい。ただ、大画面であるだけに壮大である。そしてそれを生かして、経文にある害獣、害虫、悪鬼等を逐一描くことによって火宅の無残が了解できるようになっている。

本作の第三幅「妙法蓮華経譬喩品第三」（図32）の火宅喩の場面を追いつつ、その譬喩の内容を確認しよう。

はかりしれないほどの財産をもつ大長者が広大な屋敷に住んでいる。その屋敷には何百人もの人が住んでいるが、実は梁は朽ち障壁は傾いている（「梁棟傾危」）。偈にはあらゆる魑魅魍魎、夜叉悪鬼、あらゆる害虫（守宮や百足等）、蛇、烏、害獣があげられているが、図中でもそれに対応して、それらが屋敷を毀ち、骨肉相食む狼藉に及ぶ様が描かれている。鷺は水面下の魚をうかがい（図33）、鳩槃荼鬼は犬を脅し、悪鬼、狐狼野干の類いが人肉を喰らう。画面には白骨が散らばっている（「共相残害」図34）。

火の手があがり、猛火が屋敷をつつむ。子どもたちが取り残されたことを門外で聞いた長者（「在門外立」図

図32　第三幅「妙法蓮華経譬喩品第三」場面分け図

図33　第三幅「妙法蓮華経譬喩品第三」火宅喩　「共相残害」1

図35　第三幅「妙法蓮華経譬喩品第三」火宅喩　「在門外立」

図34　第三幅「妙法蓮華経譬喩品第三」火宅喩「共相残害」2

35）が助けに入るも、子どもたちは遊びに余念がない（「驚入火宅」「歓娯楽著」　図36）。

長者は子どもたちの稚小無知ゆえに、助けることの不可能を知り、一つの方便をなす。飾り立てた「羊車」「鹿車」「牛車」など子どもたちの好みそうな玩具をあげて門外に連れ出す（「坐師子座」「皆詣父所」）。そこで初めて「大白牛車」に乗せる（図37）。絵には、飾り立てた三車とそれを牽く男性が三人描かれている。その前に、さらに飾り立てた大きな車があり五人の子どもが乗っている。その車に下がる瓔珞や布帛は後方に高くたなびき、大白牛の手綱をとる牛

図36　第三幅「妙法蓮華経譬喩品第三」火宅喩「歓娯楽著」「驚入火宅」

図37　第三幅「妙法蓮華経譬喩品第三」火宅喩「坐師子座」「皆詣父所」「鹿車」「羊車」「牛車」「大白牛車」

飼は足を振り上げ走る体であり、全力で疾走するかのように描かれている。この大白牛車が一乗の喩である。

第二項　薬草喩

薬草喩品第五の薬草喩は「三草二木喩」とも呼ばれる名高いものである。衆生は、上草、中草、下草の三草と大樹、小樹という五種類に分けられている。これは、声聞、縁覚、菩薩、天、人の差別があるのと同じであるとされる。しかし、このさまざまな植物の上に密雲がたれこめ雨を降らせると、「一様にその雨にうるおい、しかもおのおの持前の種類性質にしたがって成長し、花をつけ実を結ぶ」。藤井教公は「本来みなすべてひとしく仏子であり、

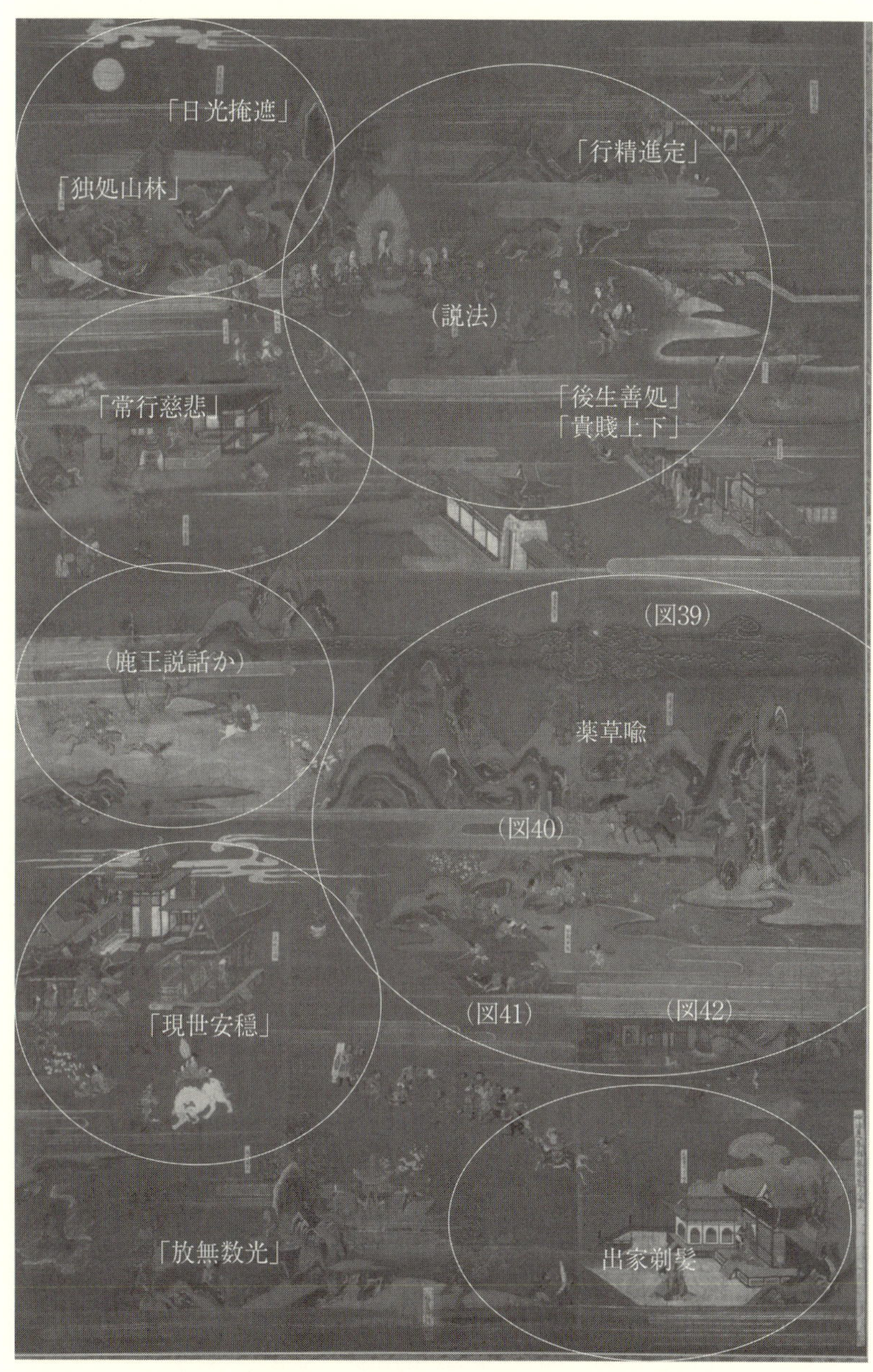

図38　第五幅「妙法蓮華経薬草喩品第五」場面分け図

仏にむかうものであるというのが、この経の趣旨である[32]」と述べる。

本作第五幅「妙法蓮華経薬草喩品第五」（図38）には、上部に説法場面、中央右には薬草喩が描かれている。薬草喩の場面では、厚い雲の上に正面向きの雷神がおり、稲光を発している（「密雲弥布」図39）。白群の雲は補彩とみられる。その下に松や樹種不明の広葉樹が描かれている（「甘蔗蒲萄」）。どんぐり、栗の実も描かれており、栗に手を伸ばす猿が少なくとも二匹おり、大きさに差があることから親子のように見える。山中には滝が落ち、川が描かれることから、降り注いだ雨の行く末を示すのだろう。この場面の補彩はかなり多いとみなければならないが、水墨のみであらわされている遠山は当初とみてよいだろう。そこだけをとりだせば一幅の水墨画のごとくであ

図39　第五幅「妙法蓮華経薬草喩品第五」薬草喩　「密雲弥布」「甘蔗蒲萄」

図40　第五幅「妙法蓮華経薬草喩品第五」（降雨）

図41　第五幅「妙法蓮華経薬草喩品第五」「百穀苗稼」

る。

人物の服飾は本朝風には見えないが、川沿いを歩く人物たちの馬への荷物の載せ方、担ぎ様、子どもが大人の膝に頭を寄せる身振りなどは、あたかも本朝を描く絵巻物を見るかのようである（図40）。また、「百穀苗稼」の農作業の場面（図41）は、服飾は異なるが東京国立博物館蔵（吉川家旧蔵）「月次風俗図屏風」を想起させる。鋤かと思われる棒状のものを突き刺したり、牛に犂のようなものをつけて田起こしをし、男性が苗を振り分けて担ぎ、女性が田植えをする姿を描いている。鍬のようなものを担いだ男性が、苗をうえる女性の臂をつかむ姿などは、江戸時代の和風化した「耕作図」のようである。いまだ伝梁楷筆「耕織図」の将来をみない時代であるから、むしろ平安時代以来の四季景物画の伝統とみるべきであろうが、後の時代の「耕作図」の趣すらあるといえよう。稲刈りは男性の仕事で、屋内から女性がのぞいている（図42）。

図42　第五幅「妙法蓮華経薬草喩品第五」（稲刈り）

薬草喩の絵画化の先行作例は豊富である。第三巻見返絵に、密雲と雷神、降雨、田で天に向かって手を合わせる図像あるいはそれに草木を加える例が多い。さらに、滋賀県・百済寺蔵「紺紙金字法華経」[33]や京都市・妙蓮寺蔵「紺紙金字法華経」[34]等では、牛に犂をつけて曳かせる田起こしの図像がある。十二世紀後半制作とみられる和歌山県・金剛峯寺蔵「紺紙金字法華経二十八品幷開結一品経」第五巻[35]には馬に犂を曳かせている図像もある。本作の図像は、一部には同時代の耕作の実態に近い部分もあるように思われるが、これらの先行作例の図像と、平安時代以来の四季景物画のモチーフを組み合わせたものであろう。

第三項　化城喩

本作第七幅「妙法蓮華経化城喩品第七」(図43)には、右上に説法場面、中段には十六王子の出家、左上にはその後の成仏と教化の場面が描かれている。下段に化城喩(けじょうゆ)の場面がある。[36]

画面右下では、虎や大蛇の蟠踞する山中を抜けて、人々が倒れ伏している(図44)。険峻な山道を越え、疲れ極まって動けなくなった人々である。

その人々の先頭に立つ一導師が、画面の向かって左方向にある「園林渠流及浴池重門高楼閣」の城を指さしている(図45)。城というよりは邸宅であり、池を取り囲むように、殿舎や塔、二階建ての回廊、屋根付きの階段などが描かれている。池は不定形で入り組んだ形をしており、白い州浜と岩が切り立つ部分が対照的に描かれている。人々は城市に入って大いに喜び休息するが、その後、導師に変化で作った城にすぎないことを告げられ、さらなる精進を求められる。[37]本作第七幅「妙法蓮華経化城喩品第七」には、その喩えが忠実に描かれている。

ここに描かれた導師は、団扇形に長い柄のついた翳を担いだ僧侶で、やや長めの鼻に特徴がある(図46)。僧侶は、黒みを帯びた僧衣に代赭の袈裟をかけている。同一人物が屋内にも異時同図法で描かれている。

先行作例を見れば、見返絵に描かれる場合簡略である。延暦寺蔵「紺紙金銀交書法華経」第三巻[38]には旅人と城が、静岡県・本興寺蔵「紺紙金字法華経幷開結十巻本」第三巻[39]には城と水の流れ、三重県・金剛証寺蔵「紺紙金字法華経幷無量義経般若心経」第三巻[40]には城が描かれるのみである。ただ、和歌山県・金剛峯寺蔵「紺紙金字法華経二十八品幷開結一品経」第七巻[41]には、導師が二度描かれており、倒れ伏す人々に左手の城を指さす身振りは本作と似ている。談山神社蔵「紺紙金銀泥法華経宝塔曼荼羅図」第三幅右下、立本寺蔵「紺紙金銀泥法華経宝塔曼荼羅図」第

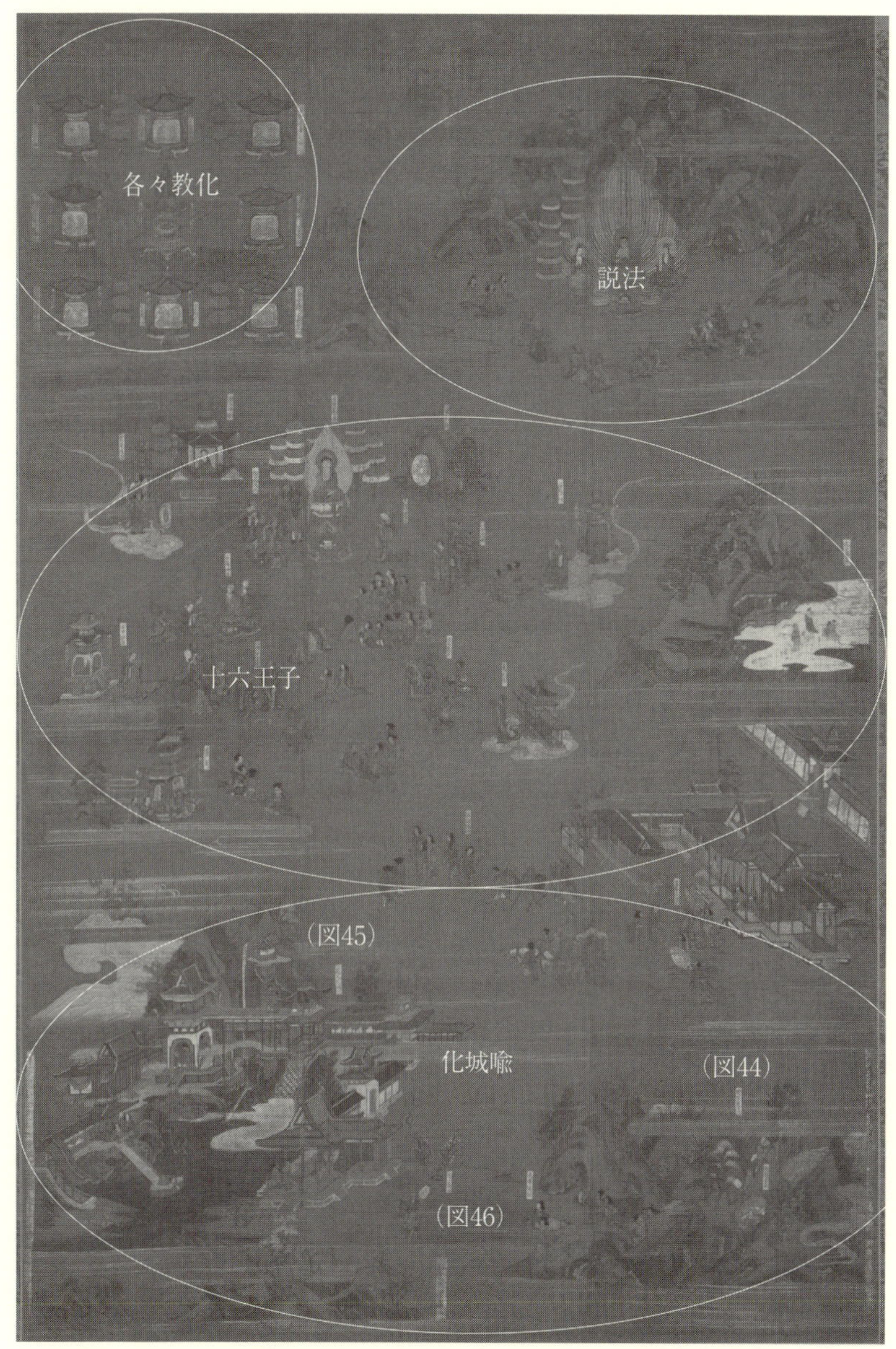

図43 第七幅「妙法蓮華経化城喩品第七」場面分け図

図44　第七幅「妙法蓮華経化城喩品第七」化城喩　「険難悪道」「廻絶多毒獣」「我等疲極」

図45　第七幅「妙法蓮華経化城喩品第七」化城喩　「前入化城」

図46　第七幅「妙法蓮華経化城喩品第七」化城喩　「有一導師」

三幅左上には、旅人、休息する姿、楼門が連続的に描かれている。ただし、いずれも画面が狭小であるため城の壮麗さ、特に「園林」と「浴池」の描写は無い。

本作第八幅「妙法蓮華経五百弟子受記品第八」（図47）画面上部には、「霊山大会」「富楼那」「憍陳如比丘」と短冊墨書がある。釈迦が記別を与える場面である。画面上方には、「富楼那説法」と、その功徳をもって未来に成仏し、善浄国において法明仏になるという予言の内容が描かれている（「法明如来」「諸天宮殿」「飛行自在」「国名善浄」）。画面右側中辺には、憍陳如比丘が、六万二千億の仏を供養し、そして後に、普明如来となることを示しており、菩薩たちが妙なる楼閣に昇る様などが色彩豊かに描かれている（「普明如来」「咸昇妙楼閣」「心懐大歓喜」「須臾還本国」）。

第四項　衣裏宝珠喩

法華七喩の一つである衣裏宝珠（えりほうじゅ）（繫珠（けいじゅ））の喩えは画面右下にある。二つの家屋内に、異時同図法を用いて描かれている。上方の瓦屋根の家屋においては、中央室で二人の人物が向かい合っている（「至親友家」図48）。一人は縹色の敷物の上に座している。袖の長い朱色の衣に、白緑の裙を着し、幞頭で頭髪を覆っている。この人物は身なりが整っている。対する人物は、縹色の筒袖に白っぽい胴着、白い裙を着し、虎皮かと思われる獣毛の上に座して、右肘をあげて黒い椀を持つ。髻は白い巾で覆われている。左側の部屋には、眠る人物の着物に、朱色の衣の人物が珠を縫い付けているところが描かれている（「酔酒而臥」図49）。

この瓦葺きの家屋とは別に、藁葺きの家屋がある（「貧人見此珠」図50）。家屋の右側には、牛を曳く少年と、水の流れ、堤を保持するのであろう杭、板橋、笠をかぶり板橋を渡る人物が描かれている。家屋の左上には、猪二頭

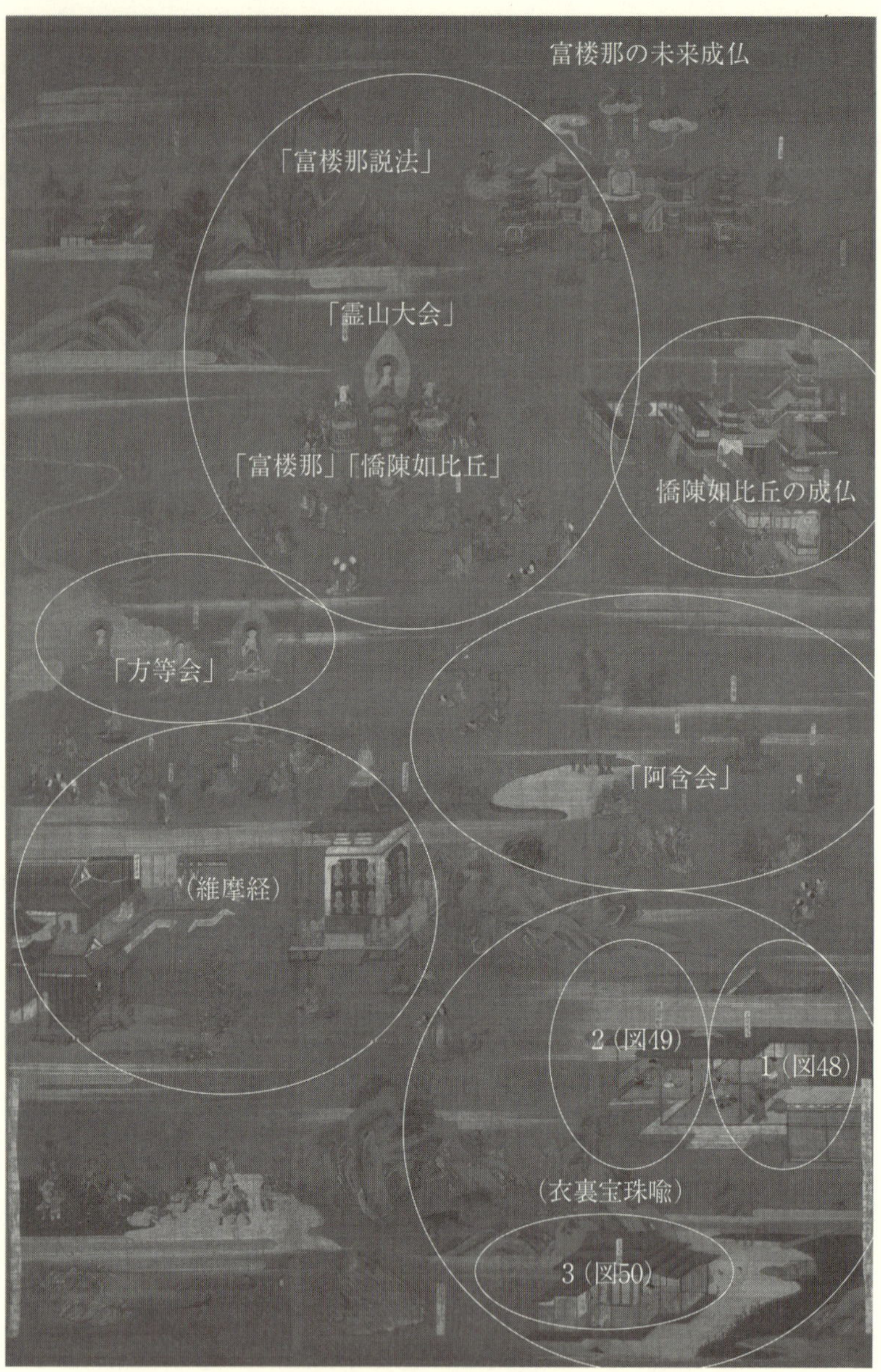

図47　第八幅「妙法蓮華経五百弟子受記品第八」場面分け図

図50　第八幅「妙法蓮華経五百弟子受記品第八」衣裏宝珠喩 3　「貪人見此珠」

図48　第八幅「妙法蓮華経五百弟子受記品第八」衣裏宝珠喩 1　「至親友家」

図49　第八幅「妙法蓮華経五百弟子受記品第八」衣裏宝珠喩 2　「酔酒而臥」

を狩る人々が描かれている。縁先に腰掛ける人物の顔は剥落が激しいが、軒下に笠や荷、杖、履き物などがおかれていることから、流離の末に親友とめぐりあい、縫い付けられていた無価の宝珠を見いだすところが描かれていると思われる。

衣裏宝珠喩が見返絵に描かれることは極めて少ない。本興寺蔵「紺紙金字法華経八巻本」[42]第四巻、延暦寺蔵「紺紙金銀交書法華経」[43]第四巻、京都市・常徳寺蔵「紺紙金字法華経」[44]第四巻に簡略に描かれる例が見られる程度であるが、「紺紙金銀泥法華経宝塔曼荼羅図」には、本作に先行する表現が見られる。宮次男によれば、談山神社蔵「紺紙金銀泥法華経宝塔曼荼羅図」では第四幅下辺に中央部をはさんで右側には、貧人が友人の馳走を受けるところ、別室で眠っている時に衣裏に宝珠を縫われるところ、覚めて物乞いをしつつ遊行をするところが描かれている。そして中央の宝塔を隔てて左側には、友人と再会し宝珠を発見して富貴となり大きな屋敷に住むところまでが描かれている[45]。立本寺蔵「紺紙金銀泥法華経宝塔曼荼羅図」では第四幅右下に大邸宅があり、邸宅の奥の部屋で臂を枕に眠る男と対座する男、廊下には高坏上に置かれた宝珠がある。邸宅の手前の部分では、食膳を囲む二人と、放浪からもどり庭先に座り込む貧人が描かれる(46)。

本作には「寒山拾得図」を連想させる蓬髪の少年や天目台等の目新しいモチーフがあるが、すでに「紺紙金銀泥法華経宝塔曼荼羅図」に連続的な構図の先行例はあり、それにならって描かれたと思われる。

第五項　髻中明珠喩

第十三幅は「妙法蓮華経勧持品第十三」と「妙法蓮華経安楽行品第十四」の合幅である（図51）。勧持品にあたる場面には、小さな短冊形の胡粉の上に「勧」の一字、それに続けて偈が記されている。例えば「勧　薬王菩薩」のように記されている。

「妙法蓮華経勧持品第十三」では、見宝塔品ですでに霊鷲山から虚空へと説法の座が移動しており、二仏が並坐する。二仏に向かって左側には、薬王菩薩と大楽説菩薩等二万の菩薩が、釈尊の滅後にも『法華経』を弘通することを誓願するところが描かれている（図52）。二仏に向かって右には「文殊師利菩薩」の墨書がある。これは安楽行品の内容にあたる。菩薩たちは、後の悪しき世の衆生を教化するのは難しいが、読誦し、保持し、説き、書写し、種々供養して、身命を惜しまないこと（不惜身命）を誓う。薬王菩薩と大楽説菩薩の左下には、「勧　摩訶波闍波提」「勧　羅睺羅母」「勧　耶修多羅（ママ）」と短冊墨書がある。「摩訶波闍波提」は釈迦の叔母・憍曇弥であり経文に一致するが、「耶修多羅（ママ）」は釈迦の妃・耶輸陀羅のことであろうから、羅睺羅母と同一人物である。従ってこの部分の墨書は不審である。短冊墨書の下にそれぞれ肌の色の白い、頭髪を完全に剃った人物の立姿が描かれている。肌を白く描くのは女性か少年の記号である。この部分には補筆補彩が見受けられるが、短冊墨書の内容に従えば、尼

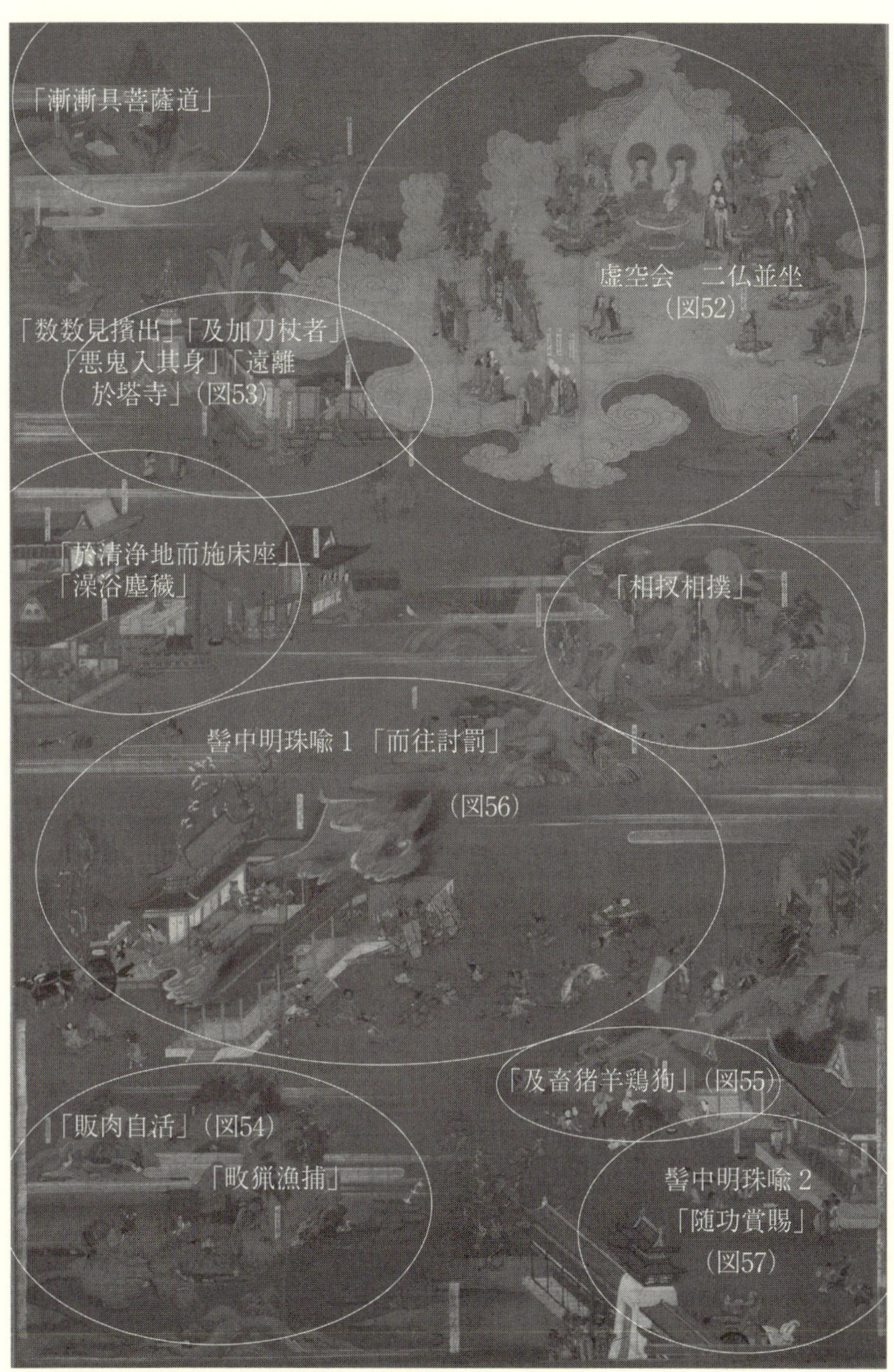

図51　第十三幅「妙法蓮華経勧持品第十三」「妙法蓮華経安楽行品第十四」合幅場面分け図

図52　第十三幅「妙法蓮華経勧持品第十三」「妙法蓮華経安楽行品第十四」合幅　勧持品「薬王菩薩」「大楽説菩薩」「文殊師利」「摩訶波闍波提」「耶輸多羅」

図53　第十三幅「妙法蓮華経勧持品第十三」「妙法蓮華経安楽行品第十四」合幅　勧持品「数数見擯出」「及加刀杖者」「悪鬼入其身」「遠離於塔寺」

図55　第十三幅「妙法蓮華経勧持品第十三」「妙法蓮華経安楽行品第十四」合幅　安楽行品「及畜猪羊鶏狗」

図54　第十三幅「妙法蓮華経勧持品第十三」「妙法蓮華経安楽行品第十四」合幅　安楽行品「販肉自活」

が造形されているとみられる。その背後には四人の頭髪を剃った人物がいる。これも尼であろうが、そのうちの二人は肌の色が代赭である。座る俗人女性もいる。画面の大部分は、後の悪しき世のあり様が描かれている。「数数見擯出」「及加刀杖者」「悪鬼入其身」(47)「遠離於塔寺」などの内容である（図53）。

「妙法蓮華経安楽行品第十四」は、心身を安楽な状態におくための実践的な方法が説かれる。図中には、清らかな地に座をしつらえ、塵穢れを洗う場面として風呂が描かれている。(48)「妙法蓮華経安楽行品第十四」では、静かな場所で静かに座禅をするような人々に親しむべきであり、賤しい人々に近寄ってはならないと諭す差別的ともとれる文言が述べられる。近寄ってはならない人々として「相扠相撲」する人々や「畋猟漁捕」をする人々が描かれている。「販肉自活」（図54）の図像では、鹿を追い、地面に座って兎や魚をぶらさげる姿に、当時の生業の姿が反映されているのではないだろうか。ただ、経文は、これらの人々に近づくなと説くのであるが、絵は彼らを冷酷に描写するわけではない。「及畜猪羊鶏狗」（図55）にしても、軍鶏がつがいで描かれたり、雛が雌にまとわりつくように、あるいは背中に乗る様が描かれている。腹ばいになって駆け寄る犬に手を差し出す子どもたちの姿も、むしろ動物や庶民生活の一齣を親しみをこめて描いているように思える。

さて、髻中明珠喩（けいちゅうみょうしゅゆ）とは、安楽行品の中に述べられる『法華経』賛嘆の比喩である。以下のような内容が述べられる。転輪聖王が諸国を降伏させようとするが、従わない場合は兵をおこして「而往討罰」する（図56）。そして戦いに功のあった者にはさまざまな褒美を与えるが、王の頭上にあるべき明珠は与えない。明珠は王の王たる所以であるから、みだりに与えることはできない。ところがその明珠（法華の教え）を与えるというのである（「随功賞賜」図57）。この場面では、服飾こそ本朝風の大鎧などではないものの、逆茂木や戸板を楯とする合戦場面は、当時の戦闘のあり様が垣間見られるようにも思われる。この戦闘場面には、勿論、殺戮の場面があるが、猟奇的な残虐さ

図56　第十三幅　「妙法蓮華経勧持品第十三」「妙法蓮華経安楽行品第十四」合幅　安楽行品「而往討罰」

図57　第十三幅「妙法蓮華経勧持品第十三」「妙法蓮華経安楽行品第十四」合幅　安楽行品「随功賞賜」

は比較的おさえられている。

先行作例は少ないが、延暦寺蔵「紺紙金銀交書法華経」第四巻[49]、金剛峯寺蔵「法華経二十八品幷開結一品経」第七巻[50]、談山神社蔵「紺紙金銀泥法華経宝塔曼荼羅図」第五幅・宝塔右下[51]、立本寺蔵「紺紙金銀泥法華経宝塔曼荼羅図」第五幅・宝塔右[52]などに戦闘場面として描かれているのが見られる。

第六項　良医喩

良医（ろうい）の喩えは寿量品にある。本作では第十四幅に描かれている（図58）。第十四幅は「妙法蓮華経従地涌出品第十五」と「妙法蓮華経如来寿量品第十六」の合幅である。この幅の画面右中段には、法華宗で尊重せられる地涌の菩薩と、釈迦が久遠の昔から未来まで存在することを示す図像を含むから、補筆補彩が甚だしいのが惜しまれる。この場面には薬研や薬瓶などの道具が見られ興味深いが、それらの道具をすべて鎌倉時代末期のものとみることができるかどうかについては、充分注意する必要がある。濃い墨線は後補とみるべきだろう。

譬喩は以下のような内容である。良医の留守の間に、子どもたちが毒薬を飲んでしまう。本心を失った子どもたちは良医の調合する良薬を服用しようとしない（図59）。そこで良医は自分の死期が近づいたといいおいて薬を残して身を隠してしまう。画面左下隅には良医が一時隠れる邸宅が描かれている（図60）。父が亡くなったと聞けば本心を取り戻し薬を服用すると考えたのである。常に仏が姿を現していると、無知な人々はかえって信じなくなってしまうがゆえの方便であるという。

八巻本法華経では第六巻の見返絵に例外なく描かれる。図像は輾転する童子の姿である。談山神社蔵「紺紙金銀泥法華経宝塔曼荼羅図」では第六幅の文字塔左下に、父が薬壺を与えるところ、良薬を服用する男性、父が去った後に良薬にかけよる童子と三段に分けて描かれている。(53) 立本寺蔵「紺紙金銀泥法華経宝塔曼荼羅図」第六幅では邸内で吐瀉する男性と介護する男性、庭で薬を調合するのか臼をつく人物二人が描かれている。(54) 本作の庭で調剤する姿はこれらの図像を引き継ぐものであろう。

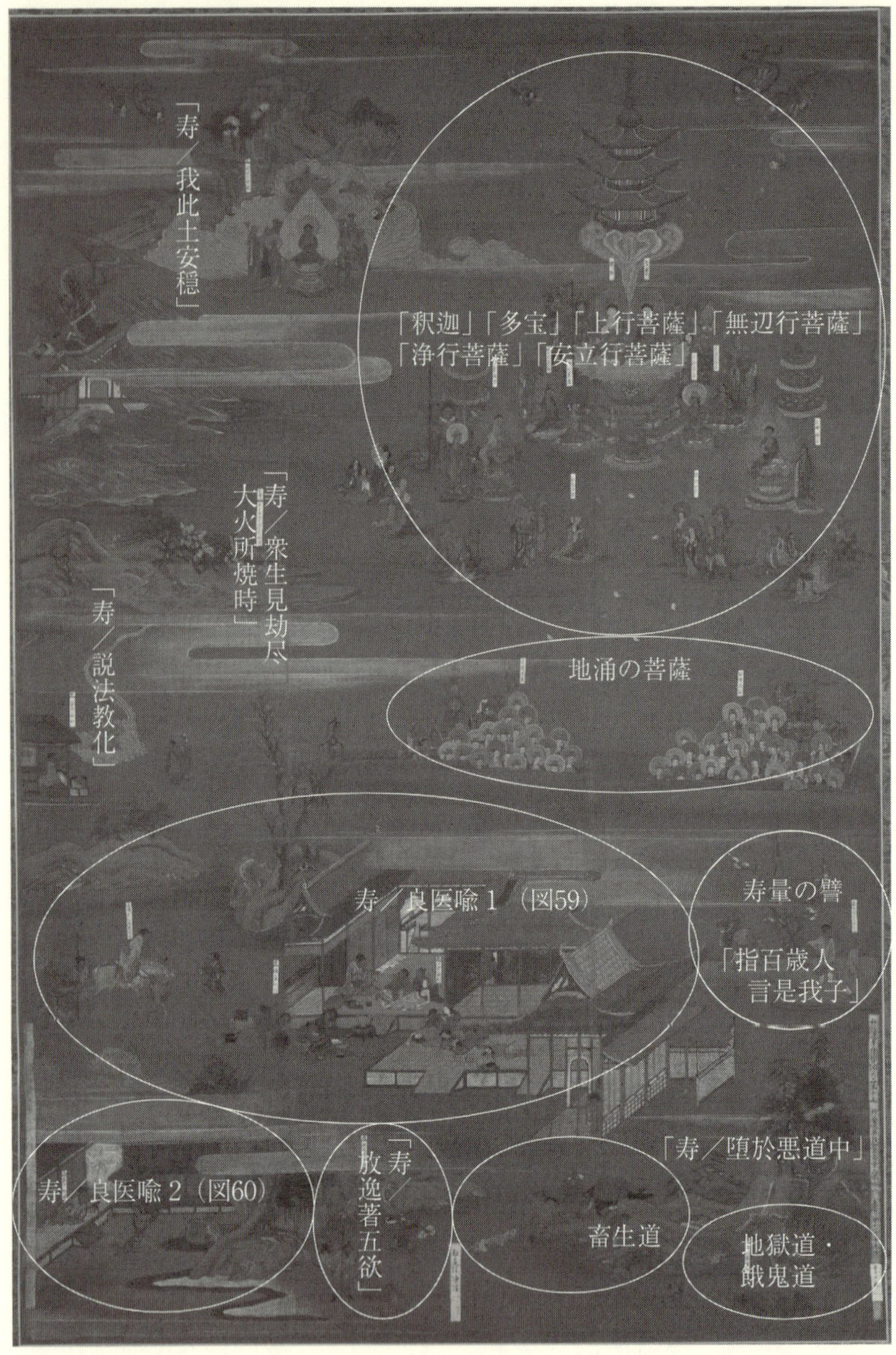

図58　第十四幅「妙法蓮華経従地涌出品第十五」「妙法蓮華経如来寿量品第十六」合幅　場面分け図

図59　第十四幅「妙法蓮華経従地涌出品第十五」「妙法蓮華経如来寿量品第十六」合幅　良医喩 1

図60　第十四幅「妙法蓮華経従地涌出品第十五」「妙法蓮華経如来寿量品第十六」合幅　良医喩 2

註

（1）本法寺に現蔵される「古表具之裏書」と序註（16）文献④『法華経曼荼羅絵図　全』所載の年譜表による。
（2）本作第二幅「妙法蓮華経方便品第二」のみは地面の部分が絹の地色ではなく、白色に近い顔料が塗られているようである。修復の際の方針変更の痕跡かもしれないが、理由は不明である。現在の法華宗では儀礼においては方便品を重視するが、門流の違う興門流では、方便品読不論という立場もあった。宮崎英修「興門初期の分裂と方便品読不論――五人所破抄の著者について――」（『大崎学報』一二二号、一九六七年）
（3）序註（5）文献⑱太田昌子「本法寺の法華経曼荼羅を読み解く」
（4）①高木豊「鎌倉仏教における歴史の構想　上・下」（『思想』六二六・六二七号、一九七六年、同『鎌倉仏教史研究』岩波書店、一九八二年所収）。②高木豊「鎌倉仏教の歴史過程」（同編『論集日本仏教史4　鎌倉時代』（雄山閣出版、一九八八年）。③市川浩史『日本中世の光と影――「内なる三国」の思想――』（ぺりかん社、一九九九年）。④市川浩史『日本中世の歴史意識――三国・末法・日本――』（法藏館、二〇〇五年）。⑤村松加奈子「聖徳太子絵伝にみる三国伝来観――鶴林寺本聖徳太子絵伝をめぐって――」（『美術史』一六九号、二〇一〇年）。⑥津田徹英「善光寺阿弥陀三尊像と清凉寺釈迦如来像の模刻造像の時機――その世界観『三国伝来』へのまなざし――」（阿部泰郎編『中世文学と隣接諸学2　中世文学と寺院資料・聖教』竹林舎、二〇一〇年）
（5）手本となるべき宋画などの典拠を写し崩れた結果か、補筆補彩の問題であるかは判然としないが、正確に対応できる服飾名称を見いだせなかった。むしろ明代の被り物に似た形状も見受けられる。沈従文・王㐨編著『中国古代の服飾研究　増補版』（古田真一・栗城延江訳、京都書院、一九九五年）四五七頁
（6）例えば「春日権現験記絵」巻一と共通する本作第二幅の釿（ちょうな）（手斧）は、本朝風といえるのではないか。ただし、京都美術工芸大学教授・日向進氏のご教示によれば、基本的に中国と日本の道具は同じであるが、槍鉋を押すのが日本で、手前に引くのが中国の方式であるという。日向氏によれば、本作第二幅の図では、押しているとまではいえないとのことである。
竹中大工道具館、大工道具の紹介 http://www.dougukan.jp/contents/189_jp.html

（7）吹抜屋台ほど不自然ではないので、実景であるとの誤解を生む場合がある。千野香織が、通りに向けて出産が公開されていたとする論（保立道久『中世の愛と従属――絵巻の中の肉体――』平凡社、一九八六年）への反論を行っている。千野香織「融通念仏縁起絵巻　絵師の作為を読む――出産は公開されていたか――」（千野香織・西和夫『フィクションとしての絵画――美術史の眼　建築史の眼――』ぺりかん社、一九九一年）

（8）序註（30）拙稿「吹抜屋台について――源氏物語絵巻を中心として――」

（9）「吹抜屋台」という技法は、一般的には、絵巻物の物語表現の便宜や視覚的な効果のために使われたと超歴史的に理解されている。なるほど、「一点消失遠近法」などさまざまな構図を知りうる現代人にとっては、あまたある選択肢の中から物語にふさわしい構図として選ばれたように見えるかもしれない。しかし、これは古代的な描法のなごりとみるべきである。古代的な視覚について、大西廣が、「人類にとってのもっとも古いメディアは、まずは地面であったと思います。みんなで輪になって相談をする。地面を引っ掻いて図だの記号だのをしるしながら話をする」と述べていることは興味深い。太田昌子・西山克・大西廣・小峯和明（司会）「座談会　絵の読み方――イメージ・テクスト・メディア――」（『文学　特集＝語りかける絵画――イメージ・テクスト・メディア――』第一〇巻五号、二〇〇九年）四一頁

（10）序註（16）文献①

（11）泉武夫「応徳涅槃図の図像と表現」（同『仏画の造形』吉川弘文館、一九九五年）（初出原題「応徳涅槃図小論」『佛教藝術』一二九号、一九八〇年）

（12）坂本幸男・岩本裕校注『法華経　上・中・下』（岩波文庫、一九七六年改版本）

（13）田村芳朗・藤井教公『仏典講座7・8　法華経　上・下』（大蔵出版、一九八八年）

（14）序註（5）文献⑥宮次男「金字宝塔曼陀羅三本の性格」一二五頁

（15）①源豊宗「延暦寺の紺紙銀字法華経見返絵について」（『大和文華』五〇号、一九六九年　同『源豊宗著作集　日本美術史論究3　天平・貞観』思文閣出版、一九八〇年所収）。②木下政雄「図版解説」（塚本善隆他編『天台の秘宝・比叡山』講談社、一九七一年）。③江上綏「延暦寺蔵紺紙銀字法華経の荘厳画」（『美術研究』三二七号、一九

八四年）
(16)　高田修・柳沢孝『原色日本の美術』七（小学館、一九六九年）図版解説
(17)　須藤弘敏「平安時代の定型経巻見返絵について」（『佛教藝術』一三六号、一九八一年、同『法華経写経とその荘厳』中央公論美術出版、二〇一五年、第三章所収）。
(18)　①神山登「法華経絵」（『佛教藝術』九三号、一九七三年）。②奈良国立博物館編『法華経――写経と荘厳――』（東京美術、一九八八年）図版50、解説四四一～四四二頁
(19)　亀田孜「法華経見返絵と中尊寺経」（『佛教藝術』七二号、一九六九年　同『仏教説話の研究』東京美術、一九七九年所収）
(20)　前掲註（15）文献③
(21)　前掲註（18）文献②図版51、解説四四三～四四四頁では十一世紀、前掲註（17）文献では十二世紀とする。
(22)　江上綏「延暦寺蔵金銀交書法華経の荘厳画」（『美術研究』三〇九号、一九七九年）
(23)　序註（5）文献⑥宮次男「談山神社蔵法華曼陀羅について」四八～五一頁、図版84～86
(24)　序註（5）文献⑥宮次男「立本寺蔵妙法蓮華経金字宝塔曼陀羅について」九五～九七頁、図版84～87
(25)　西明寺および柱絵・壁画については以下を参照した。①佐和隆研「滋賀の西明寺」（『佛教藝術』五五号、一九六四年）。②浅野清「西明寺本堂及び三重塔」（『佛教藝術』五五号、一九六四年）。③永井信一「西明寺――近江湖東の池寺――」（『古美術』一二、一九六六年）。④関口政之「西明寺三重塔四天柱絵金剛界諸菩薩像」（『美術研究』二九六号、一九七四年）。⑤宮次男「金字宝塔曼陀羅三本の性格」（同『金字宝塔曼陀羅』第五章、吉川弘文館、一九七六年）一三二～一三三頁。⑥神山登「西明寺三重塔内壁画法華経曼陀羅図」（『佛教藝術』一三二号、一九八〇年）。⑦神山登「法華経絵画の形式と特色」（倉田文作・田村芳朗監修『法華経の美術』佼成出版社、一九八一年）。⑧後藤治「西明寺本堂（日本の建築空間）」（『新建築』八〇（一四）、二〇〇五年）。⑨大上直樹「国宝西明寺本堂の前身小屋組の復元」（『大阪人間科学大学紀要』五、二〇〇六年）
(26)　須藤弘敏「経絵に映る宋と日本」（『國華』一三七六号、二〇一〇年、一一頁、同『法華経写経とその荘厳』中央

公論美術出版、二〇一五年、一七九頁）

(27)『花園天皇宸記』元亨四年八月晦。読み下しは、村田正志編『和訳花園天皇宸記』第三（続群書類従完成会、二〇〇三年）八四頁

(28)『大正蔵』一七一八、三四巻、八一頁上段二三〜二四行

(29)序註（16）文献②一五頁左

(30)『中国石窟　敦煌莫高窟　五』（平凡社、一九八二年）図版3・6、解説二〇六〜二〇七頁

(31)田村芳朗・藤井教公『仏典講座7　法華経　上』（大蔵出版、一九八八年）二二九頁

(32)前掲註（31）文献三三九・三四二頁

(33)前掲註（18）文献②図版73、解説四五九〜四六〇頁

(34)前掲註（18）文献②図版74、解説四六〇〜四六一頁

(35)前掲註（18）文献②図版93、解説四七〇〜四七一頁

(36)『大正蔵』二六二、九巻、二五頁下段二六行〜二六頁上段一三行

(37)前掲註（31）文献四六四〜四六五頁

(38)前掲註（18）文献②図版52、解説四四三〜四四四頁

(39)前掲註（18）文献②図版61、解説四五三〜四五四頁

(40)前掲註（18）文献②図版54、解説四四五〜四四六頁

(41)前掲註（18）文献②図版93、解説四七〇〜四七一頁

(42)前掲註（18）文献②図版51、解説四四二〜四四三頁

(43)前掲註（18）文献②図版52、解説四四三〜四四四頁

(44)前掲註（18）文献②図版72、解説四五八頁

(45)序註（5）文献⑥宮次男「談山神社蔵法華曼陀羅について」五四頁

(46)序註（5）文献⑥宮次男「立本寺蔵妙法蓮華経金字宝塔曼陀羅図について」一〇一頁

（47）中哲裕「『源氏物語』の「物の怪」と「降魔」」（藤本勝義編『平安文学と隣接諸学2　王朝文学と仏教・神道・陰陽道』竹林舎、二〇〇七年）に「悪鬼入其身」の図版が使われている。

（48）本図は早くより注目され、以下に解説がある。①武田勝蔵『風呂と湯の話』（塙新書、一九六七年）一八頁。②毛塚万里「描かれた桶樽、記された桶樽」（小泉和子編『桶と樽――脇役の日本史――』法政大学出版局、二〇〇〇年）七二頁、図も掲載。

（49）前掲註（18）文献②図版52、解説四四三〜四四四頁

（50）前掲註（18）文献②図版93、解説四七〇〜四七一頁

（51）序註（5）文献⑥宮次男「談山神社蔵法華曼陀羅について」五七・五九頁

（52）序註（5）文献⑥宮次男「立本寺蔵妙法蓮華経金字宝塔曼陀羅について」一〇三〜一〇四頁

（53）序註（5）文献⑥宮次男「談山神社蔵法華曼陀羅について」六〇頁

（54）序註（5）文献⑥宮次男「立本寺蔵妙法蓮華経金字宝塔曼陀羅について」一〇五〜一〇六頁

第二章　『法華経』の注釈書、仏伝、『維摩経』等に基づく図像

第一節　『妙法蓮華経文句』の図像1――龍と目連――

第一項　本作の図像

本作は、前章に指摘したように、『法華経』の経文に忠実に描かれている。それに加えて、経文にはなく、『法華経』の注釈書等に見える説話内容も豊富である。

前章に詳述したように、第四幅「妙法蓮華経信解品第四」は、ほぼ全面が長者窮子の譬喩にあてられているが、画面左上の、稲光と波浪、岩山に巻き付いた龍が描かれている部分もかなり目立つ（図61）。朱色の大きな龍の上には、「大目犍連」（目連）と墨書された短冊が付されている。それ以外の短冊はない。これは智顗『妙法蓮華経文句』巻第一下にある、目連の神通力に関する説話をあらわしたものと思われる。

『妙法蓮華経文句』巻第一下(1)

難陀跋難陀兄弟。居須弥辺海。仏常飛空上忉利宮。是龍瞋恨。云何禿人従我上過。後時仏欲上天。是龍吐黒雲闇霧隠翳三光。諸比丘咸欲降之。仏不聴。目連云。我能降是龍。龍以身遶須弥七匝。尾挑海水頭枕山頂。目連倍現其身。遶山十四匝。尾出海外頭枕梵宮。是龍瞋盛雨金剛砂。目連変砂為宝花軽軟可愛。猶瞋不已。目連化

図61　第四幅「妙法蓮華経信解品第四」「大目犍連」（二龍調伏）

為細身入龍身内。従眼入耳出。耳入鼻出。鑽齧其身即受苦痛其心乃伏。目連摂巨細身示沙門像。将是二龍来至仏所。

（読み下し[2]）

難陀、跋難陀兄弟、須弥の辺の海に居す。仏、常に空を飛びて忉利宮に上る。是龍、瞋恨すらく、云「何んぞ禿人、我上より過ぐ」と。後時、仏の天に上らんと欲するに、是龍、黒雲闇霧を吐き、三光を隠翳す。諸の比丘、咸く之を降さんと欲す。仏、聴したまはず。目連の云はく、「我能く是の龍を降さん」。龍は身を以て須弥を遶ること七匝、尾は海水を挑み、頭は山頂に枕せり。目連は倍して其身を現じ、山を遶ること十四匝、尾は海外に出て、頭は梵宮に枕す。是龍の瞋り盛にして金剛砂を雨す。目連砂を変じて宝花と為し、軽軟にして愛ず可し。猶瞋り已まず。目連、化して細身と為り、龍の身内に入り、眼より入て耳に出で、耳より入りて鼻に出で、其身を鑽齧す。即ち苦痛を受け、其心乃ち伏す。目連、巨細の身を摂して沙門の像を示し、是二龍を将ひて仏所に来至す。

『法華経曼荼羅絵図　全』[3]第四軸解説にも、典拠は記されていないが、「仏、忉利天に上り給う時に、二龍王が障害を加えようとすれども、目犍連が神通力をもってこれを伏することを表示す」と同内容が記されている。

図は、須弥山を捲く二龍の上に、朱色の龍が巻き付き、三本指の長い爪で二龍を押さえ込んでいる。緑の龍の方は目をふさいでおり、白い龍は上目遣いに降参の体である。龍の髭、角や爪、鱗などの造作は立派で、おそらく宋元画の典拠があったと思われるが、情けない顔つきに諧謔味がある。朱色の龍が、変身した目連である。海の上に蓮弁が散っているのは、金剛砂の変じたものであろう。目連と二龍の激闘をよそに、蓮華に乗った釈迦が弟子三人を連れ、白く波立つ海の上を悠々と飛行中である。

第二項　『釈迦の本地』との関わり

目連の神通力に関する説話は、『私聚百因縁集』三―一「目連神通事。付教レ母亦降レ龍。[4]」にも類話があり、さらに後に『釈迦の本地』[5]という御伽草子に引き継がれる。

ただし、神通力比べで山を「十五さう」に巻いたり、「四万の歯」や「くろがねのくちばし」をもって攻めたり、という内容上の類似がみてとれるにもかかわらず、『釈迦の本地』には、龍という文言もなければ、図像が引き継がれた伝本も少ない。金刀比羅本や中野幸一蔵本においては、目連は僧形、外道は鬼の姿に描かれ、龍には変じていない。[6]

ところが、二〇一一年、思文閣出版の古書目録に掲載され、立教大学図書館の所蔵となった『釈迦の本地』二帖には龍の図像がある。小峯和明によれば、「巨大な白い龍蛇が須弥山に巻き付き、右手から口を大きくあけて威嚇しているのに対し、左手下に弓矢刀剣の武器を持ち、黒雲に乗って逃げ出している鬼の一団が描かれ、その上方には白雲に乗った釈迦と弟子たちがいる。白雲には黄色と赤の色彩がついている。山頂は画面の上端全体にかかる金の雲で隠されている。この山は草木の緑と岩肌に覆われた富士山に見まがうような造型で、須弥山といえば逆三角形で描かれる一般の形状とは異なっている。今まで絵画化されていないと勝手に推定していた図像がきわだって形象されていた」という。須弥山の形状や鬼の存在などに大きな違いはあるものの、『釈迦の本地』には、『妙法蓮華経文句』に由来する龍の図像を引き継ぐ系統もあることがわかった。[7]

また、『釈迦の本地』には、比較的簡略な伝記系、最も遺存の多い本地系、孤本であり広本である釈迦物語という三つの系統があるが、そのうち本地系に、水を汲み薪を拾う悉達太子像が記述されることを黒部通善が指摘している。つまり『過去現在因果経』『仏本行集経』といった仏伝経典に見られる修行とは異なる、提婆達多品に由来する悉達太子像が記述されているのである。[8][9]

さらに、渡邉里志は、滋賀県・常楽寺蔵「釈迦八相図」第四幅上方の山中修行について詳述し、仙人給仕が描かれていることを明らかにした。そして、広島県・仏通寺蔵「釈迦八相図」（一幅）、和歌山県・浄妙寺多宝塔壁画「仏伝図」、愛知県・東龍寺蔵「釈迦八相涅槃図」、兵庫県・弘誓寺蔵「釈迦八相涅槃図」にも、水を汲み薪を拾う太子像があることを指摘している。仏伝図に『法華経』に由来する図像が存在するのである。[10][11]

渡邉は同時に、鎌倉時代における記録を精査し、神奈川県・極楽寺、広島県・浄土寺に釈迦八相図壁画が描かれていたこと、それらの寺院が西大寺流真言律宗と結びつきがあることを指摘している。本作が制作された場を考える際、後に『釈迦の本地』のような物語を生み出す母胎となる宗派、つまり釈迦信仰を重視し、仏伝図を盛んに制作する宗派との関連について考察する必要があるだろう。[12]

第二節　『妙法蓮華経文句』の図像2——金色女——

第一項　金色女

授記品は摩訶迦葉、須菩提、目連、迦旃延の四大声聞らに記別を与える内容であり、本作第六幅「妙法蓮華経授記品第六」（図62）には、その成仏する国と時とが描かれている。これらは短冊墨書にも明らかである。

画面左上に霊鷲山説法が描かれ、右上には、摩訶迦葉が劫は大荘厳、国名は光徳において「光明如来」として成仏する様が描かれている。赤い肌の鬼と青い肌の鬼がおり、そこに「雖有魔及魔民」の短冊墨書がある。経文の「無有魔事雖有魔及魔民皆護仏法[13]」の一部であり、これらの魔民すら仏法を守護するという摩訶迦葉の未来世が描かれている。

光徳国の下には、須菩提が、有宝の劫に、宝生国において名相如来として成仏するという様が描かれている。短冊墨書には「国名宝生」「其土人民」「皆処宝台[14]」とあり、白く平坦な地面と蓮の花の咲く曲池、茶地に金泥で竹などが描かれた障子の回廊や楼閣が描かれている。

また、画面中段左側は、迦旃延の未来世である。短冊墨書は「金光如来」「供養塔廟[15]」とあり、迦旃延が「金光如来」として成仏する様が描かれている。さらにその下に、「栴檀香如来[16]」の短冊墨書がある。この短冊墨書に対応して、目連が、仏たちの滅後に供養する様が描かれている。

本作には、平安時代の授記品見返絵に見られた「大王饗膳」（「忽遇大王饍猶懐疑懼未敢即便食若復得王教然後乃敢食」の偈にあたる部分）の場面は無いが、『法華経』の内容が逐語的に描かれている。

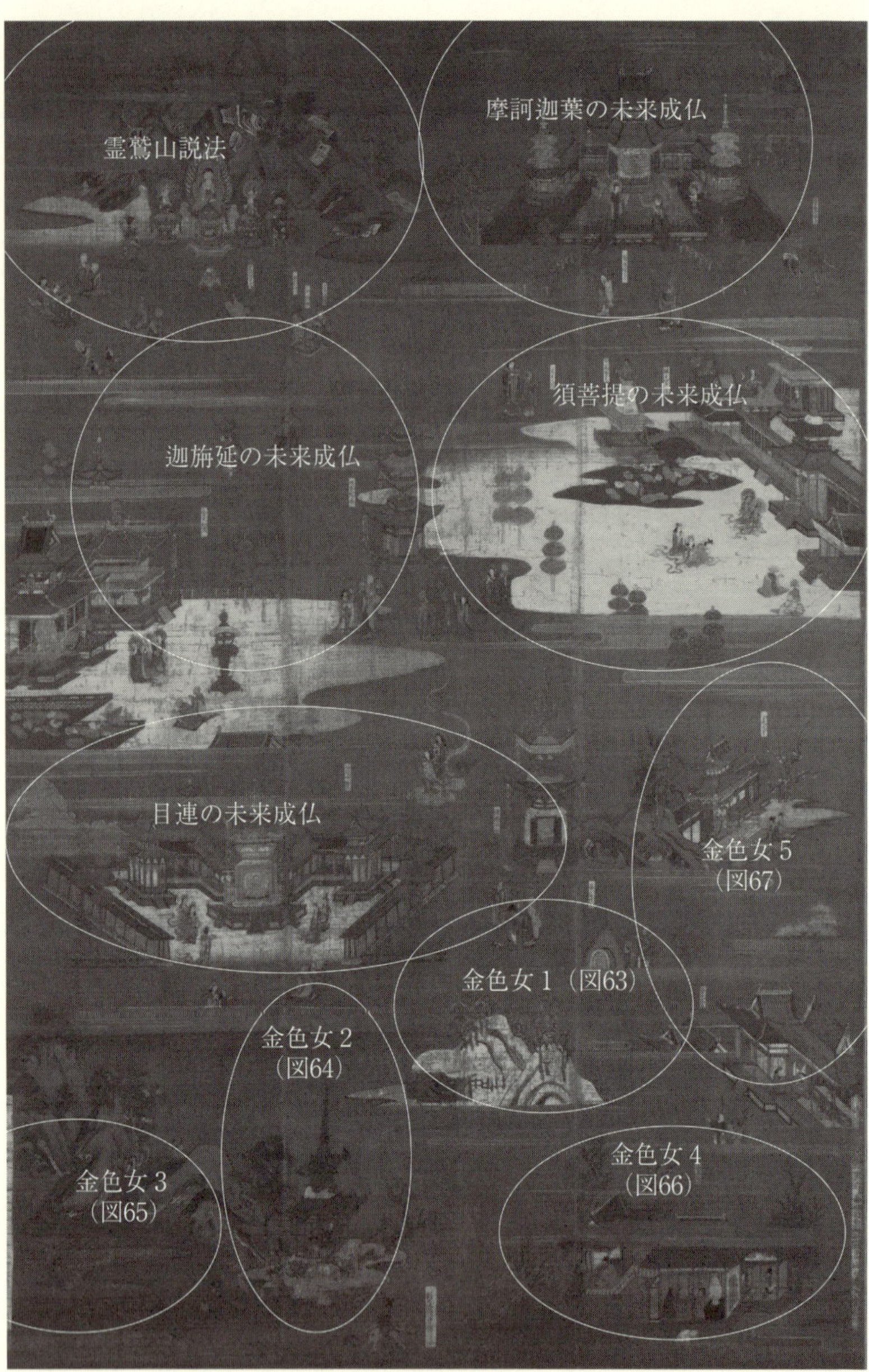

図62　第六幅「妙法蓮華経授記品第六」場面分け図

しかし、全画面の約五分の一にあたる下辺部は、経文には無い内容である。

画面下方中央には、雪に覆われた山が描かれている。粗末な小屋がけの中には、手を火にかざす女性の姿が描かれてる（図63）。女性は、肩までのあまり長くない垂髪にサークレット様の金色の飾り輪をつけており、本朝風ではないことを示している。しかし、服飾は垂領の、腕が剝き出しになるような短い上着に腰蓑様のものである。仏菩薩が天竺風に描かれるのとは異なり、天竺風とも本朝風ともつかぬものであるが、貧しい階層であることは了解できる。この女性が九度、画面に登場する。

雪山の左下には荒れ果てて壁土も落ち、骨組みだけを残す塔が描かれている。塔は上面が平らで下の方が細い岩の座の上にある。岩上には、柳とみられる樹木がある。葉は無く、細枝が右方向になびいている。季節は冬をあらわすものと思われる。塔の中には、一部金泥が塗られた仏の像と跪いて顔を覆う女性の姿がある（図64）。壊れた塔と金箔のはげ落ちた仏像を痛ましく思い涙する姿であろう。

荒れた塔の左、つまり画面の左端に、草と枯れ葦とが描かれている。水辺かと思われる。そこに跪いて金を持つ女性、そしてその右（塔の左）に、大事そうに胸に金を抱え籠を提げた女性の姿が描かれている（図65）。これは、金を得て寄進するために急ぐところだろう。女性の持ち物は結桶かと思われるが、内側には緑青が見えるので、中に菜が入っていることをあらわすようだ。わかりにくいが、上方の山中には薪を頭上運搬する姿も描かれている。

画面の右下方には、箔打ちの家がある。一続きのように描かれているが、室ごとに時間経過があり、異時同図法で描かれている（図66）。左室には縁先に腰掛けた女性と箔打ちとが語らう姿が、右室には、仏像に箔を押すところを障子よりのぞき込む女性の姿が描かれている。中央室には完成した仏像と女性と箔打ちの姿が描かれている。

この場面まで短冊は全く見られない。この住まいの上に初めて短冊があり、「迦葉前世」と墨書されている。箔

図63　第六幅「妙法蓮華経授記品第六」　金色女 1

図65　第六幅「妙法蓮華経授記品第六」金色女 3　女、金を拾い、急ぎ行く

図64　第六幅「妙法蓮華経授記品第六」金色女 2

図66　第六幅「妙法蓮華経授記品第六」　金色女 4「迦葉前世」

打ちの住まいの右上には、朱、緑青、群青、胡粉で鮮やかに彩色された邸宅が描かれており[17]、短冊には「金色女」と記されている。邸内には貴族的な身なりで肘枕をする女性の姿がある。金色女の上方には満開の桜がのぞいている。その上方には、「金色長者」という短冊墨書の付された邸宅がある。その邸宅の軒先には、満開の白梅が描かれている（図67）。

以上を要約すれば、貧女の寄進と仏像の剝落した箔を押した男の功徳が報われるという内容の絵画化とみることができるだろう。これは、『法華経』にはないが、『妙法蓮華経文句』巻第一上にある内容である。

『妙法蓮華経文句』巻第一上[18]

付法蔵言。毘婆尸仏滅後。塔像金色欠壊。時有貧女匃得金珠倩匠為薄金師歓喜治瑩仏畢。立誓為夫婦。九十一劫。人中天上身恒金色心恒受楽。

（読み下し[19]）

『付法蔵』に言はく、毘婆尸仏の滅後、塔像の金色欠壊す。時に貧女あり、金珠を匃(もと)め得て、匠を倩ひて薄(はく)と為す。金師、歓喜して仏を治瑩(ぢけい)し畢り、誓を立て夫婦と為り、九十一劫、人中天上にて身は恒に金色、心

図67　第六幅「妙法蓮華経授記品第六」　金色女5　「金色女」「金色長者」

は恒に楽を受く。

この類話は、平安時代末期撰とみられる『注好選』中・金色女離婬行第三十一にある。[20]

『注好選』中・金色女は婬行を離る第三十一[21]

又は金貴女と云ふ。此の女、前身は人の家の老婢なりき。即ち傍に寺有り、内に金色の丈六坐す。御胸前の金、少し落ち失せたり。之を見て、金薄一枚を求め得て、之に押さむと欲ふ。然而れども得難し。即ち己が分の食を欠きて、砂金少分を価ひ得て、薄打ちの家に至りて上の事を述ぶ。即ち答へて云はく、「汝甚だ以て貴し」と。之を打ちて得しむ。契りて云はく、「生々に汝と倶に善知識として、必ず仏道に入らむ」と。時に女膚に金を押し了りて、後に彼此命終して天上に生る。二人共に楽を得、人間に又生る。女をば金色女と名づく。膚は名の如し。男は金神と名づく。身は名の如し。即ち一家の夫婦と為りて、相ひ語らひて云はく、「相互ひに永く交会せじ。終に今生に直ちに仏の知見に入らむ」と云ひ了んぬ。後の時の夏、此の女は床の上に臥せ、金神は庭に有り。時に毒蛇床の下に有り、女の手は下に垂れたり。金神は毒蛇を恐れて、女の手を取りて懐の内に〔入る〕。女驚き覚めて云はく、「汝の行ひ、何ぞ約に違ひて不浄の心有るや」と。金神上の事を述ぶ。是の如く多年遂に交会せず。皆同時に果を証して仏道に入る。

十二世紀末成立の『宝物集』巻第五にも類話がある。[22] ただし、『宝物集』においては、以下のように梅檀香と摩訶迦葉二人の事績になっており、女性に関係した説話ではない。

迦毘羅長者の子梅檀香といひし人は、昔毘婆尸仏の時、堂のくづれたりしを、土を塗りてつくろひたりしゆへに、九十一劫悪道をまぬかれて、今長者の子とむまれて、口より梅檀の香をいだす也。

昔、摩訶迦葉、道をゆくに、堂の内に仏の箔はげておはしましければ、はげたる所ばかりに、箔をおしたりし功徳の故に、未来に仏と成て、光明如来と云べし。かつ〴〵釈尊の御弟子たりといへり。

また、室町時代の法華直談関係の書にも迦葉の因縁として収録されている。『法華直談因縁集（翻刻）』刊本類話一覧[23]を手がかりにみれば、『法華経鷲林拾葉鈔』『法華直談抄』に類話がある。

『法華経鷲林拾葉鈔』は、関東天台を代表する僧侶・尊舜[24]が、永正八年から九年（一五一一～一二）にかけて[25]『法華経』大要を注釈敷衍したという。その序品「身有光明因縁事」に類話がある。ただし、貧女が身を売ることによって金銭を得ることになっている点に相違がある。

『法華経鷲林拾葉鈔』巻二序品第一之二[26]（文の句切りは引用者による）

一身有光明因縁事　疏云付法蔵言毘婆戸仏滅後塔像金色欠壊　時有貧女匃得金珠倩匠為薄金師歓喜治瑩仏畢　立誓為夫婦　九十一劫人中天上　身恒金色　心恒受楽　最後託摩竭提国尼拘律陀婆羅門家生畏勝王得罪滅一耕犁但用九百九十九双牛金犁　文　釈心ヒハシ仏滅後有一人貧女為求薪登山帰時折節雨降見道傍有壊小堂立寄雨宿見堂舎朽傾本尊雨露被侵玉フ故金色像破損セリ而売身替金銭語薄打奉彩色仏像　而夫婦成生々世々契給　誓依其功徳　九十一劫間生富貴家　身具光明也其貧女今迦葉也　疏云諸天請結集時讃言　耆年欲恚慢已除　其形譬如紫金柱上下端厳妙　無比目明清浄如蓮花　捨此家業　又納金色婦迭臥無欲捨而出家　身披無価宝衣截為僧伽梨四畳奉仏為坐如是三捨世無倫匹　是為捨大。文

天台僧・栄心撰『法華直談抄』巻第一序品[27]にもほぼ同話がある。

また、日光山輪王寺天海蔵『法華直談因縁集』序品一―一八に、「貧女仏像ヲ彩色シテ仏弟子ト成ル事（迦葉尊者）」がある[28]。阿部泰郎の『法華直談因縁集』解題によれば、同書は天正十三年（一五八五）に下館平塚最勝寺住持

舜雄が書写したものであるが、転写本であり、原撰本はさらにさかのぼるという(29)。

『法華直談因縁集』序品一―一八　貧女仏像ヲ彩色シテ仏弟子ト成ル事（迦葉尊者）

一、付迦葉尊者云云。昔日、貧女一人有。而、ヒハ戸仏像風雨サラサレテ、堂トモ打破タルヲ見、ア、イタワシヤ、此仏像朽破哉、ト思イ、所詮、身売ハクヲ買イ、サイシキ奉、ハク打所住、如此云云。サテハ但、ハク身ヲカヘ玉へ、ト申。サラハ、ト云云。ハク身カヘテ、サイシキ玉フ故、其後、九十一劫過、身光放事、九十一劫間也。光破、飲光云也。如此、依修因今日、大福長者、生也。家内、金十七畳也云云。然、是等捨、仏弟子成云云。

近代の、本法寺の飯田日亮『法華経二十八品画曼荼羅説明書(30)』第六軸解説にも、典拠は記されていないものの、迦葉と迦旃延の因縁として、同話が採録されている。

次に迦葉、迦旃延、二人の往世の因縁を描出せり昔し迦葉は金師たり迦旃延は貧女たり或時貧女閻浮樹の下那提河の辺に於て金銭一枚を拾ひ行く〳〵（ママ）路傍の毘婆尸仏の塔の破壊し仏像の毀損せるを見大に嗟歎号泣し金師の所に往て先に拾得せる金銭を投し其の仏像の修繕を計る金師其志を好みし快く之を肯ひ金銭を箔と為して木像に押し尚足らさるをは金師自ら之を補うて遂に塔像の再興修繕を成就せり此功徳に因て貧女は次の世に容顔姝好なる金色女と生れ金師は次生に福徳円満なる金色長者と為りて九十一劫の間夫妻の契を結ひ富貴栄華を極めたり其時の貧女と者今の迦旃延是なり金師と者今の迦葉是なり故に迦旃延は成仏して名を閻浮那提金光と曰ひ迦葉は成仏して名を光明と曰ふと

本宮日顕『法華経曼荼羅絵図　全』第六軸解説(31)にも同様の解説がある。このことからみても、金色女に関するテクストには、教学上の長い伝統があることがわかる。どのような儀礼の場であったのかは確定しがたいが、本作が

いずこかの『法華経』を勧める場にあったことは確かであろう。そして、貧しい女性の寄進が報われる金色女の内容は、聴衆、特に女性に訴えかけ、一文小資の勧進を募ることにも用いることができたのではないかと思われる。

第二項　菜を摘む女

前項にみたように、金色女の原典は、『妙法蓮華経文句』巻第一上にあり、『法華経』教学の中で、この説話が語られる長い伝統があったことがわかる。ただし、貧女が水辺の景で菜を入れた桶のようなものを持つ図像の根拠は、『法華経』やその注釈活動の中からは説明できない。これについては、二つの淵源が考えられる。

一つは、平安時代後期における法華経等見返絵への世俗的モチーフの混入である。世俗的なモチーフが、法華経絵に描かれる事例としては、大阪市・四天王寺蔵「扇面法華経」が有名であるが、愛媛県・大山祇神社蔵「法華経」と一具の「無量義経見返絵」にも、垂髪で犬を従え頭上運搬する庶民女性が描かれていることが緒方知美によって考察されている[32]。桶を頭上運搬する女性の図像について、緒方知美は、形態の類似までも含めて正安元年（一二九九）制作の神奈川県・清浄光寺蔵「一遍聖絵」第十一巻の例をあげているが、単なる庶民女性の風俗として考えるのならば、十二世紀の京都国立博物館蔵（曹源寺本）「餓鬼草紙」、関戸家本「病草紙（白子）」にも見受けられる。経文にそって、天竺風に描かねばならないという制約は平安時代後期には緩んでいる。菜を摘む女性の姿は、奈良県・朝護孫子寺蔵「信貴山縁起絵巻」延喜加持巻、尼公巻、京都市・神護寺蔵「山水屏風[33]」第四扇にも見られる。庶民女性の定型的表現の一つであり、貧しい女性の記号として使われている可能性がある。

二つ目は、菜を摘むという身振りや菜を入れた籠が、法華八講中日における薪の行道との関わりで、法華経絵にはなじみやすいモチーフであったということがいえるだろう。『小右記』寛弘九年（一〇一二）五月十七日[34]に記さ

図68　富山県・瑞泉寺蔵「聖徳太子絵伝」第六幅

れる皇太后彰子が一条天皇のために行った法華御八講では「僧侶行道、衛府三人荷持薪水菜等如恒」とあり、八講で薪を背負い、水桶や菜を担うのは通例であった。

しかし、本作の貧女の話譚は、寒々しい陋居の炉火に手をあぶるところから始まり、菜を摘むことによって金を得て、仏師に箔を打たせ、果を得るまでが異時同図法によって、詳細に展開されている。偶発的なモチーフの混入というよりは、周到なプログラムがあるように思える。

一つの可能性として、中世聖徳太子伝の口伝を生み出す母胎との交渉があげられるのではないだろうか。本作の内容と、貧しい女性が一心不乱に菜を摘むことによってかえって聖徳太子の興味をひき見初められるという芹摘姫話譚は、モチーフの類似のみならず、菜摘みによって果を得るという物語の構造においても類似している。

聖徳太子伝の絵画化には長い伝統があり、『太子伝玉林抄[35]』に依拠すれば宝亀二年（七七一）の四天王寺障子絵以来の、現存遺品に徴するのならば法隆寺旧絵殿障子絵「聖徳太子絵伝」（一〇六九年）からの図像的伝統があるが、芹摘姫の図像は、鎌倉時代にいたって成立したとみられている。

聖徳太子伝における芹摘姫テクストおよび図像成立過程については、渡辺信和の考察「聖徳太子伝における芹摘姫説話について[36]」があり、三つの分類によって十九の作品があげられている。さらに、赤沢英二と村松加奈子が紹介した富山県・善徳寺蔵本[37]にも含まれており、あわせて二十例をあげうる。また、織田顕行により、飯田市美術博物館蔵「聖徳太子絵伝」第三幅（五幅中）太子二十三歳条の図像が膳妃である可能性が指摘されている。[38]以下に、渡辺の分類に従って二十例をあげる。

1複数の場面であらわしたもの

①(a)福井県・称名寺蔵「聖徳太子絵伝[39]」第四幅（六幅中）六場面
　(b)石川県・本誓寺蔵「聖徳太子絵伝[40]」第三幅（五幅中）十二場面
②愛知県・本證寺蔵「善光寺如来絵伝[41]」第四幅（四幅中）十二場面
③富山県・瑞泉寺蔵「聖徳太子絵伝[42]」第六幅（八幅中　図68）三場面
④京都市・広隆寺蔵「聖徳太子絵伝[43]」第三幅（四幅中）二場面

2一場面であらわすもの

①(a)堂本家蔵「聖徳太子絵巻[44]」第五巻（十巻中）奥書・元亨四年（一三二四）
　(b)浅田家蔵「聖徳太子絵伝[45]」（一巻）堂本家蔵本転写本
　(c)大阪市・四天王寺蔵[46]「聖徳太子絵伝」（一帖）堂本家蔵本の二次転写本と推測されている。
　(d)滋賀県・観音正寺蔵「聖徳太子絵伝[47]」第三幅（四幅中）
　(e)奈良県・談山神社蔵「聖徳太子絵伝[48]」第三幅（四幅中）(d)に酷似
②兵庫県・鶴林寺蔵「聖徳太子絵伝[49]」第六幅（八幅中）
③(a)茨城県・妙安寺蔵「聖徳太子絵伝[50]」第三幅（四幅中）
　(b)大阪府・叡福寺蔵「聖徳太子絵伝[51]」第二幅（七幅中）

(c)奈良国立博物館蔵（愛知県・妙源寺旧蔵）「聖徳太子絵伝[52]」第三幅（三幅中）

3太子三十三歳の楓野行啓の場面の一部に描きこむもの

(a)東京国立博物館（法隆寺宝物館）蔵「聖徳太子絵伝[53]」第三幅（四幅中）　嘉元三年（一三〇五）・上野法橋

但馬房筆

(b)兵庫県・斑鳩寺蔵「聖徳太子絵伝[54]」第一幅（四幅中）

(c)東京都・静嘉堂文庫蔵（愛知県・満性寺旧蔵）「聖徳太子絵伝[55]」第三幅（四幅中）

(d)愛知県・万徳寺蔵「聖徳太子絵伝[56]」第三幅（四幅中）

(e)富山県・善徳寺蔵「聖徳太子絵伝[57]」第三幅（四幅中）

(f)大阪市・四天王寺蔵「聖徳太子絵伝[58]」第四幅（六幅中）　元亨三年（一三二三）・遠江法橋筆

芹摘姫は当然のことながら和装で、金色女と服飾上の共通点はない。野辺におり、桶または籠のようなものに菜を入れている。瑞泉寺蔵本では、菜を入れた籠を提げて運んでいる。素直に解するならば、金色女の菜摘みは庶民女性の記号であるとみるべきであろう。

しかし、金色女に関する話譚において、貧女が仏像に押す金を得るのは、『注好選』においては食を欠いてである。『法華経鷲林拾葉鈔』では身を売ることによって金を得ている。『法華直談因縁集』序品一―一八も、身を売ることを婉曲に表現したものであろう。本作ではなぜ菜を摘むことによって金を得るのか。

第三項　法華直談と芹摘姫

筆者には、芹摘姫の図像と話譚を生み出した集団と、本作の制作主体――発注者または絵師――とはいずこかで交錯するように思える。なぜならば、まず第一には、芹摘姫の話譚が後代の法華直談に取り入れられた痕跡があるからである。天正十三年（一五八五）書写の『法華直談因縁集』には以下のようにある。

『法華直談因縁集』第六巻寿量品六―六(59)（傍線引用者）

一、仏果反作云付。性徳太子、此大和国栢村、クラハシト云所、十三夜月、十五円満月如也。是人見、疑思、此月、ウトイシ山云当落也。奇特、云、至見、如玉美女、一、二才比有。老女至、是養育思、家ツレテ帰也。十六才迄養、有時老女七十成也。汝、有山捨、此程、我養成長、我不仕、思不知云云。既林友烏恩知、云云。時、彼女、ケニモト思、サテハ、我捨思、春比ナレハ、隣家友女語、芹ツミ出也、時、上宮太子、岡本行幸アルニ、余女、此行幸、巍々堂々タル[ヲ]拝、見物。此女、是不見、偏首低芹ツム也。時、太子、御覧。是（三四ウ）不審也。我行幸、誰人見之、偏不目持拳事疑、云、宣言以、人遣、見給、如此。行幸故云云。有任奏。時、此女召、尋候、委申上也。汝、神妙至也。汝男有耶、問、我不求、人又、我等体貧女、左様子細不問。若我栖草庵、草間月漏入時、桂男通事、不知云云。サテハ汝后備。晩汝至所云云。時、サテモ奇特也思、太子遥々見送奉也。余女此事語、手打笑也。自元、太子ケス近御座故、汝語、為笑也云云。時、此女、乍去、君子無虚妄。倫言如汗。出不帰二度道理ナレハ、老女語、奇特也。尤不思議ナレハ、左様事有。付申、我、汝養、朝向日、夕向月、哀、此女備皇后給へ、ト奉祈也。此事不虚者、サモヤアラン、申。時、女、太子、晩至。但、用意物、ハツセン食・クルセムアツ物・カンカ敷皮也云云。時、不知之。辺有相人尋、ハツセン食者、セキ飯也。カンカ敷皮者、十フ七フコモ事也。仍、芹ナト（三五オ）用意候へ、ト云事也。時、此老女□□□宮太子叡覧后備、晩、草庵至ント云云。勅言不虚道理、若行幸有。如此物用意、仰候。奉憑申廻、此老女、狂人成耶思人アリ。サレトモ、太子行幸有ナレハ、先、乍偽

云、コモヲ出、暫時六七百枚集也。其外物用意、別仮屋作也。日暮迄、無行幸。サレハコソ人笑。或狂人歟申、太子、夜半時分、月卿雲客供奉、五百人斗行幸有也。此三日御座也。其後、車シタテ、岡本南宮至、備后也。仍、多中此后、第一御座也。仍、性徳太子、惣二十三人御子在也云云。所詮、老女者、阿弥陀。太子観音垂迹也。其女者、勢至菩薩、是也。此二菩薩二十三人子具、二十五菩薩也。如此反、本朝至、衆生利益玉也云云。

これは、婚礼の品まで詳しく述べ、立后を祈誓する芹摘姫話譚が、法華直談に取り入れられた痕跡である。

第四項　中世聖徳太子伝と芹摘姫

一方、芹摘姫の図像を含む絵巻、絵伝は、年紀のある堂本家蔵本と四天王寺蔵六幅本を含め、阿部隆一により文保本と仮称された(60)一群の聖徳太子伝の成立に近接して制作され始めた。渡辺信和は、前掲論文において、『聖徳太子平氏伝雑勘文』が、芹摘姫話譚について否定的に言及していることから、逆に法空が『聖徳太子平氏伝雑勘文』を著した正和三年（一三一四）頃が、芹摘姫伝承の上限かと推測している。(61)

『聖徳太子平氏伝雑勘文』(62)

以下賤人不可為后妃事。（中略）而今以此妃。或云民女芹採妃。或就膳文字有種々憶説。太不足信用者也。不可説。々々々

渡辺信和の前掲論文に従えば、芹摘姫話譚生成に関わるテクストは以下の七文献である。いずれも筆者は原本未見であり新知見はないが、法華直談との関わりを検討するため、内容について渡辺信和の前掲論文、阿部隆一(63)、阿部泰郎(64)の著述中の註記出版物によって確認する。

A愛知県・満性寺蔵『聖徳太子内因曼荼羅』[65]
B慶應義塾図書館蔵『聖徳太子伝正法輪』[66]
C愛知県・万徳寺蔵『聖徳太子伝』三「太子廿七歳」条[67]
D玄棟撰『三国伝記』巻第十第三「膳手之妃事」[68]
E覚什『聖徳太子伝記』巻第四「聖徳太子廿七歳」条[69]
F『三国伝記〈平仮名本〉』巻第十三第三「かしはてのひめの事」[70]
G三重県・神宮文庫蔵『聖徳太子伝疏』[71]（「仏法最初之四天王寺開山法興弘通用明天王之愛子聖徳皇太子伝柱疏」[72]）

Aは、平松令三が、正中二年（一三二五）以前成立として紹介したものである。三巻（あるいは三幅）絵伝に関係したテクストであることが序に記されており、平松は絵解き台本としている。[73]芹摘姫の心情や養育する老女の怒り、折檻などが詳細に記されていることは、先行するテクストの存在や図像の成熟を思わせる。真宗寺院である称名寺蔵本や本誓寺蔵本に描かれた老女の折檻に関係するとみられている。[74]

Bは、牧野和夫により翻刻、解題されている。[75]それによれば、年齢ごとに太子の事蹟を記す「聖法輪蔵」の別冊で、江戸時代初期の写本である。本冊を伴わず附冊のみである。奈良市・東大寺図書館蔵本、愛知県・満性寺蔵本、富山県・光久寺蔵本等と同じく、文保本の異本かとみられる「聖（正）法輪蔵」に関わるテクストである。他の三本にはない芹摘姫話譚を含み、しかも姫の物狂いや和歌の贈答などを詳細に記す。渡辺信和は前掲論文において詳細な事項対照表を用いて、このA、BとE、Fとは、同系統と指摘している（以下、I系統と略す）。

Cは、奥書によれば、「四天王寺東門村蓮華蔵院護摩堂」において沙弥元泰が寛正三年（一四六二）に書写したものである。小島恵昭の解題[76]によれば、「芹田坊之秘伝」の転写本であり、「平氏伝」「松子伝」「古老人云」をはじめとする伝記・口伝を多く引用するものである。いわゆる、文保本と仮称された一群の聖徳太子伝のうち最も古い写本である日光輪王寺天海蔵本と同じく四天王寺芹田坊の秘伝であった。渡辺信和は「聖徳太子伝の基礎資料である『聖徳太子伝暦』の中に新しい説が取り込まれてゆく過程を示すテクスト[77]」と指摘している。

渡辺によればこのCと次のDは同系統である（Ⅱ系統と略す）。

Dは、滋賀県・善勝寺近辺を生活圏とした「沙弥玄棟」が、応永十四年（一四〇七）から文安三年（一四四六）頃撰したものである[78]。

また、渡辺によれば、Fは、Dから発したものであるが、増補改変の際にEを参照した形跡があるという。

Gは、阿部隆一が「伝暦の注と見做すべきもので、種々の伝暦抄や、伝記から集輯している。しかし伝の本文はおおむね前掲文保太子伝の影響を受けた文である」という。筆者のみるところではⅠ系統の要素も、Ⅱ系統の要素もあわせもつテクストである。

これに加えて、牧野和夫が紹介した久遠寺身延文庫蔵「聖徳法王三国伝灯灌頂伝」も芹摘姫話譚に関連する[79]。牧野は、「聖徳法王三国伝灯灌頂伝」について真言律僧が行っていた「太子灌頂」に用いられたものであることを指摘している。またその後欠部分にあたる「太子伝　附常宮太子菩薩伝」が康永二年（一三四三）に沙門雄慶という人物に伝授されたものであることも紹介し、内容が鎌倉期にさかのぼることを証するものとする[80]。このテクストでは膳姫として簡単に触れられるだけだが[81]、「太子灌頂」に由来する秘事口伝に由来するものであることは興味深い。

聖徳太子伝の成立は、真宗寺院との関わりで論じられることが多いが、中世聖徳太子伝の成立に律僧の関与がみられることは、林幹弥[82]、牧野和夫[83]、阿部泰郎[84]によって夙に指摘されている。

嘉禎四年（一二三八）頃、太子伝にかかる秘事口伝を「聖徳太子伝私記（古今目録抄）」（東京国立博物館蔵）に纏めた法隆寺僧・顕真が、[85]正嘉二年（一二五八）九月十六日、所持の調子丸一流の念持仏修理を叡尊に依頼し、翌年三月十一日に修理を終え法隆寺聖霊院で開眼供養を行ったことが知られている。[86]また、神奈川県・称名寺蔵『上宮菩薩秘伝』には、「調使丸（傍点筆者）」からの血脈が記されているが、顕真以降の血脈として「俊賢　実賢　惣持元恵　釼阿（別筆）」の奥書が存する。

林幹弥は、この『上宮菩薩秘伝』について、「調使丸（傍点筆者）」の用語からみて法隆寺で作られたものではないとする。[87]そして、叡尊の俗甥たる日浄房惣持が、[88]建治二年（一二七六）に作り上げた秘伝であるという。また、「太子灌頂」の儀礼を用いて元恵に授与したという。[89]叡尊が、弘安七年（一二八四）に、太子信仰のもう一つの中心ともいえる四天王寺の別当に補任されたことは有名であるが、[90]惣持もまた太子信仰への傾斜をもっていた。

こうした真言律僧の関心事の中に芹摘姫話譚もあった。

さらに、松山充宏が、富山県・瑞泉寺蔵「聖徳太子絵伝」八幅の画面内の色紙形に記された偈が、久遠寺身延文庫蔵「聖徳法王三国伝灯灌頂伝」に収められた偈等を典拠とすることを指摘していることにも注目したい。[91]瑞泉寺蔵本は十四世紀の制作とみられているが、「聖徳法王三国伝灯灌頂伝」テクストに関連して「橋ノ上ヲ御幸ナラセ給」ところや芹摘みが図像化されているのである。

松山はまた、瑞泉寺蔵本と構図の相似する橘寺蔵「聖徳太子絵伝」（室町時代制作）に注目し、慶政（一一八九〜一二六八）が再興した聖徳太子ゆかりの橘寺が十三世紀後半に真言律宗の傘下に入ること、橘寺中興二世の法空が、正和三年（一三一四）に太子伝の注釈書『聖徳太子平氏伝雑勘文』を著していることに注目し、瑞泉寺蔵「聖徳太子絵伝」の制作に真言律僧が関与したことを示唆する。

芹摘姫話譚の特にⅡ系統については鎌倉時代の真言律僧の関与が想定されるが、筆者は、本作の菜を摘む女の姿の深層にも真言律僧の文芸の影響を見ることができるのではないのかと推測するのである。

第五項　『私聚百因縁集』と『三国伝記』中の菜を摘む女

ただ、芹摘姫の祖型というべきものを想定すれば、よりひろく説教に関わる僧侶たちの教養の範囲内にそれはあった。

『法華直談因縁集（翻刻と索引）』の類話一覧には、前に引用した六―六の類話[92]として、正嘉元年（一二五七）に常陸在住の僧・住信が撰述した『私聚百因縁集』第三―五「採角入貧女事」があげられている。

『私聚百因縁集』第三―五　採二角入《スミイレ》一貧女事孝也[93]（傍線引用者）

天竺《ノ》大国《ノ》帝《トノ》行幸。其供奉ヲヒタ、シキ事也。舎衛国波斯匿王《ハシノクワウ》。檀毘利《タンヒリ》長者《ノ》家牛頭栴檀《ヲ》為《メニ》二御所望《ノ》一。忍《テ》只ヒトリシノヒノ御臨幸アリ。万《ノ》御共《ノ》物略セラレケリ。然《ニ》其時《ニ》随兵許ヲ笇《カゾヘ》タリケレハ。四百万騎也。況《ンヤ》如《ク》レ式《ノ》行幸。サコソ目出在《メデタクヲハス》ラメ。抑　或時此波斯匿王以外《ノ》儀式結構目出シテ。卒士動《キ》天《ノ》下ノ、シリ。遠《キ》処《ヘ》行幸有ケリ。四方如《ク》レ雲集テ。王ノ行幸ヲ奉レ見。アル片岡《ノ》野辺《ニ》篇《アシカヲ》　懸《ケ》レ臂《ニ》菫《スミレ》　採《ム》有二貧女一。年十五六許《リ》。大王《ノ》行幸《ノ》路辺ナリ。然《ニ》一度挙《モテ》レ目《ヲ》不レ奉レ見レ王《ヲ》。王心中《ニ》無《シト》二本意一念《モヒ》アリ。仍《テ》鳳《ノ》輿《ノ》前《ヘニ》　召《シテ》二貧女《ヲ》一自《カラ》問《フ》レ之《ヲ》。答《テ》言《ク》我《レニ》　有二老母一。母《ニ》我《レ》一子也。菴《ニ》亦無《シ》レ人。一生母《ノ》命不レ背《カ》。採レ菜《ヲ》乞食《シテ》　空《シキ》　菴《ニ》立レ煙《ヲ》。今朝菫《ヲ》願《ヒ》給フ。順《シ》レ命《ニ》出《ルニ》　早帰《クレト》　云云。若奉《ラハ》レ見レ王《ヲ》始《メノ》　心移《リテ》。今日空暮《クシテ》　定《テ》背《カン》二母《ノ》命《ニ》一。仍《テ》我《レ》不《ト》レ奉レ見レ王《ヲ》泣々語《ルニ》。聞者多《ク》袖ヲシホル。王哀《ミテ》　心《ノ》上《ヘニ》　在《マス》二愛心一。依レ之《ニ》望《ム》二為《ス》レ后《ト》事《ヲ》一。貧女否《ヤナリ》　云云。此哀《レミニ》　王留《メテ》二臨幸《ノ》道《ヲ》一帰《リ》二王家《ニ》一タマフ。貧女帰《ル》レ菴《ニ》。老母恨《ム》二遅《キ》事《ヲ》一。如《ノ》レ上事《ヲ》語《ル》。母驚《キ》泣《キ》呼《リ》。南無仏天。三宝我子一日ナリトモ。大王ノ御志無《キ》二止事一。踏《マセ》二后《ノ》位《ヲ》一タマヘト云云。王其夜通夜《ヨモスカラ》　不レ眠《ラ》。早旦《ニ》象車十両《ニ》積《テ》二珍宝《ヲ》一送《リ》二貧女《ニ》一与《ヘ》レ母《ニ》。貧女《ハ》即日《ニ》昇《ホセ》レ房《ニ》立《ツ》レ后《ニ》。其後母《ニ》孝アルコト中々自在《ノ》事ナレハ。サコソ目出カリケメ。

王御志殊ニ不レ浅カラ万女ノ愛念ニ超タリ。有ル時阿難有レ来ル二王宮一。彼后上来ノ事ヲ語ル。尊者霊山ニシテ世尊ニ言ス。仏ノ言ク。貧女路辺ヨリ帰リシ母向ヒレ天ニ喜泣キ三世ノ十方諸仏大慈大悲覚動シキテ仍此ノ女人ハ五十六億七千万歳ノ間生々世々為二大国ノ后一ト慈氏三会ノ暁ク開レ悟ヲ出テ二火宅ヲ一証ス二必菩提ヲ一云云。仍曽テ悉ク信二仰ス孝順ノ功徳莫大ナル事ヲ一云云。

『私聚百因縁集』現行本は承応二年（一六五三）の刊本に由来するものであるから、(94)原本制作時から、王の行装や、貧女や母の応答がこれほど詳しく書かれていたものかどうかについての確認は困難である。仙波光男は、国語学的に鎌倉時代の表記でないものが含まれることについて指摘を行っている。(95)また、登場人物は、釈迦教団の守護者でもあった波斯匿王と貧女で天竺の話譚である。ただ、天竺と本朝と場こそ違え芹摘姫とプロットは共通する。そして、より細部に注意を向ければ、養育した老女が最初は姫の言を信じず打擲するⅠ系統ではなく、むしろ立后を祈誓する点においてⅡ系統に近いといえよう。『法華直談因縁集』第六巻寿量品六―六もまた、傍線部にもあるように、立后を祈誓する。

住信は常陸に在し浄土信仰をもっていたとされる。(96)渡辺信和は、住信は日常的に説教を行う在地の僧侶という立場ではあるが、しかし一方で、学僧や遁世僧とは違った学問の場をもっていたとし、東福寺周辺でしか知られていなかった『宗鏡録』(97)巻第九の説話と巻第六第八話が同文的同話であることから、住信の閲歴が推測できるという。(98)この複雑なテクストをすべて住信に帰することができるかどうかについては確信を得ないが、説教を日常的に行い、さまざまな説話を資料として扱う立場の僧侶が、芹摘姫の原型を教養の範囲内としていたことは確認しておきたい。そして、同じような立場にあった玄棟の撰した『三国伝記』巻第十に類話がみられることにも注目したい。

『三国伝記』巻第十第三「膳手之妃事」の前には第二「採桑女成二閔王后一事」がある。このことについて、阿部泰郎は、二話を配列することは、「意図されたものかどうか、両者の深いつながりを露わにしている(99)」という。「採桑女成二閔王后一事」は斉の閔王が出遊の際、王を顧みず桑をとる醜い娘に目をとめ、后にいれるという話譚である。阿部泰郎は、唐の李瀚が編纂し平安時代以来よく知られた『蒙求』にある「宿瘤採桑」(100)を換骨奪胎しつつ、芹摘姫話譚が生成してきたことを示唆する。

渡辺信和は第三「膳手之妃事」の後には、第四「摩訶提国貧女成レ后事」という、これもまた孝行のために顔もあげずに菜を摘み、后となるけなげな女の話譚があることを指摘している。ただし、梵漢和をひとまとまりとみなす配列規則からすれば、第一から第三までをひとまとまりの説話とみるべきで、第四は次のまとまりとなるという。阿部泰郎が第四「摩訶提国貧女成レ后事」を芹摘姫との関連で指摘していないのは、それゆえかもしれないが、内容は極めて近似している。

筆者が芹摘姫の話譚に深入りしたのは、一つには法華直談に芹摘姫話譚がとりいれられた痕跡があったからであるが、もう一つの理由は、金色女と芹摘姫（膳手姫）との中間に位置するように思われる『三国伝記』巻第十第四「摩訶提国貧女成レ后事」テクストに、「山底採レ薇」「柴火炉宿　夜薄衣寒気防」という語句が見られたからである。四季を通じての孝行と貧しい生活をあらわすのに用いられた常套句とはいえるが、本作の貧女の菜摘みと雪に覆われた山の粗末な小屋で炉に手をかざす姿を彷彿とさせる。

『三国伝記』巻第十第四　摩訶提国貧女成レ后事(101)（傍線引用者）

梵曰、摩訶提国ニ有二一人貧女一、年五十有余也。其貧女有二一人娘一、年十七八許也。孝レ母無二他事一、春分二雲霞一、山底採レ薇、夏前二日出一巌畔負レ薪、秋田面払レ露、拾レ落穂一、冬凌レ雪深谷荷二寒水一。サレバ、林果拾尽、朝三食秋風待、柴火炉宿　夜薄衣寒気防。或時、為レ養レ母出二田沢一菜摘、折境帝王行幸有、軽軒馳二九陌塵一、鑾輿瑩レ千歩路一。故諸人成レ市大王拝奉、此貧女母念故顔モタゲズ路辺田中有。帝王恠、勅二臣下一是ガ心ノ中ヲ問ヒ玉フニ、答ヘ申ケルハ、「我毎日採レ菜養レ母。今日已高テ吾母ノ待コトヲ思故ナリ。命有ラバ行幸ハ又モ可レ奉レ拝。老母ノ残齢時ヲ移シテハ難レ憑」答ケレバ、皇帝聞召「孝雖レ有女志也。貞女ハ可二〔孝〕出一」、近召叡覧有、倩眄美質鮮ニシテ窈庭淑姿妙也ケリ。仍金十万両直スル衣ヲ令レ着、即玉輦乗召具。爰、女云、「老母家有、争私奔走センヤ。其上今日命不レ知。先家帰母孝仕此由申」ト奏。大王聞玉ヒ、「尤謂アリ。母語テ必参ヨ」トテ、先御暇ヲソ給ケル。女家ニ到テ老婆ヲ孝養後、勅定趣母告、母悦云、「吾汝産後、〔心〕中女御后成吾帰寧セヨカシト思シ、其志相叶ケルニヤ。願十方一切三世諸仏如来梵王帝釈諸天善神、吾娘ヲ大王不レ忘必〔令〕レ迎ヘ給ヘ」ト祈念有ケルニ、其日夕暮七宝以荘厳車卅両声、迎レ女后給。是孝行深徳也。

（平仮名の送り仮名は校注者による）

この類話は『今昔物語集』巻三「貧女現身成后語第十六」にも見える。[102]『今昔物語集』の記述は簡素で、寒さを思わせるような文言は含まれない。『今昔物語集』は長く死蔵された後、興福寺周辺で文安三年（一四四六）に「発見」されたといい、[103]直接的な転写関係は想定できないが、この話譚が語り継がれる場はあったはずである。池上洵一によれば『三国伝記』を撰した「沙弥玄棟」は正式な僧ではなく、文章には『新撰朗詠集』『和漢朗詠集』の漢詩を駆使した技巧を凝らす傾向にあるというが、[104]この図像が仮にその文飾にかかるものであったとしても、本作の貧女の炉に手をかざす図像の背景には「柴火炉宿二シテ夜薄衣寒気防一」に類した文言を常套的に用いる、住信や玄棟らが属する集団における了解があっただろう。

本作のように『法華経』を忠実に描いた作品において、『妙法蓮華経文句』の貧女、『注好選』では老婢であったイメージが、菜を摘んで果を得て結婚する女に変容する。その変容の過程には、太子に見初められて妃となる芹摘姫との交錯が深層において存在するのではないだろうか。

第三節　『妙法蓮華経玄義』等に基づく図像――仏伝との関わり――

第八幅「妙法蓮華経五百弟子受記品第八」には、「阿含会」という短冊墨書を付した場面がある。第八幅にはほかに「方等会」という短冊墨書を付した場面もある。「阿含」「方等」の文言は、『法華経』の注釈書である『妙法蓮華経玄義』に天台・智顗が説いた五時八教[105]に基づく。釈迦が、華厳経を説くも、その教えが深遠であるため、人々の理解の及ぶよう、阿含経を説き、その後、人々の理解の程度にあわせて、方等経、般若経と説き、最後に、法華経と涅槃経を説いたとされる内容である。これらの文言は、当時の教学の一端を示すものと思われる[106]。

第八幅「妙法蓮華経五百弟子受記品第八」には、富楼那をはじめとする阿羅漢たちに授記するという五百弟子受記品の内容と衣裏宝珠喩が、逐語的に描かれている。これについては、第二部第一章第三節第四項に詳述した。しかしながら、それにとどまらず、仏伝あるいは教相判釈に基づく内容をも描いているのである。

第一項　梵天勧請――仏伝あるいは『妙法蓮華経玄賛』――

画面右半分のなかほど、衣裏宝珠の喩えの上方に、「阿含会」と短冊墨書にいう場面が描かれている（図69）。草を敷いたかのように見える敷物の上に、雲形の如意を持つ人物が描かれている。その人物の上方の短冊に、「阿含会」と墨書されている。この人物の、向かって左側に、「大梵王」と短冊墨書のある人物が描かれている。金色の冠をかぶり、手には笏のようなものを持っている。敷物はなく、地面の上に直接座している。肌の色からみて男性とみられる。長袂衣の上に、フリル状の鰭袖をつけた襦襠衣を着している。これが梵天であるのならば、説法する

図69　第八幅「妙法蓮華経五百弟子受記品第八」「阿含会」

図とあわせて、『仏本行集経』[107]等の仏伝における梵天勧請をあらわしたものかと思われる。

梵天の下に、「五比丘衆」という短冊墨書の付された比丘が描かれている。これも同様に、仏伝にいう、阿若憍陳如等の五比丘に鹿野苑で説教をする釈迦をあらわすものであろう[108]。比丘は十人いる。五人が敷物上に、五人が敷物のない地面にいるところをみると、正式な比丘とそうではない比丘の区別があるのかもしれない。

如意を持つ人物の服飾は、偏袒右肩でも通肩でもなく、垂領のようである。納衣の色は黒に近い濁った茶色で、壊色をあらわすかと思われる。本作の服飾・家屋における三国観からすると、釈迦とは言いがたいが、「大梵王」「五比丘衆」の短冊からすれば、釈迦以外にはありえない。この人物の服飾については、注目しておきたい。

釈迦と思われる人物の、向かって右側には、草のようなものの上に座する人物が三人いる。これらの草は、仏伝にいう吉祥草、柔軟草にあたるかと思われる。一人は肌の色が白く塗られている。肌の色が白いのは、女性あるいは少年であることをあらわしていると思われる。一人は、麈尾（しゅび）のようなものを持っている。短冊墨書には「菩薩□（衆カ）」とあるようだが、説話的な内容を含むようである。

必ずしも、仏伝関係の経文に直接依拠したわけではなく、前節に詳述したように、『法華経』の注釈活動からの図像の可能性もある。例えば、窺基撰『妙法蓮華経玄賛』にも、以下のように見える。

窺基撰『妙法蓮華経玄賛』(109)

太子誡撿依諸外道修苦楽行以過彼行。皆非正術捨食乳糜。受吉祥草覚樹成道。後趣鹿園度此五人。初転法輪。仏問解未。

（読み下し）(110)

太子は誡撿し諸の外道に依りて苦楽の行を修し以て彼行を過え給ふ。皆正術に非ざれば捨てて乳糜を食し、吉祥草を受けて覚樹に道を成じ給へり。後に鹿園に趣きて此の五人を度し給ひ、初めて法輪を転じ、仏は解するやいなや問ひ給へり。

この図像には、仏在世時代に対する関心と、女性の信仰を意識した表現があるように思う。例えば、第六幅に、女性の寄進を意識した金色女の図像が描かれていることを指摘したが、ここにも、仏伝にいう、苦行後の釈迦に乳糜（乳粥）を供養した難陀婆羅（あるいは善生）(111)という女性の善行に関心があるのではなかろうか。

第二項　『妙法蓮華経玄義』に基づく図像

次に「方等会」という短冊墨書のある場面（図70）を見よう。草座上で如意を持つのは釈迦であろう。その向かって右には、舟形光背を負い、蓮華に座し、両腕を胸まであげる尊像がいる。印相は説法印に似ている。釈迦の向かって左側にいる尊像には敷物はなく、背後に雲が渦巻くことから虚空にいるように思える。この三尊について、『法華経二十八品画曼荼羅説明書』[112]第八軸の解説には以下のように説明されている。

図70　第八幅「妙法蓮華経五百弟子受記品第八」「方等会」

> 阿含会の仏は艸を以て座とせり是は三蔵教の無常生滅を表す方等会に後三教の仏御座す通仏は天衣を以て座とし別仏は華台を以て座とし円仏は虚空を以て座とし給へり各其教理の浅深を表彰するなり云々

『法華経二十八品画曼荼羅説明書』には典拠が示されていないが、この記述は、智顗『妙法蓮華経玄義』第七に基づくもののように思われる。

『妙法蓮華経玄義』第七[113]（傍線筆者）

> 二明本果妙者。経言我成仏已来甚大久遠。我者即真性軌。仏者覚義即観照軌。已来者。乗如実道来成正覚。即是起応資成軌也。如此三軌成来已久。即本果妙也。本果円満久在於昔。非今迹成。迹成又非一種。或言道樹草座。三十四心見思倶断。朗然大悟。覚知世間出世間一切諸法名之為仏。唯有此仏無十方仏。三世仏者悉是他仏。非我分身。此即三蔵仏果相也。或言道樹天衣為座。以一念相応慧。断余残

習気而得成仏。大品中説共般若時。十方有千仏現。問難人皆字須菩提。釈提桓因等亦是他仏。非我分身。此即通仏果成相也。或言寂滅道場。七宝華為座身称華台。千葉上一一菩薩。復有百億菩薩。如是則有千百億菩薩。十方放白毫及分身光。白毫入華台菩薩頂。分身光入華葉菩薩頂。此名受法王職位。窮得諸仏法底。而得成仏。華台名報仏。華葉上名応仏。報応但是相関而已。不得相即。此是別仏果成相也。或言道場以虚空為座。一成一切成。毘盧遮那遍一切処。舎那釈迦成亦遍一切処。三仏具足無有欠減。三仏相即無有一異。法華八方一一方。各四百万億那由他国土。安置釈迦悉是遮那。普賢観云。釈迦牟尼名毘盧遮那此即円仏果成相也。有三義故。知此諸果皆是迹。果一今世始成。故二浅深不同。故三払中間。故若是本果何得今日始成。本果一果一切果。何得前後差別不同。自従今世之前。本成之後。百千万億行因得果。唱生唱滅悉是中間。払為方便。寂滅樹王何得非迹。若執迹果為本果者。斯不知迹亦不識本。従本垂迹如月現水。払迹顕本如撥影指天。当撥始成之果皆迹果。指久成之果是本果也。如此解者。中間果疑颯然皆尽。長遠之信其義明焉。迹本非本本迹非迹。迹本雖殊不思議一也。

（読み下し）[114]

二に本果妙を明さば、経に我成仏してより已来甚大久遠なりと言ふ。我とは即ち真性軌なり。仏とは覚の義即ち観照軌なり。已来とは如実の道に乗じ、来りて正覚を成す、即ち是、応を起こす資成軌なり。此の如きの三軌は成じ来たること已に久し。即ち本果妙なり。本果円満にして久しく昔に在り。今の迹成に非ず。迹成は又一種に非ず。或は言く「道樹草座に三十四心に見思倶に断じ、朗然として大悟し、世間出世間一切の諸法を覚知する、之を名づけて仏と為す。唯、此の仏のみ有りて十方の仏無し。三世の仏は悉く是れ他仏なり、我が分身に非ず」と。此れ即ち三蔵の仏果の相なり。或は言はく、「道樹に天衣を座と為し、一念相応の慧を以て、余残の習気を断じて成仏することを得」と。大品の中に、共般若を説く時、十方に千仏あつて現じ、問難する人を皆、須菩提、釈提桓因等と字く。亦是れ他仏にして、我が分身に非ず。此れ即ち通仏果成の相なり。或は言く、「寂滅道場に七宝華を座と為し身、華台に称ひ、千葉の上の一一の菩薩に、復た百億の菩薩有り。是の如くして則ち千百億の菩薩有り。十方に白毫、及び分身光を放つ。白毫は華台の菩薩の頂きに入り、分身の光は、華葉の菩薩の頂きに入る。此れを法王の職位に受くと名け、諸仏の法底を窮め得て、成仏することを得。華台を報仏と名け、華葉の上を応仏と名くるも、報と応とは但是れ相関はるのみ、相即することを得ず」と。此は是れ別仏果成の相也。或は言はく「道場に虚空を以て座と為し、一成一切成なり。毘盧遮那は一切処に遍じ、舎那釈迦の成も亦た一切処に遍ず。三仏具足して欠減有ること無く、三仏相即して一異有ること無し。法華に、八方一一の方に、各各四百万億那由他の国土に安置する釈迦、悉く是れ遮那なり」。普賢観に云く、「釈迦牟尼を毘盧遮那と名く」と。此れ即ち円仏果成の相なり。三義有るが故に知んぬ、此諸の果は皆是迹果なることを。一には今世に始めて成ずるが故に、二には浅深不同なるが故に、三には中間を払ふが故なり。若し是れ本果ならば、何ぞ今日始めて成ずることを得ん。本果は一果一切果なり。何ぞ前後差別して不同なることを得ん。今世より前、本成の後の百千万億の行因得果、生を唱へ滅を唱ふるは、悉く是れ中間なれば、払つて方便と為す。寂滅樹王も何ぞ迹に非ざることを得ん。若し、迹果を執して本果と為すは、斯れ迹を知らず、亦た本をも識らずなり。本より迹を垂るるは月の水に現ずるが如し。迹を払つて本を顕すは、影を撥いて天を指すが如し。当に始成の果は皆迹果なりと撥して、久成の果は是れ本果なりと指すべし。此の如く解せば、中間の果の疑ひ颯然として皆尽き、長遠の信は其義明かなり焉。迹の本は本に非ず、本の迹は迹に非ず。迹本殊なりと雖も不思議一なり。

『妙法蓮華経文句』[115]にも三仏についての議論があるが、ここには草座等の語の一致する『妙法蓮華経玄義』をひいておく。これは説話的というよりは、教理の深浅を草座、天衣座、虚空座にあらわした教学的な内容である。本作の受容者は、こうした教学的内容を理解できることも期待されていたといえよう。

第三項　方等会──『維摩経』に基づく図像──

本作第八幅「妙法蓮華経五百弟子受記品第八」にはすでに述べたように、衣裏宝珠（繫珠）喩と教相判釈に基づく場面が描かれているが、方等会に関係して『維摩経』の内容に基づいた内容が描かれている（図71）。教理の深浅を草座、天衣座、虚空座にあらわした教学的な内容の下に、滑稽な身振りの人物が描かれている。鉢を膝前において手をあわせる人物は、短冊墨書に「須菩提」とあることから、托鉢の際に維摩にやりこめられたことを訴える須菩提であろう。衣がずりおちて肩を露わにし手を顔にあてて泣くかのような人物には「大迦葉」、後ろ姿を見せて立つ人物の脇には「目犍連」の短冊墨書がある。草座の釈迦に、摩訶迦葉も目連もそれぞれに、維摩の病気見舞いにゆくことについての不都合を述べているのであろう（図72）。

その下に霞を隔てて、L字型の露台をもつ平屋が描かれている。頭上に、「浄名居士」と短冊墨書がある人物が描かれている（図73）。脇息によりかかり、右膝をたてる姿で、三人の僧侶を従えた文殊師利に話しかけている。短冊墨書と身振り、頭巾などの服飾の特徴から、脇息による人物が維摩である。

維摩の図像は、奈良市・興福寺蔵「木造維摩居士坐像」（一一九六年）のように結跏趺坐するのではなく、日本に所在する作品でいえば、京都国立博物館蔵「維摩居士像」（南宋時代）、京都市・東福寺蔵「維摩居士図」（元時代）、京都市・長福寺蔵「維摩居士図」（中巌円月賛、一三七四年）などの宋代以降の図像[116]によって一般化する維摩像である。ただ右手で文殊の方を指さす身振りをとるため、これらの礼拝像とは異なり、説話の一場面であることが強調されている。

この場面は、「文殊師利問疾品第五」から「入不二法門品第九」までにおける、「一切衆生の病をもって是の故に我病む」の台詞で有名な維摩と文殊菩薩との問答場面である。維摩の年齢は壮年とみられ、逆に対面する文殊とみられる白緑の袈裟をつけた僧侶は老齢に見える。維摩と文殊の背後の僧侶三人は肌の色が黒いが、文殊だけは明るい肌の色である。

「文殊師利問疾品」の右側には、『維摩経』「不思議品第六」が絵画化されている。火焰宝珠をのせた方形造の堂

図71　第八幅「妙法蓮華経五百弟子受記品第八」「方等会」

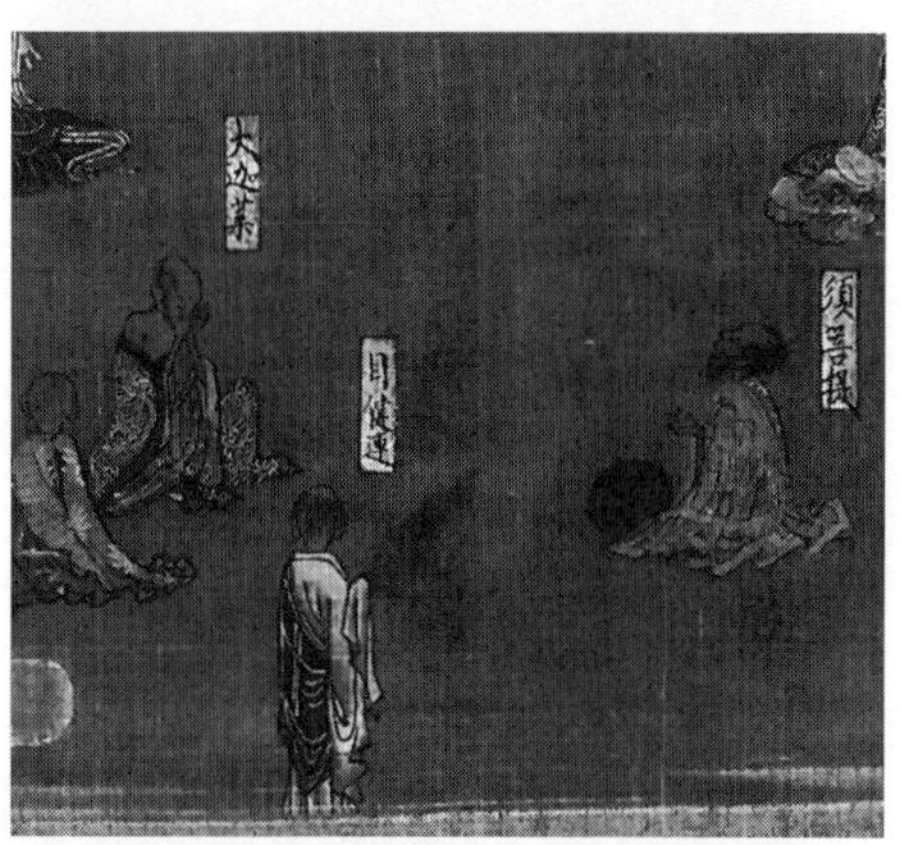

図72　第八幅「妙法蓮華経五百弟子受記品第八」仏弟子たちが維摩の見舞いを辞退する

図73　第八幅「妙法蓮華経五百弟子受記品第八」「浄妙居士」　文殊師利の見舞い

図74　第八幅「妙法蓮華経五百弟子受記品第八」『維摩経』不思議品。花びらは、菩薩たちからはさらりとすべり落ちる。しかし、花は身を飾るものであるから戒律にかなわない、と分別した弟子たちからは付着して離れない

は、維摩が神通力によって、十尺四方の空室に三万二千の師子座を入れたという不思議さをあらわしているのだろう（図74）。

『維摩経』「不思議品第六[117]」

於是長者維摩詰。現神通力。即時彼仏遣三万二千師子座高広厳浄。来入維摩詰室。諸菩薩大弟子釈梵四天王等昔所未見。其室広博悉皆包容三万二千師子座。無所妨碍。於毘耶離城及閻浮提四天下。亦不迫迮。悉見如故。爾時維摩詰語文殊師利。就師子座。与諸菩薩上人倶坐。当自立身如彼座像。其得神通菩薩即自変形。為四万二千由旬坐師子座。諸新発意菩薩及大弟子皆不能昇。

（読み下し[118]）

是に於いて長者、維摩詰は神通力を現ず。即時に彼の仏は三万二千の師子座の高広、厳浄なるを遣わし、維摩詰の室に来入せしめたまう。諸の菩薩・大弟子・釈・梵・四天王等の昔より未だ見ざる所なり。其の室、広博にして悉く皆、三万二千の師子座を包容して、妨碍する所無し。毘耶離城及び閻浮提・四天下に於いて、亦迫迮せず。悉く見るに故の如し。その時、維摩詰は文殊師利に語れり。師子座に就き、諸の菩薩とともに坐し、まさに自ら身を立てること、彼の座像の如くすべし。其の神通を得たる菩薩は則ち自らの形を変じ四万二千由旬となりて、師子座に坐せり。諸の新発意の菩薩及び大弟子は皆、昇ることあたわず。

この堂の上空に華籠や蓮華を持った天女が二人描かれる。おそらく、その天女の異時同図と思われる女性が堂の前に立つ。堂の周辺には蓮華が散り落ちている。これは、「観衆生品第七」の以下の内容を示すものと思われる。

『維摩経』「観衆生品第七」[119]

時維摩詰室有一天女。見諸大人聞所説法便現其身。即以天華散諸菩薩大弟子上。華至諸菩薩即皆堕落。至大弟子便著不堕。一切弟子神力去華不能令去。爾時天女問舎利弗。何故去華。答曰。此華不如法是以去之。天曰。勿謂此華為不如法。所以者何。是華無所分別。仁者自生分別想耳。若於仏法出家有所分別為不如法。若無所分別是則如法。観諸菩薩華不著者已断一切分別想故。譬如人畏時非人得其便。如是弟子畏生死故。色声香味触得其便也。已離畏者一切五欲無能為也。結習未尽華著身耳。結習尽者華不著也。

（読み下し）[120]

時に維摩詰の室に一りの天女有り。諸の大人を見、所説の法を聞きて、便ち其の身を現して、即ち天華を以て諸の菩薩・大弟子の上に散ず。華は諸の菩薩に至れば、即ち皆堕落す。大弟子に至れば、便ち著きて堕ちず。一切の弟子は神力をもて華を去らんとすれども、去らしむること能わず。爾の時に天女は、舎利弗に問う、

「何が故ぞ華を去る」。答えて曰く、「此の華は不如法なり。是を以て之を去る」。天女は曰く、「此の華を謂うて不如法と為すこと勿れ。所以は何ん。是の華は分別する所無し。仁者は自ら分別の想を生ずるのみ。若し仏法に於て出家して分別する所有るを不如法と為す。若し分別する所無ければ、是れ則ち如法なり。諸の菩薩を観るに華の著かざるは、已に一切の分別の想を断ずるが故なり。譬えば人の畏るる時、非人は其の便を得るが如し。是の如く弟子は、生死を畏るるが故に、色・声・香・味・触が其の便を得るなり。已に畏れを離れたる者は一切の五欲も能く為ること無きなり。結習が未だ尽きざれば、華は身に著くのみ、結習尽くる者は、華が著かざるなり」。

天女が撒いた花びらは、菩薩たちからはさらりとすべり落ちる。しかし、花は身を飾るものであるから戒律にかなわない、と分別した弟子たちからは付着して離れない。その内容を示していると思われる。

第四節　『法華義疏』等の図像――国王行列――

第二十二幅（図75）は、「妙法蓮華経妙荘厳王本事品第二十七」と「妙法蓮華経普賢菩薩勧発品第二十八」の合幅である。

画面上部は「妙法蓮華経普賢菩薩勧発品第二十八」の場面であり、説法の場面が描かれて、衆生が蝟集する（図76）。こけつまろびつ駆け寄る老女の姿もある。仏菩薩の前に五、六列の椅子に座った十三人の僧侶の姿がある。この場面における僧侶は、白、朱、白緑など色とりどりの袈裟を椅子から垂らし威儀を正した姿である。仏菩薩の前には蓮華が散り、僧形の人物や俗人の集団が礼拝している。ただ、仏菩薩に正対する集団と、むしろ椅坐する僧

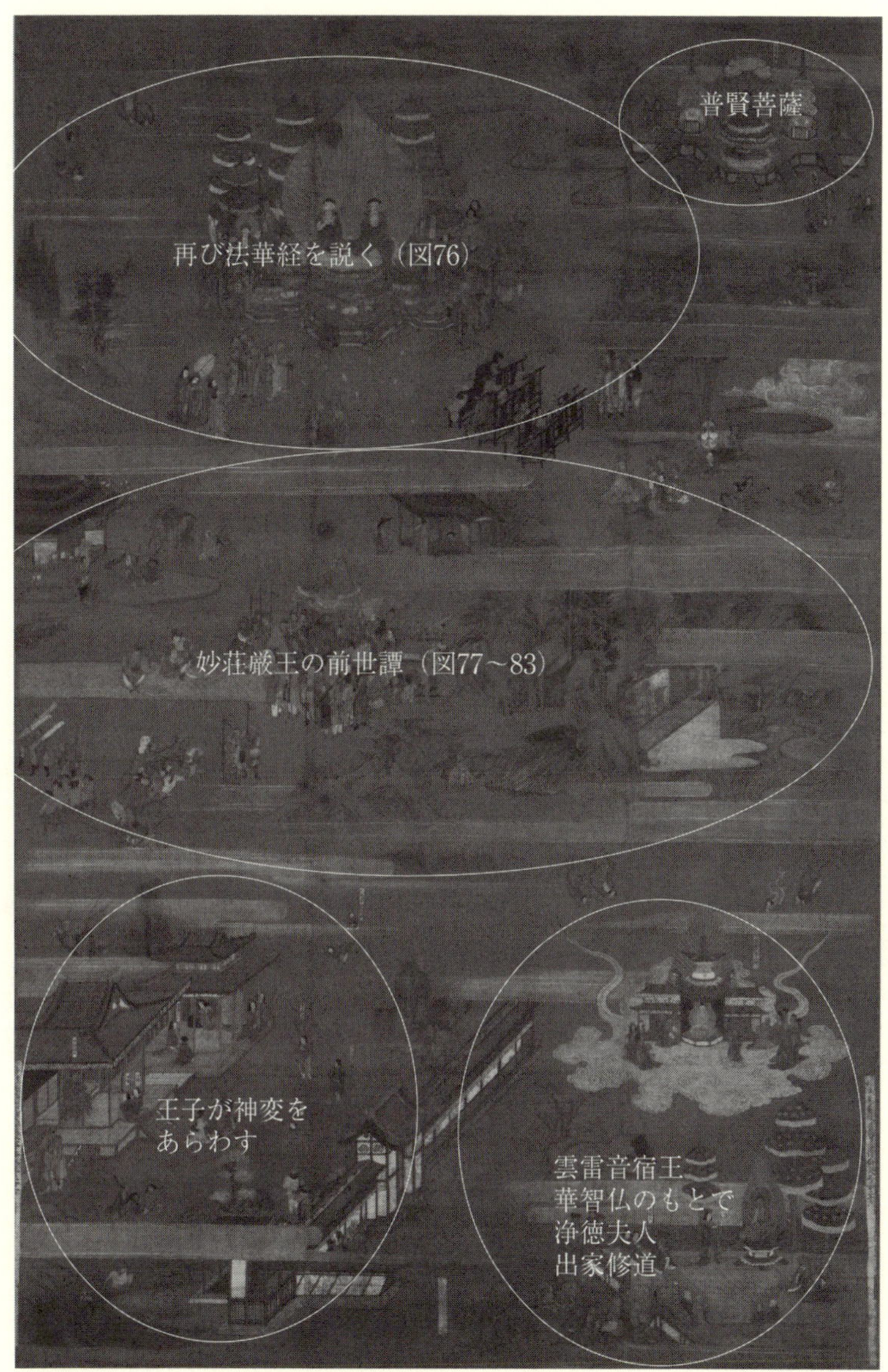

図75　第二十二幅「妙法蓮華経妙荘厳王本事品第二十七」「妙法蓮華経普賢菩薩勧発品第二十八」合幅　場面分け図

図76　第二十二幅「妙法蓮華経妙荘厳王本事品第二十七」「妙法蓮華経普賢菩薩勧発品第二十八」合幅　説法

図77　第二十二幅「妙法蓮華経妙荘厳王本事品第二十七」「妙法蓮華経普賢菩薩勧発品第二十八」合幅　妙荘厳王前世譚

侶たちに向けて頭を下げ、捧げ物を持つ集団とが混在している点が目を引く。

画面下辺には、「妙法蓮華経妙荘厳王本事品第二十七」の妙荘厳王を教化する内容が描かれている。妙荘厳王が外道を信じる一方、浄徳夫人と二王子は深く仏道に帰依し雲雷音宿王華智仏のもとで修行する。画面下辺左は妙荘厳王を教化するために、二王子が空中で、行、住、坐、臥し、身の上下から火を出すなどの神変をあらわす場面である。右下辺は雲雷音宿王華智仏に捧げ物をし、跪く王の姿がある。その下には出家した二王子の姿がある。これは『法華経』の当該内容であるが、それ以外に画面中央に本説にはない説話が大きく描かれている（図77）。相当する内容が、『妙法蓮華経文句』にも見当たらず、また短冊が全く見られない。

この図の内容は、本法寺刊行物には以下のようにある。飯田日亮『法華経二十八品画曼荼羅説明書』[121]にもあるが、ここには本宮日顕『法華経曼荼羅絵図　全』[122]第二十二軸解説を引用する。

『法華経曼荼羅絵図　全』第二十二軸解説

その因縁は過去世に四人の修行者がおり、中の一人は行を退いて三人のために托鉢して生活の資を送る。ある日、疲労の極限のすえ路傍で仮眠をとる。突然の警鐘で夢を破られ、目前に国王の行列が来る。その相に遭って羨望の心が生じたために仏道を去る。だが昔、三人を供養した徳で、遂に大国の王として生れ、最期に厳王となる。三人の修行者は既に菩薩の位に昇るも、仮に夫人、二子と一族に化生して、教導せり。

同内容が大角修訳・監修『図説法華経大全』[123]、太田昌子「本法寺の法華経曼荼羅を読み解く」[124]にもある。

これらの刊行物には典拠が示されていないが、この説話は『法華義疏』に由来する。原拠であるかどうかは判断できないがここにあげて検討する。

『法華義疏』妙法蓮華経妙荘厳王本事品　第二十七[125]

所以共為父子者過去世時有四同学入山修道。一人往聚落求供養給之。於路見国王富貴栄華心自念言。未得道中間宜受此勝楽不亦快乎。三人得道一人作国王。於是三人欲度脱之而自念言。天下親愛莫過児婦。一人作婦二人作児共化度之。以此本縁今世同為眷属。

（読み下し）[126]

共に父子たる所以は、過去世の時に四の同学あり。山に入つて修道す。一人は聚落に往きて供養を之に給す。路に於いて国王の富貴栄華を見、心に自ら念言すらく、未だ得道せざる中間に宜しく此の勝楽を受くべし。亦た快からずやと。三人得道して、一人国王となれり。是に於て三人之を度脱せんと欲して自ら念言すらく、天下の親愛は児婦に過ぐるはなし。一人は婦と作り、二人は児と作つて、共に之を化度せんと。此の本縁を以て今世に同じく眷属となるなり。

つまり、妙荘厳王と浄徳夫人と二王子の過去世に関する話譚である。これは実はよく知られた話譚であったようであり、『宝物集』巻第六にも四人の聖者のうち三人が山林に籠もり、一人が乞食頭陀する話譚がある。(127)

『宝物集』巻第六

檀弥離長者が、国王にすぎたるたのしみ有し、昔、四人の聖人ありき。三人は静に山林に籠りて行ひ、今一人は里に出て乞食頭陀して、三人の聖人に施しき。三人の聖人果を得てき。一人の聖人と云は、今の檀弥離なり。施の功徳によるが故に、今生には国王にすぐれたるたのしみありき。未来に仏に成べしといへり。

それでは、これらの説話内容と図像はどう対応しているであろうか。

画面右手の山中には、四人ではなく、六人の人物が描かれている。屋内には看経の体の黒衣の僧と白衣、朱衣の僧侶三人がいる。白衣の僧は、手に経文の書かれた紙を巻いた軸のようなものを持ち、経机によった朱衣の僧に話しかけている。屋外には、足を投げ出して座る人物がいる（図78）。この人物と、薪を負い（図79）、水を汲む人物（図80）とは、裾の短い黒衣で足を剝き出しにした身なりや顔つきが共通することから、同一人物の異時同図である。

画面中央には、陋屋で女性から施しを受ける僧の姿がある（図81）。この僧のかぶる笠の黒色は塗りが不自然であるから補彩かもしれない。ただ、この黒い笠を目印にすれば、画面左の、笠を背中に落とし、跪いて行列を見上

図80　第二十二幅「妙法蓮華経妙荘厳王本事品第二十七」「妙法蓮華経普賢菩薩勧発品第二十八」合幅　水を汲む

図81　第二十二幅「妙法蓮華経妙荘厳王本事品第二十七」「妙法蓮華経普賢菩薩勧発品第二十八」合幅　托鉢する

図82　第二十二幅「妙法蓮華経妙荘厳王本事品第二十七」「妙法蓮華経普賢菩薩勧発品第二十八」合幅　王の行列を見る

図78　第二十二幅「妙法蓮華経妙荘厳王本事品第二十七」「妙法蓮華経普賢菩薩勧発品第二十八」合幅　三人は修行し、一人はそれを支える。左下に足を投げ出す人物がいる

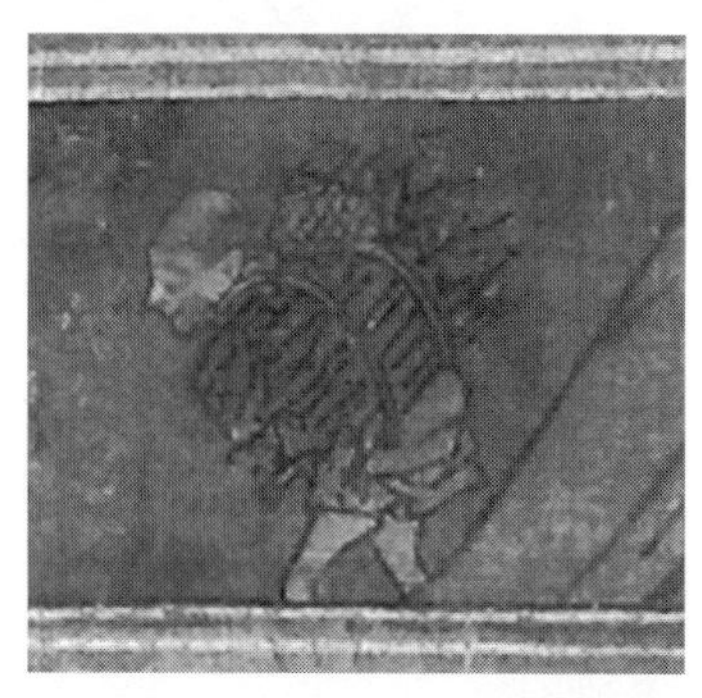

図79　第二十二幅「妙法蓮華経妙荘厳王本事品第二十七」「妙法蓮華経普賢菩薩勧発品第二十八」合幅　薪を負う

げる僧と同一人物であることは明白である（図82）。この僧の周辺の情景は、太田昌子が「柴垣や藁葺きの屋根、そこから見物している人びとの姿など、まるで信貴山縁起（尼公巻の民家）や石山寺縁起の一場面（瀬田橋付近の民家）を彷彿とさせるものがある」と記述する通りである[128]。市女笠、衣被のように見えるものを身につけた女性もいるし、赤子を抱きかかえる様子や片手をあげて遠くを見やる姿などの身振りは、「石山寺縁起絵巻」における鹵簿周辺の見物人のようである。

頂きに火焔宝珠をつけた天蓋を、車や人々が囲繞する。群衆の先頭にいる四人の人物は、他の人々のかぶる幞頭や頭巾とは違った複雑な形をした被り物をつけている。舞楽・青海波の冠り物のように後ろに尾が伸びている。頭頂部は鳥兜のように複雑である。鳳凰という形に似ているように思われるが、彩色が落ちており判然としない[129]。琴を担ぎ、龍笛や笙を口にする人物もいる。火焔太鼓もある。

天蓋の内に、冠をつけた人物が座している。この人物がみやる方向には、敷物の上で舞う人物が二人いる（図83）。やや下方にいる朱の襲装束（かさねしょうぞく）の人物は、球形の鶏婁鼓（けいろうこ）[130]を腰につけ、振鼓（ふりつづみ）（鼗（とう））[131]を手にしている。もう一人の人物は、腰につけた鼓[132]を叩いている。この人物の衣装は剥落しているが、おそらく白緑であっただろうと思われる。

鶏婁鼓は、現在では、舞楽「一曲」のみに使用されるようであるが、四天王寺の聖霊会においては、現在においても、仏舎利と聖徳太子の御霊を迎える導入の道行の際に用いる[133]。朱の襲装束をつけた左方の楽頭が左手に振鼓を持ち右手で鶏婁鼓を叩き（図84）、緑色の襲装束をつけた右方の楽頭が鼓を腰につけ、打ち鳴らしながらすすむ（図85）。

この場面における舞楽の様子は、四天王寺の聖霊会の様子とよく似ている。ただ、必ずしも四天王寺と同定はできないかもしれないのは、「源誓上人絵伝」（東京芸術大学蔵）の慶賛法要にも、左手に振鼓を持ち右手で鶏婁鼓を打つ図像があるからである。[134] 当時の寺院法要において行われた舞楽とイメージを重ねあわせて描かれているのだろう。

本場面は『法華義疏』や『宝物集』の簡略な記述と比較して、より詳細に修行の状況や国王富貴の行装をあらわしている。おそらく、法華経注釈の場において生成増幅されてきた内容であろう。後代の直談書[135]の記述の方に近い。尊舜撰（一五一〇～一二年撰述）『法華経鷲林拾葉鈔』厳王品二十七、[136] 栄心撰『金台院蔵本法華直談抄』（天文十五年〈一五四六〉奥書）巻第八、[137] 柏原談義所・円来寺第二世慶舜、第三世春海の行った直談の筆録で、永正三年（一五〇六）の奥書をもつ『五季文庫蔵本法華直談私類聚抄』巻第八[138]などは、描かれた内容にほぼ合致する。

以下に、『法華経鷲林拾葉鈔』から引用する。

『法華経鷲林拾葉鈔』厳王品二十七

一本書四聖前縁出二他経一矣此品 委不レ挙レ之昔四人 僧同時発二心厭一聚落一入二深山一仏道修行求二菩提一十旬九飯

図83　第二十二幅「妙法蓮華経妙荘厳王本事品第二十七」「妙法蓮華経普賢菩薩勧発品第二十八」合幅

図84　四天王寺の聖霊会。左方楽頭が左手に振鼓を持ち右手で鶏婁鼓を叩く

図85　四天王寺の聖霊会。右方楽頭（図84・85は南谷美保『四天王寺聖霊会の舞楽』〈東方出版、2008年〉より転載）

云十日一度宛食絶色心共疲故還成修行障也イカ、ハセント云時其中一人云我出聚落頭陀乞食汝等可養汝等此閑居修行云故尤約束一人里出乞食ケリ如此経年月任有時国王行幸アリ百官公卿従前後成車馬群囲繞故行粧震厳儀奇妙也乞食沙門見之起一念欲心功徳純熟人所念事皆成就報命尽後於人中天上間生々世々王生也。

（読み下し）

一本書の四聖の前縁は他経に出るか。此の品には委しくこれを挙げず。昔、四人の僧同時に発心し、聚落を厭って深山に入り、仏道修行す。菩提を求めて、十旬に九飯と云う。十日に一度宛の食も絶えんとし、色心共に疲れ、故に還成修行の障なり。いかかはせんと云う時その中の一人云う。我聚落にでて、頭陀乞食し、汝等を養うべし。汝等ここに閑居修行すべしと云う。故に尤と約束し一人里に出て乞食しけり。この如く年月を経るに任すに、ある時国王の行幸あり。百官公卿前後に従う。車馬群を成して囲繞す。ゆえに行粧震厳儀奇妙なり。乞食の沙門これを見て、一念欲心を起こす。功徳、純熟の人所念の事、皆成就せり。報いて、命尽きて後、人中天上間生々世々王と生るる也。

王の行列は「百官公卿従前後、成車馬群囲繞」の様を描いたもののように見える。『法華経』注釈活動の過程で増幅改変された内容である。

以上、本作には『法華経』のみならず、『妙法蓮華経文句』『妙法蓮華経玄義』『法華義疏』などの注釈書、教相判釈の文言を典拠とする図像が見られることが確認できた。

第五節　説話的図像の可能性

第一項　鹿狩り――『止観輔行伝弘決』――

そのほか、従来、『法華経』の内容に添って解釈されてきた図像の中にも、必ずしも『法華経』には依らない説話が含まれている可能性について指摘しておきたい。

第五幅「妙法蓮華経薬草喩品第五」には、画面全体の十分の一ほどを費やして鹿狩りの図が描かれている。画面中段左の、明るい黄土色で地面をあらわした鹿狩りの場面はかなり目立つ（図86）。飯田日亮『法華経二十八品画曼荼羅説明書』[139]によれば「（左中）鹿を射る猟師は毀戒殺生地獄の相なり」とあり、畜生道の譬喩と解釈されてきた。なるほど、第五幅右上には、美しい宮殿があり、そこには、籠を捧げ持つ天女の飛行が描かれているし[140]、画面下辺左端には、炎の中で鬼に痛めつけられる人物を描く地獄の図像がある。これらとあわせて六道の表現とみるべきなのかもしれない。

アメリカ・フリーア美術館蔵「六道絵　畜生道幅」でも、本朝風の衣服をつけ武士とみられる一団が鹿の群れを狩る場面が、明らかに畜生道の図像として描かれている。[141]延久元年（一〇六九）制作の法隆寺旧絵殿障子絵「聖徳太子絵伝」（東京国立博物館〈法隆寺宝物館〉蔵）第二隻左上部分にも類似した図像があり、殺生の図像として長い伝統があると思われる。

ただ、畜生道の表現としては、使役される牛馬や漁労、滋賀県・聖衆来迎寺蔵「六道絵　畜生道幅」の有名な場面のように、弓で射られる猪の方が一般的ではないだろうか。本作第八幅「妙法蓮華経第八」下辺にも、矢を射かけられ逃げる猪二頭の図像が、阿修羅道の表現と隣り合わせに描かれている（図87）。

図86　第五幅「妙法蓮華経薬草喩品第五」　鹿狩り

図87　第八幅「妙法蓮華経五百弟子受記品第八」猪狩り

また、本図では、鹿を狩る騎乗の人物たちの衣装が、震旦風であることにも注目したい。その衣服は色彩豊かで、馬具には金泥も用いられている。かなり補彩があるが、もとの図像は、殺生を生業とする庶民ではなく、楽しみとして、あるいは軍事的な訓練のために狩りを行う階級であることを示している。さらに、本図像が画面下辺ではなく中段におかれること、明るい色彩で描かれていることも、畜生道の図像と読み取ることを躊躇させる。構図上、画面の下辺におかれないことの意味についても考えねばならないだろう。太田昌子の指摘するように、本作の構図において、仏菩薩は圧倒的に上辺におかれる[142]。それに対して、餓鬼道、地獄道、人道中の貧困層はほぼ下辺にあてられている。

ことに、本図像においては、鹿の首のあたりに極めて不自然な箇所があることに注目したい。この図像は、『仏説九色鹿経』[143]、『大宝積経』[144]、敦煌莫高窟第二五七窟西壁の九色鹿本生、あるいは『宇治拾遺物語』巻七ノ一「五色鹿事」[145]の、おぼれる人を助けた特色ある鹿の姿に由来するのではないかと推測する。その特色ある図像を誤解したまま補筆補彩したのではないだろうか。本作の広々とした草原や精彩ある狩りの表現もあわせて、本図像は単に畜生道をあらわすだけではないように思われる。

鹿王の説話は、ほかに『仏本行経』にいう母鹿の身代わりにたつ説話[146]、母鹿の身代わりにたつ七宝色の鹿王もある。『大智度論』釈初品中毘梨耶波羅蜜義第二十七巻[147][148]に典拠があり、『止観輔行伝弘決』第一之一[149]、『維摩経略疏垂裕記』[150]、『三宝絵』上・九鹿王[151]、『宝物集』巻第五[152]、『金言類聚抄』第二十三獣類部鹿二事[153]、『沙石集』五[154]、『三国伝記』巻第十第三[155]、『直談因縁抄』化城喩品（三—三二）「鹿ノ王王供物御ノ身替リニ立ツ事鹿野苑ト云由来ノ事[156]」にも類話がある。広く知られた以下のような内容である。

波羅奈国の梵摩達王は、野に遊猟して、林中に二鹿群を見る。各五百の群鹿がおり、一群の主は身は七宝色であり、実は釈迦牟尼菩薩である。もう一方の群れの主は提婆達多である。菩薩の鹿王は、王の家来が雨の如く矢を射る中に進み出て、一時に狩るのをやめさせ代わりに毎日両群交互に一頭ずつ王の膳に供することを約す。ある日、孕める雌鹿が生まれてくる子のために日を延べてほしいと主の提婆達多に申し出る。提婆達多は許さない。母鹿は菩薩の鹿王の所に至って、つぶさに事情を述べる。鹿王は母鹿の身代わりにたつ。王は鹿王の弁を聞いて即ち王座をおりて鹿王を賛嘆し肉食を絶つことを誓う。

『大智度論』に由来する有名な説話であるから、必ずしも図像の典拠に『法華経』注釈書をあてる必要はないが、

図88　第五幅「妙法蓮華経薬草喩品第五」　落馬

第四節までにみたように本作の図像典拠を見れば、制作者は『法華経』注釈書を深く学習したか、あるいは参照しうる立場にあった。鹿王の因縁が描かれているとすれば荊渓湛然著『止観輔行伝弘決』を図像の拠り所の権威として求めた可能性もあるかもしれない。

なお、補筆補彩に関連していえば、第五幅「妙法蓮華経薬草喩品第五」には、もう一つ読み取りがたい図像がある。首枷を持つ男を先頭にした集団の図像である（図88）飯田日亮『法華経二十八品画曼荼羅説明書』には、「（中下）軍兵を寄せて怨を付す者は還て馬より落て死する等なり」とある。法華宗では、おそらく、日蓮御書「聖人御難事」弘安二年十月一日[157]に、「大田親昌　長崎次郎兵衛ノ尉時綱　大進房が落馬は法華経の罰のあらわるゝか」と触れられる熱原法難などが想起されているものと思われる。

しかし、先頭の男性が持つ楯状のものは、楯ではなく、補筆補彩されているが、明らかにもとは首枷を描いていたものである。落馬した男に駆け寄る者もいれば、むしろ背を向け、嘲弄するかのような身振りをする者、指さす者もいる。むしろ本図には、応報に関するなんらかの説話が描かれていたが、修復の際、前掲の鹿の首辺と同様、その内容が理解されず、首枷が楯に描き改められたのではないのだろうか[158]。

第二項　白犬――『法苑珠林』依拠の可能性――

第十四幅「妙法蓮華経如来寿量品第十六（従地涌出品第十五と合幅）」の最下段には説話的内容があるように思われる。

「勧進僧浄信」の短冊墨書の向かって左には、振り分け荷物を負った男性に刀を振り上げている男性、頸から血を流し地面に倒れた老齢の男性から着物を剝ぎ取ろうとする膝をついた男性、槍を持つ男性、盗んだかと思われる荷物を担いで走り出そうとする男性の五人の姿がある（図89）。その反対側、短冊の向かって右には、白い犬のような動物が子どもたちに引きずられている（図90）。また、頭部は人間であるが身体が四足であるもの二体、あるいは身体は人間であるが頭部には角が生えつつあるもの、餓鬼かとみえる腹のふくれたものが二体見える。画面左の殺生や偸盗等の悪行に対する報いが示されているのであろう。

白い犬のようなものというものの、犬というには全体に細長く、人間が白犬に変じる途上であることを示しているように思われる。特定の説話を示しているのではなかろうか。

図89　第十四幅「妙法蓮華経従地涌出品第十五」「妙法蓮華経如来寿量品第十六」合幅

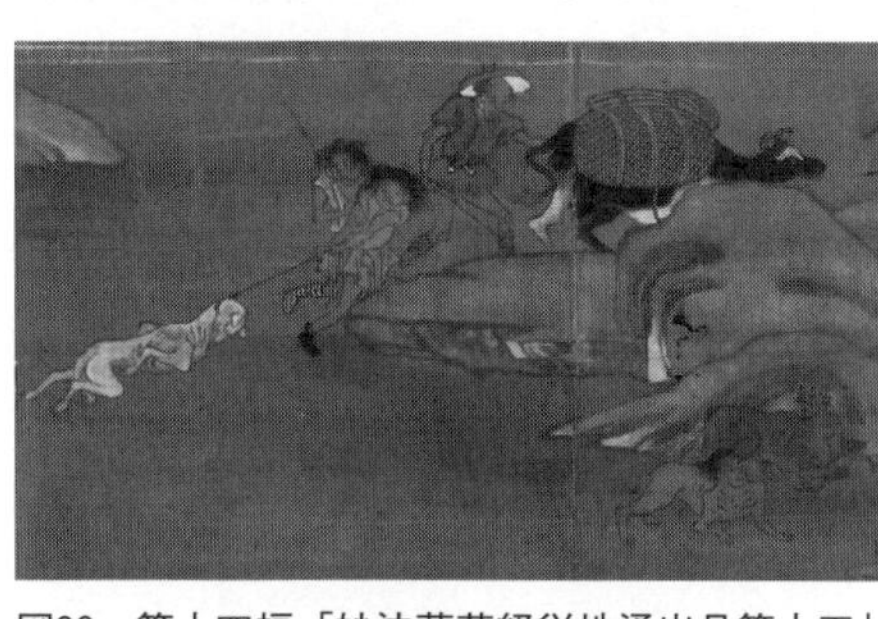

図90　第十四幅「妙法蓮華経従地涌出品第十五」「妙法蓮華経如来寿量品第十六」合幅

例えば、『宝物集』巻第五には、殺生偸盗の罪により、牛や驢に生まれ変わる話譚が多い。それに似た内容がありそうである。

『宝物集』巻第五[159]

昔、大聖世尊、たはぶれに阿耆達長者が麦をとりたまひし故に、五百世の中に驢の報をうけ、古、憍梵波提、手ずさみに路頭に落ちたりし粟をとりしが故に多百生のあひだ牛の姿となりき

白い犬も、ただ単純に、畜生道に生まれ変わることを示すのみではなく、特定の説話が背景にあるのかもしれない。白い犬の描かれた第十四幅は「寿量品」を描いており、無量の寿命に関係することから、一度畜生道に生まれたものが人間に生まれることの困難であることを示す釈迦の話譚を示す可能性がある。

『宝物集』巻第二には、『法苑珠林』に由来する白狗の話譚が知られていたことがわかる。

『宝物集』巻第二[160]

苦をうくるのみにあらず、畜生道にむまれぬるものは、出る事かたく侍るなり。白犬になりたりしか［ば］、かばね、おくの須弥山のごとくつもり、占婆城の鳩にむまれしかば、四方劫鳩の姿をあらためざりき。ゆへに、畜生と云ふ文字は生を畜るとぞよみ侍る

昔、釈迦如来、犬にむまれ給ひたりけるに、白犬になり給へりける屍、億の須弥のたかさつもりけり。いはんや、黒斑あか［丸ラ具センニヲキテヲヤ。経ノ文ニ、］純作白狗形、積骨億須弥

『法苑珠林』巻第二十三引証部第二[161]（傍線引用者）

又浄度三昧経云。罪福相累重数分明。後当受罪福之報。一一不失。一念受一身。善念受天上人中身。悪念受三

悪道身。百念受百身。千念受千身。一日一夜種生死根。後当受八億五千万雑類之身。百年之中種後世栽甚為難数。魂神逐種受形遍三千大千刹土。体骨皮毛遍大千刹土地間無空処。又菩薩処胎経偈云

吾従無数劫　往来生死道　捨身復受身　不離胞胎法　計我所経歴　記一不説余　純作白狗形　積骨億須弥

以利針地種　無不値我体　何況雑色狗　其数不可量　吾故摂其心　不貪道逸

本作の図像が、この内容に該当するかどうかについては確証を得ない。ただ、本図を『宝物集』に引用されるほどよく知られていた『法苑珠林』の白犬のダブル・イメージとみても、あながち的外れとはいえないだろう。

第六節　『法華経』説教の図像——仙人給仕における折檻——

第十二幅「妙法蓮華経提婆達多品第十二」（図91）には、画面中央から右下にかけて、釈迦牟尼の過去世における修行として有名な仙人給仕と、提婆達多が未来に成仏した「天王如来」や天王仏入滅後に築かれる七宝づくりの塔が描かれている（「起七宝塔」図92）。「天王如来」は翼廊のある塔の中に座している。塔身は六角形で初層が緑色に塗られており、二層は白く、多宝塔のようであり、その上に反花、框座が載るという複雑な作りになっている。初層の階の左右に「女」のほかいくつかの文字が書かれているように思うが、判読できない。七宝塔の中には火焔宝珠形舎利塔が置かれている[162]。

提婆達多の成仏は、『梁塵秘抄』一三五にも「普賢薩埵は朝日なり、釈迦は夜昼身を照らし　昔の契し有りければ達多は仏に成りにけり[163]」と歌われており、悪人の成仏として関心を呼ぶが、法華経絵において図像化された例は珍しいのではないだろうか。

図91　第十二幅「妙法蓮華経提婆達多品第十二」場面分け図

さて、仙人給仕の場面には、「撃鼓宣令四方求法」（図93）と短冊銘にある通り、王が、家来に太鼓を叩かせて法を求め、ついに仙人（提婆達多）が来たるや、邸内の王座に座らせるところが描かれている（「時王聞仙言心生大喜悦」図94）。その下の露台には女性たちが泣き崩れる姿（図95）と、太子に政を任せて去る王の姿が描かれる（「即便随仙人」図96）。本井牧子は、『草案集』に、「妃が王をひきとめるためにことばをつくす様子が細やかに書かれて」いる例をあげて、本図像の「背景に和文化した語りが存在することを想像させる」という[164]。宮殿の背後の池には、龍頭鷁首の船が浮かび、紅白梅が満開である。

そして、右下の山中では、「採菓」（図97）、「汲水」（図98）、「拾薪設食」（図99）、「乃至以身而為床座」（図100）の

図92　第十二幅「妙法蓮華経提婆達多品第十二」提婆達多の未来成仏「天王如来」「起七宝塔」

図93　第十二幅「妙法蓮華経提婆達多品第十二」「撃鼓宣令四方求法」

図94　第十二幅「妙法蓮華経提婆達多品第十二」「時王聞仙言心生大喜悦」

図95　第十二幅「妙法蓮華経提婆達多品第十二」　王宮の庭と泣き崩れる后たち

図96　第十二幅「妙法蓮華経提婆達多品第十二」「即便随仙人」

図97　十二幅「妙法蓮華経提婆達多品第十二」「採菓」

図98　第十二幅「妙法蓮華経提婆達多品第十二」「汲水」

図99　第十二幅「妙法蓮華経提婆達多品第十二」「拾薪設食」

経文通りに、木の実を拾い、水を汲み、薪を拾って食を設け、自らの身体を仙人の床座とする王の姿が四度描かれる。本作の特徴として指摘したように、逐語的に時系列に沿って細かに描かれているのである。

しかも、ここには、仙人が王を、杖によって打擲する姿まで描かれている（図101）。この折檻の図像の典拠は、『法華経』本文およびその注釈書にはなく、二〇〇四年拙稿では制作主体との関わりから「本作の受容者が、こう

料金受取人払郵便

京都中央局
承　　認

1166

差出有効期間
平成29年4月
30日まで

（切手をはらずに
お出し下さい）

郵便はがき

6 0 0 8 7 9

1 1

京都市下京区
正面通烏丸東入

法藏館 営業部 行

愛読者カード

本書をお買い上げいただきまして、まことにありがとうございました。
このハガキを、小社へのご意見またはご注文にご利用下さい。

お買上 **書名**

＊本書に関するご感想、ご意見をお聞かせ下さい。

＊出版してほしいテーマ・執筆者名をお聞かせ下さい。

お買上
書店名

区市町

◆新刊情報はホームページで　http://www.hozokan.co.jp
◆ご注文、ご意見については　info@hozokan.co.jp

がな
名 年齢 歳 男・女

□□-□□□□ 電話

所

業
派) 所属学会等

読の新聞・雑誌名
（ＰＲ誌を含む）

ご希望の方に「法藏館・図書目録」をお送りいたします。
送付をご希望の方は右の□の中に✓をご記入下さい。 □

注 文 書

月 日

書 名	定 価	部 数
	円	部
	円	部
	円	部
	円	部
	円	部

は、○印を付けた方法にして下さい。

記書店へ配本して下さい。
接書店にお渡し下さい）
店・取次帖合印）

へ＝書店帖合印を捺印の上ご投函下さい。

ロ. **直接送本して下さい。**

代金（書籍代＋送料・手数料）は、お届けの際に現金と引換えにお支払下さい。送料・手数料は、書籍代 計5,000円 未満630円、5,000円以上840円です（いずれも税込）。

＊お急ぎのご注文には電話、ＦＡＸもご利用ください。
電話 075-343-0458
FAX 075-371-0458

（個人情報は『個人情報保護法』に基づいてお取扱い致します。）

した痛みを日常的に体験する立場によりそう心性であることを想定している」としていたが、山崎誠(165)と本井牧子(166)の教示および植木朝子の『梁塵秘抄』に関する所論(167)により、二〇〇四年拙稿を補足訂正して記述する。

まず、本図像は、説教に巧みであったことで知られた安居院澄憲(168)（一一二六～一二〇三）等の説教に関わるテクストに典拠を見いだすことができる。

安居院澄憲が草した法華経品釈である『花文集』提婆品には、以下のような記述がある。山崎誠の校により以下に掲げる(169)（傍線引用者）。

其時、王聞仙言一、歓喜踊躍云、大王聞仙人語一、心大歓喜、次第約束事ト已□(畢)二、即従仙人一、入幽洞給。供給誠、夜昼無□(怠)、□(要)須志、夏冬不廃一。寒林一衣薄暮、（三オ）□□(叩水)一汲水一、郡山雪深朝、向嵐一荷薪一。□(日)々勤責音銘求法肝一、年々打捶涙洗利生眼。一日二日供給、遥一千歳給仕、一年二年苦行、遠数百年奉仕云々

図100　第十二幅「妙法蓮華経提婆達多品第十二」「乃至以身而為床座」

図101　第十二幅「妙法蓮華経提婆達多品第十二」　折檻

また『草案集』第五巻の仙人給仕を講じた部分に、さらに詳細に「打杖ノ強ニモ咲レキ」と記されている。山崎誠の校により以下に掲げる(170)（傍線引用者）。

仙人ト只二人カイツレテ、既ニ仙洞に入り給ヒヌ。供給走使トハ事ニコソ言ハメ。採菓汲水、サムヘキ事トハ覚え候

> ハヌニ、件ノ阿私仙人、以外ノヒスカシナル物ニテ、不可思議モタリクルシウ、アヤニクナル事ノミ申シヲキテケル候ふ。雲ヲワケテハ、ナクナク高キ峰ノ薪ヲ拾キ、此ヲ哀れトモ言は不、占葡梅檀の枝ナラストテ取り捨ツ。凍りヲタタイテフルウフルウ深谷の水ヲムスフ。此ヲイトヲシトモ云は不。八功徳池ノ流ナラストテキラヒ、返す事ノ外ナルアヒタテナ（間立無）サトコソ覚え候へハ、乃至身を以て［而］床座と作す〈等々〉、身を以て床ト為し、仙人ハ起きヌ伏しヌセサセ給ひシ候ふ。サレトモ此ニモシヒス、此ニモコリス、打つ杖ノ強さニモ咲まレキ。仏道得可き事ノ近きコト覚エテ、四言詞ノケヤケキモ悦しカリキ。一乗を聞く可き期ノ至れるヨト覚へテ、カヤウニツカヘツカヘテ、慥か二千才を送る。

『草案集』は、建保四年（一二一六）書写の転写本であるが、当時の説教のあり様を伝える資料として有名なものである。ここには、仙人が杖で王を打つこと以外に、泣く泣く集めた薪を「占葡梅檀の枝ナラス」といい、凍り付いた深谷から汲んだ水を「八功徳池ノ流ナラス」と言いがかりをつけることが記されている。本井牧子は、本図像において、仙人の杖で打たれる王の背後に薪の束があることに注目し、厳しい言葉と肉体的な折檻の両方を読み取ることができるとする[171]。

説教の名手たちは、原典のみならず注釈書にも通暁していた。大島薫によれば、安居院澄憲の科段は、『妙法蓮華経文句』に基づいて釈されている[172]。彼らは、厳密な学問、注釈活動を怠りなく行うほか、貴族のための願文、表白のように美文を必要とされる活動も行っていた[173]。本図像は、彼らが、厳密な注釈活動や貴族的な文芸活動をふまえて、より広範な受容者の関心をひくような修辞を加えたことから派生したものと推測できる。

本井牧子は、打擲する阿私仙人の描写が、室町時代に隆盛した法華直談を経由した可能性をもちつつ、寛文六年（一六六六）刊行の仮名草子『釈迦八相物語』にまで跡をとどめることを指摘する。本作折檻場面の投げ出された薪が、『釈迦八相物語』においても確かめられるのである。本井は、『釈迦の本地』の記述について「『法華経』の経文に源を発しつつも、『法華文句』などの注疏類を介し、法会における経釈や、直談系注釈書等において和文化される際に豊かに展開した」ことを指摘する。[174] 本作の図像は、『法華経』のみにとどまらず、小峯和明が紹介し、『釈迦の本地』の前史として注目を浴びる『釈迦如来八相次第』[175]等とともに、中世仏伝の世界を照射するものと思われる。

第七節　図像と直談

以上、本章において、本作には、『法華経』の本説だけではなく、その注釈書『妙法蓮華経文句』『妙法蓮華経玄義』『妙法蓮華経玄賛』『法華義疏』等、さらに『維摩経』にも関わる図像が描かれていることを指摘した。また、『仏本行集経』などの仏伝、『止観輔行伝弘決』『法苑珠林』などの典籍に依拠する可能性があることを指摘した。これらの注釈書による図像が描かれることは当然といえば当然である。『法華経』に関する教養は平安時代の貴族に必須であり、天台三大部に関する教養は知識人に必須であった。[176]

筆者は、本作の制作主体は、『法華経』および注釈書の内容を深く理解しており、受容者にもその内容理解が期待されていたと考える。ただ、本作において、かくも豊かに、『法華経』の注釈活動や仏伝等に関係する図像が描かれる背景には、学問的注釈活動だけではなく、『法華経』を平易・平明に語る口演唱導[177]があるのではないかと推測する。第十二幅「妙法蓮華経提婆達多品第十二」の仙人給仕に、折檻の図像があることも、厳密な注釈活動を超えた口演唱導が推測できる。本作には、平安時代以来の説教、談義から、室町時代に各地の談義所[178]で全盛を迎える直談[179]への過渡的な様相が反映されているように思われる。

もっとも、直談は『法華経鷲林拾葉鈔』（一五一二年成立）序品にいう「直談訓読不同事」の言葉で知られるように「経論や釈義によらずに、直に妙法の経旨を談ずること」[180]であり、経論や釈義を用いて理解にいたる訓読とは異なる経文への接近法という。[181]現在では、経論・釈義は難しいものであり、文学は平俗なものであるとみる感覚があるから、現存する直談書に徴する限り、和歌や説話を豊富に引用する直談は、廣田哲通のいうように、「平易・平明に徹するという意識が強い[182]」と理解されがちである。しかし、渡辺麻里子は、「直に」と「平易に」とは同義でないと指摘し、直談の語が登場する最初期（鎌倉時代後期）においては、むしろ「観心」に近いという立場をとる。この議論をふまえて、小川豊生は、当時の直談は、「南宗禅を取り入れつつも、いわゆる不立文字の思想は退けるという、天台側の立場を保持するために鼓吹された理論であっただろう」とする。[183]

これに対する大島薫の再反論もあり、[184]「貴賤を問わない様々な階層に向けて営まれ」「教学の拠り所になる『経論・釈義』に基づいた経論解釈を提示せず、経典そのものに説き明かされるところを「直」に談じる営みだった[185]」と理解する説が必ずしも退転したわけではないようである。「方便品」の解釈に限ってであるが『法華経直談鈔』において「湛然などの注釈書になるべく拠らないような努力の跡が見られた」とする藤井教公の所論もある。[186]

筆者には、これらの議論に関して文献学的に踏み込んだ議論を行うだけの知識はないが、直談がむしろ禅機に近いものとして了解されていたとしても、逆にそのために和歌や説話の引用が必要とされるのではないかとも感じる。廣田哲通によれば、本来的に中世の法華経注釈は事理・法譬という二元論的な論述の構造をもっており、[187]喩えの形で現実社会との対応が論述される。それ故にかえって平俗にみえる内容が取り込まれやすい。阿部泰郎も同様の指摘をしている。[188]当時の『法華経』学習者である僧侶にとっては、序分、正宗分、流通分などの科段や来意、入文判釈をふまえて学ぶ伝統的な解釈、あるいは異説に関する学習、つまり経論や釈義は極めて重要であり、そのために「本説」を重視していた。[189] ただ、一方、それゆえにより一層、身近な事例をあげて直接的な理解にいたろうとする活動もあったと推測する。平易・平明に語るためには、厳密な注釈活動や専門家である僧侶同士の「教理上の硬質な問答である論議[190]」は欠かせない。平俗と感じられる説話内容があるにしても、直談が、『法華経』理解にいたる手段の一つであることは確かであろう。小林直樹が、『法華経』の持経者でもあった無住の関心が「本説」としての経文とその「証」の間を行き来すると指摘している。[191] 本作の造形にもまさに、そのような活動が見られるのではないだろうか。

「勧進僧浄信」が厳密な学問研鑽の場における注釈活動に関わっていたかどうかは確定できない。しかし、『妙法蓮華経文句』をはじめとする『法華経』注釈書の図像を多く含む本作を勧進した「勧進僧浄信」には相当な教学理解があったものと思える。そして、平安時代以来の説教の流れをくむ口演唱導あるいはそのテクストをも利用しうる環境にあった。さらに、それらの口演唱導あるいはテクストを、より大衆に向けて開く場として、本作が発想されたと考える。次章以降に、それがどのような場であるのかを、『法華経』およびその注釈活動を離れた図像から考えてみたい。

註

（1）『大正蔵』一七一八、三四巻、一三頁下段一一～二二行
（2）『昭和新纂国訳大蔵経　宗典部第一二巻　法華文句』（東方書院、一九三二年）五六～五七頁
（3）序註（16）文献④

（4）①吉田幸一校訂『古典文庫272　私聚百因縁集　上』（古典文庫、一九七〇年）一二九～一三〇頁。②仏書刊行会編『大日本佛教全書一四八（覆刻版）私聚百因縁集・三国伝記』私聚百因縁集三―五（名著普及会、一九八三年）三七～三八頁

（5）『釈迦の本地』に関する文献は以下。①竹村信治・吉富裕子「『釈迦の本地』の形成――諸本の整理、福岡女子大学蔵本の位置など――」（福岡女子大学国文学会『香椎潟』三三、一九八七年）七九～九四頁。②井上敏幸・竹村信治「福岡女子大学蔵『釈迦の本地』」（福岡女子大学国文学会『香椎潟』三三、一九八七年）九五～一四二頁。③小峯和明「仏伝と絵解き」（林雅彦・渡邊昭五・徳田和夫編『西尾光一先生古稀記念論集　絵解き――資料と研究――』三弥井書店、一九八九年）。④小峯和明「仏伝と絵解きⅡ」（『絵解き研究』九号、一九九一年）。⑤小峯和明「釈迦如来八相次第について――中世仏伝の新資料――」（『国文学研究資料館紀要』第一七号、一九九一年）。⑥金正凡「『釈迦の本地』――「釈迦八相図」との関連をめぐって――」（『国文学：解釈と鑑賞　特集＝御伽草子を読み解く』六一巻五号、一九九六年）。⑦小峯和明「『中世仏伝集』解題」（国文学研究資料館編『真福寺善本叢刊第一期第五巻仏法部四　中世仏伝集』臨川書店、二〇〇〇年）。⑧石川透「慶応義塾図書館蔵〔釈迦の本地〕解題・翻刻」（『三田国文』三六巻、二〇〇二年）。⑨佐藤信一・井田智子・黒宮麻衣他「翻刻〈白百合女子大学蔵〉『釈迦の本地』」（白百合女子大学言語・文学研究センター『言語・文学研究論集』四、二〇〇四年）。⑩小峯和明「絵巻のことばとイメージ――『釈迦の本地』をめぐる――」（石川透編『魅力の奈良絵本・絵巻』三弥井書店、二〇〇六年）。⑪小峯和明「『釈迦の本地』の絵と物語を読む」（『アジア遊学　特集＝絵を読む 文字を見る――日本文学とその媒体――』一〇九、二〇〇八年）。⑫小峯和明「山階寺涅槃会と本生譚をめぐる――仏伝と法会文芸――」（小島貴之・小峯和明・小林真由美編『三宝絵を読む』吉川弘文館、二〇〇八年）。⑬小峯和明「東アジアの仏伝をたどる・補説」（説話・伝承学会編『説話・伝承の脱領域』岩田書院、二〇〇八年）。⑭小峯和明「『釈迦の本地』の物語と図像――ボドメール本の提婆達多像から――」（『文学　特集＝語りかける絵画――イメージ・テクスト・メディア――』第一〇巻五号、二〇〇九年）。⑮本井牧子「『釈迦の本地』とその淵源――『法華経』の仙人給仕をめぐる――」（石川透編『中世文学と隣接諸学9　中世の物語と絵画』竹林舎、二〇一三年）

（6）前掲註（5）文献⑭八六頁参照
（7）小峯和明「東アジアの仏伝文学・ブッダの物語と絵画を読む――日本の『釈迦の本地』と中国の『釈氏源流』を中心に――」（第六回国語教育カフェ・講演、二〇一一年十二月二十四日、マーメイド・カフェ la place）。以下にＰＤＦファイルがある。http://ir.lib.hiroshima-u.ac.jp/metadb/up/kiyo/AN10415666/Ronso-Kokugokyoikugaku_8_120.pdf
（8）松本隆信「増訂室町時代物語類現存本簡明目録」（奈良絵本国際研究会議編『御伽草子の世界』三省堂、一九八二年、神田龍身・西沢正史編『中世王朝物語・御伽草子事典』勉誠出版、二〇〇二年再録）
（9）黒部通善「室町時代物語『釈迦の本地』考」（同『日本仏伝文学の研究』第十一章、和泉書院、一九八九年）二六二～二六五頁
（10）渡邉里志「常楽寺蔵釈迦八相図の特質――日本的釈迦八相図の成立と室町時代――」（同『仏伝図論考』第一部第六章二、中央公論美術出版、二〇一二年）二〇七頁（初出原題「滋賀・常楽寺所蔵釈迦八相図の賛文について」東海印度学仏教学会第五十五回学術大会、二〇〇九年七月十八日、口頭発表）
（11）渡邉里志「常楽寺蔵釈迦八相図の特質――日本的釈迦八相図の成立と室町時代――」（同『仏伝図論考』第一部第六章五（1）、中央公論美術出版、二〇一二年）二三四～二三九頁および表1―3「仏伝図場面表」
（12）渡邉里志『仏伝図論考』（中央公論美術出版、二〇一二年）第一部第四章三、一三七～一四〇頁（初出原題「文献から見た平安時代の釈迦八相図」『東海学園国語国文』第四四号、一九九三年）
（13）『大正蔵』二六二、九巻、二〇頁下段八～九行
（14）『大正蔵』二六二、九巻、二一頁上段二一～二四行
（15）『大正蔵』二六二、九巻、二一頁中段二一～二五行
（16）『大正蔵』二六二、九巻、二一頁下段二二行
（17）当初の彩色ではないが、もともとの色合いは踏襲されているだろう。
（18）『大正蔵』一七一八、三四巻、一〇頁上段四～七行

(19)『昭和新纂国訳大蔵経　宗典部第一二巻　法華文句』(東方書院、一九三二年)四〇頁

(20)東寺貴重資料刊行会編『古代説話集　注好選　原本影印幷釈文』(東京美術、一九八三年)影印七二〜七三頁、釈文一五七頁

(21)釈文は、今野達校注「注好選」(『新日本古典文学大系31　三宝絵　注好選』岩波書店、一九九七年)三二五〜三二六頁による。

(22)小泉弘・山田昭全校訂『新日本古典文学大系40　宝物集』(岩波書店、一九九三年)二三三頁。底本は吉川泰雄氏蔵本。注には、迦毘羅長者の子梅檀香に関する原拠は『百縁経』七「身有栴檀香縁」とする。また金珠を得る貧女については『法苑珠林』三十三「付法蔵経云」を出典とするかとある。
なお、伝本中、同話を以下に確認した。『続群書類従』第三十二輯下伝康頼筆一巻本に類話はない。「康頼宝物集下」(『続群書類従』第三十二輯下、訂正三版、一九八八年)三〇一頁(底本は東京大学史料編纂所蔵本)。小泉弘編『貴重古典籍叢刊8　古鈔本宝物集』(角川書店、一九七三年)本文編四二九頁(底本は久遠寺蔵本)。山田昭全・大場朗・杜晴彦編『宝物集』(おうふう、一九九五年)一五〇頁(底本は静嘉堂文庫蔵片仮名古活字)

(23)廣田哲通・阿部泰郎・田中貴子・小林直樹・近本謙介『法華直談因縁集』(和泉書院、一九九八年)三一五頁「類話一覧」

(24)文献①永井義憲の解題によれば、著者・尊舜は、宝徳三年(一四五一)に生まれ、永正十一年(一五一四)に没した。以下を参照。①永井義憲「解題」(『法華経鷲林拾葉鈔』四、臨川書店、一九九一年)。②永井義憲「『鷲林拾葉鈔』――その撰者と文学――」(『大妻国文』二五、一九九四年)。③渡辺麻里子「尊舜の学系について」(『天台学報』四四、二〇〇一年)。④渡辺麻里子「尊舜編『尊談』について」(『天台学報』四五、二〇〇二年)。⑤渡辺麻里子「尊舜の入重玄門説について」(『天台学報』四六、二〇〇三年)。⑥渡辺麻里子「尊舜の神本仏迹説について――『文句略大綱私見聞』・『鷲林拾葉抄』をめぐって(未来記)――」(『説話文学研究』三八、二〇〇三年)。⑦渡辺麻里子「尊舜の著作について」(『天台学報』四七、二〇〇四年)。⑧渡辺麻里子「『鷲林拾葉鈔』と『轍塵抄』――関東天台の学僧における学問の形成――」(『印度学仏教学研究』五二(二)、二〇〇四年)。⑨渡辺麻里子「論

義書『尊談』の意義――伝忠尋撰『七百科條鈔』との関係から――」（『印度学仏教学研究』五三（二）、二〇〇四年）

(25) 撰述の年代は、硲慈弘「日本天台典籍解題」（同『日本仏教の開展とその基調』名著刊行会、一九八八年）と前掲註（24）文献①による。

(26) 尊舜撰『鷲林拾葉鈔』（永井義憲解題『法華経鷲林拾葉鈔』一、臨川書店、一九九一年）一一五～一一七頁。底本は、慶安三年板行。

(27) 『妙法院蔵本法華直談抄』巻第一―四・序品（『法華経直談鈔古写本集成』臨川書店、一九八九年）七四～七五頁。『疎竹文庫蔵本法華経直談鈔』巻第一序品（『法華経直談鈔古写本集成』臨川書店、一九八九年）六八～六九頁。渡辺守邦「『法華経直談鈔古写本集成』解説」（臨川書店、一九八九年）一一頁によれば、金台院蔵本は著者・栄心自らの奉納本であるが、疎竹文庫蔵本は、天正五年（一五七七）の写本という。妙法院蔵本は、正確な年代はわからないものの室町時代の書写にかかると推測されている。

(28) 前掲註（23）七四頁

(29) 阿部泰郎「解題」（『法華直談因縁集』和泉書院、一九九八年）七四頁

(30) 序註（16）文献②

(31) 序註（16）文献④

(32) 緒方知美「平安時代の経絵と釈経」（『筑紫女学園大学・筑紫女学園大学短期大学部紀要』第六号、二〇一一年）

(33) 神護寺所蔵「山水屏風」については、以下。①千野香織「神護寺蔵「山水屏風」の構成と絵画史的位置」（『美術史』一〇六号、一九七九年、『千野香織著作集』ブリュッケ、二〇一〇年所収）。②泉万里「神護寺山水屏風の秋――七夕と網代――」（『MUSEUM』六三八、二〇一二年、同『中世屏風絵研究』中央公論美術出版、二〇一三年所収）

(34) 『増補史料大成　小右記二』（臨川書店、一九六五年）二六八頁、長和元年五月十七日条

(35) 『太子伝玉林抄　法隆寺蔵尊英本』（吉川弘文館、一九七八年）上巻二五頁

(36)　①渡辺信和「聖徳太子伝における芹摘姫説話について」(『同朋学園佛教文化研究所紀要』九、一九八七年)。②渡辺信和「芹摘姫説話について」(同『聖徳太子説話の研究――伝と絵伝と――』(新典社、二〇一二年、第三章)

(37)　①赤沢英二「資料篇V－1」(同『日本中世絵画の新資料とその研究』中央公論美術出版、一九九五年)一〇七頁。②村松加奈子「善徳寺本聖徳太子絵伝」(名古屋大学比較人文学研究年報『城端別院虫干法会調査報告書』二〇〇七年)。③村松加奈子「資料編：善徳寺本聖徳太子絵伝」(②に同じ)

(38)　織田顕行「飯田市美術博物館蔵「聖徳太子絵伝」について」(佐野みどり・新川哲雄・藤原重雄編『中世絵画のマトリックス』青簡舎、二〇一〇年)

(39)　①奈良国立博物館編『聖徳太子絵伝』(東京美術、一九六九年)図版100～105、解説二〇。②『真宗重宝聚英』第七巻(同朋舎出版、一九八九年)図版解説57。③大阪市立美術館監修『聖徳太子信仰の美術』(東方出版、一九九六年)図版(第一幅、第三幅のみ)および解説二三八

(40)　①奈良国立博物館編『聖徳太子絵伝』(東京美術、一九六九年)図版42～46、解説九。②『真宗重宝聚英』第七巻(同朋舎出版、一九八九年)図版・解説58。③大阪市立美術館監修『聖徳太子信仰の美術』(東方出版、一九九六年)図版(第二幅、第五幅のみ)および解説二三九

(41)　①奈良国立博物館編『聖徳太子絵伝』(東京美術、一九六九年)図版25～34、解説七。②『真宗重宝聚英』第七巻(同朋舎、一九八九年)図版・解説56。③大阪市立美術館監修『聖徳太子信仰の美術』(東方出版、一九九六年)図版(第五幅のみ)および解説二五六。④安城市歴史博物館編『本證寺――その歴史と美術――』(一九九七年)。⑤天野信治「本證寺聖徳太子絵伝の画面構成について」(『安城市歴史博物館研究紀要』一〇・一一合併号、二〇〇四年)。⑥村松加奈子「本證寺本善光寺如来絵伝の図像に関する一考察――『聖徳太子内因曼陀羅』による関与の問題を中心に――」(『東海仏教』五〇、二〇〇五年)

(42)　①奈良国立博物館編『聖徳太子絵伝』(東京美術、一九六九年)図版66～73、解説一三。②百橋明穂「総説　聖徳太子絵伝」(『真宗重宝聚英』第七巻、同朋舎出版、一九八九年)。③大阪市立美術館監修『聖徳太子信仰の美術』(東方出版、一九九六年)図版および解説二三七

(43)　前掲註（42）①図版118～121、解説二四
(44)　①大串純夫「極めてよく似た三つの聖徳太子伝絵巻」（『國華』七一一号、一九五一年）。②梅津次郎「四天王寺蔵聖徳太子絵伝二種」（『佛教藝術』五六号、一九六五年）。③奈良国立博物館編『聖徳太子絵伝』（東京美術、一九六九年）図版13～22、解説四
(45)　前掲註（44）①②および③図版23、解説五
(46)　前掲註（44）①②および③図版24、解説六。大阪市立美術館監修『聖徳太子信仰の美術』（東方出版、一九九六年）図版および解説二四六。図版は、誕生、二歳、十六歳、二十六歳（黒駒）のみ。
(47)　奈良国立博物館編『聖徳太子絵伝』（東京美術、一九六九年）図版122～125、解説二五
(48)　前掲註（47）図版126～129、解説二六
(49)　前掲註（47）図版47～54、解説一〇
(50)　①奈良国立博物館編『聖徳太子絵伝』（東京美術、一九六九年）図版114～117、解説二三。②『真宗重宝聚英』第七巻（同朋舎出版、一九八九年）図版・解説六二。③大阪市立美術館監修『聖徳太子信仰の美術』（東方出版、一九九六年）図版（第一幅、第二幅のみ）および解説二三一
(51)　①奈良国立博物館編『聖徳太子絵伝』（東京美術、一九六九年）図版35～41、解説八。②大阪市立美術館監修『聖徳太子信仰の美術』（東方出版、一九九六年）図版（第一幅、第四幅、第六幅のみ）および解説二四四
(52)　①奈良国立博物館編『聖徳太子絵伝』（東京美術、一九六九年）図版134～146、解説二八。②『真宗重宝聚英』第七巻（同朋舎出版、一九八九年）図版・解説六五。③大阪市立美術館監修『聖徳太子信仰の美術』（東方出版、一九九六年）図版および解説二五一
(53)　①奈良国立博物館編『聖徳太子絵伝』（東京美術、一九六九年）図版106～109、解説二一。②村重寧「法隆寺献納宝物　聖徳太子絵伝（四幅本）の墨書銘」（『MUSEUM』二八七、一九七五年）。③大阪市立美術館監修『聖徳太子信仰の美術』（東方出版、一九九六年）図版および解説二四二。④梅沢恵「法隆寺献納宝物四幅本聖徳太子絵伝について」（村重寧先生星山晋也先生古希記念論文集編集委員会編『日本美術史の杜』竹林舎、二〇〇八年）

(54) ①奈良国立博物館編『聖徳太子絵伝』(東京美術、一九六九年)図版110~113、解説二二。②大阪市立美術館監修『聖徳太子信仰の美術』(東方出版、一九九六年)図版(第二幅のみ)および解説二四三

(55) ①『真宗重宝聚英』第七巻(同朋舎出版、一九八九年)図版・解説六四。②大阪市立美術館監修『聖徳太子信仰の美術』(東方出版、一九九六年)図版(第二幅のみ)および解説二五八

(56) ①小島恵昭・渡辺信和「万徳寺『聖徳太子伝』翻刻」(『同朋学園佛教文化研究所紀要』二、一九八〇年)解題・小島恵昭、書誌・渡辺信和。②大阪市立美術館監修『聖徳太子信仰の美術』(東方出版、一九九六年)図版(第一幅のみ)および解説二六〇

(57) 前掲註(37)

(58) ①梅津次郎「四天王寺蔵聖徳太子絵伝二種」(『佛教藝術』五六号、一九六五年)。②奈良国立博物館編『聖徳太子絵伝』(東京美術、一九六九年)原色版Ⅳ、図版74~79、解説一四。②大阪市立美術館監修『聖徳太子信仰の美術』(東方出版、一九九六年)図版および解説二三〇。③舂古真哉「遊行寺蔵『聖徳太子伝暦』と四天王寺蔵六幅本聖徳太子絵伝」(『同朋大学仏教文化研究所紀要』二八、二〇〇八年)

(59) 前掲註(23)二二五~二二六頁

(60) ①阿部隆一「室町以前成立聖徳太子伝記類書誌」(聖徳太子研究会編『聖徳太子論集』平楽寺書店、一九七一年)五四三~五四七頁。②渡辺信和「文保本聖徳太子伝記——その成立基盤——」(『国文学：解釈と鑑賞』五四巻一〇号、一九八九年、前掲註(36)文献②第一章第三節所収)

(61) 前掲註(36)文献①

(62) 法空「聖徳太子平氏伝雑勘文」上三(『大日本仏教全書』一一二巻、仏書刊行会、一九一二年)一九六頁

(63) 阿部隆一「室町以前成立聖徳太子伝記類書誌」(聖徳太子研究会編『聖徳太子論集』平楽寺書店、一九七一年)

(64) ①阿部泰郎「『正法輪蔵』東大寺図書館本一聖徳太子絵伝絵解き台本についての一考察」(『芸能史研究』八二号、一九八三年)。②阿部泰郎「『聖徳太子伝集』総説」(国文学研究資料館編『真福寺善本叢刊第二期第五巻史伝部一聖徳太子伝集』臨川書店、二〇〇六年)。③阿部泰郎「中世太子伝『正法輪蔵』別伝における四天王寺縁起——勧

修寺大蔵経本『正法輪蔵』解題――」（『勧修寺論輯』第三・四合併号、二〇〇七年）
(65) 平松令三編『真宗史料集成第四巻　専修寺・諸派』（同朋舎出版、一九八二年）四二八～四二九頁
(66) 牧野和夫「慶應義塾図書館蔵『聖徳太子伝正法輪』翻印並びに解説」（『東横国文学』第一六号、一九八四年）一一六～一二四頁
(67) ①前掲註(56)文献①。②前掲註(36)文献②資料3（八三五～八八五頁）に本證寺林松院文庫蔵本の影印と諸本解題がある。
(68) ①仏書刊行会編『大日本佛教全書一四八（覆刻版）』三国伝記巻十第三（名著普及会、一九八三年）二四三～二四六頁。②池上洵一校注『三国伝記（下）』（三弥井書店、一九八二年）一六八～一七三頁
(69) 前掲註(36)文献①註9に、愛知県・岩瀬文庫所蔵本による翻刻がある。
(70) 名古屋三国伝記研究会編『古典文庫438　三国伝記〈平仮名本〉下』（古典文庫、一九八三年）八〇～八八頁
(71) 前掲註(36)文献①補注2に翻刻がある。
(72) 前掲註(60)文献①五五〇～五五一頁
(73) 前掲註(65)平松令三「解題」七二～七三頁
(74) 前掲註(36)
(75) 前掲註(66)
(76) 前掲註(67)
(77) 前掲註(60)文献②
(78) 池上洵一「『三国伝記』の世界」（『池上洵一著作集第三巻　今昔・三国伝記の世界』（和泉書院、二〇〇八年）二三六～二三九頁
(79) 牧野和夫「新出聖徳太子伝二種」（『斯道文庫論集』二〇、一九八三年）
(80) 牧野和夫「新出聖徳太子伝二種――承前――」（『斯道文庫論集』二四、一九九〇年）。ただし、一九八四年紹介本と「ツレであるかについては後考を期す」とある。

（81）前掲註（80）に紹介された慶應義塾図書館蔵「上宮救世大聖御伝」にはB本に近い芹摘媛話譚がある。
廿七歳　太子ノ曩祖ノ大和国三輪明神へ御参アリ大臣公卿供奉セラル三輪山ノフモトニ川アリ三輪川と名ク橋ノ上ヲ御幸ナラセ給ニ橋ノ下ニ賤キ女人芹ヲツミ面ヲアケ打歎テソイタリケル太子是ヲ御覧〆御供ヲ以テ是ヲ問給フ女左右ナク申ムネナシ又重テ彼女ヲ召テ子（三ウ）細ヲ尋ネ。給フ其時女申ケル我ハ此山ノフモトカシハテノ里ト云所ニ貧賤ノムスメ也我父母ヲ養ハンカ為ニ里ニマワリ袖ヲヒラクト云ヘトモ一人モ給ス事ナシ此ユヘニ此川ニ出テ若菜ヲツンテ我父母ヲ養ト云ヘリ太子孝養ノ心ヲ切ニ思召テ太子曰ク我レ思子細アレハ我ト汝ト契ヲムスヒ侍ラント仰セラレシニ彼ノ女左右ナク承諾シ奉ラス太子重テ曰ク我与汝ト宿縁アリ仰ニシタカウヘシト曰ヘハ猶承奉ス時其太子ヲホシメシケル様ハ我国神国ナレハ三十一字ノ（四オ）コトノハニハタケキ物ノフモヤワラクタメシナレハトテ一首ノ詠哥ヲソ下給　三輪川ノ清ナカレノス、シサニハヤクモヤトルソラノ月カナトアリケレハ御返事ニ　三輪川ノ清キナカレニスム月ノカケト、モニソ西へ入ランカ様ニ申ケレハ太子曰ク汝カ所へ御幸ナルヘシ我御座ニハ六ミヤクノ豹ノ皮ヲシキヤモチノ桜ラニ一手白ノヰノ子ヲスヘシト仰アリテ明神へ御参アリケリ其後カシハ手ノ里へ御幸ナラセ給（四ウ）ケルニ誠ニ賤シキ藤ノ衣ヲ着シワラヲムスンテヲヒトセリ太子此カタチヲ御覧〆御装束ノカサネノ絹ヲトネリニモタセ侍リシヲタヒ給ケルサテ六ミヤクノ豹ノ皮トハ六フアミタルタウラコモノ事也ヤモチノサクラトハアカ米ノツカサル飯ナリテシロノヰノ子ト云ハヤツハノ根ノ白キセリナリ太子三度御手ヲノヘナテサセ給シカハタケニアマルヒスヰノ御クシトナリヌヤセヲトロへ給ヘル御カホハセ忽ニ紅桃三千ノ花ノヨソヲヒト変シ翠黛片月ノ妙ナルコヒヲソナへ給ヘリ仍テセリヲツミ給シニ（五オ）依テセリツミノ后トモ申又ハカシワテノ后トモ申奉ル抑彼后ハタ、人ニ非ス彼カシワテノ里ニ貧賤孤独ノ夫婦アリ古ハ都ニ住ケル者ナリシカ事ノ縁ニ引サレ此里に［ノ］オチフレテ侍リケルアル時八月十五夜□［ノ］クマナキニ柴ノイヲリヨリ立出テ見レハ曇ナキ秋ノ月セイ〳〵ト〆千里ニ明ナリ　夫婦トモニナカメ心ヲスマシテ居タリケル時円満タル明月ニ破テ一ツハ我家チカキヲトハ山ニヲチカ、リケル此者不思議ノ事ニ思テ次ノ朝夕彼ノ所ヲ見（五ウ）侍ケルニ歳三歳ハカリナル姫忽然ト〆樫ノ葉ヲ敷テ座ス此ヲキナヲ見テ手ヲアケテキタカレントス其時ヲキナイカナル変化ノ者ナリトモ是程ニナツカシケニ思タル事アワレニ思テ是ヲヰタイテ家ニカヘル年月程ナクセイ長シテ三年卜申ニハ十五六ノ女の形ナリ天情柔和ニソ孝養ノ心深シ父母是ヲ憑事不ㇾ浅門々戸々ニ食ヲモトメ山野ニ菜ヲタシナンテ病ノ父母ヲハコクムト云々太子臣下ニ曰ク我望忽ニ満足ス（下略）

(82)　①林幹弥『太子信仰――その発生と発展――』（評論社、一九七二年）。②林幹弥『太子信仰の研究』（吉川弘文館、一九八〇年）第三部第三章「律僧らと太子堂」

(83)　牧野和夫「中世聖徳太子説話と説話――〝律〟と太子秘事・口伝・『天狗説話』――」（本田義憲・池上洵一・小峯和明・森正人・阿部泰郎編『説話の講座3　説話の場――唱導・注釈――』勉誠社、一九九三年）

(84)　①阿部泰郎「中世南都の宗教と芸能――信如尼と若宮拝殿巫女をめぐりて――」（『国語と国文学』六四（五）、一九八七年。②阿部泰郎「中世太子伝『正法輪蔵』別伝における四天王寺縁起――勧修寺大経蔵本『正法輪蔵』解題――」（『勧修寺論輯』第三・四合併号、二〇〇七年）。③阿部泰郎「宗教図像テクスト複合としての聖徳太子絵伝」（佐野みどり・新川哲雄・藤原重雄編『中世絵画のマトリックス』青簡舎、二〇一〇年）四六頁

(85)　林幹弥『太子信仰の研究』（吉川弘文館、一九八〇年）第三部第一章「法隆寺顕真と調子丸・康仁」

(86)　五十八歳・五十九歳条。①叡尊著『金剛仏子叡尊感身学生記』（『岸和田市史』第六巻、一九七六年）中世編七二。②奈良国立文化財研究所監修『西大寺叡尊伝記集成』（法藏館、一九七七年）二六～二七頁。③細川涼一訳注『東洋文庫664　感身学正記1』（平凡社、一九九九年）二四一～二五三頁

(87)　前掲註(85)二六五頁

(88)　惣持については、以下。①細川涼一「西琳寺惣持と尼――中世律宗と「女人救済」――」（大隅和雄・西口順子編『シリーズ女性と仏教2　救いと教え』平凡社、一九八九年）。②松尾剛次「西大寺光明真言過去帳の紹介と分析」（速水侑編『日本社会における仏と神』吉川弘文館、二〇〇六年）一二三頁。③細川涼一訳注『東洋文庫803　関東往還記』（平凡社、二〇一一年）二二一～二二七頁。なお没年については、『西琳寺流記』から、正和元年（一三一二）であったとされていたが、文献②に正応五年（一二九二）八月十四日から永仁六年（一二九八）七月二十四日の間という説が出されている。なお、文献③には、文献②の説は、採用されていない。

(89) 前掲註(85)二三五頁

(90) 八十四・八十五歳条。①叡尊著『金剛仏子叡尊感身学生記』(『岸和田市史』第六巻、一九七六年)中世編七二。②奈良国立文化財研究所監修『西大寺叡尊伝記集成』(法藏館、一九七七年)八八〜一九一頁

(91) 松山充宏「画讃で読み解く太子絵伝――瑞泉寺本の制作者を探る――」(『富山史壇』一六六号、二〇一一年)

(92) 前掲註(23)類話一覧六―六、三三七頁。同項に、『正法輪蔵』、『三国伝記』一〇―三、『私聚百因縁集』三―五があげられている。

(93) ここでは仏書刊行会編『大日本佛教全書一四八(覆刻版)私聚百因縁集・三国伝記』私聚百因縁集三―五(名著普及会、一九八三年)四〇〜四一頁を掲出し、吉田幸一校訂『古典文庫265　私聚百因縁集　上』(古典文庫、一九六九年)を参照した。

(94) 渡辺信和「私聚百因縁集」(本田義憲・池上洵一・小峯和明・森正人・阿部泰郎編『説話の講座5　説話集の世界Ⅱ――中世――』(勉誠社、一九九三年)

(95) 仙波光男「『私聚百因縁集』について――語学のたちばから――」(北海道説話文学研究会編『中世説話の世界』笠間書院、一九七九年)に、国語学的に鎌倉時代の表記でないものが含まれることについて指摘がある。

(96) 石田瑞麿「説話に収められた法然伝――私聚百因縁集が意味するもの――」(同『中世文学と仏教の交渉』春秋社、一九七五年)、同『日本仏教思想研究』(法藏館、一九八七年)、同『日本古典文学と仏教』(筑摩書房、一九八八年)

(97) ①今枝愛眞「宗鏡録と鎌倉初期禅林」(『日本仏教』第七号、一九六〇年)。②三木紀人「無住と東福寺」(『仏教文学研究』六、法藏館、一九六八年)

(98) 前掲註(94)一四六頁

(99) 阿部泰郎「中世聖徳太子伝『正法輪蔵』の構造」(林雅彦・渡邊昭五・徳田和夫編『西尾光一先生古稀記念論集絵解き――資料と研究――』三弥井書店、一九八九年)四一五頁

(100) 例えば『新釈漢文大系　蒙求(下)』(明治書院、一九七三年)五六八〜五七三頁

(101)　池上洵一校注『三国伝記（下）』（三弥井書店、一九八二年）一七四～一七五頁に依った。平仮名の「の」は校注者の補ったものである。『大日本佛教全書』第一四八巻・二四八～二四七頁も参照した。
(102)　今野達校注『新日本古典文学大系33　今昔物語集1』（岩波書店、一九九九年）二四一～二四三頁
(103)　①岡見正雄解説『日本古典文学大系22　今昔物語集一』（岩波書店、一九五九年）。②池上洵一「鈴鹿本を見つめる」（安田章編『鈴鹿本今昔物語集――影印と考証――』京都大学学術出版会、一九九七年）五一一頁（『池上洵一著作集第一巻　今昔物語集の研究』和泉書院、二〇〇一年に再録）
(104)　前掲註（101）二四六頁
(105)　智顗『妙法蓮華経玄義巻』第十上下（『大正蔵』一七一六、三三巻）八〇〇～八一四頁
(106)　具体的に依拠したテクストを確定できないので、どのような場を想定すべきか結論は得ていないが、論議のあり方については以下を参照した。①高山有紀『中世興福寺維摩会の研究』（勉誠社、一九九七年）。②智山勧学会編『論義の研究』（青史出版、二〇〇〇年）。③山崎誠「『講説論議集』解題」（国文学研究資料館編『真福寺善本叢刊第二期第二巻仏法部五　講説論議集』臨川書店、二〇一一年）。④蓑輪顕量『日本仏教の教理形成――法会における唱導と論義の研究――』（大蔵出版、二〇〇九年）。⑤上島享『日本中世社会の形成と王権』（名古屋大学出版会、二〇一〇年）第三章
(107)　『大正蔵』一九〇、三巻、八〇三頁下段五行
(108)　例えば『過去現在因果経』第三（『大正蔵』一八九、三巻）八四二～八四六頁
(109)　窺基撰『妙法蓮華経玄賛』（『大正蔵』一七二三、三四巻）六七〇頁上段一七～二〇行
(110)　『国訳一切経　和漢撰述部　経疏部四　法華義疏・妙法蓮華経玄賛（改訂二刷）』（大東出版社、一九九三年）五一頁（五七）
(111)　例えば『過去現在因果経』第三（『大正蔵』一八九、三巻）六三九頁中段六～九行
(112)　序註（16）文献②二四頁
(113)　『妙法蓮華経玄義』（『大正蔵』一七一六、三三巻）七六六頁下段四～七六七頁上一一行

(114)『昭和新纂国訳大蔵経　宗典部第一一巻　妙法蓮華経玄義』（東方書院、一九三一年）第七上、三五九〜三六一頁

(115)『大正蔵』一七一八、三四巻、一二七頁下段二四〜二九行

(116)①島田修二郎・入矢義高監修『禅林画賛——中世水墨画を読む——』（毎日新聞社、一九八七年）図版41・42解説（各担当・横田忠司、大西廣）。②大西廣「肖像画における「擬」の問題」（国際交流美術史研究会第六回シンポジアム報告書『肖像』、一九八七年）

(117)『維摩詰所説経』（『大正蔵』四七五、一四巻）五四六頁中段五〜一五行

(118)①石田瑞麿訳『東洋文庫67　維摩経——不思議のさとり——』（平凡社、一九六六年）。②紀野一義『仏典講座9　維摩経』（大蔵出版、一九七一年）。③中村元『現代語訳大乗仏典3　維摩経　勝鬘経』（東京書籍、二〇〇三年）。④高橋尚夫・西野翠訳『維摩経　梵文和訳』（春秋社、二〇一一年）。⑤植木雅俊訳『維摩経——梵漢和対照・現代語訳——』（岩波書店、二〇一一年）

(119)『維摩詰所説経』（『大正蔵』四七五、一四巻）五四七頁下段二二行〜五四八頁上段三行

(120)前掲註(118)文献③三八頁。ただしルビは略した。

(121)序註(16)文献②五六〜五七頁

(122)序註(16)文献④

(123)序註(5)文献⑭

(124)序註(5)文献⑱

(125)『大正蔵』一七二二、三四巻、六三〇頁下段一〇〜一六行

(126)前掲註(110)五五九頁（一四五）

(127)小泉弘・山田昭全校訂『新日本古典文学大系40　宝物集』（岩波書店、一九九三年）二七七頁。以下にも同話がある。「康頼宝物集下」（『続群書類従』第三十二輯下、訂正三版、一九八八年）三一三頁（底本は東京大学史料編纂蔵本）。小泉弘編『貴重古典籍叢刊8　古鈔本宝物集』（角川書店、一九七三年）本文篇四六二頁（底本は久遠寺蔵本）。山田昭全・大場朗・杜晴彦編『宝物集』（おうふう、一九九五年）一七一頁（底本は静嘉堂文庫蔵片仮名古

活字）

(128)　序註（5）文献⑱

(129)　『皇室 our imperial family』編集部編『宮内庁楽部雅楽の正統』（扶桑社、二〇〇八年）参照

(130)　①『古事類苑　楽舞部二』（吉川弘文館、一九九八年）一一〇三〜〇六頁。②吉川英史監修『図説日本の楽器』（東京書籍、一九九二年）二〇一〜二〇二頁。③芝祐靖監修『図説雅楽入門事典』（柏書房、二〇〇六年）五三頁。④『大辞林　第三版』（三省堂、二〇〇六年）「鶏婁鼓」の項。④によれば「（けいろうこ）中国・日本の太鼓の一種。小形で胴は球形に近い。古代中国の胡楽（西域起源）で鼗（とう）（振り鼓）とともに使用。日本でも伝来初期には唐楽で使用した。現在では舞楽「一曲（いつきょく）」で舞人が使用するのみ。」

(131)　前掲註(130)①一一〇六〜〇九頁、同②二〇二頁

(132)　前掲註(130)①一一一五〜二二頁、「信西入道古楽図」の「腰鼓ノ図」に似ているが、名称については確定できなかった。同②八七・二〇二頁

(133)　南谷美保『四天王寺聖霊会の舞楽』（東方出版、二〇〇八年）一〇〜一一頁

(134)　小山正文「源誓上人絵伝」（『真宗重宝聚英』第一〇巻、同朋舎メディアプラン、二〇〇六年）一八三頁、図版14の、大灯籠の前で行われている舞楽に用いられている。

(135)　直談および直談書については以下。①廣田哲通『中世仏教説話の研究』（勉誠社、一九八七年）。②廣田哲通『中世法華経注釈書の研究』（笠間書院、一九九三年）。③廣田哲通『天台談所で法華経を読む』（翰林書房、一九九七年）。④中野真麻理『一乗拾玉抄の研究』（臨川書店、一九九八年）。⑤廣田哲通他『法華直談因縁集』（和泉書院、一九九八年）。⑥廣田哲通『中世仏教文学の研究』（和泉書院、二〇〇〇年）。⑦渡辺麻里子「〈直談〉の位相――談義・観心――」（『天台学報』四三、二〇〇一年）。⑧渡辺麻里子「談義書（直談抄）の位相――『鷲林拾葉鈔』・『法華経直談抄』の物語をめぐって――」（『中世文学』四七、二〇〇二年）。⑨渡辺麻里子「経典の注釈――談義所における学問の継承と再生産――」（『日本文学』五四―七、二〇〇五年）。⑩渡辺麻里子「中世における僧侶の学問――談義書という視点から――」（『弘前大学国語国文学』二八、二〇〇七年）。⑪渡辺麻里子「仙波に集う学僧

たち――中世における武蔵国仙波談義所（無量寺）をめぐって――」（『中世文学』五一、二〇〇六年）。⑫小峯和明『中世法会文芸論』（笠間書院、二〇〇九年）。⑬渡辺麻里子「天台談義所をめぐる学問の交流」（阿部泰郎編『中世文学と隣接諸学2　中世文学と寺院資料・聖教』竹林舎、二〇一〇年）

(136) 尊舜撰『鷲林拾葉鈔』（永井義憲解題『法華経鷲林拾葉鈔』四、臨川書店、一九九一年）四七二頁

(137) 『金台院蔵本法華直談抄』巻第六―八（『法華経直談鈔古写本集成』臨川書店、一九八九年）一三六一～六三頁

(138) 『五季文庫蔵本法花直談私類聚抄』巻第六―八（『法華経直談鈔古写本集成』臨川書店、一九八九年）一四二頁

(139) 序註（16）文献②一七頁左

(140) 談山神社蔵「紺紙金銀泥法華経宝塔曼荼羅」に天女の図像がある。序註（5）文献⑥九九～九八頁

(141) カラー図版は、泉武夫・加須屋誠・山本聡美編著『国宝六道絵』（中央公論美術出版、二〇〇七年）一七五頁

(142) 序註（5）文献⑱

(143) 『大正蔵』一八一、三巻、四五二頁中段二七行～四五三頁上段二七行

(144) 『大正蔵』三二〇、一一巻、四六二頁中段二九行～下段三行

(145) 三木紀人・浅見和彦校注「宇治拾遺物語」（『新日本古典文学大系42　宇治拾遺物語　古本説話集』岩波書店、一九九〇年）一七四～一七七頁

(146) 『大正蔵』一九三、四巻、八九頁下段二一～二五行

(147) 『大正蔵』一五〇九、二五巻、一七八頁中段一五行～下段一九行

(148) 『国訳一切経　印度撰述部　釈経論部二　大智度論（改訂四刷）』初品第二十七（大東出版社、一九九二年）四二一～四二三頁（一四～一六）を参照した。

(149) 『大正蔵』一九一二、四六巻、一四四頁中段二八行～下段二七行

(150) 『大正蔵』一七七九、三八巻、七五一上段一～二六行

(151) 今野達校注「三宝絵」（『新日本古典文学大系31　三宝絵　注好選』岩波書店、一九九七年）三五～三八頁

(152) 小泉弘・山田昭全校注『新日本古典文学大系40　宝物集』（岩波書店、一九九三年）巻第五・一九六～一九七頁

(153)　国文学研究資料館編『真福寺善本叢刊第一期第五巻仏法部四　中世仏伝集』（臨川書店、二〇〇〇年）三四三～三四四頁
(154)　渡辺綱也校注『日本古典文学大系85　沙石集』（岩波書店、一九六六年）二〇七～二〇八頁
(155)　①仏書刊行会編『大日本佛教全書一四八（覆刻版）私聚百因縁集・三国伝記』三国伝記巻十第三（名著普及会、一九八三年）二四三～二四六頁。②池上洵一校注『三国伝記（下）』（三弥井書店、一九八二年）。本稿は②の二七八～二八〇頁による。
(156)　前掲註（23）一五五～一五六頁
(157)　立正大学日蓮教学研究所編『昭和定本日蓮聖人遺文』（総本山身延久遠寺、一九八八年改訂増補版）御書番号三四三号・一六七二頁
(158)　毒薬に関する応報譚ならば、前掲註（23）『法華直談因縁集』の薬草喩品三―一（一三九頁）がある。
(159)　前掲註（152）巻第五・二〇〇頁
(160)　前掲註（152）巻第二・七三頁。「康頼宝物集下」（『続群書類従』第三十二輯下、訂正三版、一九八八年）二八九頁（底本は東京大学史料編纂所蔵本）。小泉弘編『貴重古典籍叢刊8　古鈔本宝物集』（角川書店、一九七三年）本文篇二九一頁（底本は久遠寺蔵本）
(161)　『大正蔵』一二一二、五三巻、四五五頁上段二一行～中段六行
(162)　火焔宝珠については第二部第三章第四節註（158）参照。
(163)　表記は『新日本古典文学大系56　梁塵秘抄　閑吟集　狂言歌謡』（岩波書店、一九九三年）一五頁による。
(164)　本井牧子「『釈迦の本地』とその淵源――『法華経』の仙人給仕をめぐる――」（石川透編『中世文学と隣接諸学9　中世の物語と絵画』竹林舎、二〇一三年）一一三頁
(165)　山崎誠「草案集とその研究」（『国文学研究資料館紀要』第三一号、二〇〇五年）。山崎誠校注「草案集」の底本は貴重古典刊行会影印本（一九五八年刊）。
(166)　前掲註（164）一二三頁

(167) ①植木朝子「提婆達多の今様――『梁塵秘抄』法文歌の一性格――」(『同志社国文学』六三、二〇〇五年)。②植木朝子「提婆達多の今様――『梁塵秘抄』法文歌の一性格（承前）――」(『同志社国文学』六四、二〇〇六年)。①②は同『梁塵秘抄の世界――中世を映す歌謡――』(角川学芸出版、二〇〇九年)に所収。

(168) 山崎誠「唱導と学問・注釈――澄憲の晩年と『雑念集』――」(伊藤博之・今成元昭・山田昭全編『仏教文学講座8　唱導の文学』勉誠社、一九九五年)

(169) 文永七年（一二七〇）書写。国文学研究資料館編『真福寺善本叢刊第一期第二巻仏法部一　法華経古注釈集』(臨川書店、二〇〇〇年) 四二〇頁。

(170) 前掲註(165)。山崎校注のほか以下を参照した。橋本章彦・菊池政和「曼殊院蔵『草案集』「第五巻」(十二丁裏～十六丁表) 翻刻と註釈」(福田晃・廣田哲通編著『唱導文学研究』第二巻、三弥井書店、一九九九年)

(171) 前掲註(164)

(172) ①大島薫「澄憲の法華経講釈――「提婆品」釈をめぐって――」(『国文学：解釈と鑑賞　特集＝法華経と中世文芸』六二巻三号、一九九七年)。②大島薫「安居院澄憲草「法華経品釈」について」(『金沢文庫研究』三〇〇巻、一九九八年)

(173) 山本真吾『平安鎌倉時代に於ける表白・願文の文体の研究』(汲古書院、二〇〇六年)

(174) 前掲註(164)

(175) 国文学研究資料館編『真福寺善本叢刊第一期第五巻仏法部四　中世仏伝集』(臨川書店、二〇〇〇年)

(176) 硲慈弘「平安時代における信仰思想の主潮流」(同『日本佛教の開展とその基調（上）』三省堂、一九四八年)

(177) ①石井行雄「中世唱導余響――唱導史料としての東大寺図書館蔵『承明門院御忌中諸僧啓白指示抄』――」(『説話文学研究』二四、一九八九年)。②村上美登志「大谷大学図書館蔵釈澄憲撰『妙法蓮華経釈』の翻刻と研究」(同『中世文学の諸相とその時代』和泉書院、一九九六年)。③智山勧学会編『論義の研究』(青史出版、二〇〇〇年)。④阿部泰郎「総説」(国文学研究資料館編『真福寺善本叢刊第二期第四巻仏法部七　中世唱導資料集二』臨川書店、二〇〇八年)。⑤蓑輪顕量『日本仏教の教理形成――法会における唱導と論義の研究――』(大蔵出版、二〇〇九

年）。⑥牧野淳司「安居院流唱導書の形成とその意義」（阿部泰郎編『中世文学と隣接諸学2　中世文学と寺院資料・聖教』竹林舎、二〇一〇年）。⑦マルティン・レップ／井上善幸編『龍谷大学仏教文化研究叢書27　問答と論争の仏教――宗教的コミュニケーションの射程――』（法藏館、二〇一二年）

(178)　談義所については以下。①尾上寛仲「中古天台の談義所」（『印度学仏教学研究』八（一）、一九六〇年）。②尾上寛仲「信濃の天台談義所」（『信濃』一二巻一一・一二合併号、一九六〇年）。③尾上寛仲「談義所と天台教学の流伝」（『叡山学報』通号二一号、一九六一年）。④尾上寛仲「関東における中古天台――金沢文庫の資料を中心とする檀那流について――上・下」（『金沢文庫研究』一〇（四）（五）、一九六四年）。⑤尾上寛仲「関東の天台宗談義所――仙波談義所を中心として――上・中・下」（『金沢文庫研究』一六（三）（四）（五）、一九七〇年）。⑥尾上寛仲「柏原談義所の発展」（『印度学仏教学研究』二三（二）、一九七五年）。⑦林観照「関東地方における天台宗談義所の業績――月山寺の場合（上）――」（『鴨台史論』創刊号、一九八七年）。⑧林観照「関東地方における天台宗談義所の業績――月山寺の場合（中）――」（『鴨台史論』二号、一九八九年）。⑩宇高良哲「中世の川越仙波談義所について」（『天台学報』三二、一九八九年）。⑪中野真麻理「天台宗談義所の説話――『一乗拾玉抄』と諏訪の神文――」（『国文学研究資料館紀要』第二二号、一九九六年）。⑫林観照「談義所研究についての一考察――特に『慈性日記』から――」（『山家学会紀要』一、一九九八年）。⑬廣田哲通「天台宗談義所の相貌――学問の体系・教育の体系――」（大阪女子大学『女子大文学国文篇：大阪女子大学紀要』五一、二〇〇〇年）。⑭談義所研究会「〈共同研究〉談義所の総合的研究（1）」（『大正大学綜合佛教研究所年報』二二、二〇〇〇年）。⑮山口興順「信濃国と関東天台――十三世紀を中心として――」（『天台学報』四四、二〇〇一年）。⑯山口興順「関東における天台談義所の一側面」（『印度学仏教学研究』四九（二）、二〇〇一年）。⑰談義所研究会「〈共同研究〉談義所の総合的研究（2）」（『大正大学綜合佛教研究所年報』二三、二〇〇一年）。⑱藤平寛田「日光天海蔵『摩訶止観抄』と関東天台」（『叡山学院研究紀要』二四、二〇〇二年）。⑲談義所研究会「〈共同研究〉談義所の総合的研究（3）」（『大正大学綜合佛教研究所年報』二四、二〇〇二年）。⑳談義所研究会「〈共同研究〉談義所の総合的研究（4）」（『大正大学綜合佛教研究所年報』二五、二〇〇三年）。㉑山口興順「西上州の天台学問寺について」（『天台学報』四七、二〇〇四年）。㉒談義所研究会「〈共同研究〉談義所の総合的研究（5）」（『大正大学綜合佛教研究所年報』二六、二〇〇四年）。㉓山口興順「武蔵国仙波『仏地院過去帳』について」（『天台学報』四八、二〇〇五年）。㉔寺本亮晋「書写山理教院談義所について」（『大正大学綜合佛教研究所年報』二七、二〇〇五年）。㉕談義所研究会「〈共同研究〉談義所の総合的研究（6）」（『天台学報』四八、二〇〇五年）。㉖渡辺麻里子「経典の注釈――談義所における学問の継承と再生産――」（『日本文学』五四（七）、二〇〇五年）。㉗渡辺麻里子「仙波に集う学僧たち――中世における武蔵国仙波談義所（無量寿寺）をめぐって――」（『中世文学』五一、二〇〇六年）。㉘寺本亮晋「九州の談義所について」（『天台学報』四九、二〇〇六年）。㉙佐藤博信「歴史手帖 常総天台談義所参詣記」（『日本歴史』七〇七、二〇〇七年）。㉚曽根原理・松本公一・大島薫「二〇〇七年度大会パネルセッション　天台宗談義所における知の形成――柏原談義所を中心に――」（『日本思想史学』四〇号、二〇〇八年）。㉛渡辺麻里子「二〇〇七年度夏季セミナー「知の伝達」個別発表　天台談義所における知の形成と伝達［含　質疑応答］」（『年報日本思想史』七、二〇〇八年）。㉜曽根原理「天台宗談義所と相伝――成菩提院貞舜の修学をめぐって――」（『中世文学』五四、二〇〇九年）。㉝渡辺麻里子「七百科條鈔」（『天台学報』五二、二〇〇九年）。㉞桜井松夫「信濃国の天台談義所とその徴証をもつ寺々――東信濃への集中と背景――」（『信濃〔第三次〕』六三・一〇、二〇一一年）

(179)　①渡辺守邦「法華経直談私類聚抄――解題と翻刻――」（『国文学研究資料館紀要』第七号、一九八一年）。②渡辺守邦「法華経直談鈔古写本集成　解説」（『法華経直談鈔古写本集成』臨川書店、一九八九年）。③近本謙介「直談の説話の位相――日光輪王寺天海蔵『直談因縁集』をめぐって――」（『山辺道』四一、一九九七年）。④廣田哲通「浄土系の直談と天台系の直談覚書（メモ）――高橋伸幸追悼――」（『伝承文学研究』四六、一九九七年）。⑤廣田哲通・阿部泰郎・田中貴子・小林直樹・近本謙介『法華直談因縁集』（和泉書院、一九九八年）。⑥廣田哲通「仏典の注釈と『直談因縁集』」（『説話文学研究』三四、一九九九年）。⑦廣田哲通「直談の説話と禅籍抄物の説話」（『駒沢大学仏教文学研究』三、二〇〇〇年）。⑧上野麻美「聖聡の談義における聖覚『四十八願釈』享受――『大経直談要註記』を中心に――」（『国語国文』七〇―九、二〇〇一年）

(180)　「直談訓読不同事」の理解についての議論は以下。渡辺麻里子「談義書（直談抄）の位相――『鷲林拾葉鈔』・

(181)『法華経直談抄』の物語をめぐって──」（『中世文学』四七、二〇〇二年）七六・八三頁

(181) ①渡辺麻里子「〈直談〉の位相：談義・観心」（『天台学報』四三、二〇〇一年）。②渡辺麻里子「談義書（直談抄）の位相──『鷲林拾葉鈔』・『法華経直談抄』の物語をめぐって──」（『中世文学』四七、二〇〇二年）。③渡辺麻里子「経典の注釈──談義所における学問の継承と再生産──」（『日本文学』五四─七、二〇〇五年）

(182) 廣田哲通『中世法華経注釈書の研究』（笠間書院、一九九三年）六四頁

(183) 小川豊生「直談考──天台口伝法門のメテオロジー──」（『国文学：解釈と鑑賞』四六巻一〇号、二〇〇一年）

(184) 大島薫「『直談』再考」（日本仏教綜合研究会『日本仏教綜合研究』三、二〇〇五年）

(185) 前掲註(184)六九～七〇頁

(186) 藤井教公「『法華経直談鈔』における「方便品」解釈の検討」（『印度哲学仏教学』二三号、二〇〇八年）

(187) 廣田哲通『天台談所で法華経を読む』（翰林書房、一九九七年）一〇頁

(188) 阿部泰郎「解説」（同編『古典文庫495　因縁抄』古典文庫、一九八八年）

(189) 小林豊生「院政期の本説と日本紀」（『仏教文学』第一六号、一九九二年）

(190) 前掲註(182)六四頁

(191) 小林直樹「無住の経文解釈と説話」（『説話文学研究』四八、二〇一三年）

第三章　制作主体の活動に関わる図像

第一節　病者・非人救済等の図像

第一項　施粥の図像

前章までに指摘したように、本作は、『法華経』に極めて忠実に描かれながら、一方、『法華経』本文にはない、注釈活動や説教に由来する説話内容を含んでいる。さらにいえば、本章に述べるように、むしろ『法華経』の内容とは矛盾するような図像も含んでいるのである。例えば、第三幅「妙法蓮華経譬喩品第三」である。画面上段に霊鷲山説法と離苦国、画面中段に有名な火宅の譬喩、下段に『法華経』や持経者を誹る者たちに対する応報が描かれている（図102）。火宅喩については前述したので、下段について記述する。

図像はほぼ経文通りである。画面中央部には、「求仏道者」「常修慈心」「恭敬諸仏」「説法無碍」「求仏舎利」の短冊墨書がある。この短冊墨書に対応する図像として、寺院と僧侶たちが描かれている。このほか、山林に独居する清らかな聖の姿もある（「独処山沢」）。これらの短冊墨書は、譬喩品のうち、『法華経』を説くべき人々についての偈からとられており、図像も経文通りである。

また、以下の悲惨な応報の図像は、逆に『法華経』を説くべき聴衆ではないものたちについての偈に対応するも

図102　第三幅「妙法蓮華経譬喩品第三」　応報と施しの国

のである。藤井教公の言葉を借りるならば、「機根の熟さないもの、不信懈怠のものたちには、この経を説いてはならない。もし説けば必ず誹謗するであろうと言い、この経を誹謗するものの罪の報いを言葉を極めて明かしている[1]」。

画面左方には、脇息にもたれた男性が縁先に座す。その家屋の前に、髪をつかまれて引きずられてゆく女が一人と首枷をつけ縛められた男が一人、炎の中に男が二人と煮えたぎる釜が描かれているのは、短冊墨書にもあるように、「入阿鼻地獄」「横羅其殃」を示すものである。画面右下の、山林と水辺に、鞭打たれる鹿毛の馬と、荷の重さに耐えかねて水に落ちる白馬とは、「加諸杖捶」「身常負重」に対応し、山中に蟠る大蛇は、「更受蟒身」に対応する。『法華経』を誹った報いにより、地獄に堕ち、畜生道に生まれることを示しているのである。

画面中央辺には、「又無一目」「矬陋攣躄」「盲聾背傴」「多病痟瘦」「水腫乾痟」「疥癩癰疽」などの文言とその図像が描かれている。『法華経』を誹った報いを受けるというのである。また、画面左下には、人に使われ、貧窮にある苦しみがあらわされている「之所悪賤」「貧窮下賤」「為人所使」の短冊墨書が付されている。画面右上邸内の、病に苦しみ、ついに亡くなってゆく人々の姿は、「順方治病」「更増他疾」「或復至死」の短冊墨書に対応する図像であろう。刀を構え炎に包まれた男性の姿には「増益瞋恚」の短冊墨書が付されている。

今日では到底許容できない表現である。こうした因果応報の思想や「業病」という言葉が、難病患者、ハンセン病患者、公害被害者をさらに疎外した歴史を我々は決して忘れてはならない[2]。しかし、本作が制作されたのは、病になるということ自体を応報とみ、病者を非人視する時代であった[3]。

細川涼一は、般若寺文殊菩薩像開眼の際の非人無遮大会において、非人を文殊菩薩にみたてて供養を行った叡尊ですら、非人を文殊の化身として聖別するのは儀式の時のみであり、逆に叡尊の行った儀式が非人の宿業観（卑賤視）を定着させるに到ったことを指摘している[4]。非人無遮大会の叡尊願文[5]には、「加之、或有受盲聾報之者、或有嬰疥癩病之者、謂彼前業、即誹謗大乗之罪」とあり、障碍や疥癬癩病などを大乗を誹謗した報いと述べたのである[6]。『法華経』譬喩品においても、「無知人中莫説此経」という。前述のように、こうした報いを受けるような人々には『法華経』を説かず、諸仏をうやまい、求道心がある人々にこそ説法せよ、という内容である。

ところが、画面中央、丁度「勧進僧浄信」の銘の真上に二人の僧侶が描かれており、「多病痟瘦」「矬陋攣躄」と短冊墨書の付された病者や障碍者たちの差し出す椀や鉢に、食や水を施している。これは、必ずしも譬喩品の内容に添う図像ではない。むしろ制作された鎌倉時代末期の仏教の動向をあらわす図像と思われる。

第二項　温室の図像

同じように、第五幅「妙法蓮華経薬草喩品第五」にも、経文には沿わない図像がある（図103）。「常行慈悲」という短冊墨書の図として、筵を身に巻いた乞食に食を施し、膿血流れる足を折り曲げた男を背負い（図104）、湯を沸かして垢をこする僧侶たちの姿が描かれる図である（図105）。

食を施す僧侶と、薪を火にくべる僧侶たちの姿は、おおまかには宋風といえる服飾である。補筆補彩も含むが、朱地に金泥の施された華麗な袈裟を着している。それに対し、裸の男の背を流す僧侶と足を折り曲げ膿血流れる男を背負った僧侶は、やや黒みを帯びた群青の衣を背に結びあげ、白い下着を見せている。背負われた男は、足を折り曲げており、足が不自由かとみられる。また、皮膚の方々から血を流しており、皮膚病とみられる。あるいはハンセン病[7]かもしれない。

慈悲深い施行が描かれているので、「常行慈悲」の図像として不思議はないかもしれない。法隆寺旧絵殿障子絵

図103　第五幅「妙法蓮華経薬草喩品第五」「常行慈悲」

図104　第五幅「妙法蓮華経薬草喩品第五」「足なえ」の男を背負う

図105　第五幅「妙法蓮華経薬草喩品第五」温室

「聖徳太子絵伝」（一〇六九年制作）の四天王寺落慶法要の描写以来、法会に施しの図像はつきものである。例えば、最も貴族的な環境で制作されたとみられる祖師絵伝「玄奘三蔵絵（法相宗祖師絵詞）」（大阪市・藤田美術館蔵）第十二巻第四段の法会の描写にも、障碍者たちへの施しが描かれている[8]（図106）。

しかし、本作において、なぜ湯施行の図像として描かれるのか。

中世寺院に湯屋はつきものである。[9]清浄光寺所蔵「一遍聖絵」（一二九九年）第三巻の蒸し風呂[10]、京都市・西本願寺蔵「慕帰絵詞」（一三五一年）第五巻第三に描かれる二基の竈は有名である。前二作ほど有名ではないが、本作の第十三幅「妙法蓮華経勧持品第十三」「妙法蓮華経安楽行品第十四」合幅の撥釣瓶と風呂についても言及されてきている。[11]

本作「安楽行品」では、湯舟に四人の人物が浸かっており、胸のあたりまで白群（明るい青）が塗られている。湯舟で顔を洗っているように見える人物や、大きな結桶から柄杓を用いて水を汲む身振りの人物も描かれており（図107）、現代の我々が温泉や公衆浴場で見る風景と同じように見える。

鎌倉時代、東大寺には、釜で湯を沸かし、その湯を樋で湯舟に送る取り湯式の湯屋があり、重源の時代に造られた釜が現存している。[12]また京都市・曼殊院蔵「是害房絵巻」には、取り湯式で一人が浸かれる湯舟が描かれている例がある[13]（図108）。さらに、鎌倉時代には、西園寺公経や後嵯峨上皇等が、湯の成分への期待をこめて有馬温泉から湯を召し寄せた記録があり、北村彰裕により分析されている。[14]また、神奈川県・極楽寺蔵「極楽寺絵図」には「薬湯室」の図と墨書が見える。[15]浸かる形式の入浴法が見られても不思議はない。

ただし、この場面の白群は補彩とみられ、湯舟の上にある箱状の器物や柱、竈の上の桶は補筆である。当初から現状のように描かれていたと考えるのは無理がある。竈の上の桶は釜であるべきだろう。また、現在のように大量

図107　第十三幅「妙法蓮華経勧持品第十三」「妙法蓮華経安楽行品第十四」合幅　安楽行品「於清浄地而施床座」「澡浴塵穢」

図106　大阪市・藤田美術館蔵「玄奘三蔵絵（法相宗祖師絵詞）」第十二巻第四段　法会の施し（『続日本絵巻大成 9』〈中央公論社、1982年〉より転載）

図108　京都市・曼殊院蔵「是害房絵巻」下巻第二段（『新修日本絵巻物全集27』〈角川書店、1978年〉より転載）

の湯に浸かっているとみるのは早計であろう。現状では朱と緑に塗られた幕が描かれた背後に蒸し風呂があった可能性もあろう。また北村の研究に指摘されるように、塩湯や五木一草[16]を加えた湯、召し寄せた温泉（当然のことながら常温になる）等の薬効を期待した冷泉である可能性もある。

さて、「妙法蓮華経安楽行品第十四」の湯屋の図像は史実との対応関係を含めて極めて興味深いが、一応「澡浴塵穢」という偈に対応するものとして解することができる。それに対して「妙法蓮華経薬草喩品第五」の図像は相当する経文がない。

しかも、ハンセン病を思わせるような姿の病者救済は、『法華経』の内容からすれば奇異である。先に見たように譬喩品には、『法華経』や持経者を誹る者たちに対する現報として「疥癩癰疽」などの皮膚病が記されるし、普賢菩薩勧発品には、「若実若不実、此人現世得白癩病[17]」と『法華経』受持者を誹る者が現報として白癩を得ることが明記されているからである。こうした施行の図は、慈悲を行う喩えと解釈されてきたが[18]、病者救済の図像が成立しうるためには、なんらかの制作事情が求められなければならないだろう。

なぜならば、貧者救済、病者救済はいつの時代においても宗教者に要請されるものであったが、本作制作と同時期である、嘉暦三年（一三二八）十月五日、東大寺においては、東大寺近傍にあった非人温室を厭って、般若寺北に移転させる決議がなされているのである。

東大寺衆議事書[19]

就嘉暦三年十月五日仰詞、同六日衆議条々

（前略）

一　寺中郷民小屋幷寺中室地等事、尤可其沙汰事候、所詮、雨（垂脱カ）落書令注進子細候者、賞罰等事、宜

為上裁候哉、

一　新在家北非人温室事、件呪師庭者、旁便宜不可然之上者、於般若寺以北、可撰便宜之地候佩、且　本願御時、被出遣寺辺之癩人於件呪師庭之処、其穢気猶依有其憚、遠被遊北山之上者、雖背旧儀候歟、古老口伝候、

（下略）

東大寺をはじめとする官僧の住する大寺院においては、病者や癩者に対する湯施行などは考えられない。従って本作のような図像を創出する可能性は考えられない。

東大寺所蔵「東大寺縁起絵」二幅は、鎌倉時代末期から南北朝時代頃の制作とみられるが、第一幅に光明皇后の癩者に対する湯施行が描かれており、「一千日無遮浴室時皇后摩癩人垢」と記された短冊墨書があるが、これは、もともと、眉間寺という佐保山御陵前の律宗寺院に伝来したものである。[20]

光明皇后の湯施行や法華寺の湯施行については、阿部泰郎や太田有希子[21]の論に詳しい。すでに建久二年（一一九一）の「建久御巡礼記」に光明皇后が手ずから癩者の垢擦りをする話譚が見いだせる。しかし、細川涼一が阿部泰郎に教示した貞和三年（一三四七）「海龍王寺八斎戒集規式[22]」に、斎戒衆は僧衆の後にしか「法華寺功徳湯」に入れず、「法華寺之番湯」（阿部は平生の湯とする）からは排除されていることが指摘されている。こうした厳しい身分秩序や穢れ意識からして、本作のこの場面には特別な意味が与えられよう。

『法華経』本文からは逸脱し、かつまた当時の社会通念からして排除されるべき人々への施物、施湯の図像があるのは、本作の制作の場が、癩者救済や湯施行を実際に行った集団に極めて近い立場にあるということを示唆するのではないだろうか。[23]恵鎮円観を中心とした北嶺の律僧たち、天台律宗・恵鎮門流においても癩者救済が行われていたことが知られている。[24]しかし、この図像に最も近い施行を行ったことが知られているのは、忍性をはじめとす

る、般若寺、極楽寺によった西大寺流律宗の僧たちである。[25]

第三項　「足なえ」の男を背負う図像

本作薬草喩品の足の不自由な男を背負う僧侶の姿は、極楽寺の忍性伝を思い起こさせる。

『元亨釈書』巻十三明戒[26]

寛元初。集二五畿癩人万余一施レ食。授二一日夜八関斎戒一。薦（ススムトナリ）二母氏之諱一也。奈良坂有二癩者一。手足繚（レウ）戻難（ナツム）二于行乞丐一。以レ故数日不レ飡之有矣。時性在二西大寺一。憐レ之暁至二坂宅一。負レ癩置二鄽市（イチクラ）一。夕負帰二旧舎一如レ此者数祀。隔レ日而往。雖二風雨寒暑一不レ欠焉。癩者臨レ亡誓曰。我必又生二此間一。為二師役一。酬二師徳一而面留（モニ）二一瘡一為レ信耳。果（ソ）性之徒（ノ）中（ニ）有下瘡（カサアル）二于顔一者上善二供給一

（読み下し）

寛元の初め、五畿の癩人万余を集め食を施しつつ、一日夜八関斎戒を授け、母氏の諱を薦むと也。さるころ奈良坂の癩者、手足繚り戻り、乞丐を行うことも難し。以てこの故に数日も飡ざることありければ、時に性西大寺に在して、これを憐み、暁に坂宅に至り、癩を負いて鄽市に置く。夕に負いて旧舎にぞ帰られける。かくの如く此者、数祀、日を隔てて、性、風雨寒暑と雖も欠かさざりければ、癩者、亡くなるに臨みて誓て曰く、我必ず又生れ、此間、師の為に役して、師の徳に酬う。而して面に一瘡を留めてそのしるしと為すのみ。果して性の徒の中に顔に瘡ある者ありて供給を善くす。

歩行困難となった奈良坂の癩者を風雨寒暑にかかわらず毎日、朝には物乞いの場である市に背負って連れてゆき、夕にはまた住まいに背負って帰ったという挿話である。[27]さらに、食や風呂を施す姿には奈良坂の北山十八間戸など

で知られる律僧たちの施行を思い起こさせる。忍性の施薬、療病もよく知られている。(28)

本作は、水墨画の技法を取り入れた絵の様式の点から、先行研究において、「一遍聖絵」との近親性が指摘されているが、病者を背負い、湯施行をするという図像は、一遍たちの行った非人癩者救済よりも、より直接的に忍性たち律僧の記憶に結びつくのではないだろうか。

第四項　法施の図像、牛馬への慈悲の図像

「妙法蓮華経分別功徳品第十七」と「妙法蓮華経随喜功徳品第十八」が同一幅に描かれている本作第十五幅（図109）にも、非人の図像とみられるものがある。

画面の下辺左側には、壁土が落ちた、極めて貧しげな家屋の内外に、やせ細った人物たちが描かれている。足指に糸を引きかけて、草鞋を作るか繕うかの身振りをする人物がいる。(29)両手で布か紙を提げる女性、炭を筵で束ねたように見えるものを手にしている男性もいる。この二人は、口を開け、目を中空にさまよわせており、正気を失っているかのように見える。サークレット様の冠をかぶるなど、服飾の点では必ずしも本朝風とはいえないが、当時の貧困の姿がかなり正確に描かれているのではないかと思われる。

短冊墨書に「瘖瘂黄疎」とある二人連れの人物は、先に立つ人物は頭巾で頭を覆い、右手に鈴のようなもの、左手に杖を持っている。続く人物は、桶や簾を巻いたように見えるものなどを背負っている。短冊墨書に「口気」とある下辺では、一人の人物が、口元を袂で覆って隣の人物の口臭を避けているようだ。『法華経』「随喜功徳品」には、聞法の功徳に、健康であり、障碍の無い身体的特徴が得られることが述べられているので、その功徳を得られなかった姿が描かれているのであろうか。(30)

図109　第十五幅「妙法蓮華経分別功徳品第十七」「妙法蓮華経随喜功徳品第十八」合幅　随喜功徳品「瘖瘂黄疎」「唇下垂」

図110　第十五幅「妙法蓮華経分別功徳品第十七」「妙法蓮華経随喜功徳品第十八」合幅　「為父母宗親善友知識」「無足二足四足多足」

一方、画面下辺右側には、法会が描かれている（図110）。屋内で椅坐し、説法する人物の傍らには「為父母宗親善友知識」とある。法会に集まった人物たちの傍らの短冊は、ほとんど読めなくなっている。画面右端下には、頭上運搬する女性あるいは少年かとみられる人物と、弓矢を負った男性が描かれており、傍らに「展転至第五十」の短冊墨書がある。頭上運搬をする人物は法会の方を指さしている。

同じ家屋の左側の廊には、階段下に跪く人物に右手をあげて指図する人物が描かれている。階下の人物の傍らには「衰老年過八十髪白面皺」とある。その左には、「陀羅尼菩薩」の短冊墨書と岩座上に片膝を立てた菩薩像が描かれている。その真下には、小さな楼閣と象車、馬、「如是布施満八十年已」の短冊墨書がある。

『法華経』「随喜功徳品」には、聞法後の五十転展の功徳を喩えるにあたって、大施主が四百万億阿僧祇という計り知れないほど多くの世界に住む衆生に、金銀、宝石、象や馬、乗り物、七宝でできた宮殿楼閣をもれなく与え、それを八十年続け、財施だけではなく、法を解き明かすという法施までも与えたとしても、百千万億倍も遠く及ばないという文言がある。これらの図像は、この法施を示すものであろう。

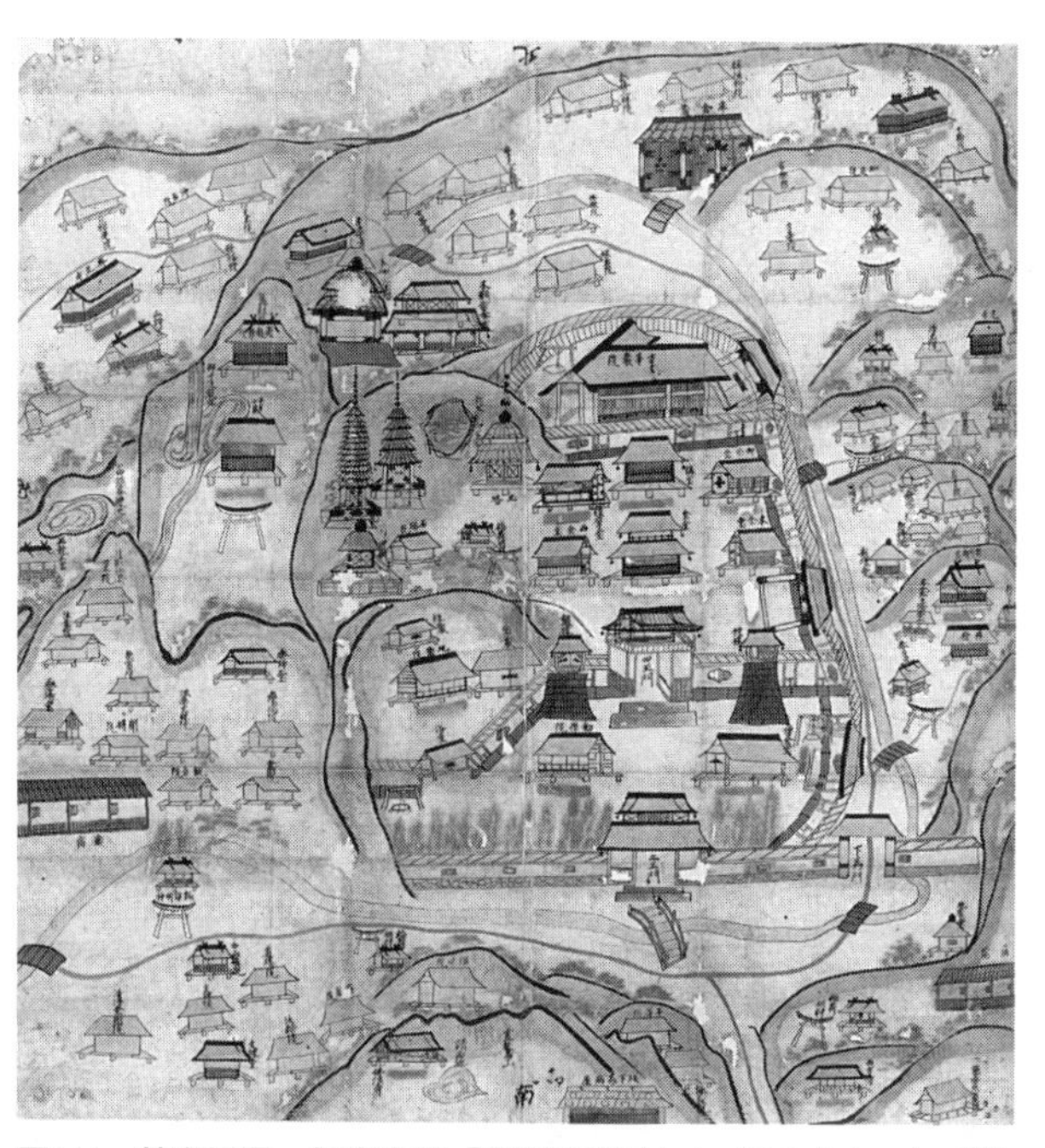

図111　神奈川県・極楽寺蔵「極楽寺絵図」（二幅のうち一）（『鎌倉国宝館図録15　鎌倉の古絵図Ⅰ』〈鎌倉国宝館、1968年：再版1992年〉より転載）

家屋の下には、「無足二足四足多足」の短冊墨書とともに、鶏、鶉（あるいは鴨か）、山羊、馬、牛、犬に餌をやる図像がある。手に鷹をとまらせている図像もある。岩陰には蛇もいる。これらは、畜生道に堕ちる悲惨をあらわすというよりは、畜生に対する慈悲を示すものである。

西明寺三重塔初層内部壁画北面東側[31]の随喜功徳品の場面にも、馬、鷺、水鳥が描かれているから、その図像的伝統を受け継ぐものではあるが、本作ははるかに動物の種類が多い。叡尊、忍性らが行った興法利性活動――非人救済[32]や牛馬への慈悲という観点からも注目してよい図だろう。文永九年（一二七二）五十六歳の忍性は、「性公大徳譜」によれば「十種誓願」をたてた。その第六には「孤独、貧窮、乞食人、病者や牛馬の路頭に捨てられたものにも、憐れみをかけることとする」という。

『忍性菩薩十種大願』[33]（仁和寺蔵）

六、孤独、貧窮、乞人、病者、盲目、腰居等置牛馬等（并歟（ママ））、捨置路頭之類、随力憐愍之。

「性公大徳譜」には、永仁六年（一二九八）、忍性八十二歳の折りに、実際に、馬の病院である坂下馬病屋を建立しているといい[34]、江戸時代に盛時の極楽寺を描いた神奈川県・極楽寺蔵「極楽寺絵図」中、門外に坂下馬病屋が見える[35]（図111）。本作には、これらの活動と通じる図像が見られる。

第五項　高原鑿水の図像

本作第十幅「妙法蓮華経法師品第十」下段左には、高原鑿水の譬喩が極めて具体的な井戸掘りの様子として描かれている（図112）。真実にいたる道の遠さを、高原で水を求めて土を掘るのと同じとする譬喩はイメージを喚起しやすく、数多くの見返絵に描かれている。梶谷亮治の指摘によれば、高原鑿水の譬喩は、南宋から元頃の法華経見返絵になく、日本の法華経絵においては、平安後期以来、法師品の見返絵として定型化する図像であるという[36]。ただ、アメリカ・クリーブランド美術館とニューヨーク・パブリック・ライブラリーのスペンサー・コレクションに各一巻が蔵される「紺紙金字法華経巻一」には高原鑿水喩の図像がある。この作については、須藤弘敏は、北宋の神宗皇帝が入宋中の成尋を介して延久五年（一〇七三）白河天皇に贈った祖本を鎌倉時代に転写したものとしてい

図112　第十幅「妙法蓮華経法師功徳品第十」「渇乏須水」（高原鑿水）

る。[37]

クリーブランド蔵本やあまたの見返絵においては二人の男性が鋤や鍬のようなもので土をただ掘っているだけであるのに対し、本作では、柄のついたへらのようなもので井戸の周囲を突き固め、坑内に人が入り、二人がかりで泥水をたぐり上げるという、詳細な井戸掘りが描かれている。この図像も、忍性ら律僧たちが、港湾整備や架橋、井戸や池の開削に必要な土木技術をもった集団と密接なつながりをもっていたこととの関連において、関心を呼ぶ図像といえよう。

前掲の忍性「十種誓願」第七には、「嶮難に道を造り、水路に橋を亘す。水なきところには井を掘り、山野に薬草樹木等を殖う。是則ち無遮平等之善根、諸経多く羅し勧むの功徳大故」という。

『忍性菩薩十種大願』[38]（仁和寺蔵）

七、嶮難造道、水路亘橋。无水所掘井、山野殖薬草樹木等。是則無遮平等之善根、諸経多羅勧之功徳大故

第二節　変成男子の図像

第一項　本作の図像

女性の信心は、鎌倉時代の仏教各宗派にとって重要な問題であった。ことに、各宗派が女人成仏やそれに関連し

て女性の出家にどう対応したのかは、女性の信仰に大きな影響を与えた(39)。

第十二幅「妙法蓮華経提婆達多品第十二」（図113）の龍女成仏の場面に、極めて具体的な女人成仏の図像があることも注目される。まず、経典見返絵にも頻出する、龍女が宝珠を捧げる図像と、龍女が講説する図像についてみよう。

画面左下には「文殊師利」の講説する『法華経』を聞く「龍女」のいる「娑竭羅龍宮」が描かれる。この場面では、魚、貝、烏賊、蛸、蟹等までもが文殊師利の講説を聴聞している（図114）。

次いで「従海涌出」（図115）し、説法の場に出現して、如来に宝珠を捧げるところが描かれている。宝珠は火焔宝珠で、火焔が上に向かって細長く伸びている（図116）。そして、女性たちが見上げる先には、龍女が肌の色を褐色に変じて光を放つ「変成男子」の図があり（図117）、その左上に「無垢世界」が描かれている（図118）。

龍女が宝珠を捧げ持つ図像と、龍女が講説する図像については、院政期以来の先行作例が存している。

談山神社蔵「紺紙金銀泥法華経宝塔曼荼羅図」第五幅には、宝珠献納の場面がなく、龍女が講説する場面だけがある(40)。立本寺蔵「紺紙金銀泥法華経宝塔曼荼羅図」第五幅は、龍如が宝珠を釈迦に献納する場面と南方無垢世界における講説の両方が描かれている(41)。立本寺所蔵本において、宝珠が釈迦に捧げられていると断じることができるのは、多宝塔内に、釈迦如来と多宝如来とが並坐するからである。

『法華経』においては、「見宝塔品第十一」において多宝如来が出現して以降、嘱累品にいたって霊鷲山にもどるまで、説法の会座は虚空であり、塔内に二仏並坐であらわされる。ただし、見返絵の場合、画面が狭小であるために二仏並坐ではなく、一仏であらわされることが多い。そのため図像解釈が困難な場合がある。保延六年（一一四〇）制作の個人蔵「金字法華経巻第五（基衡経）見返絵(42)」のように、二仏並坐でない場合にも龍女の宝珠献納以外

図113　第十二幅「妙法蓮華経提婆達多品第十二」場面分け図

図115　第十二幅「妙法蓮華経提婆達多品第十二」「従海涌出」

図114　第十二幅「妙法蓮華経提婆達多品第十二」「娑竭羅龍宮」 魚介の聴聞

図117　第十二幅「妙法蓮華経提婆達多品第十二」「変成男子」

図116　第十二幅「妙法蓮華経提婆達多品第十二」「我献宝珠」

図118　第十二幅「妙法蓮華経提婆達多品第十二」「無垢世界」「無量衆生」

図119　広島県・厳島神社蔵「平家納経　提婆達多品見返絵」（奈良国立博物館編『厳島神社国宝展』〈読売新聞大阪本社、2005年〉より転載）

図120　静岡県・本興寺蔵「法華経曼荼羅図」第三幅（奈良国立博物館編『仏教説話の美術』〈思文閣出版、1996年〉より転載）

の解釈はありえない場合もあるが、平清盛が、長寛二年（一一六四）に厳島神社に奉納した、広島県・厳島神社蔵「平家納経提婆達多品見返絵」（図119）の図像には諸説がある。宝珠を捧げ持つ龍女が描かれていることは確かであるが、釈迦に捧げている場面かどうかについては解釈が分かれる。

　同図像については、釈迦に宝珠を捧げる場面として解説される場合が多いが[43]、成原有貴は、「平家納経」全体のプログラムの意図に女人往生を強調する意図を読み取り、龍女が宝珠を捧げる場面と、龍女が男子に変成し無垢世界で講説する場面の異時同図とする[44]。橋村愛子もまた、全体プログラムの女人往生強調の意図については保留するが、同図の蓮弁の向きが舞い落ちるのではなく、真下から吹き上げられているように描かれているとみて、成原有貴と同じく、異時同図法で描かれた二場面と解釈する。[45] 確かに、菩薩たちは楼閣を背景にした如来を一心に恭礼しており、龍女の宝珠に関心を向けない。

「平家納経　提婆達多品見返絵」に関しては断定はできない。ただ、本作より後に制作された、建武三年（一三三六）の静岡県・本興寺蔵「法華経曼荼羅図」第三幅にも、宝珠献納と男子変成後の龍女講説が描かれている（図120）。そのことからみても、院政期から鎌倉時代末期にかけて、宝珠献納と龍女講説の両場面が描かれる伝統はあったといえるだろう。ただ、龍女が男子に変成するという具体的な図像については、滋賀県・西明寺の三重塔（国宝）初層内部壁画[46]に描かれた可能性がある以外、類例を知らない。

『法華経』提婆達多品における、女性が男性に変身するという内容が、あまりにも露骨なものであり、図像化しにくかったのではないかという指摘[47]もある。しかし、逆に、図像化されてこなかった変成男子の図像が登場することの背景には、女性が成仏するためには、男性の身体に変身することが必要であるという、強力な思想的裏付けがあったはずである。

第二項　古代における変成男子思想――『宝星陀羅尼経』――

『法華経』は、一切衆生の成仏を説く。特に、提婆達多品巻十二に説かれる、八歳の龍女の成仏は、一切衆生の成仏の証とされている。人間ならざる畜生で、しかも女という罪深い存在、さらにまた幼稚であるという劣った者ですら、成仏できるというのである。[48]

しかし、同じ提婆達多品には、「女身垢穢、非是法器[49]」あるいは「又女人身、猶有五障[50]」という文言が見られ、龍女は男性に変身する（「変成男子」）[51]ことによって、成仏できたと説かれている。逆にいえば、女性は穢れ、五障があり、女身のままでは成仏できないと記述されてきたのである。

だが、これらの経説は、本作成立にいたる前史において、どのように受容されていたのであろうか。以下に主に勝浦令子[52]の所論に基づき、確認しておく。

よく知られるように、天平十三年（七四一）、国分寺建立の詔によって、国分僧寺の正式名称が「金光明四天王護国之寺」、国文尼寺のそれが「法華滅罪之寺」とされた。[53]この名称の根拠は、『金光明最勝王経』と『法華経』にあるとされ、特に尼寺と『法華経』の結びつきについては、『法華経』に説かれる女人成仏を根拠とするのが通説である。つまり、『法華経』の功徳による滅罪の対象は女性であるから、尼寺に「法華滅罪之寺」の名が冠されたという理解である。例えば、濱田隆は「法華経は女人成仏を説く教典であることから尼寺に置かれることになったものであろう。法華滅罪という名称の中に法華経にこめられた期待の一端がうかがえる」とする。[54]

それでは、奈良時代から一貫して、このような理解にあったのだろうか。

実は、女人成仏を説く提婆達多品は、独立の一品として作成された後、『法華経』宝塔品の後尾に包摂、あるいは次章として編入されたものであり、鳩摩羅什が訳出した際の原本は、提婆達多品と観音品偈頌を欠く七巻二十七品であるという。八巻二十八品として整備されたのは、智顗による天台教学を経た中唐頃であるという。[55]本朝での、『法華経』書写の初出は、『続日本紀』神亀三年（七二六）八月八日条であるが巻数は記されていない。梶谷亮治は、『正倉院文書』神亀四年「写経料紙帳」に下充された麻紙百六十張という数量は八巻本であった可能性が高く、天平頃には明らかに八巻本書写が定着していると指摘する。[56]

しかも、曾根正人[57]によれば、奈良時代の日本仏教に影響を与えた中国六朝から隋唐の仏教で、学匠たちが『法華経』解釈において重視したのは、寿量品と方便品であり、次いで安楽行品と観音品であった。奈良時代の写経例にも、同じ傾向が見いだせ、また、『日本霊異記』に提婆達多品への注目はない。奈良時代に提婆達多品を女人滅罪の依拠経典として重視する信仰は未成立であるという。曾根によれば、尼寺が「法華滅罪之寺」とされたのは、当時の教学や信仰とは別の理由である。『続日本紀』天平六年（七三四）十一月戊寅（二十一日）条太政官奏に、『金光明最勝王経』と『法華経』を国家仏教必須としたことを背景に、新たに創設される国分寺体制にこの二経を組み込むという現実的な要請があった。ただし、曾根は、尼寺に「法華滅罪之寺」の名称が採用されたのは、提婆達多品を女人の滅罪に結びつけて理解した光明子の個人的な意向であるとする。

これに対し、勝浦令子は、曾根の論を評価しつつ、その論に見る矛盾を「法華滅罪之寺と洛陽安国寺法華道場」論において指摘した。[58]つまり提婆達多品が学匠に重視されていなかったことを論証したにもかかわらず、「女人たる光明子個人が（周囲の僧の示唆があったのかもしれないが）法華経中で女人滅罪成仏を説く提婆品に注目し、尼寺と法華経を結び[59]（つけた）」と結論づけたことの矛盾を批判した。

そして勝浦は、尼寺に「法華滅罪之寺」の名称を割り当てたのは、提婆達多品の内容によるのではなく、尼寺である洛陽・安国寺が、勅置法華道場の濫觴であり、そこで行われた法華三昧行法の情報が当時の宮廷に影響を与えたことを明らかにした。法華懺法行法の日本への伝来は、鑑真の天平勝宝六年（七五四）の来日、[60]最澄、円仁の将来を待たねばならないものの、行法の依拠経典である『観普賢菩薩行法経』が天平九年（七三七）四月六日に『正倉院文書』中に見えることを論証した。[62]

[61]

さらに、勝浦は、『宝星陀羅尼経[63]』間写[64]の分析を通じて、光明子と孝謙・称徳天皇という王権の中枢にいる女性が、「方便の女身」菩薩説、転女身説に関心を寄せていたことを明らかにした。[65]『宝星陀羅尼経』は、太宗の勅命により、貞観三年（六二九）三月から四年四月にかけて、波羅頗蜜多羅が大興善寺において訳出したものである[66]。内容的には「『大集経』の第九宝幢分の異訳別行本で容量は約二倍あり、従って多少の増幅はあるが、品数は共に十三品である」[67]。勝浦は、権力の中枢にいる人物にとって、『宝星陀羅尼経』が国土護持の功徳を得ることのできる陀羅尼であったことが重要であったことを指摘している。その一方、女身が衆生を救済する上で重要な役割を果たしていることを肯定的に説くこと、また岩本裕が本経の陀羅尼について「明らかに女性を変えて男たらしめる呪文」[68]と述べていることをふまえて、男性に身を転じる呪文としての効用も期待されていたことも指摘した。

ただ、勝浦によれば、この当時の本経に対する関心は、自身の女性性を否定的に受け取る必要のない女性だけが抱いたものであった。光明子は権力の中枢におり、女性差別を深刻に受け止める地位ではない。前例の全くない女性皇太子であった孝謙・称徳天皇は女性であることの意味を考え続けたかもしれないが、そのために、むしろ女身を超越した男装[69]の天皇、出家者としての天皇として、立場を全うすることに全力を傾けた。いわゆる「変成男子」説に関心を寄せたのも、女身の正当性や性別を超越した存在に対する関心であったという。つまり、勝浦は、「『日本霊異記』を初見として、その後に多く展開された、道鏡との関係を詮索され愛欲から超越できない悪女として描かれた称徳天皇像[70]」を否定し、仏法を軸として権力の掌握をはかった天皇像を描き出したのである。

さらに、勝浦は、宮廷に出入りする安定尼が、天平十五年（七四三）に、『無垢賢女経』『腹中女聴経』『転女身経』[71]等を、東大寺の学僧・明一（七二八〜七九八）が、天平勝宝五年（七五三）頃『無垢賢女経[72]』を、天平宝字六年（七六二）に『海龍王経[73]』の特別請求を行っていることも明らかにしている。

第三項　『転女身経』

安定尼と明一が関心を寄せた『転女身経（仏説転女身経）』[74]は一切経に含まれており、女人成仏の経典として名高いものである。だが、内容は以下のようなもので、必ずしも女性の罪業観や女性の即身成仏否定に関係する内容ではない。

釈迦が耆闍掘山において説法中、須達多の妻・浄日の胎内にあった女児が合掌して聴聞していた。阿那律が、まず天眼をもって気づき、釈迦は神力でもって会衆にもそれを見せ、さらに、母の右脇より化生させた。この女児は舎利弗に名を問われ、「一切諸法本無名字。雖随分別而立名字」[75]と答えた。釈迦は、この女児が虚空で瓔珞を身につけ、大光明を放ったことによって「無垢光」と呼ぶ。舎利弗は、この女児と論争し、論破される。次いで、この女児が釈迦に、何の善行を修すれば、女身を離れて速やかに男子となり、無上菩提の心を発するかを問う。釈迦は十法の行を説く。その後、女児は釈迦の前で男子に変わる。

女児が、女身であることについて問われて、「一切諸法皆悉如化」[76]と論破する部分は、あたかも空を説く維摩のようである。釈迦の神威によるものであるが、女児そのものの弁才の力にもよるという。[77]『転女身経』には、胎内の子どもを男子に変成する内容があることから、男女産み分けへの関心から書写される可能性があるかもしれない。[78]ただし、女児が男子に変わる際の文言は以下のように「一切諸法無男無女」とあり、小乗的差別を一蹴するものである。

『転女身経』[79]

爾時無垢光女。前礼仏足而作是言。一切諸法無男無女。此言若実。令我女身化成男子。発此言時。三千大千世界六種震動。無垢光女女形即滅。変化成就相好荘厳男子之身。

（読み下し）

爾の時、無垢光女、前に仏足を礼して是を言う。「一切諸法、男無し女無し。此の言若し実なれば、我、女身をして、男子に化成せしむ。」此言を発するの時、三千大千世界六種震動し、無垢光女、女の形即ち滅す。相好荘厳の男子之身に変化成就す。

『無垢賢女経（仏説無垢賢女経）』もほぼ同じ内容であるが、そこにもまた「女復報言。於大乗法無男無女(80)」と、大乗法において男女の区別はない、と記されている。本来的には、法華一乗の思想からすれば、男女の区別も超克すべき差別である。また、稲城正己が指摘するように、「大乗の菩薩（竜女や無垢光女）が、聴衆の眼前で変成男子や女人成仏をしてみせるのは、あらゆる差異が幻影（「空」）に過ぎないことを教えるためであって、女性が成仏できることを実証するためではない(81)」。『転女身経』の内容は、女性は罪深いものとする思想とは関わりがない。また女性の成仏に「変成男子」が必要であるとする思想でもない。

勝浦は、これらの経典が、奈良時代における王権の中枢において、超越性への関心から受容されていたこと、ただしそれは一般的には流布せず、称徳天皇の死後、宮廷尼や女性の仏教活動の役割が急速に衰えた中で断絶したと指摘している(82)。

第四項　平安時代における『転女成仏経』写経と女人不成仏

しかし、九世紀後半以降、貴族たちの著す文章において、女人不成仏の文言と、儒教に根ざす三従の記述とが増加することが指摘されている。小原仁は、元慶七年（八八三）の「為式部大輔藤原朝臣室家命婦逆修功徳願文」

（『菅家文章』所収）に提婆達多品に基づく「道之三塗、身之五障、誠可哀」[83]の文言があることを、女人差別的文言の最初期の例としてあげる。[84]また、その翌年元慶八年（八八四）の「為藤大夫先妣周忌追福願文」[85]に『転女成仏経』が見られることを指摘する。[86]これらの文言を見る限り、九世紀後半以降、女性差別は進行したと考えがちであるが、小原仁は以下のように言う。[87]

女人差別的文言や経典に言及する事例の多くは単なる文章上の常套句として用いられているに過ぎなかったという事実である。そのような文言を書き残した人々の社会的特性やその時の状況などを勘案するのならば、女人差別的文言をそのまま社会的実態の反映と受け取るのはあまりにも正直に過ぎむしろ誤解というべきである。

小原仁のほか、西口順子[88]、平雅行[89]、野村育世[90]、工藤美和子[91]らが明らかにしたように、女性差別的文言は儒教に由来する文学的修辞にすぎず、言説は必ずしも字義通りには受け止められてはいなかった。[92]前項に見たように、奈良時代において、女人罪業観は認められない。笠原一男は『女人往生思想の系譜』[93]において、古代においては女性が仏教から排除されていたが、鎌倉「新」仏教の開祖たちが初めて女人成仏論を打ち出して女人救済に乗り出したとし、女性と仏教の関わりについて大きな影響を与えていたが、現在ではこれらの研究により、批判されている。[94]むしろ、古代の仏教においては特に男女が問題とされず、女性も官尼として国家祈禱に関わっており、時代の下降とともに、女性が被救済者としてのみ位置づけられてゆくことが明らかになりつつある。

第五項　『転女身経』と『転女成仏経』の混同

しかも、西口順子によれば、平安時代に『法華経』書写に付属する形でおびただしく書写された『転女成仏経』は、『転女身経（仏説転女身経）』とは全く別物であり、「変成男子」の思想を説くものではない。[95]詳しくは西口の所

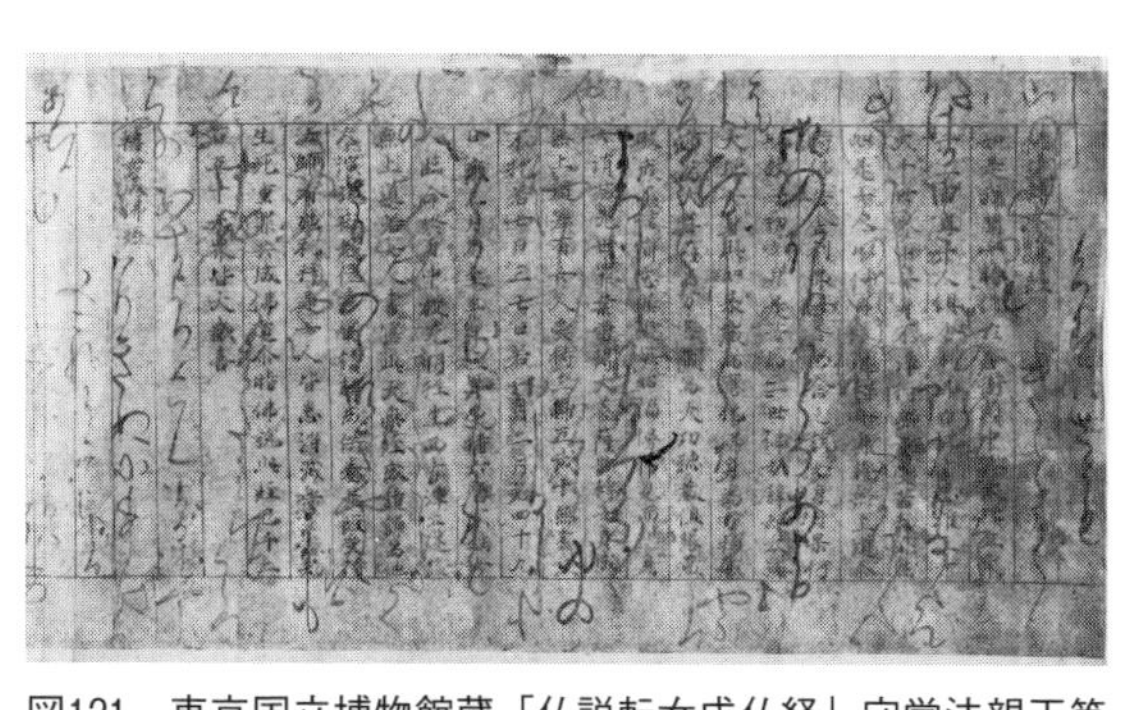

図121　東京国立博物館蔵「仏説転女成仏経」守覚法親王筆
(Image：TNM Image Archives)

論を参照されたいが、以下に本作との関わりを考察するために筆者の理解を述べる。

西口は、この点について、一九二三年、大屋徳城が『寧楽刊経史』[96]にこの二つを混同して以来、研究史においても著しく混乱が見られることを指摘している。また、『転女成仏経』は、日本で作成された偽経である可能性が高い。笠沙雅章は、「汝思念之説」「或供養是経受持法師」等の文言が日本的文体である、と指摘している[97]。

以下に、東京国立博物館蔵「仏説転女成仏経」(図121)の全文を、西口の釈文によって掲出する。東京大学史料編纂所蔵本(原本鎌倉時代中期書写。朝吹本と略す)との異同は、傍線によって示し、字末に括弧で示している。点線部は朝吹本では次行となっている。

仏説転女成仏経

如是我聞、一時仏在舎衛国中与大比丘衆
千二百五十人倶、舎利弗白仏言思惟三千(朝吹本　補入符アリ)
大千世界女(朝吹本「人」)身、不浄業無(朝吹本「无」)量受苦劫亦然
如是女人、以何因縁速転女身証無(朝吹本「无」)上道、尓
時仏告舎利弗、汝善思念之説女身因果、何
以故一切女身、是皆為三世仏母、辟如大海
大地女身此如来蔵、為応化仏身、為万物蔵
亦為大菩薩(朝吹本「蔵」アリ)、為万善蔵、為大功徳蔵、但縁蔵(朝吹本ナシ)
破戒不信懈怠瞋痴嫉妬驕慢邪(朝吹本「如悩邪慢」)見而得身(朝吹本ナ

シ）
女（朝吹本「身」アリ）、消滅先世罪業、当得大菩薩果転女身成
無（朝吹本「无」）上道、若有女人受持三帰五戒、十無（朝吹本「无」）尽戒
不犯若七日三十七日、若一月二月（朝吹本「一月」）、若四十九（朝吹本「四十」）
日、或三月乃至半年三年、受持六暦、不婬女
人、臨命終、身中放光明、往生西方浄土、速証
無（朝吹本「无」）上道、若女人書写此大乗経、或読誦、為他
人演説、或教他書写読誦、或供養是経受持
法師布施礼拝、是女人皆悉消滅無（朝吹本「无」）量億劫
生死重罪、共成仏道、尓時仏説此経已、千二
百五十大衆皆大歓喜、

転女成仏経

（読み下し）＊東京国立博物館蔵本本文のみ。校異は示さない。

如是我聞、一時仏、舎衛国中に大比丘衆と在り。千二百五十人倶す。舎利弗白く、仏言、思惟すらく三千大千世界の女身、不浄にして、業は無量、苦受くこと劫亦然り。是のごとき女人は、何の因縁をもってか、速やかに女身を転じて無上道を証する。この時、仏、舎利弗に告げて、汝、よくこれを思念し、女身の因果を説くや、何の故をもって一切の女身、是れ皆な三世の仏母と為す、辟うれば、大海大地の如し。女身は、此、如来蔵、化に応じて仏身を為す、万物を蔵すと為す。亦た大菩薩と為し、万善蔵と為し、大功徳蔵と為す、但し縁蔵破

戒不信懈怠瞋痴嫉妬驕慢邪見にして女の身を得るは、先世の罪業を消滅し、当に大菩薩果を得て女身を転じ、無上道を成す、若し女人、三帰五戒を受持することあらば、十無尽戒、不犯若し七日三十七日、若し一月二月、若し四十九日、或は三月ないし半年三年、受持六暦、不淫の女人、命終わるに臨み、身中より光明を放ち、西方浄土に往生す、速やかに無上道を証す。若し、女人此の大乗経を書写し、或は読誦し、他人に演説をなし、或いは他に書写読誦を教え、或は是の経を供養受持し、法師に布施礼拝すれば、是れ女人皆悉、無量億劫の生死重罪を消滅し、共に仏道を成ず。この時、仏、此の経を説きおわりぬ。千二百五十大衆皆な大歓喜す。

東京国立博物館蔵「仏説転女成仏経」は「変成男子」の文言を含まない。男性に変身することを成仏の必要条件として強調せず、むしろ、「一切女身、是皆為三世仏母」の文言を含み、母性を強調することによって、女人の成仏を保証しようとする内容をもつ。経文の内容を見る限り、女性の罪業や変成男子の思想を説くものではない。

西口は、また、選子内親王（九六四～一〇三五）が寛弘九年（一〇一二）に撰した『発心和歌集』十八「転女成仏経」に「消滅先罪業当得大菩薩果転女身成無上道」とあることを指摘する。東京国立博物館蔵「仏説転女成仏経」と文言が一致することから、それ以前に内容が成立していたと考察した。

さらに、『江都督納言願文集』応徳二年（一〇八五）八月二十四日「弟子某逆修」に「転女成仏経者、以婦人之身、称諸仏母」の言が見られるという。女性を諸仏の母と称える内容は、『転女身経』ではなく『転女成仏経』にこそふさわしいであろう。『江都督納言願文集』については、工藤美和子の分析があり、「五障」の理解には歴史的な変遷があることも指摘されている。(98)

個別の文献が、一切経の『転女身経』にあたるのか、偽経の可能性の高い『転女成仏経』であるのか、については慎重に検討する必要があろうが、『転女成仏経』がおびただしく書写された理由は、むしろ女性の即身成仏を積極的に保証するものであったからとみるべきではないだろうか。

西口は、『玉葉』にみえる安居院澄憲の説法の文言にも関わる可能性があることも指摘している。(99)

『玉葉』寿永元年（一一八二）十一月二十八日条(100)

廿八日、乙未、雨下、寅刻懺法了、書始之、余・大将已下、旧臣之男女陪従等廿余人、手自書之、書手皆三日潔斎、読懺法、各於家読之也、申刻書了、酉刻、導師参上、澄賢、僧都即時始、説法優美、衆人拭涙、於澄憲可謂得日、誠珍重也、此中釈云、一切女人ハ三世諸仏真実之母也、一切男子ハ非諸仏真実之父、故何者、仏出世之時、必仮宿胎内、縦為権化胎生之条無論、於父者無陰陽和合之儀、身体髪膚不□(受イ)其父、仍無父子之□(道理イ)之故也、仍之言之、□(女者勝イ)男者歟云々、□(此事尤可イ)謂□(珍事、有興云々イ)、

澄憲の説法に、『転女成仏経』の「一切女身是皆為三世仏母」に由来するとみられる「一切女人ハ三世諸仏真実之母也」が使われていることがわかる。九条兼実は、澄憲の説法について「優美」と称賛している。そして国書刊行会本では「珍事有レ興之言」と記している。「一切女人ハ三世諸仏真実之母也」の文言が聞き慣れないものであったというべきなのであろうか。それとも「一切男子ハ非二諸仏真実之父一」「女者勝レ男者歟」などに飛躍した論理を感じたものだろうか。筆者は後者であると考える。そして、九条兼実は、この飛躍するレトリックを必ずしも否定的に受け取っているとは思えない。例えば『玉葉』中の評価語を詳細に分析した藤原重雄が、「珍重」という言に対して「〈めったにない〉に重心を置くか、〈めでたい、すばらしい、結構なこと〉といったプラスの評価とするか、用法や解釈には幅がある。注意しておきたいのは、〈皮肉〉などではなく積極的にマイナスに評価する用例は存在せず、おおよそがプラス評価で用いられていることである」と指摘している。(101)『転女成仏経』の文言は当時の実感とは齟齬しないものであったといえよう。

第六項　龍女成仏の図像

前項までに、文献から貴族たちの女人成仏観をみたが、この点について、成原有貴が、「平家納経　薬王菩薩本事品見返絵」（図122）の分析を通じて、同様の指摘している。[102] 画面においては、髪先だけを削いだ尼削ぎ姿の女性出家者に向けて、如来から金色の光が三条さしている。女性の持つ経巻には、細字で、薬王菩薩本事品の一節が書かれている。その内容は以下である。

若有人聞是薬王菩薩本事品者。亦得無量無辺功徳。若有女人聞是薬王菩薩本事品。能受持者。尽是女身後不復受

図122　広島県・厳島神社蔵「平家納経　薬王菩薩本事品見返絵」「もし」「コノ」「アリテ」「此」「命終」「安楽せかい」「生」（奈良国立博物館編『厳島神社国宝展』〈読売新聞大阪本社、2005年〉より転載）

成仏の後には、女性の身を受けることはない――つまり男性に変じることが記されている。しかし、女性周辺には「もし」「コノ」「アリテ」「此」「命終」という文字が書かれている。如来の前には「安楽せかい」、蓮の上には「生」という文字が読める。細字で書かれた経文には男性に生まれ変わることが書かれているが、図像の上では、この女性の命が終わる時、長い髪の女性の姿のまま、如来からの光を浴び、蓮台の上に生まれ変わること、安楽世界に生まれ変わることが、明示的にあらわされている。[103]

書記された変成男子の思想は、必ずしも当時の人々の実感をあらわすものではなかったようである。言い換えれば、院政期末期においても、変成男子の思想は必ずしも内面化されてはいない。

鎌倉時代末期制作の本作第六幅においても、金色女の説話が大きく描かれているように、女性檀越の獲得は寺院経営において極めて重要である。男性に変身することが成仏のために最重要であると説くことが優先されていたとは、必ずしもいえないだろう。「平家納経　薬王菩薩本事品見返絵」の、女人の姿のまま成仏する図像と画中細字の文言とがもつ矛盾は、揺れ動く女人成仏の思想を示すようにも思われる。

第七項　惣持開板『転女身経』

一方、金沢文庫蔵『言泉集』(104)には転女身への言及がある。

転女身利益（八ウ）

同儀軌云若有二一切女人一欲レ厭二女身一成二男子身一誦二持此真言一者必転二女身一得二男身一云々

この真言が何であるかは判断できないが、女性から男性への変身が関心事として浮上している。また、鎌倉時代には女人成仏に関連する以下のような言説が天台論議義科（義門科目）(105)に見られる。

『論草』（廬談　即身成仏義六　龍女分極）

一　変成男子事

尋云難云。龍女作仏法華中微事。六趣之中畜趣。男女之中女身。長幼之中幼稚矣不改畜趣之身。不改幼稚之形唱速疾成道。豈一経化導勝意也。改女身成男身成仏只是男子成仏也。非女成仏現証耶。

「龍女が男性に変じて成仏するのであれば、それは男性の成仏であって、畜生であり女身で幼稚の身である龍女が成仏した証拠とはいえない」という議論である。石井公成の教示によれば、この議論は、法華一乗思想の称揚のためにあえて劣る議論を述べてそれを論破するという構造をもつ問答——論難——の一部である。(106)つまり、変成男子を女性の成仏の必要条件とする論や男性以外は成仏できないと断じる論を、否定することを目的としてあえて持ち出しているのである。しかし、鎌倉時代末期に、女性が成仏することと男性の肉体をもつことを関連づける言説がありがちな議論として認識されていたことは確かである。

そして、むしろ本来的には法華一乗思想において否定されるべき言説が、叡尊の俗甥であり、門弟でもあった日浄房惣持[107]が、康元元年（一二五六）に開板した『転女身経』に見られることは注目される[108]。惣持は、建長三年（一二五一）『四分律注比丘尼戒本』（金沢文庫所蔵）を撰述[109]してもおり、「西大寺流律宗における女人教化における中心的人物でもあった[110]」。中宮寺再興に関する夢告でも知られている[111]。

『転女身経』奥書[112]

夫転女身経者大乗了義之真詮女人解脱之指南也恨矣我国于時未弘蓋尼女業重之使之然爾上負大師釈尊之深慈下失蘊結伝訳之芳懐依此且為報聖賢之鴻恩且為済女人之重業勧法華寺尼并有縁之女衆敬開印板冀永流通深望尼女競当受持矣若依此経修十法行当以深心此文焉（出金光明経）悉願女人変為男勇健聡明多智慧一切常行菩薩道勤修六度到彼岸

康元元年丙辰十二月五日勧縁比丘惣持題

（読み下し[113]）

それ転女身経は、大乗了義の真詮、女人解脱の指南なり。我が国、時いまだ蓋し尼女の業重の使の弘まらざるを恨む。しかるに、上、大師釈尊の深慈を負い、下、蘊結伝訳の芳懐を失う。これによって且つは聖賢の鴻恩に報いんがため、且つは女人の重業を済けんがため、法華寺の尼、ならびに有縁の女衆に勧め、つつしみて印板を開く。こいねがわくば、永く流通し、尼女深望し、競いて受持に当たらんことを。もしこの経によって十法の行を修し、深心をもってこの文に当たれ金光明経に出でたり。悉く願わくば女人変じて男となさんことを。勇健聡明にして智慧多し。一切の常行は菩薩道なり。勤修六度にして彼岸に到る。

康元元年丙辰十二月五日勧縁比丘惣持題す。

ここには、「願わくば女人変じて男となさんことを」の文言があり、男性に変身することが成仏の必要条件として明記されている。筆者は、このような思想的背景が、変成男子の図像を生み出したのではないかと推測する。叡尊をはじめとする西大寺流律宗が、組織として女人救済に努めていたことは、松尾剛次が紹介した比丘尼に対する伝法灌頂等の史料から明らかである。(114) さらに「転男成女」の寓話が存在することから、女性が女性のままに成仏するということを認めたと考える蓑輪顕量の論もある。(115)『招提千歳伝記巻中之三』尼女篇の「転男教円伝」は以下のようなものである。

『招提千歳伝記巻中之三』(116)

釈尼教円者、未レ知二何許人一也。一旦撥二大心一。進二大比丘戒一也。寛元年中。大慈悲祖師行二布薩一時。天人来下。円対話之。天人曰。比丘僧既雖レ備之、未レ有二比丘尼一、先以レ汝為レ尼。言畢即隠。円忽転レ男成レ女。従レ是帰二古郷一、勧二其姉某一令レ為二出家一。従レ是我国七衆亦備矣。事具記二于大悲之伝一。

凝戒律師所撰表無表撰衆抄云。円以レ男転レ女。三七日之後亦転レ女成レ男也。取意。

（読み下し）

釈尼教円は、何れ許の人と知らず也。一旦、大心を撥し、大比丘戒に進むなり。寛元年中大慈悲祖師布薩を行うの時、天人来下す。円、これと対話す。天人の曰く、比丘僧既にこれを備うといえども、いまだ比丘尼あらず。先ず汝をもって尼と為すと。言畢りて即ち隠る。円忽ち男を転じて女と成れる。是れより古郷に帰りて、その姉某に勧めて、出家せしむるなり。是れより我国の七衆また備うる矣。事具さに大悲之伝に記す。

（割書）凝戒律師撰ずるところの表に無く、表撰衆抄に云う。円男をもって女に転じ、三七日の後、また女を転じて男となるなり。意を取る。

しかし、この話譚は、むしろ尼の存在を理論づけるための作為といえよう。牛山佳幸[117]、勝浦令子[118]が明らかにしたように、律令制的な官尼は八世紀を境として、出家制限、法会からの排除がなされた。また、その一方、勝浦令子、小原仁が明らかにしたように、女性の出家は、先祖祭祀を行う家の尼[119]として確固とした位置をしめるようになってきた。逆に、家の尼ではなく、受戒し家を捨てる女である尼の存在は、当時の人々にとっては好ましいものではなかっただろう。蓑輪顕量の論以前に、細川涼一が以下のように指摘している[120]。

この性転換の論理は、浄土教の女人往生思想が展開した、女性は死ぬ時に「変成男子」の形をとることによって、女人往生ができるという考えを裏返した論理だといえるであろう。顕密仏教による女性の出家制限は、最初に比丘尼となった人物が、比丘＝男として得度したものがたまたま女＝比丘尼に変じたのだという複雑な説明の階梯をとらねばならないほど、厳しかったともいえるのである。

中世にはさまざまな権威づけのためのレトリックが考え出された[121]。例えば、竹林寺の行基廟の開掘に際してのさまざまな奇瑞[122]、中宮寺の信如による「天寿国繡帳」の発見に関わる夢告[123][124]など。同じような作為は尼の存在を創出するにあたってもありえたと考える方が自然であろう。細川の論に従い、この性転換の論理は尼の存在を権威づけるレトリックの一つであったと考えたい。

筆者は、『転女成仏経』の内容、「平家納経」の図像などからみて、院政期に、女性は死ぬ時に男子の形をとらねば成仏できないという考えが内面化されていたとは思えないが、鎌倉時代にいたって、変成男子の思想は浸透しつつあったと推測する。例えば、松下みどりが、時宗においては変成男子に基づく女人成仏論は登場しないが、ラディカルな平等思想の持ち主であった一遍や二祖・他阿真教（一二三七～一三二〇）にはなかった女人罪業感が三祖・智得（一二六一～一三二〇）にみられることを、『知心修要記』[125]の「女人ハ地獄の使ナリ」とする文言をひいて検証している。[126]

物持は、鎌倉時代末期の律宗における、変成男子に関わる論議の中心であった。ただし、稲城正己が西口に教示するところによれば、現存する物持開板『転女身経』は唐招提寺蔵本のみで、使用された形跡がないという。[127]唐招提寺蔵本は巻子一巻で版木は現存しない。筆者が稲城正己に直接教示を得たところによれば、[128]以下のような特徴をもつ。

①通常の薄黄色の緒紙版本とは異なり、白色でしかも薄い緒紙に刷られている。
②紙幅は四九・八センチメートルであり、刊記の年代より後代の後刷りとは考えられない。
③書き込み、紙離れ、汚れ、手擦れ、虫喰いがない。

特殊な紙質からして特別な目的があったのか、巻子装のままで残存し、ほとんど開巻されていないとみられる、という。

西口順子が紹介したように、『転女成仏経』は後の時代、室町時代にいたって、「大仏供養物語[129]」の「天人成仏経」として引用されるにいたる。そこにいたるまでの影響を勘案すれば、『転女成仏経』は、むしろ一切経の『転女身経』よりも受容層がはるかに広かったと考えねばならないだろう。逆に「変成男子」の図像は、本作とおそらく滋賀県・西明寺三重塔初層内部壁画にしか見られない。そのことは、この二作の制作主体がこうした議論に関係する律僧集団に近いことをうかがわせるのではないだろうか。

第三節　出家者の図像

第一項　四衆の区別

第二節の女人成仏に関連していえば、比丘・比丘尼・優婆塞・優婆夷の四衆の描き分けが明確になされていることも本作の特色といえる。

本作において、説法の場面には、例外なく、俗人男性、俗人女性とみられる人物たちと、僧侶たちと肌の白い僧形の人物たちとが描かれている。例えば、第二幅「妙法蓮華経方便品第二」の霊鷲山説法の場面では、如来を恭礼する舎利弗の真後ろに描かれた出家者たちの顔は、一人を除き、白く塗られている（図123）。比較的年齢が若そうに見える僧形に、襟帽子かとみられる肩掛けのような表現や頭を包む白い頭巾の表現が見られる。これらも、比丘尼の表象とみてよいのではないだろうか。より厳密に、式叉摩那の表現などの区別があるのかもしれない。もっともこの部分については、肩掛け様の襟帽子かとみられる表現の輪郭線が補筆であるし、補彩の可能性もある。しかし、この場面で、舎利弗や俗人男性の多くの肌の色が、淡い代赭に塗られていることを勘案すれば、補彩の際にも、何か男性とは違った表現が必要な人物たちであるという認識があったことは確かであろう。出家者たちの下に描かれた、俗人女性の服飾をした人物たちの肌も白い。同幅の「聚沙為仏塔」の場面では石を積む童子たちの一部の

図123　第二幅「妙法蓮華経方便品第二」　尼と在俗女性の図像

肌が白いので、年齢も考慮にいれなければならないし、身分の問題もある。肌を白く塗るのは、身分差や仏菩薩に準じる属性の表象の場合もある。ただ、こうした留保をおいても、本作において、肌を白く塗り、頭髪を剃り落とした姿に描かれるのは、年若い僧侶か、あるいは尼たちの図像のいずれかとみるべきと考える。比丘とは異なる表象である。

『法華経』の内容には、四衆の描き分けを必要とする文言があるが、必ずしも頭髪を剃り落とした尼の図像が踏襲されてきたわけではない。例えば、「平家納経」においては、背中の中程で切りそろえた尼削ぎと呼ばれる髪形で、女性の出家者が描かれていたことについては、前節に見た通りである。鎌倉時代制作の「法華経絵巻」（畠山記念館、香雪美術館、京都国立博物館分蔵）においても、必ずしも四衆を明瞭に描き分けてはいない。

勝浦令子の「尼削ぎ考」によれば[130]、上東門院（藤原彰子、九八八〜一〇七四）は、万寿三年（一〇二六）一月十九日の一条天皇崩御にかかる出家においてこそ「尼削ぎたる児どもの様にておはします[131]」であるが、法成寺無量寿院の尼戒壇において正式に受戒した後は、完全に剃髪している。

『扶桑略記』巻第二十八　後朱雀　長暦三年（一〇三九）五月七日[132]

上東門院令剃御髪。重受戒。大僧正明尊為戒師。

『栄華物語』巻第三十六「根あはせ[133]」

式部卿宮のうへは尼にておはします。あなたには女院・中宮・鷹司殿のうへおはします。二所ながらひたぶるにぞ削ぎすてさせ給へる。二所尼にておはしませば、北政所は、宮のいと恥しげにて御覧ずれば（下略）

しかしながら、貴族社会において女性の完全剃髪はほとんど例がなかったようであり、高松百香によれば[134]、上東門院の完全剃髪は忘却されていたという。高松は、『古事談』の以下の記述に注目した。

『古事談』巻第二―六一、一六〇（庫一六一）[135]

宇治殿関白をば直に京極殿に譲り奉らむとおぼして、上東門院にも其の由申さしめ給ひければ、女院御くしけづらせて御とのごもりたるが、此の事を聞し食して、受けざる気色御坐して、俄かに起きしめ給ひて（下略）

『古事談』は、源顕兼（一一六〇～一二一五）によって編まれ、成立は建暦二年（一二一二）から建保三年（一二一五）の間とみられている。[136]高位の女性の剃髪は異例なことであり、上東門院の完全剃髪は忘れ去られていた。尼は必ずしも完全剃髪としてはイメージされていない。そうした中で、完全に剃髪した尼の姿を図像化し、厳密に四衆を描き分けようとしていることの意味は何であろうか。四衆を描き分けることは、時宗や律宗においては意味がある。十二光箱を境界として僧尼が集団で生活した時衆の図像において僧尼の描き分けは重要で、実態の反映の結果として四衆が描かれることになる。実際に、「一遍上人絵詞伝」には多数の尼僧を含め四衆が描き分けられている。

しかしながら、本作のような、『法華経』に基づく絵において四衆を描き分けるのは、建長元年（一二四九）、尼戒壇を正式に発足させ、[137]沙弥尼、式叉摩那をへて正式な比丘尼になる手続きを重視した西大寺流律宗[138]においてこそ意味があるのではないだろうか。前掲の「転男成女」の寓話にみるごとく、尼の表象は重要な関心事であった。本作の四衆の描き分けは、本作の制作環境を示唆するものと考える。

第二項　阿難、羅睺羅への記別の図像

第九幅「妙法蓮華経授学無学人記品第九」（図124）は、『法華経』授学無学人記品の内容を表しており、釈迦が、「阿難」と「羅睺羅」の二人および「有学無学二千人」の僧に対して記別を与える場面が描かれている。

画面上辺近くの右側に「空王仏」の短冊墨書があり、二人の人物が、岩座上の仏に向かって手を合わせ跪いてい

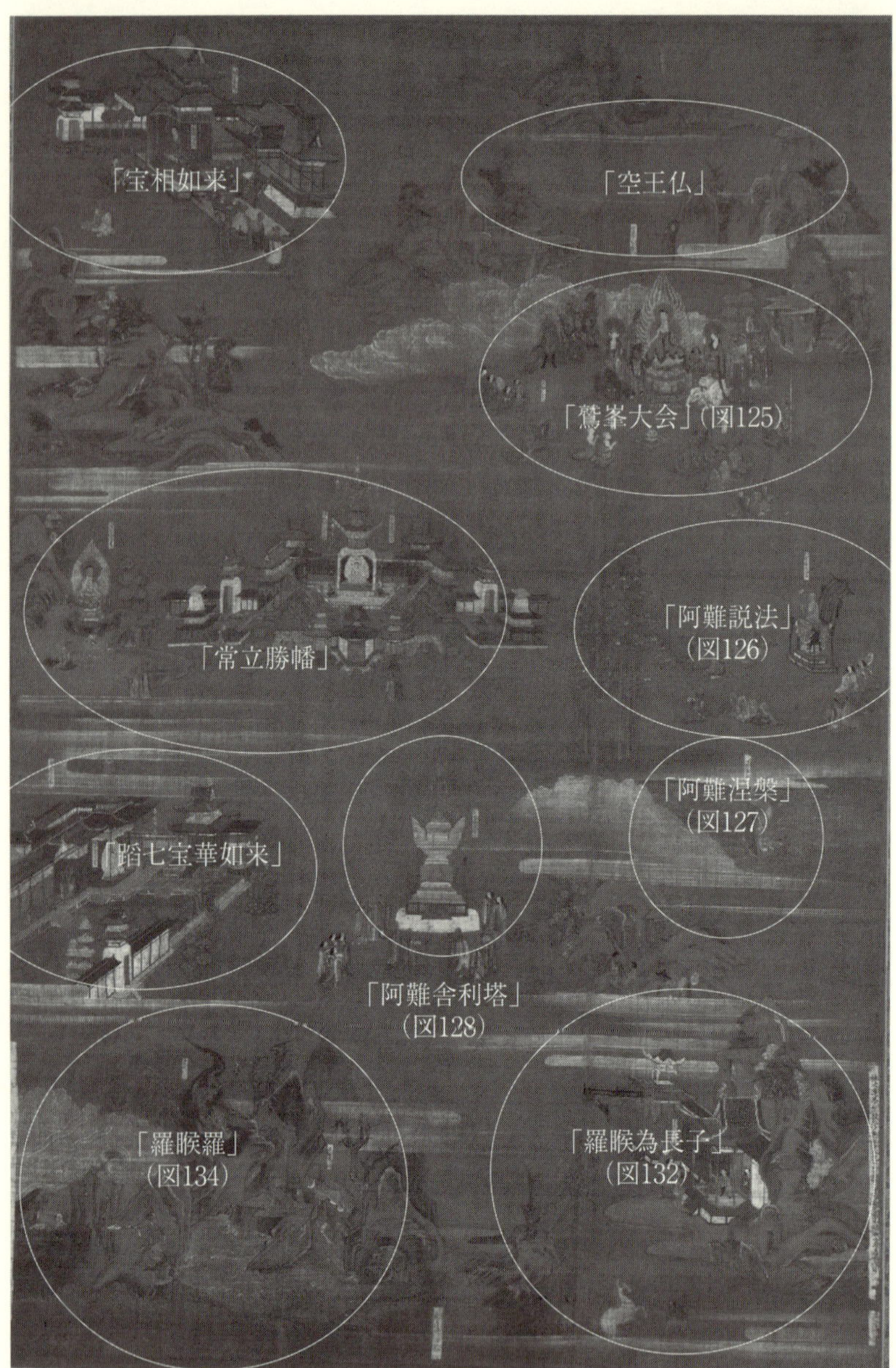

図124　第九幅「妙法蓮華経授学無学人記品第九」場面分け図

る。これは、阿難と釈迦がともに「空王仏」に仕えた過去世を示すと思われる。その下に、鷲の頭の形をした岩山と「鷲峯大会」の短冊墨書がある。六角框蓮華座上の釈迦如来の左右には、白象上の普賢菩薩、獅子上の文殊菩薩が描かれている。如来の光背は、全体として舟形であるが、水煙光背のように透き間があいている。衣の金泥や朱、胡粉は補彩とみられるが、台座の返花の段隈（暈かし）などは当初とみてよいのではないだろうか。右手は膝前に下げ、左手を胸の高さまで上げている。左手は曖昧なものの、右手は与願印のようである。

如来の前に、四隅に柱の立つ四足の香炉があり、その左に、「阿難」と「羅睺羅」の短冊墨書がある（図125）。肌の色が白く、片肌を脱いだ偏袒右肩の姿の二人が跪いている。背後には、比較的質素な納衣を身につけ、頭を剃りあげた九人の僧が描かれている。さらに、その背後には、華籠や翳羽を持った在俗の女性が四人いる。香炉の向かって右側には、華麗な袈裟を着し、一部頭を剃り残した十三人の男性が座しており、「有学無学二千人」の短冊墨書がある。その背後には、在俗とみられる男性が三人見られる。地面に座る人物たちに敷物はなく、地面に直に座っている。

図125　第九幅「妙法蓮華経授学無学人記品第九」「阿難」と「羅睺羅」

これは霊鷲山上の説法で、阿難が成仏するという予言がなされる場面である。画面中央やや左には、阿難が「国名常立勝幡」に、「山海慧自在通王如来」として成仏する場面が描かれている。その左側、画面左端には、「常供養諸仏」という短冊墨書と仏前に跪く僧一人、立って供養する僧二人が描かれており、過去世における供養の様が記されているのであろう。「常立勝幡」の下には、羅睺羅が「蹈七宝華如来」として成仏する様が描かれている。画面左、上辺近くには、「宝相如来」と「国土荘厳」の短冊墨書があり、「有学無学二千人」の成仏が描かれている。以上は、『法華経』授学無学人記品の内容を忠実にあらわしている。

しかし、第九幅「妙法蓮華経授学無学人記品第九」には、阿難と羅睺羅に関係する図像ではあるが、必ずしも、『法華経』本文には即していない図像がある。以下、阿難に関する図像を詳述する。

第三項　阿難説法、阿難涅槃、阿難舎利塔

傍らに「阿難説法」という短冊墨書のある図像もそれである。如意を持ち、椅坐する人物と聴衆がいる（図126）。曲彔の下には金色の狛犬が睨みをきかせている。椅坐する人物は、色白の若い人物に描かれている。聴衆として、頭を剃った僧形とみられる人物が九人いる。顔を見せて地面に座っている。同じく頭を剃り背を向けて座る人物が四人いる。その背後に、襟帽子とみられるものを身につける人物が二人いる。そのほかに、俗人男性三人、俗人女性二人とが描かれている。

説法場面下の水面上に、火に包まれた偏袒右肩の人物がいる（図127）。これには「阿難涅槃」と短冊墨書がある。[139]

水面上の人物が炎に包まれる類似の図像は、静岡県・本興寺蔵「法華経曼荼羅図」第二幅にある。本興寺蔵本の図像は、釈迦の出家後に生まれた羅睺羅が火坑に投じられるも、蓮池を生じさせて、釈迦の実子であることを証する説話で、『妙法蓮華経文句』などによって知られている。

『妙法蓮華経文句』第二上[140]

太子求出家。父王不許殷勤不已。王言。若汝有子聴汝出家。菩薩指指妃腹。却後六年汝当生男。在胎六年故言覆障。真諦三蔵云。羅睺。本名修羅。能手障日月。翻此応言障月。仏言。我法如月。此児障我不即出家。世世

障我。我世世能捨故言覆障。仏出家後耶輸有娠。諸釈咸瞋何因有此。欲治欲殺悪声盈路。宝女劬毘羅証之小差。因焚火坑発大誓願。我若為非子母倶滅。若真遺体天当為証。因抱子投坑。坑変為池蓮華捧体。王及国人始復不疑。後仏還国。耶輸令羅睺奉仏歓喜丸。

（読み下し）[141]

太子出家を求むれども、父王許さず、殷勤にして已まず。王の言く。若し汝子有らば、汝が出家を聴かんと、菩薩、指をもて妃の腹を指し、却後六年に汝当に男を生むべしと。胎に在ること六年なり、故に覆障と言ふ。真諦三蔵云く、羅睺は本と修羅と名く、能く手もて日月を障ふ、此に翻じて応に障月と言ふべしと。仏の言く、我法は月の如し、此児は我を障へて即ち出家せしめず。世世に我れを障へ、我れ世世に能く捨つと、故に覆障と言ふ。仏出家の後に耶輸娠むこと有り。諸釈咸く瞋る、何に因りてか此れ有ると、治せんと欲し殺さんと欲し、悪声路に盈つ、宝女劬毘羅之を証し小し差ゆ、火坑を焚くに因りて大誓願を発す、我れ若し非を為

図126　第九幅「妙法蓮華経授学無学人記品第九」「阿難説法」

図127　第九幅「妙法蓮華経授学無学人記品第九」「阿難涅槃」

さば子母倶に滅し、若し真の遺体ならば天当に証を為すべしと、因て子を抱て坑に投ず、坑変じて池と為り蓮華もて体を捧ぐ。王及び国人始めて復た疑はず。後、仏国に還りたまふ。耶輸、羅睺をして仏に歓喜丸を奉らしむ。

しかし、本作の図像では、火に包まれた僧形の人物の周辺に細かな水波が描かれており、蓮華も見られない。池ではなく、河か海の水面であることを表現しているとみられる。

また、この図像の左側には、相輪が長く、長大な隅飾のついた塔が描かれている（図128）。塔の中には金色の火焔宝珠かとみられるものが見え、蝟集する人々が賛嘆している。

この「阿難舎利塔」は呉越国国王・銭弘俶（九二九〜九八八）が、阿育王塔の故事にちなんで作った浙江省博物館蔵「銀阿育王塔（雷峰塔天宮発見）」（図129）に似た形である。[142] 東京国立博物館蔵「銭弘俶八万四千塔（大正七年・和歌山県那智経塚出土）[143]」（図130）の存在により、日本には平安時代後期には将来されていたことがわかっている。本図の非常に細い相輪は金属製として、基礎部分は石造として描かれているようであるから、単純に石造の宝篋印塔と比較することはできないが、隅飾の長大さは、筆者が関心を寄せる、正和二年（一三一三）制作の京都市・誓願寺元塔頭の誠心院宝篋印塔[144]（図131）に似ているようにも思える。

ただ、従来、日本の石造宝篋印塔は「銭弘俶八万四千塔」を石造で模したものと考えられてきたが、近年の研究成果では、中国の石造宝篋印塔に由来することが指摘されてきている。[145] また、現在、西大寺流律宗と石工等職能集団との関係[146]についても、より精密な地域差、石工集団の流派研究が急速に進んでいる。[147] 今後の検討を待ちたいと思う。

さて、これらの図像は、法華宗の宗義や『法華経』本文には直接関わらないのか、所蔵寺院・本法寺第三十二世・飯田日亮の著述した『法華経二十八品画曼荼羅説明書』には、解説が全く見られない。[148] より図像解釈に踏み込

図129　中国・浙江省博物館蔵「銀阿育王塔（雷峰塔天宮発見）」（奈良国立博物館展覧会図録『聖地寧波』〈2009年〉より転載）

図128　第九幅「妙法蓮華経授学無学人記品第九」「阿難舎利塔」

図131　京都市・誠心院宝篋印塔

図130　東京国立博物館蔵「銭弘俶八万四千塔」（大正七年・和歌山県那智山出土）」（奈良国立博物館展覧会図録『聖地寧波』〈2009年〉より転載）

もうとしている本法寺第三十八世・本宮日顕編述の『法華経曼荼羅絵図　全』の第九幅解説には、「阿難は遺言に従って舎利を四分し、一は天、一は龍、一は摩訶陀国、一は離車国に頒布し、右の二か国の人民は等しく舎利塔を建立して供養された」と言及がある(149)。

本宮日顕の注釈は、一部文言は異なるが、『妙法蓮華経文句』に基づくようである。『法華経』注釈において知られる阿難説話である。

『妙法蓮華経文句』第二上(150)

迦葉大衆讃曰。面如浄満月。眼若青蓮華。仏法大海水流入阿難心。自誓坐入涅槃。住恐離車有怨。進恐闍王有怨於恒河中。入風奮迅三昧。分身為四分。一与天。一与龍。一毘舎離。一阿闍世。阿育王礼阿難塔。奉千万両金偈歎白。能摂持法身。法灯故法住。念盛仏智海故設上供養。

（読み下し）(151)

迦葉大衆讃じて曰く、面は浄満月の如く、眼は青蓮華の若し、仏法の大海水、阿難の心に流入すと、自ら誓て坐して涅槃に入る、住せば離車怨有らんことを恐れ、進めば闍王の怨有らんことを恐る。恒河の中に於て風奮迅三昧に入り、身を分て四分と為す。一は天に与へ、一は龍に与へ、一は毘舎離に、一は阿闍世なりと。阿育王は阿難の塔を礼し、千万両の金を奉じ偈もて歎じて曰く、能く法身を摂持し、法灯の故に法住す、念を仏智海に盛る、故に上供養を設く。

ただ、『妙法蓮華経文句』では、焼身であることについては明記されない。

むしろ、この二つの図像は、『高僧法顕伝』や『大唐西域記』第七にいう阿難の舎利を求めて、摩竭提国の阿闍世王と毘舎離諸梨車が争う説話に近いのではないか。阿難は、争いを厭って、河の中央で火光三昧に入り、遺骨を両岸に落としたという。

『高僧法顕伝』 毘舎離国(152)

阿難従摩竭国向毘舎離欲般泥洹。諸天告阿闍世王。阿闍世王即自厳駕将士衆追到河上。毘舎離諸梨車聞阿難来。亦復来迎。倶到河上。阿難思惟。前則阿闍世王致恨。還則梨車復怨。即於河中央入火光三昧焼身而般泥洹。分身作二分。一分在一岸辺。於是二王各得半身。舎利還帰起塔。

(読み下し)(153)

阿難、摩竭国より毘舎離に向ひ般泥洹せんと欲す。諸天阿闍世王に告ぐ、阿闍世王即ち自ら駕を厳り士衆を将ひて追ふて河上に到り、毘舎離の諸梨車も、阿難の来るを聞きて亦復た来り迎へ、倶に河上に到れり。阿難は思惟すらく、前めば則ち阿闍世王が恨を致し、還れば則ち梨車復た怨むべしと。即ち河の中央に於て火光三昧に入り、身を焼きて般泥洹し、身を分して二分と作し、一分は一岸の辺に在り、是に於て二王各々半身の舎利を得て還た帰つて塔を起せり。

『大唐西域記』 巻七　吠舎釐国(154)

摩揭陀王聞阿難去。情深恋徳。即厳戎駕疾駆追請。数百千衆営軍南岸。吠舎釐王聞阿難来。悲喜盈心。亦治軍旅奔馳迎候。数百千衆屯集北岸。両軍相対旌旗翳日。阿難恐闘其兵更相殺害。従舟中起上昇虚空。示現神変即入寂滅。化火焚骸骸又中折。一堕南岸。一堕北岸。於是二王各得一分。挙軍号慟。倶還本国。起窣堵波而修供養。

(読み下し)(155)

摩揭陀王は阿難の去るを聞きて、情に深く徳を恋ひ、即ち戎駕を厳かにして疾駆して追請し、数百千の衆は軍を南岸に営す。吠舎釐王は阿難の来るを聞きて、悲喜心に盈ちて、亦軍旅を治めて奔馳して迎へ候し、数百千の衆は北岸に屯集せり。両軍は相対ひて旌旗日を翳せり。阿難は其兵を闘はして更に相殺害えんことを恐れ、舟の中より起ちて虚空に上昇し、神変を示現して即ち寂滅に入る。火を化して骸を焚き、骸又中折して一は南岸に堕ち、一は北岸に堕つ。是に於いて二王は各一分を得て、軍を挙げて号慟し、倶に本国に還りて、窣堵波を起て供養を修せり。

「妙法蓮華経授学無学人記品第九」には、阿難への記別が記されるから、阿難に関する挿話があるのは不思議ではないが、この図像には、舎利と舎利塔への強い関心がうかがえる。

鎌倉時代、各種の『舎利講式』を作成し、鑑真将来の舎利を本尊として唐招提寺釈迦念仏会を始行した笠置寺・貞慶も、舎利信仰を牽引した[156]。重源に関しても、仏舎利をめぐる多様な儀礼や造形が顕著であることは、中尾堯らが明らかにしている[157]。舩田淳一は「釈尊亡き末法の世であるから、その遺徳を偲ぶ信仰は、聖遺物たる釈尊の遺骨＝舎利への真摯な渇仰として現象する[158]」と指摘するが、戒律を重視し、原点回帰の意識の強い中世律宗においては、とりわけその基底に、釈迦への追慕と舎利信仰があるだろう。

また、『関東往還記』裏書律系譜の第一表は、「阿難―末田地―」から始まる。第三表「律宗相承血脈　四分律」では「釈迦大師　迦葉　阿難　末田地」とあり、戒律相承の始原を阿難とみることがうかがわれる[159]。こうした戒律重視の立場や舎利信仰から、阿難舎利塔の図像が描かれるにいたったと考えられるのではないだろうか。

第四項　羅睺羅と白馬の図像

第九幅画面右下辺には、「羅睺為長子」という短冊墨書のある邸宅が描かれている（図132）。

この文言は、「妙法蓮華経授学無学人記品第九」の以下の偈によるものである。

我為太子時　羅睺為長子　我今成仏道　受法為法子　於未来世中　見無量億仏　皆為其長子　一心求仏道
羅睺羅密行　唯我能知之　現為我長子　以示諸衆生　無量億千万　功徳不可数　安住於仏法　以求無上道

この場面については、現在では剝落のためほとんど判別できず具体的な決め手には欠けるが、「羅睺為長子」という短冊墨書が吹き放ち[160]の家屋の外に立つ女性たちの真上にあることからみて、女性の腕に悉達太子の長子である羅睺（羅）の幼い姿が描かれていたのであろう。何かを抱えるように見える女性に対して、もう一人の横顔の女性は、手をさしのべているようである。もう一人、朱色の盤領の袍をつけた小柄な、少年のように見える男性がいる。邸内には、釈迦の長子である羅睺羅に関係する女性――おそらくは耶輸陀羅――が描かれていることは確実である。

図132　第九幅「妙法蓮華経授学無学人記品第九」「羅睺為長子」

この邸宅の左下に、躍り上がる白馬がかなり大きく描かれており、手綱をとって押さえつけようとする男性と持ち手を付けた大きな結桶[161]を運ぶ上半身裸の男性と、足が剝き出しの短い着物を着た少年が見える。

この白馬について、太田昌子は、「羅睺羅の未熟さを、江戸期のことわざ絵に見るように、暴れ馬になぞらえている可能性もある」と記す[162]。鎌倉時代における暴れ馬の図像については、加須屋誠が「二河白道図」の京都府・光明寺蔵本、アメリカ・シアトル美術館蔵本、アメリカ・クリーブランド美術館蔵本等に共通する暴れ馬の図像について、『大般若波羅蜜多経』『阿毘達磨大毘婆沙論』『大般涅槃経（北本）』に煩悩・放逸の心を暴

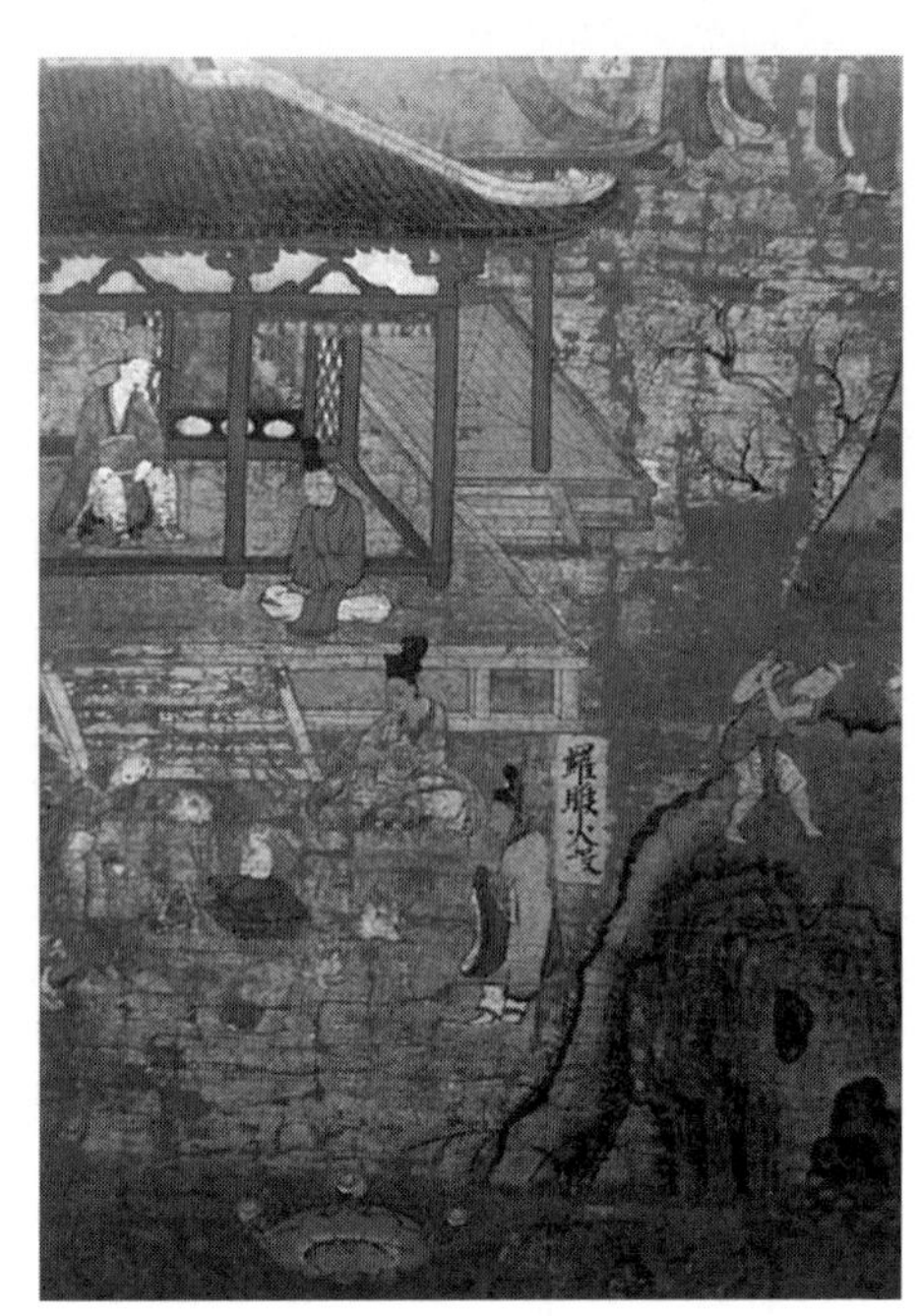

図133　静岡県・本興寺蔵「法華経曼荼羅図」第二幅　「羅睺火坑」（奈良国立博物館編『仏教説話の美術』〈思文閣出版、1996年〉より転載）

れ馬に喩えた経句があるのを典拠として、「煩悩に囚われた人間の心の有様」のイメージとした有名な解釈がある。[163] しかし、本図像は、手綱を振り切ろうとする「二河白道図」の暴れ馬とは異なっている。手綱を付けられ、桶に入った水を与えられる裸馬である。むしろ、「釈迦八相図」によってよく知られた、太子が剃髪出家し、愛馬・健陟と手綱をとる車匿とがむなしく帰城した姿と通底するように思う。ただ、『過去現在因果経』等の仏伝には、太子の出家後、車匿は宝冠や荘厳具、七宝瓔珞などの品々を持ち帰城するし、中世の仏伝図においても同様であるから、鞍等の装飾をつけない裸馬は、後の出家を暗示するものと解釈すべき図像かもしれない。

　ちなみに、「仏伝図」中の図像が「法華経絵」の中に見いだせることは、渡邉里志が指摘している。具体的には、談山神社蔵「紺紙金銀泥法華経宝塔曼荼羅図」第七幅に「誕生」「成道」「初転法輪」「涅槃」「舎利八分後八塔供養」の場面、立本寺蔵「紺紙金銀泥法華経宝塔曼荼羅図」第七幅に「涅槃」「荼毘」「舎利八分」、滋賀県・観音正寺旧蔵「法華経曼荼羅図」第五幅に「誕生」が見いだせることである。[164] 逆に「仏伝図」と「法華経絵」との強い結びつきは、後の南北朝時代、室町時代の、各種「仏伝図」（持光寺蔵本、常楽寺蔵本、仏通寺蔵本）に、『法華経』「提婆達多品第十二」の阿私仙給仕が描かれていることから裏づけられるという。[165]

邸内の少年が誰であるかについては確定できない。

ここに仏伝図の一部が描かれているとみれば、太子である。邸宅内の少年と女性は、太子と耶輸陀羅で、太子が羅睺羅を出家の障りとして指さし、やや憂鬱そうに下を向く姿と解することもできよう。

ただ、「妙法蓮華経授学無学人記品第九」においては、阿難とともに成仏の記別を与えられる最も重要な人物であるのが羅睺羅である。そして、第九幅画面左下には、険しい岩山の上に、修行する羅睺羅の姿が、つまり成長した後に母を捨てて出家する羅睺羅という出家者のイメージが描かれているのである。これを羅睺羅に関する一連の物語とみれば、邸内の少年を羅睺羅の成長した姿の異時同図とみることも可能ではないだろうか。その解釈がうがち過ぎであったとしても、後に家族を捨てることになる出家者としてのダブルイメージを読み取ることは可能ではないだろうか。[166]

静岡県・本興寺蔵「法華経曼荼羅図」第二幅には、『妙法蓮華経文句』等によって知られる説話が描かれている（図133）。太子の出家後に生まれた羅睺羅が火坑に投じられるも、蓮池を生じさせて、釈迦の実子であることを証する図である。それに対して、本図は『法華経』そのものに依拠している。出家の障りである羅睺羅ではなく、法子となる羅睺羅が描かれているのである。しかも、次にみるように、出家した羅睺羅は羅漢と同一視されている。

第五項　「羅漢図」としての羅睺羅密行

同幅下辺左の、険しい岩山の上に右肘をついて瞑想するかのように座る人物の上に「羅睺羅」という短冊墨書がある（図134）。

図134　第九幅「妙法蓮華経授学無学人記品第九」「羅睺羅」

飯田日亮著述の『法華経二十八品画曼荼羅説明書』には、この場面に関する解説はない。本宮日顕編著『法華経曼荼羅絵図　全』には、「羅睺羅は、釈迦が太子の時の長子であり、常に衣を洗うなどして人に知られざる不浄観を修し、また、竜虎の瞋りを止めるなど、常に慈悲観を修行している」と記されている。これは、密行第一と呼ばれる羅睺羅の図像として解釈したものと思われる。

本図には、岩山に囲まれた水の流れが見え、背後には、水墨画のようなモノクロームの遠山が霞む。黒い雲に乗った龍が眼をいからせ、鋭い爪を伸ばす。龍の上には「粟穀州」という解釈不能の短冊墨書がある。この龍に挑むように、空を仰ぐ虎が描かれており、あたかも「龍虎図」のようである。ただ、虎の顎は四角ばっており、まるで獅子舞の頭のように見える。虎の肩に手をあてて、龍に飛びかからんとするのを押さえるかのような人物が描かれている。龍虎の丁度真ん中に、鉢を膝のあたりに持っている人物がいる。鉢と龍といえば、古くは東京国立博物館蔵「十六羅漢図」の第十四尊者・伐那婆斯尊者が、そして数々の「羅漢図」において、煩悩の象徴である毒龍を鉢をもって制することが思い起こされる。

ほかに、水の流れで衣をすすぐ者、衣を木にひきかけて水気を絞る者など、洗濯をする姿もある。左膝を立てて経を読む人物もいる。衣を縫っている人物は見当たらないが、崖上看経の姿からは、僧侶が暁に衣を繕い、月明かりに経文を読む「朝陽対月」という画題も思い起こされる。

この図は、「羅漢図」の一部として描かれているようである。玄奘訳『大阿羅漢難提蜜多羅所説法住記』によれば、羅睺羅は、十六羅漢のうちの第十一尊者囉怙羅でもある。[167]してみれば、前出の「粟穀州」は、第十一尊者と眷属千百人の住まう「畢利颺瞿洲（ひりようく）」の書き誤りであろう。[168]描かれた人物たちは、一人を除けば、右肩をあらわにした、いわゆる偏袒右肩の姿である。羅漢が、むしろ隠逸、高士のように見える、禅月様、李龍眠様、金大受筆様とは異なる。[169]鉢を持つ人物が、龍に驚いて尻餅をついたかのように座って足の裏をみせていたり、衣を水にすすぐ人物が小腰をかがめていたりする身振りも、むしろ本朝風である。山水の中に自然にちりばめられた羅漢たちの姿からすれば、より古い伝統をもつ羅漢の図像に、「龍虎図」などが追加された図像ではないだろうか。

羅漢図と法華経信仰の関わりについては、すでに梶谷亮治が指摘している。[170]『法住寺塔供養願文』によれば、藤原道長が寛仁三年（一〇一九）に催した羅漢供[171]の所依経典は『大阿羅漢難提蜜多羅所説法住記』であり、十六羅漢が正法（『法華経』）を護持することから、再建された法成寺に釈迦の眷属と十六羅漢が描かれたという。また、高陽院の羅漢供（ただし、十八羅漢）で釈迦三尊画像を中心に羅漢図各八鋪が懸けられたとする。[172]また、京都府・浄瑠璃寺三重塔初重内壁扉に法華経変相のほかに十六羅漢像が描かれ、『大阿羅漢難提蜜多羅所説法住記』に依拠しつつも、塔完成時には法華経供養がなされた。このことからも法華経信仰にも基盤があると記す。

梶谷が指摘するように、法華経絵と十六羅漢図が近縁する伝統は前代からみられるから、本作はその伝統を引き継ぎ、法華経絵の中に羅漢図が習合したものとみられる。

第六項　羅睺羅供

羅睺羅は、釈迦の実子であるが、前項の羅漢のような礼拝対象ではない。ところが、『関東往還記』には、この羅睺羅を中心とした「羅焇羅講」「羅焇羅供」という儀礼が存在することが記されている。

西大寺叡尊の関東下向の消息を伝える『関東往還記』弘長二年（一二六二）七月十四日とその翌日十五日に以下の記事がある（原文は、関靖編纂『校訂増補　関東往還記』[173]による。関校訂本では「羅焇羅」は「羅矆羅」となっている。読み下しは、細川涼一訳注『関東往還記』[174]による）。

『関東往還記』弘長二年七月

十四日朝黄門来受斎戒幷受持袈裟（以新衣被替長老袈裟）　行羅漢供幷盂蘭盆供　抑羅漢供者施主蓄無窮善根悲田預広大之余潤可謂最上福業也　然而事尤繁多僧頗疲労蹔仍被止之　入夜沙弥衆行羅矆羅講聴衆皆随喜

十五日朝武州（長時）幷妻於北舎受斎戒　其後奉尋修行用心政道之罪福　於釈迦堂沙弥衆行羅矆羅供　内衆外衆悉拭随喜之涙　其後行盂蘭盆供斎後梵網布薩（説戒長老）　説戒之次講盂蘭盆経幷被啓白一条局殺生禁断状結縁衆千万人面々流涙

（読み下し）

十四日。朝、黄門来たる。斎戒を受け、ならびに袈裟を受持す（新衣をもって長老の袈裟に替えらる）。羅漢供ならびに盂蘭盆供を行う。

そもそも羅漢供は、施主無窮の善根を蓄え、悲田広大の余潤に預かる。最上の福業と謂うべきなり。しかれども、事尤も繁多なり。僧頗る疲労す。よって暫くこれを止めらる。夜に入り、沙弥衆羅焇羅講を行う。聴衆皆随喜す。
十五日。朝、武州（長時）ならびに妻、北舎において斎戒を受く。その後、修行の用心、政道の罪福等を尋ね奉る。釈迦堂において沙弥衆羅烱羅供を行う。内衆外衆悉く随喜の涙を拭う。その後、盂蘭盆供を行う。斎の後、梵網布薩す（説戒は長老）。説戒の次いでに盂蘭盆経を講じ、ならびに一条局の殺生禁断の状を啓白せらる。結縁衆千万人、面々に涙を流す。

叡尊は、関東下向の際に、十五度の羅漢供を行ったことが知られている[175]。この儀礼については、高橋秀栄[176]、細川涼一[177]が分析を行っており、在家が施主となって羅漢に食や修行に必要な道具を供物として捧げ、供養・賛嘆する法会であることがわかっている。

高橋は、叡尊の行った羅漢供が、叡尊個人のもつ「正法護持の聖者たる羅漢」への信仰や女人救済意識、平安時代末期から鎌倉時代にかけての禅宗の伝来と関連することを明らかにしている。細川は、文殊信仰ほど知られていないが、叡尊たちを羅漢とみたてて供えられた食料などの余りが、疥癬宿や獄舎に送られて、当時の乞食、非人、囚人たちに振る舞われていた実態や、彼らを羅漢にみたてて供養した羅漢信仰の意義について詳述している。

羅烱羅供の詳細はわからないが、沙弥衆は、正式な比丘となるために修行している存在である[178]。叡尊たちのような正式な比丘になる前の沙弥たちは、自らを釈迦の長子・羅睺羅とみたてて、羅漢供に準ずる儀礼を執り行ったのではないか。彼らの行った儀礼が、「聴衆皆随喜す」「悉く随喜の涙を拭う」とする反応を引き起こすのも、彼らが荘厳な宗教的儀礼を執り行ったというだけではなく、なんらかの慈悲深い行為——供物や食料などの実質的な利益を与えた、ということも示すのかもしれない。

また、『金剛仏子叡尊感身学生記』中、五十歳、五十一歳の記事によれば、建長二年（一二五〇）十二月七日から十八日の間、翌年正月五日から二月三十日の間、十六羅漢像、慶友尊者像、南山律師像、大智律師像を図絵している。[179]絵師堯尊が彩管を揮い、叡尊自身も深く関わったようで、その記事に続けて、羅漢供養の功徳の記載がある。さらに、元亨二年（一三二二）当時の法華寺における年中行事を記した「法華滅罪年中行事」[180]に、「沙弥羅睺羅供養」「羅睺羅講」が見えることが勝浦令子によって指摘されている。[181]

本作で、『法華経』本説にない羅漢と羅睺羅が関心をもって描かれる背景を考える上で示唆的である。

第四節　舎利塔と宝珠の図像

すでに法施の項で一部を検討した第十五幅は、「妙法蓮華経分別功徳品第十七」と「妙法蓮華経随喜功徳品第十八」の合幅である。画面左上には、釈迦如来と多宝如来が並坐する壮麗な六角九重塔が描かれている（図135）。塔上には、天女が花を捧げ、天鼓や幡が舞う。短冊墨書はないが、『妙法蓮華経』分別功徳品第十七中に言う「天鼓虚空中」「衆宝妙香炉」「執七宝幡蓋」などの内容が描かれていると思われる。

「随喜功徳品」冒頭の、弥勒菩薩が跪拝し、「世尊。若有善男子善女人。聞是法華経随喜者。得幾所福」と、釈迦滅度の後に法華経を聞いて随喜する者の福徳はいかばかりかと問う場面である。釈迦は、聞法後、他の人に内容を伝え五十人目まで順次伝わったとして、その五十人目の功徳ですら途方もないほどであるという。喩えて言えば、大施主が四百万億阿僧祇という計り知れないほど多くの世界に住む衆生に、金銀、宝石、象や馬、乗り物、七宝でできた宮殿楼閣をもれなく与え、それを八十年続け、財施だけではなく、法を解き明かすという法施までも与えたとしても、百千万億倍も遠く及ばないという。

この場面の下に、初層が方形で二重の屋根をもつ塔が描かれている（図136）。供養を行う導師かと思われる柄香炉を持つ僧侶と四名の僧侶、直脚幞頭をつけ、交領大袖の長袍姿の男性四名が塔に向かっている。塔の左には舞台があり、鳥兜をかぶり朱色の衣装をつけた舞人が舞っている。短冊墨書に「種々舞楽」とあるので、おそらく法要のために舞楽を行っているのであろう。十種供養に舞楽などもとりこんだ華麗な法要が行われる事例は「文治四年後白河院如法経供養記」などにも知られる(182)。観客は塔ではなく、舞台のまわりに集っている。左側には地面に座った見物人らしき人々が、右側には法要に向かうかと思われる人々が描かれている。

この塔は、六角九重塔に比べれば小さいが、伏鉢、請花が金色に塗られ、かなり大きく描かれている。金や朱は

図135　第十五幅「妙法蓮華経分別功徳品第十七」「妙法蓮華経随喜功徳品第十八」合幅　分別功徳品　六角九重塔

図136　第十五幅「妙法蓮華経分別功徳品第十七」「妙法蓮華経随喜功徳品第十八」合幅　随喜功徳品　塔、舞楽法要

補彩とみられるが、華やかに丹や朱、群青、緑青、白群、金などによって彩色されている。塔の初層の四面は開け放たれて、中から、金色の、極めて特徴的な、火焔宝珠形の舎利塔らしき姿がのぞいている。この塔内の舎利塔らしきものは、大ぶりの返花、敷茄子、華脚、華盤と積んだ上に、分厚い雲か波のように見えるものが四方八方に突き出る座があり[183]、その上にさらに敷茄子、蓮華座、火焔宝珠が積まれている（図137）。

残念ながら、この舎利塔らしき図像の金彩は補彩とみられるが、肉厚の蓮弁や全体的な造形は、奈良市・唐招提

図137　第十五幅「妙法蓮華経分別功徳品第十七」「妙法蓮華経随喜功徳品第十八」合幅　舎利塔

図138　奈良市・西大寺蔵「金銅火焔宝珠形舎利容器」（奈良国立博物館展覧会図録『仏舎利と宝珠』〈2001年〉より転載）

図139　奈良県・談山神社蔵「紺紙金銀泥法華経宝塔曼荼羅図」第七幅　「舎利八分後八塔供養」の図像（奈良国立博物館編『法華経』〈東京美術、1988年〉より転載）

寺蔵「日供舎利塔[184]」や西大寺蔵「金銅火焔宝珠形舎利容器[185]」（図138）の框座を除いた姿を思わせるところがある。

本作の図像には舎利信仰が顕著に見られる。十一世紀以降の舎利信仰については、すでに多くの研究成果があるが、鎌倉時代の舎利信仰の中でもとりわけ叡尊は、舎利を塔の心礎に納めるのではなく、舎利塔を壇に据えた修法を行い、舎利を顕在化したこと、舎利に関わるさまざまな奇瑞を起こしたことにおいて有名である[186]。

叡尊に関係した前掲の舎利容器や舎利塔は、中世舎利荘厳美術の白眉といわれている[187]。西大寺の叡尊は、若き日、醍醐寺において修行し、舎利と宝珠を同体とするものと考える醍醐寺流の舎利解釈も含め、密教修法に用いる舎利供養を熟知していた[188]。本作の図像は、厳密な本尊図像とは異なるが、単純な釈迦追慕としての舎利信仰ではないように思われる。火焔宝珠型の複雑な形の舎利塔として描かれるのも、叡尊の活発な舎利塔造像の影響であろう。

前代の「法華経絵」に徴する限り、舎利に関する図像は、例えば談山神社蔵「紺紙金銀泥法華経宝塔曼荼羅図」第七幅のように、「仏伝図」に由来する「舎利八分後八塔供養[189]」（図139）であり、火焔宝珠舎利塔に対する供養ではない。

第五節　特徴的な相貌の僧侶の図像

第一項　方便品と譬喩品に見える僧侶

本作では、同じ人物が何度も登場する場合がある。

第四幅「妙法蓮華経信解品第四」長者窮子喩では長者とその子どもが、第十二幅「妙法蓮華経提婆達多品第十二」の仙人給仕喩では、その説話の主人公である提婆達多と王とが、何度も登場する。これらは、同じ服装をしているし、『法華経』の内容を理解していれば、読み取ることは可能である。

ところが、必ずしも同一の人物である必要がないと思われる内容でもよく似た人物が何度も登場する。

第二幅「妙法蓮華経方便品第二」左上に、屋内にいる僧侶に布施を捧げる人物がいる（図140）。拱手して立つ人物と手を合わせる人物は、顔が白く塗られており、若そうに見える。その右側に、鉢を捧げ跪く人物は召使いだろう。屋内の払子を持った僧侶の年齢はわからないが、色が浅黒く、高い鼻に特徴がある。青味がかった色の袈裟をつけている。

次いで、寺院を造営する場面にも、よく似た僧侶がいる（図141）。大工に指図をする人物が施主かと思われるが、その後ろに椅坐する僧侶である。この僧侶は、おそらく寺院が建立されたあかつきには開山となる人物であろう。はだけた胸には肋骨が浮かび、顔色は浅黒く、目がぎょろりとして、鼻が高い。この僧侶は、さきほど布施を受けていた僧侶と同一人物ではないだろうか。

もう一人、画面下辺で石塔を指す僧侶（図142）も、高い鼻と大きな目、頭の形に特徴がある。石塔は、隅飾をもち、相輪の部分がかなり長い。第九幅の阿難舎利塔にも似ているが、真白く塗られており、宝篋印塔のようである。(190)

そして、第三幅「妙法蓮華経譬喩品第三」にも、よく似た僧侶の姿がある。長者に、火宅の譬喩を説くかと思われる人物である（図143）。この人物は剃髪しており、顔色浅黒く、当初の彩色かどうかはわからないが条のある青い袈裟をまとっている。長者の子どもたちが燃えさかる家に入って遊んでいることを、長者に告げる人物ということになる。『法華経』には、「或人」とだけあり、僧侶であることは記されていないが、ここでは僧形である。

第八幅「妙法蓮華経五百弟子受記品第八」（図144）において、「浄名居士」と対面する文殊の後方に控える僧侶も、この特徴的な相貌の人物に似ている。

図142　第二幅「妙法蓮華経方便品第二」　石搭を指す僧侶

図140　第二幅「妙法蓮華経方便品第二」　布施を受ける僧侶

図141　第二幅「妙法蓮華経方便品第二」　寺院を建立する施主と開山

図144　第八幅「妙法蓮華経五百弟子受記品第八」「浄名居士」と対面する文殊と従僧

図143　第三幅「妙法蓮華経譬喩品第三」　長者と「或人」

ただ、人物の相貌をどの程度描き分けられるのかという絵師の技量の問題もあり、図141から図145までの特徴的な人物が同一人物であるとは断言できない。しかし、少なくとも第二幅と第三幅においては、布施を受け、寺を開基し、石造物を注視させ、譬喩因縁を語る一僧侶の物語を読み取ることも可能ではないだろうか。

第二項　化城喩品の一導師

もう一人、やや長めの鼻に特徴のある僧侶の姿が描きこまれている。第七幅「妙法蓮華経化城喩品第七」下段の一導師である（図145）。黒みを帯びた僧衣に代赭の袈裟をかけている。剝落があるので判然としないところもあるが、丸く長い鼻に特徴がある。前出の僧侶のような、大きな目ではない。太ってもいないが、肋骨が見えるほど瘠せてもいない。前出の第八幅「妙法蓮華経五百弟子受記品第八」の文殊にやや似ている。

図145　第七幅「妙法蓮華経化城喩品第七」「有一導師」

本作に描かれる人物の服飾の三国観については、第二部第二章第一節第一項に指摘した通りだが、この一導師の服飾は、天竺風でも震旦風でもない。衣は垂領で、色は黒に近い濁った茶色である。壊色をあらわすかと思われる。叡尊や忍性の肖像画や肖像彫刻で知られるような褊衫左衽（左前）[191]ではなく、袈裟を環で吊る形式でもない。しかし、少なくとも、当時の律僧たちの着した律衣を連想させる服飾であるように思われる。[192]ちなみに、同じ衣姿で鬚を持った僧侶の姿が、異時同図的に、城内にも見える。

人々を導く僧侶の右下に「勧進僧浄信」の記名があることにも注意したい。この図像は、制作者やその属する集団の自己投影ではなかっただろうか。

註

（1）田村芳朗・藤井教公『仏典講座7　法華経　上』（大蔵出版、一九八八年）二七九頁

（2）あげるべき書籍は多いが、筆者は富山県在住のゆかりから以下の書籍に多くの示唆を受けた。①藤野豊『日本ファシズムと医療――ハンセン病をめぐる実証的研究――』（岩波書店、一九九三年）。②藤野豊『「いのち」の近代史――「民族浄化」の名のもとに迫害されたハンセン病患者――』（かもがわ出版、二〇〇一年）。③藤野豊『厚生省の誕生――医療はファシズムをいかに推進したか――』（かもがわ出版、二〇〇三年）。④桜井哲夫『桜井哲夫詩集（新・日本現代詩文庫12）』（土曜美術社出版、二〇〇三年）。⑤木下晋『生の深い淵から――ペンシルワーク――改訂増補版』（里文出版、二〇〇四年）。⑥松波淳一『イタイイタイ病の記憶』（桂書房、二〇〇二年、二〇一〇年に『定本カドミウム被害百年――回顧と展望――』として定本化）。⑦藤野豊『ハンセン病と戦後民主主義――なぜ隔離は強化されたのか――』（岩波書店、二〇〇六年）。⑧藤野豊『忘れられた地域史を歩く――近現代日本における差別の諸相――』（大月書店、二〇〇六年）。⑨宮坂道夫『ハンセン病重監房の記録』（集英社新書、二〇〇六年）。⑩藤野豊『ハンセン病反省なき国家――『「いのち」の近代史』以後――』（かもがわ出版、二〇〇八年）。⑪松波淳一『カドミウム被害百年――回顧と展望――』（桂書房、二〇〇八年）。⑫藤野豊『戦争とハンセン病』（吉川弘文館、二〇一〇年）。⑬木下晋『祈りの心――木下晋画文集――』（求龍堂、二〇一二年）

（3）藤原良章「中世前期の病者と救済——非人に関する一試論——」（『列島の文化史』三、日本エディタースクール出版部、一九八六年）九九頁。藤原良章は、病者が非人視される時期について、十二世紀中葉と推定している。

（4）細川涼一『中世の身分制と非人』（日本エディタースクール出版部、一九九四年）一四三〜一四四頁

（5）『鎌倉遺文』一四巻二四頁。文書番号一〇四〇四・文永六年三月二十五日、大和般若寺文書

（6）藤江久志「中世の非人と癩者——後深草上皇七僧法会の記事をめぐって——」（『御影史学論集』二二、一九九七年）

（7）現在では使うべきではないと考える差別的表現である癩者については以下より示唆を受けた。①前掲註（4）。②金井清光『中世の癩者と差別』（岩田書院、二〇〇三年）。③吉田栄治郎「有馬温泉の「癩」者・坂者・夙」（『Regional（リージョナル）』1、奈良県立同和問題関係史料センター、二〇〇六年）

（8）ただし、「玄奘三蔵絵」における病者は、むしろ特異な容貌の持ち主として描かれており、一種見世物的である。

（9）当時の温室（風呂）については、穢れの問題にも関係し、観点は多岐にわたる。ここには文献を充分網羅できていない。筆者が参照しえた以下の各文献の参照文献をさらに参照されたい。①黒田日出男「中世民衆の皮膚感覚と恐怖」（『歴史学研究　別冊特集　一九八二年度歴史学研究会大会報告——民衆の生活・文化と変革主体——』一九八二年、同『境界の中世 象徴の中世』東京大学出版会、一九八六年所収）②兵庫県立歴史博物館編『湯の聖と俗と——風呂と温泉の文化——』（一九九二年）。③松尾恒一「中世寺院の浴室——饗応・語らい・芸能——」（一遍研究会編『一遍聖絵と中世の光景』ありな書房、一九九三年）。④斎藤純「風呂・温泉展主要参考文献——付・展覧会の思い出——」（『塵界』九、一九九七年）。⑤神戸市立博物館編『有馬の名宝——蘇生と遊興の文化——』（一九九八年）。⑥国立歴史民俗博物館編『中世寺院の姿とくらし——密教・禅僧・湯屋——』（二〇〇二年）。⑦榎原雅治「中世地方都市の空間構成——阿弥陀・薬師・旦過・風呂——」（服部英雄編『中世景観の復原と民衆像——史料としての地名論——』花書院、二〇〇四年）。⑧文化財研究所奈良文化財研究所飛鳥資料館『飛鳥の湯屋』（二〇〇四年）。⑨吉田栄治郎「有馬温泉の「癩」者・坂者・夙」（『Regional（リージョナル）』1、奈良県立同和問題関係史料センター、二〇〇六年）。⑩藤原重雄「温泉寺縁起絵」（『國華』一三三八号、二〇〇七年）。⑪藤原重雄「醍醐寺本「温泉山住僧薬能記」について」（『東京大学史料編纂所附属画像史料解析センター通信』三九、二〇〇

七年）。⑫日本温泉文化研究会編『論集温泉学1　温泉の文化誌』（岩田書院、二〇〇七年）。⑬大分県立歴史博物館編『湯浴み――湯の歴史と文化――』（一九九九年）。⑭加藤みち子「「温泉寺縁起」の思想的背景――山王神道・如法経・『薬師経』――」（佐野みどり・新川哲雄・藤原重雄編『中世絵画のマトリックス』青簡舎、二〇一〇年）。⑮日本温泉文化研究会編『論集温泉学2　湯治の文化誌』（岩田書院、二〇一〇年）。⑯日本温泉文化研究会編『論集温泉学3　温泉の原風景』（岩田書院、二〇一三年）。⑰加藤みち子「「温泉寺縁起絵」――天台系神仏習合の状況を読み解く――」（同『絵から読み解く日本仏教――日本仏教概論――』山喜房佛書林、二〇一二年）

(10)　砂川博「『一遍聖絵』巻三の絵と詞（下）」（『時衆文化』第一六号、二〇〇七年）

(11)　①武田勝蔵『風呂と湯の話』（塙新書、一九六七年）一八頁。②毛塚万里「描かれた桶樽、記された桶樽」（小泉和子編『桶と樽――脇役の日本史――』法政大学出版局、二〇〇〇年）七二頁。図も掲載。

(12)　国立歴史民俗博物館編『中世寺院の姿とくらし――密教・禅僧・湯屋――』（二〇〇二年）七四頁に東大寺大湯屋を含め現存する湯屋の遺構一覧がある。

(13)　原本は延慶元年（一三〇八）、奈良県・磯長寺で制作され、嘉暦四年（一三二九）に石川郡上村（現在地不詳）積御寺曼荼羅院西部屋において書写された。その書写本を、文和三年（一三五四）に下有智庄（現・岐阜県関市下有知）禅光寺においてさらに転写したものが、曼殊院に帰した。①梅津次郎編『新修日本絵巻物全集27　天狗草紙・是害房絵』（角川書店、一九七八年）。②梅津次郎監修『角川絵巻物総覧』（角川書店、一九九五年）三五五頁。③松尾恒一「中世寺院の浴室――饗応・語らい・芸能――」（一遍研究会編『一遍聖絵と中世の光景』ありな書房、一九九三年）。④国立歴史民俗博物館編『中世寺院の姿とくらし――密教・禅僧・湯屋――』（二〇〇二年）七六頁。⑤大分県立歴史博物館編『湯浴み――湯の歴史と文化――』（一九九九年）五八頁

(14)　北村彰裕「中世における温泉の召し寄せについて」（『鎌倉遺文研究』第二三号、二〇〇九年）

(15)　①『鎌倉国宝館図録15　鎌倉の古絵図Ⅰ』（鎌倉国宝館、一九六八年、再版一九九二年版、図14①　解説　三浦勝男）。②大分県立宇佐風土記の丘歴史民俗資料館編『寺社絵の世界――中世人のこころを読む――』（一九九五年）三二一～三二三頁。③大分県立歴史博物館編『湯浴み――湯の歴史と文化――』（一九九九年）三二一～三二三頁。

(16)大分県立歴史博物館編『湯浴み――湯の歴史と文化――』(一九九九年)二七～三八頁。『古事類苑』方技部十四・湯薬、一〇八八頁
(17)『大正蔵』二六二、九巻、六二頁上段二〇行
(18)河原由雄「法華経変相図(絵解き)法華経曼荼羅・本法寺本について」(倉田文作・田村芳朗監修『法華経の美術』佼成出版社、一九八一年)
(19)『鎌倉遺文』三九巻一一三頁三〇四一一・嘉暦三年十月五日。松尾剛次『救済の思想――叡尊教団と鎌倉新仏教――』(角川書店、一九九六年)二四頁に言及されている。
(20)①『奈良六大寺大観　東大寺三』(岩波書店、一九七三年)図版一六五～一六七頁、解説七五頁。『東大寺年中行事』享保十一年(一七二六)四月「霊宝展観目録」および箱書きによる。②奈良国立博物館監修『社寺縁起絵』(角川書店、一九七五年)六九～七〇頁、解説一八六～一八八頁。③奈良国立博物館・東大寺・朝日新聞社編『大仏開眼一二五〇年　東大寺のすべて』(二〇〇二年)五二～五三頁
(21)①阿部泰郎「湯屋の皇后――光明皇后湯施行の物語をめぐりて――(上・下)」(『文学』第五四巻一一号、第五五巻一号、一九八六年、一九八七年、同『湯屋の皇后――中世の性と聖なるもの――』名古屋大学出版会、一九九八年所収、第一章)。②太田有希子「光明皇后説話の位相――『建久御巡礼記』と湯施行譚――」(『巡礼記研究』第六集、二〇〇九年)
(22)東京大学史料編纂所所蔵影印本『海龍王寺文書』
(23)律宗における湯施行については、以下。①藤江久志「中世の「非人」と温室――清水寺坂非人を中心に――」(『御影史学論集』二五、二〇〇〇年)。②馬淵和雄「叡尊・忍性教団の考古学」(松尾剛次編『日本の名僧10　持戒の聖者　叡尊・忍性』吉川弘文館、二〇〇四年)
(24)松尾剛次「恵鎮円観を中心とした戒律の「復興」――北嶺系新義律僧の成立――」(『三浦古文化』四七号、一九九〇年、同『勧進と破戒の中世史――中世仏教の実相――』吉川弘文館、一九九五年所収、一八六頁)
(25)細川涼一訳注『東洋文庫803　関東往還記』(平凡社、二〇一一年)一一五～一一八頁

(26)『元亨釈書』（『新訂増補国史大系』第三一巻）巻十三明戒・極楽寺忍性伝二〇三頁

(27) 忍性の行った「オンブ」と、死者を場所に運ぶ行為との関連をも含めての宗教的な意味については、以下。保立道久『中世の愛と従属――絵巻の中の肉体――』（平凡社、一九八六年）一三四〜一三五頁

(28) 当時の律僧たちの活動については以下。①和島芳男『人物叢書　叡尊・忍性』（吉川弘文館、一九五九年）。②細川涼一『中世の律宗寺院と民衆』（吉川弘文館、一九八七年）。③松尾剛次『鎌倉新仏教の成立――入門儀礼と祖師神話――』（吉川弘文館、一九八八年）。④細川涼一『中世の身分制と非人』（日本エディタースクール出版部、一九九四年）。⑤松尾剛次『勧進と破戒の中世史――中世仏教の実相――』（吉川弘文館、一九九五年）。⑥松尾剛次『救済の思想――叡尊教団と鎌倉新仏教――』（角川書店、一九九六年）。⑦細川涼一『死と境界の中世史』（洋泉社、一九九七年）。⑧細川涼一『中世寺院の風景――中世民衆の生活と心性――』（新曜社、一九九七年）。⑨細川涼一編『三昧聖の研究』（碩文社、二〇〇一年）。⑩松尾剛次編『日本の名僧10　持戒の聖者　叡尊・忍性』（吉川弘文館、二〇〇四年）。⑪松尾剛次『ミネルヴァ日本評伝選　忍性――慈悲ニ過ギタ――』（ミネルヴァ書房、二〇〇四年）。⑫松尾剛次『中世律宗と死の文化』（吉川弘文館、二〇一〇年）

(29) 中世の草履、草鞋と民俗については以下。①坂井康人「正月・八朔における草履・箒進上について」（東日本部落解放研究所『解放研究』一三号、二〇〇〇年）。②金井清光「『一遍聖絵』に見る草履・草鞋と被差別民の草履作り」（砂川博編『一遍聖絵の総合的研究』岩田書院、二〇〇二年、金井清光『一遍聖絵新考』岩田書院、二〇〇五年所収）

(30) 太田昌子は、功徳を得られなかった姿として解釈している。序註（5）文献⑱

(31) 宮次男「金字宝塔曼陀羅三本の性格」（同『金字宝塔曼陀羅』第五章、吉川弘文館、一九七六年）

(32) 松尾剛次『救済の思想――叡尊教団と鎌倉新仏教――』（角川書店、一九九六年）二七頁に、『金剛仏子叡尊感身学正記録』『関東往還記』に基づき叡尊教団の文殊信仰、非人救済をまとめた図がある。

(33) 辻善之助編『慈善救済史料』（平楽寺書店、一九三二年、一九七七年再版）二八九〜二九〇頁。前掲註（28）文献⑪一二四頁に現代語訳がある。

(34)「性公大徳譜」(辻善之助編『慈善救済史料』平楽寺書店、一九三二年、一九七七年再版) 二八三頁

(35) ①『鎌倉国宝館図録15　鎌倉の古絵図Ⅰ』(鎌倉国宝館、一九六八年、一九九二年再版。解説・三浦勝男)。②松尾剛次『ミネルヴァ日本評伝選　忍性――慈悲ニ過ギタ――』(ミネルヴァ書房、二〇〇四年) 九八～一〇一頁

(36) 梶谷亮治「法華経見返絵の展開」(奈良国立博物館編『法華経――写経と荘厳――』東京美術、一九八八年) 三六〇頁

(37) 須藤弘敏「経絵に映る宋と日本」(『國華』一三七六号、二〇一〇年　同『法華経写経とその荘厳』中央公論美術出版、二〇一五年所収)

(38) 前掲註 (33)

(39) ①笠原一男『女人往生思想の系譜』(吉川弘文館、一九七五年)。②西口順子『平凡社選書110　女の力――古代の女性と仏教――』(平凡社、一九八七年)。③伝道院特定課題研究会・教学本部編『女人往生』(本願寺出版会、一九八八年)。④大隅和雄・西口順子編『シリーズ女性と仏教1～4』(平凡社、一九八九年)。⑤勝浦令子『平凡社選書156　女の信心――妻が出家した時代――』(平凡社、一九九五年)。⑥西口順子編『仏と女』(吉川弘文館、一九九七年)。⑦光華女子大学・光華女子短期大学真宗文化研究所編、吉田一彦・勝浦令子・西口順子著『日本史の中の女性と仏教』(法藏館、一九九九年)。⑧勝浦令子『日本古代の僧尼と社会』(吉川弘文館、二〇〇〇年)。⑨勝浦令子『日本史リブレット16　古代・中世の女性と仏教』(山川出版社、二〇〇三年)。⑩野村育世『仏教と女の精神史』(吉川弘文館、二〇〇四年)。⑪西口順子『中世の女性と仏教』(法藏館、二〇〇六年)。⑫遠藤一『中世日本の仏教とジェンダー――真宗教団・肉食夫帯の坊守史論――』(明石書店、二〇〇七年)

(40) 宮次男「金字宝塔曼陀羅三本の性格」(同『金字宝塔曼陀羅』吉川弘文館、一九七六年) 図版106

(41) 宮次男、前掲註 (40) 図版181

(42) 倉田文作・田村芳朗監修『法華経の美術』(佼成出版社、一九八一年)

(43) ①梶谷亮治「我が国における仏教説話の展開」(奈良国立博物館編『仏教説話の美術』思文閣出版、一九九六年) 四七六頁。②小松茂美『図説平家納経』(戎光祥出版、二〇〇五年) 三七頁。③奈良国立博物館編『厳島神社

国宝展――台風被災復興支援――』（読売新聞大阪本社、二〇〇五年）一一〇頁

(44) 成原有貴「平家納経見返絵に関する一考察」（『佛教藝術』二一七号、一九九四年）

(45) ①橋村愛子「「平家納経」の世界」（『別冊太陽190　平清盛』平凡社、二〇一一年）五七～五八頁。②橋村愛子「平家納経とその経箱――呉越国、宋、契丹の仏塔に納められた法華経と日本より――」（名古屋大学大学院文学研究科美学美術史研究室編『美学美術史研究論集』二六、二〇一二年）

(46) 橋村愛子による口頭発表「滋賀県・西明寺三重塔壁画の法華経絵」（第二回「法華経絵研究会」、二〇一三年八月五日、於・富山国際会議場）において、同壁画「提婆達多品」の龍女かとみられる人物に冠の顎紐が見えることから、男性に変じていることの指摘があった。

(47) 二〇〇七年十一月四日における国際シンポジウム「仏教学を超えて」（ボストン・ライシャワー研究所）における筆者の発表「法華経曼荼羅と女人成仏――富山市・本法寺所蔵本を中心に――The *Lotus Sutra Mandala* and Women Attaining Buddhahood: Focusing on the Honpô-ji Version」に対してケビン・カー氏（ミシガン大学准教授・当時）よりいただいたコメントである。確かにサンスクリット語からの直訳（例えば、岩波文庫版など）では、「男子の性器が生じ」など直截な表現が見られる。しかし、漢文に翻訳された段階では、ただ「忽然之間変成男子」とあるのみであり直截的な表現は必要とされない。

(48) 特に龍女成仏に関係した論については以下。①山本ひろ子「成仏のラディカリズム」（『岩波講座東洋思想16　日本思想2』一九八九年）。②田中貴子「古典文学にみる竜女成仏」（『国文学：解釈と鑑賞』五六巻五号、一九九一年）。③植木雅俊『仏教のなかの男女観――原始仏教から法華経に至るジェンダー平等の思想――』（岩波書店、二〇〇四年）第五章、第六章参照

(49) 『大正蔵』二六二、九巻、三五頁下段七行

(50) 『大正蔵』二六二、九巻、三五頁下段九～一〇行

(51) 『大正蔵』二六二、九巻、三五頁下段一七行

(52) 勝浦令子『日本古代の僧尼と社会』（吉川弘文館、二〇〇〇年）

(53)『類聚三代格』同年二月十四日勅

(54) 濱田隆「法華経と日本仏教文化」(奈良国立博物館編『法華経――写経と荘厳――』東京美術、一九八八年)三一六頁

(55) 藤井教公「法華経諸本間の異動」(藤井教公・田村芳朗監修『仏典講座7　法華経　上』大蔵出版、一九八八年)七~九頁

(56) 梶谷亮治「法華経見返絵展開」(奈良国立博物館編『法華経――写経と荘厳――』東京美術、一九八八年)三三五頁

(57) 曾根正人「『法華滅罪之寺』と提婆品信仰」(『史正』一一、一九八二年)

(58) 勝浦令子「法華滅罪之寺と洛陽安国寺法華道場」(『史論』四六、一九九三年、同『日本古代の僧尼と社会』吉川弘文館、二〇〇〇年所収、第八章)

(59) 前掲註(57)二七頁

(60) 淡海三船「唐大和上東征伝」には、「天台止観法門玄義文句各十巻四教儀十二巻行法華懺法一巻小止観一巻」などの天台教学に関わる将来本や「比丘尼伝二本四巻」などの尼僧伝が記されている。『和泉書院影印叢刊12　唐大和上東征伝――宝暦十二年版本――』(和泉書院、一九八八年)
鑑真と天台との関係については、山口光円「鑑真大和尚と天台教学」(『日本名僧論集第一巻　行基・鑑真』吉川弘文館、一九八三年)

(61) 塩入良道「慈覚大師改伝・相伝の懺法について」(福井康順編『慈覚大師研究』天台学会、一九六四年)

(62)『大日本古文書』(編年文書)七巻一九七頁

(63)『大正蔵』四〇二一、一三巻

(64) 天皇や皇后の時々の仰せによって書写された写経で、「依間仰給、所奉写」の略である。薗田香融は、間写経に注目し、当時の仏教のその時々の傾向を捉える上で重要なものであることを指摘した。薗田香融「南都仏教における救済の論理〈序説〉――間写経の研究――」(『日本宗教史研究』四輯、一九七四年)

(65) 勝浦令子「孝謙・称徳天皇による『宝星陀羅尼経』受容の特質」(同『日本古代の僧尼と社会』吉川弘文館、二〇〇〇年所収、第十章)

(66) 『大正蔵』四〇二、一三巻、五三六頁下段四〜七行　法琳序

(67) 小野玄妙・丸山孝雄編『仏書解説大辞典』(大東出版社、縮刷版一九九九年)第一〇巻一四八頁

(68) 岩本裕訳『仏教聖典選第四巻　大乗経典(二)』(読売新聞社、一九七五年)二九五頁

(69) ①武田佐知子「大仏開眼会における孝謙天皇の礼冠について」(門脇禎二編『日本古代国家の展開　下』思文閣出版、一九九五年)。②武田佐知子「男装の女帝」(『大阪外語大学女性学論集』一九九七年)。①②とも同『朝日選書601　衣服で読み直す日本史──男装と王権──』(朝日新聞社、一九九八年)所収。

(70) 前掲註(65)文献。同書第十章註(55)(二八八頁)。勝浦は、『ミネルヴァ日本評伝選　孝謙・称徳天皇──出家しても政を行ふに豈障らず──』(ミネルヴァ書房、二〇一四年)においても同天皇像の見直しを行い、同書三一六〜三一八頁において同天皇が「悪女」として否定的に論究されるにいたる過程についての指摘を行っている。

(71) 「納櫃本経検定并出入帳」(続々修十五ノ二、『大日本古文書』二十四ノ一七一)

(72) 「僧智憬章疏本奏請啓」(続々修四十六ノ九、『大日本古文書』十三ノ三七)

(73) 「僧明一啓」(続々修四十一ノ七裏、『大日本古文書』十六ノ一七五)

(74) 『大正蔵』五六四、一四巻、九一五〜九二一頁

(75) 『大正蔵』五六四、一四巻、九一七頁下段一四〜一五行

(76) 『大正蔵』五六四、一四巻、九一八頁上段一一行

(77) 「仏説無垢賢女経」(『大正蔵』五六二、一四巻)、「仏説腹中女聴経」(『大正蔵』五六三、巻一四)も同様の内容をもつ。

(78) 吉原浩人「王朝貴族の信仰生活──『江都督納言願文集』にみる女性の願い──」(『国文学：解釈と鑑賞』五七巻一二号、一九九二年)。一七頁に、「転女成仏経」における、胎内の子どもを男子に変成することへの関心についての言及がある。ただし、写経目的は女人解脱の道への関心とみる。なお、吉原も含め、西口以外の論者は、「転

成仏経」と「転女身経」とを同一視している。
(79)『大正蔵』五六四、一四巻、九二二頁中段一～四行
(80)『大正蔵』五六二、一四巻、九一四頁上段一〇行
(81)稲城正己「菩薩のジェンダー――菅原道真の願文と女人成仏――」(朝枝善照先生華甲記念論文集刊行会編『仏教と人間社会の研究』永田文昌堂、二〇〇四年)六八九頁。植木雅俊『仏教のなかの男女観――原始仏教から法華経に至るジェンダー平等の思想――』(岩波書店、二〇〇四年)第五章も参照した。
(82)前掲註(65)
(83)川口久雄校注『日本古典文学大系72　菅家文草・菅家後集』(岩波書店、一九六六年)六〇三頁
(84)小原仁「転女成仏説の受容について」(『日本仏教史学』第二四号、一九九〇年、総合女性史研究会編『日本女性史論集5　女性と宗教』吉川弘文館、一九九八年所収、小原仁『中世貴族社会と仏教』吉川弘文館、二〇〇七年再録)
(85)前掲註(83)文献六〇五頁
(86)前掲註(84)文献
(87)前掲註(84)文献『中世貴族社会と宗教』三～四頁
(88)①西口順子『平凡社選書110　女の力――古代の女性と仏教――』(平凡社、一九八七年)。②大隅和雄・西口順子編『シリーズ女性と仏教1～4』(平凡社、一九八九年)。③西口順子編『仏と女』(吉川弘文館、一九九七年)。④西口順子『中世の女性と仏教』(法藏館、二〇〇六年)
(89)①平雅行「旧仏教と女性」(津田秀夫先生古稀記念会編『封建社会と近代』同朋舎出版、一九八九年)。②平雅行「女人往生論の歴史的評価をめぐって」(『仏教史学研究』三二―二、一九八九年)。③平雅行「善光寺と女人罪業観」(鈴木則子編『歴史における周縁と共生――女性・穢れ・衛生――』思文閣出版、二〇一四年)
(90)野村育世『仏教と女の精神史』(吉川弘文館、二〇〇四年)
(91)工藤美和子『佛教大学研究叢書2　平安期の願文と仏教的世界観』(思文閣出版、二〇〇八年)第Ⅰ部第二章
(92)①小原仁「転女成仏説の受容について」(『日本仏教史学』第二四号、一九九〇年、総合女性史研究会編『日本女

性史論集5　女性と宗教』吉川弘文館、一九九八年所収、小原仁『中世貴族社会と仏教』吉川弘文館、二〇〇七年再録）。②西口順子「日本史上の女性と仏教」（『国文学：解釈と鑑賞』五六巻五号、一九九一年）。③白土わか「『法華経』・『無量寿経』・『転女成仏経』における女人救済」（『国文学：解釈と鑑賞』五六巻五号、一九九一年）。④平雅行『日本中世の社会と仏教』第四篇・女性と仏教（塙書房、一九九二年）。⑤吉原浩人「王朝貴族の信仰生活――『江都督納言願文集』に見る女性の願い――」（『国文学：解釈と鑑賞』五七巻一二号、一九九二年）。⑥森晴彦「『転女成仏経』と藤原定家――その写経目的について――」（『解釈』四〇―八、一九九四年）。⑦野村育世「鎌倉時代の古文書に見る女性の仏教認識・心性」（『仏教史学研究』一六―一二、一九九六年）。⑧稲城正己「菩薩のジェンダー――菅原道真の願文と女人成仏――」（朝枝善照先生華甲記念論文集刊行会編『仏教と人間社会の研究』永田文昌堂、二〇〇四年）。⑨稲城正己「平安期における女人成仏の系譜――願文を中心として――」（『日本思想史学』三七号、二〇〇五年）。⑩工藤美和子『佛教大学研究叢書2　平安期の願文と仏教的世界観』（思文閣出版、二〇〇八年）第Ⅰ部第二章第四節

(93)　笠原一男『女人往生思想の系譜』（吉川弘文館、一九七五年）

(94)　笠原一男批判は以下にその論点が整理されている。前掲註（89）文献①

(95)　①西口順子「『転女身経』と『転女成仏経』」（『尼寺文書調査の成果を基盤とした日本の女性と仏教の総合研究』平成十四年度～十七年度科学研究費補助金　基盤研究（B）研究成果報告書、二〇〇六年）。②西口順子「講演『転女成仏経』攷」（『日本仏教綜合研究』八、二〇〇九年）。③西口順子「『転女成仏経』について」（佐野みどり・加須屋誠・藤原重雄編『中世絵画のマトリックス　Ⅱ』青簡舎、二〇一四年）①の増補改訂

(96)　大屋徳城『寧楽刊経史』（内外出版、一九二三年）、『大屋徳城著作選集8』として復刊（国書刊行会、一九八七年）、図版27・一八九頁。なお、川瀬一馬「唐招提寺律宗戒学院経蔵目録㈠」（『書誌学』復刊新一四、一九六九年）にも録されている。

(97)　仏教史学会二〇〇五年四月例会における西口順子発表「東京国立博物館所蔵「転女成仏経」について」に寄せられた竺沙雅章のコメント。西口順子、前掲註（95）文献①

(98) 工藤美和子「『江都督納言願文集』にみる女性と仏教について」(『日本宗教文化史研究』九巻二号、二〇〇五年、同『佛教大学研究叢書2　平安期の願文と仏教的世界観』思文閣出版、二〇〇八年所収、第三章)

(99) 前掲註(95)文献①四〇頁、文献②二～三頁

(100) 『図書寮叢刊　九条家本　玉葉』第八巻(明治書院、二〇〇二年)一四五頁

(101) 藤原重雄「最勝光院御所障子絵をめぐって——基本史料の解釈——」(加須屋誠編『図像解釈学——権力と他者——』竹林舎、二〇一三年)

(102) ①成原有貴「平家納経見返絵に関する一考察」(『佛教藝術』二一七号、一九九四年)。②成原有貴「平家納経薬王品・厳王品見返絵の女性像を読み解く——物語・絵画のなかの女性像との比較から——」(池田忍編『講座源氏物語研究10　源氏物語と美術の世界』おうふう、二〇〇八年)。筆者は、基盤研究(B)「日本の宗教とジェンダーに関する国際総合研究——尼寺調査の結果を基礎として——」(平成十八年度～二十年度、代表者:大手前大学助教授・岡佳子基盤研究)とハーバード大学ライシャワー研究所共催国際シンポジウム「仏教学を超えて」において、「法華経曼荼羅と女人成仏——富山市・本法寺所蔵本を中心に——」と題する発表を二〇〇七年十一月四日に行った際、成原文献を見落としており、同科研報告書中に注記と謝罪を掲載した。

(103) 前掲註(102)参照。なお以下の論文に、前註と重複する分析がある。クレール碧子・ブリッセ「院政時代の装飾経における「女人成仏」——『平家納経』のクリプトグラフィーをめぐって——」(『アジア遊学　特集=絵を読む文字を見る——日本文学とその媒体——』一〇九、二〇〇八年)
ブリッセ論文は、前掲註(102)②成原論文とほぼ同時期に出版されているが、分析の手法と薬王品の経文そのものの解釈については相違があり、かつまた成原論文には触れず、ジャクリーヌ・ピジョーの「王朝日本における書と絵——平家納経のクリプトグラフィーについて——」(『テクステュエル』第二五号、一九九三年)を参照しつつ、「女性は死ぬと男性に生まれ変わらなくとも直接に阿弥陀如来の浄土に往生できるという期待を表現している」と述べる。

(104) 永井義憲・清水宥聖『貴重古典籍叢刊6　安居院唱導集　上巻』(角川書店、一九七二年、一九七九年再版)七

○頁

(105)『続天台宗全書』論草2・義科廬談法華文句他（春秋社、一九九七年）一一九頁。一〇一・一一四・一二八・一六〇・一六三・一六九頁にも同様の議論がある。清原恵光の解題によれば、成立は正和三年（一三一四）から貞治六年（一三六七）の間であるという。

(106) 石井公成氏のご教示による。拙稿「本法寺蔵「法華経曼荼羅」と女性の信仰――芹を摘む女と変成男子――」（佐野みどり・加須屋誠・藤原重雄編『中世絵画のマトリックス　Ⅱ』青簡舎、二〇一四年）における議論は説明不足で逆の結論とみえる。ここに補い訂正する。

(107) 物持については、以下。①細川涼一「西琳寺物持と尼――中世律宗と「女人救済」――」（大隅和雄・西口順子編『シリーズ女性と仏教2　救いと教え』平凡社、一九八九年）。②松尾剛次「西大寺光明真言過去帳の紹介と分析」（速水侑編『日本社会における仏と神』吉川弘文館、二〇〇六年）一二三頁。③細川涼一訳注『東洋文庫803　関東往還記』（平凡社、二〇一一年）二二一～二二七頁。

(108) 前掲註（96）『寧楽刊経史』復刊本一八九～一九〇頁

(109)『金沢文庫資料全書』仏典第五巻戒律篇（一）（神奈川県立金沢文庫、一九八一年）六五～一一六頁

(110) 細川涼一訳注『東洋文庫803　関東往還記』（平凡社、二〇一一年）二四頁。同「西琳寺物持と尼」（『シリーズ女性と仏教2　救いと教え』（平凡社、一九八九年）参照

(111)「聖法輪蔵　天寿国曼陀羅出現」（平松令三編『真宗史料集成第四巻　専修寺・諸派』（同朋舎出版、一九八二年）五五三～五五四頁。阿部泰郎「中世聖徳太子伝『正法輪蔵』の成立基盤」（『元興寺文化財研究所々報』二四、一九八三年）参照

(112)『転女身経』開板の刊記全文は、前掲註（96）『寧楽刊経史』復刊本一八九～一九〇頁

(113) 読み下しは以下による。細川涼一「西琳寺物持と尼」（『シリーズ女性と仏教2　救いと教え』（平凡社、一九八九年）一四八頁

(114) 松尾剛次「遁世僧集団による非人救済と女人救済」（同『新版鎌倉新仏教の成立――入門儀礼と祖師神話――』

吉川弘文館、一九九八年）二六五〜二九三頁

(115) 蓑輪顕量「戒律復興運動」（松尾剛次編『日本の名僧10　持戒の聖者　叡尊・忍性』吉川弘文館、二〇〇四年）六九頁

(116)『招提千歳伝記巻中之三』転男教円伝。①仏書刊行会編『大日本佛教全書一〇五　戒律伝来記・律宗瓊鑑章・律苑僧宝伝・招提千歳伝記・外八部』（仏書刊行会、一九一五年）三七一頁（六七）。②関口静雄・山本博也編著『唐招提寺・律宗戒学院叢書第一輯　招提千歳伝記』昭和女子大学近代文化研究所、二〇〇四年）尼女篇③一二八頁

(117) 牛山佳幸『古代中世寺院組織の研究』（吉川弘文館、一九九〇年）六八頁

(118) 勝浦令子『日本古代の僧尼と社会』（吉川弘文館、二〇〇〇年）

(119) ①小原仁「女性往生者の誕生――『中右記』の女性をめぐって――」（大隅和雄・西口順子編『シリーズ女性と仏教3　信心と供養』平凡社、一九八九年）。②勝浦令子『平凡社選書156　女の信心――妻が出家した時代――』（平凡社、一九九五年）。③小原仁「貴族女性の信仰生活――貴族社会における「家」の祭祀――」（西口順子編『仏と女』吉川弘文館、一九九七年）。④勝浦令子『日本古代の僧尼と社会』（吉川弘文館、二〇〇〇年）。⑤小原仁『中世貴族社会と仏教』（吉川弘文館、二〇〇七年、本註文献①③改訂所収）

(120) 細川涼一『中世の律宗寺院と民衆』（吉川弘文館、一九八七年）一〇八頁。同様の立場は、同『女の中世――小野小町・巴・その他――』（日本エディタースクール出版部、一九八九年）一五一〜一五二頁に述べられている。

(121) 美術史における権威づけのレトリックという視点については以下。①エルンスト・クリス／オットー・クルツ『芸術家伝説』（大西廣他訳、ぺりかん社、一九八九年）。②太田孝彦『日本美術史の言説』（『平成十一年度〜十二年度科学研究費補助金（基盤研究（C）（2））研究成果報告書』、二〇〇一年）。③岸文和『日本における「芸術家」イメージの形成史――絵画制作者はどのように語られてきたか――』（『平成十一年度〜十三年度科学研究費補助金（基盤研究（C）（2））研究成果報告書』、二〇〇二年）。④大西廣「雪舟史料を読む39　西行の和歌における、宗祇の連歌における、雪舟の絵における、利休が茶における、其貫道する物は一なり」（平凡社『月刊百科』五四九号、二〇〇八年）

（122）①堀池春峰「家原寺蔵行基菩薩縁起図」（同『南都仏教史の研究　上』法藏館、一九八〇年）五九五頁。②細川涼一「竹林寺行基廟の開掘と律僧」（同『中世の律宗寺院と民衆』吉川弘文館、一九八七年）四三頁

（123）「聖覚鈔」下（仏書刊行会編『大日本佛教全書（覆刻版）』一一二巻、名著普及会、一九七九年）四七九～四八五頁（四六～五三）

（124）①永井義憲「信如とその周辺」（同『日本仏教文学研究』第二集、豊島書房、一九六七年）。②阿部泰郎「中世南都の宗教と芸能――信如尼と若宮拝殿巫女をめぐりて――」（『国語と国文学　特集＝文学の〈時空〉』六四―五、一九八七年）

（125）時宗宗典編纂委員会編『定本時宗宗典　上』（山喜房佛書林、一九七九年）二四〇頁。ただし、当該引用の底本は、摂陽洞天が校閲し、安永五年（一七七六）八月に黄台山長楽寺・浄阿徴禅が題誌を記した『三大祖師法語　上巻』である。言辞がどの程度遡るものかについては確認できない。

（126）松下みどり「時宗の女性観」（『時衆文化』第一六号、二〇〇七年）

（127）西口順子「『転女身経』と『転女成仏経』」（『尼寺文書調査の成果を基盤とした日本の女性と仏教の総合研究』平成十四年度～十七年度科学研究費補助金　基盤研究（B）研究成果報告書、二〇〇六年）註7

（128）二〇一五年六月二十七日宗教文化史研究会第十九回大会（於・龍谷大学大宮キャンパス清和館）においてご教示を得た。序註（17）拙稿⑨では版本を版木と誤読していた。ここに訂正する。

（129）箕浦尚美「『大仏供養物語』考」（伊井春樹編『古代中世文学研究論集』三、和泉書院、二〇〇一年）。箕浦は、『大仏供養物語』と『拾遺古徳伝』との共通性を指摘している。

（130）勝浦令子「尼削ぎ考」（同『平凡社選書156　女の信心――妻が出家した時代――』平凡社、一九九五年）

（131）『栄華物語』巻第二十七ころものたま（松村博司・山中裕校注『日本古典文学大系76　栄花物語　下』岩波書店、一九六五年）二六四頁

（132）『新訂増補国史大系第十二巻　扶桑略記・帝王編年記』（吉川弘文館、一九六五年）二八四頁

（133）前掲註（131）四四五～四四六頁

(134) 高松百香「上東門院彰子の剃髪」(倉田実編『王朝人の婚姻と信仰』森話社、二〇一〇年)

(135) 川端善明・荒木浩校注『新日本古典文学大系41　古事談・続古事談』(岩波書店、二〇〇五年)一九六頁

(136) 前掲註(135)二頁

(137)『金剛仏子叡尊感身学生記』中　建長元年　四十九歳

(138) 松尾剛次『新版　鎌倉新仏教の成立――入門儀礼と祖師神話――』(吉川弘文館、一九九八年)二〇七~二一〇頁

(139)「阿難涅槃」の読みについては、三重県・極楽寺・西片元証住職にご教示をいただいた。序註(17)拙稿⑧「阿難法楽」の読みは誤読である。西片氏に感謝申し上げるとともに、ここに訂正する。

(140)『妙法蓮華経文句』二巻上(『大正蔵』一七一八、三四巻、一八頁下段一四~二六行)。この説話の類話は、『法華直談因縁集』(和泉書院、一九九八年)序品三一、人記品一一にある。同書類話一覧によれば、以下がある。『法華百座聞書抄』三月七日条、『直談鈔』序品・一―一五〇、人記品・二―四〇六、『拾葉鈔』序品・六三頁上一三、人記品・四二一頁上八行

(141) 辻森要修訳『国訳一切経　和漢撰述部　経疏部二』(大東出版社、一九三七年)五六頁

(142) 阿育王塔、銭弘俶塔に関する論考は以下。研究史においては、石造品は宝篋印塔と呼ばれており、金工品と区別されている。ただし、文献⑩においては、形態上の類似をもって、金工、石造の研究を統合する試みがなされている。①川勝政太郎『日本石材工芸史』(綜芸社、一九五七年)。②奈良国立博物館展覧会図録『仏舎利の荘厳』(一九八三年)。③斎木勝「関東方宝篋印塔の研究」(『千葉県文化財センター研究紀要』一〇、一九八六年)。④河田貞『日本の美術280　仏舎利と経の荘厳』(至文堂、一九八九年)。⑤奈良国立博物館展覧会図録『仏舎利と宝珠――釈迦を慕う心――』(二〇〇一年)。⑥岡本智子「大蔵派宝篋印塔の研究」(『戒律文化』第二号、二〇〇三年)。⑦狭川真一編『墓と葬送の中世』(高志書院、二〇〇七年)。⑧狭川真一編『日本の中世墓』(高志書院、二〇〇九年)。⑨内藤栄「阿育王塔信仰と日本」(奈良国立博物館展覧会図録『聖地寧波――日本仏教一三〇〇年の原流:すべてはここからやって来た――』二〇〇九年)図27・図32~35および解説参照。⑩大塚紀弘「宝篋印塔源流考――図像

の伝来と受容をめぐって――」(『日本仏教綜合研究』第一〇号、二〇一二年)。⑪京都国立博物館展覧会図録『国宝十二天像と密教法会の世界』(二〇一三年)図版58および解説。文治三年(一一八七)「東寺宝蔵焼亡日記案」に「一、南宝蔵納貴取出物等　伝法灌頂具一式　阿育王宝塔形　一本」とあり、形状は不明だが、東寺に阿育王宝塔が蔵されていたことがわかる。

(143) 内藤栄、前掲註(142)文献⑨図34および解説参照

(144) ①川勝政太郎『日本石造美術辞典　新装版』(東京堂出版、一九九八年)一二七頁。②五来重『宗教民俗集成6　寺社縁起からお伽話へ』(角川書店、一九九五年)一九〇頁

(145) 吉河功『石造宝篋印塔の成立』(第一書房、二〇〇〇年)

(146) ①河合正治「西大寺流律宗の伝播――瀬戸内海地域を中心として――」(『金沢文庫研究』一四(七)、一九六八年)。②前田元重「箱根宝篋印塔と大工前大和権守大蔵康氏――称名寺三重塔建立との関連において――」(『金沢文庫研究紀要』九、一九七二年)

(147) 以下を参照した。①岡本智子「大蔵派宝篋印塔の研究」(『戒律文化』第二号、二〇〇四年)。②岡本智子「初期宝篋印塔と律宗」(『戒律文化　特集＝中世の造形と律宗』第四号、二〇〇六年)。③佐藤亜聖「西大寺式五輪塔の成立」(『戒律文化　特集＝中世の造形と律宗』第四号、二〇〇六年)。④山川均編『東アジア海域叢書10　寧波と宋風石造文化』(汲古書院、二〇一二年)。⑤狭川真一・松井一明編『中世石塔の考古学――五輪塔・宝篋印塔の形成・編年と分布――』(高志書院、二〇一二年)

(148) 序註(16)文献②

(149) 序註(16)文献④

(150) 『大正蔵』一七一八、三四巻、一八頁中段二七行〜下段五行

(151) 前掲註(141)五五頁

(152) 『大正蔵』二〇八五、五一巻、八六二頁上段一四〜二〇行

(153) 小野玄妙訳『国訳一切経　和漢撰述部　史伝部一六下』二一六〜二一七頁(大東出版社、一九三七年)

(154)『大正蔵』二〇八七、五一巻、九〇九頁下段二〇〜二九行

(155)小野玄妙訳『国訳一切経　和漢撰述部　史伝部一六上』一七九頁（大東出版社、一九三七年）

(156)①舩田淳一『神仏と儀礼の中世』（法藏館、二〇一一年）第一部第四章「貞慶撰五段『舎利講式』の儀礼世界」および補論「貞慶撰五段「舎利講式」の展開」。②奈良国立博物館展覧会図録『解脱上人貞慶――鎌倉仏教の本流――』（二〇一二年）

(157)①中尾堯『中世の勧進聖と舎利信仰』（吉川弘文館、二〇〇一年）第二章「生身信仰と舎利信仰」。②生駒哲郎「中世の生身信仰と仏像の霊性――重源の仏舎利信仰を中心に――」（中尾堯編『中世の寺院体制と社会』吉川弘文館、二〇〇二年）。

鎌倉における舎利信仰については以下。③納冨常天「舎利相伝縁起――鎌倉を中心とした舎利信仰――」（同『金沢文庫資料の研究――稀覯資料篇――』法藏館、一九九五年）

(158)舩田淳一『神仏と儀礼の中世』（法藏館、二〇一一年）一五一頁。同書第一部第四章註1に「舎利―釈迦信仰」研究の参考文献があげられている。本書においては、上川通夫『日本中世仏教史料論』第三部第三章「如意宝珠法の成立」（吉川弘文館、二〇〇八年）および同論註1の文献も参照した。あわせて記しておく。①景山春樹『舎利信仰――その研究と史料――』（東京美術、一九八六年）。②阿部泰郎「宝珠と王権」（『岩波講座東洋思想16　日本思想2』一九八九年）。③細川涼一「中世女性と舎利信仰」（同『女の中世――小野小町・巴・その他――』Ⅱ王権と尼寺五（日本エディタースクール出版部、一九八九年）。④橋本初子「大師請来仏舎利の信仰」（同『中世東寺と弘法大師信仰』思文閣出版、一九九〇年）。⑤浅野祥子「舎利と文学――講式・説話について――」（大正大学『国文学踏査』一六号、一九九一年）。⑥浅野祥子「舎利講式小考」（大正大学『仏教文化学会紀要』創刊号、一九九二年）。⑦田中貴子「舎利が生み出す王権」（同『外法と愛法の中世』砂子屋書房、一九九三年）。⑧納冨常天「舎利相伝縁起――鎌倉を中心とした舎利信仰――」（同『金沢文庫資料の研究――稀覯資料篇――』法藏館、一九九五年）。⑨中尾堯「生身信仰と舎利信仰」（同『中世の勧進聖と舎利信仰』吉川弘文館、二〇〇一年）。⑩生駒哲郎「中世の生身信仰と仏像の霊性――重源の仏舎利信仰を中心に――」（中尾堯編『中世の寺院体制と社会』吉川弘文

館、二〇〇二年)。⑪奈良国立博物館編『仏舎利と宝珠——釈迦を慕う心——』(二〇〇一年)。⑫ブライアン・小野坂・ルパート「舎利信仰と贈与・集積・情報の中世史」(今井雅晴編『中世仏教の展開とその基盤』大蔵出版、二〇〇二年)。⑬伊藤聡「重源と宝珠」(『仏教文学』二六号、二〇〇二年)。⑭上川通夫「如意宝珠法の成立」(覚禅鈔研究会編『覚禅鈔の研究』親王院堯榮文庫、二〇〇四年、上川通夫『日本中世仏教史料論』吉川弘文館、二〇〇八年に再録)。⑮中村本然「真言密教の修法と如意宝珠」(『密教文化研究所紀要』一八号、二〇〇五年)

(159) 細川涼一訳注『東洋文庫803　関東往還記』(平凡社、二〇一一年)二六七～二六八頁

(160) 平安時代の作図法である「吹抜屋台」は、鎌倉時代にはむしろ「吹き放ち屋台」とでも呼ぶべきものに変化してゆく。①千野香織「融通念仏縁起絵巻　絵師の作為を読む——出産は公開されていたか——」(千野香織・西和夫『フィクションとしての絵画——美術史の眼　建築史の眼——』ぺりかん社、一九九一年)。②西和夫「融通念仏縁起絵巻　建築内部の表現手法——不要なものを省略する——」(①に同じ)。③拙稿「吹抜屋台について——源氏物語絵巻を中心として——」(京都大学大学院文学研究科編『世界の中の『源氏物語』——その普遍性と現代性——』(臨川書店、二〇一〇年)

(161) 桶の形態に関しては以下を参照した。①小泉和子編『桶と樽——脇役の日本史——』(法政大学出版局、二〇〇〇年)。②石村真一『ものと人間の文化史82-1　桶・樽1』(法政大学出版局、一九九七年)

(162) 序註(5)文献⑱

(163) 加須屋誠「二河白道試論——その教理的背景と図様構成の問題——」(『美術史』三九—一、一九九〇年、同『仏教説話画の構造と機能——此岸と彼岸のイコノロジー——』第一章、中央公論美術出版、二〇〇三年所収、六一～六二頁)

(164) 渡邉里志「仏伝図を描いた舎利厨子(性海寺蔵)と二、三の携帯用厨子について」(『美学美術史研究論集』八、一九九〇年、「性海寺蔵舎利厨子扉絵仏伝図——舎利信仰と仏伝図——」として、同『仏伝図論考』第二部第五章、中央公論美術出版、二〇一二年に所収、三七三～三七九頁)

(165) 前掲註(164)『仏伝図論考』第一部第六章「常楽寺蔵釈迦八相図の特質——日本的釈迦八相図の成立と室町時代

――」二三四～二四四頁
(166) 序註（17）拙稿⑧では、邸内の少年を羅睺羅と断定したが、本書では太子の可能性もあると考える。
(167) 『大正蔵』二〇三〇、四九巻、一三頁上段一四行
(168) 『大正蔵』二〇三〇、四九巻、一三頁中段八～一〇行。ただし、二〇一三年五月、三重県・極楽寺・西片元証住職より、『法苑珠林』第十一（『大正蔵』二一二二、五三巻、三六五頁下段二〇行）と『四分律』（『大正蔵』一四二八、二二巻、七八〇頁中段）を典拠として、「粟散州」の方がより適切ではないかというご指摘をいただいた。「粟散州」であるならば、俗世の領有国を指す。図像との整合性については後考を期したい。
(169) 羅漢図については、以下を参照した。①百橋明穂「十六羅漢図の源流とその系譜」（『国際交流美術史研究会第十回シンポジウム　東洋美術における西と東――対立と交流――』一九九一年）。②滋賀県立琵琶湖文化館展覧会図録『羅漢――その美術と信仰――』（一九九四年）。③石川知彦「羅漢図の変容」（『アジア遊学　特集＝日本と〈宋元〉との邂逅』一二二、二〇〇九年）。④梅沢恵「羅漢図における「生身」性とその受容」（③に同じ）。⑤中村興二『十六羅漢図像学事始め』（萌書房、二〇一一年）
(170) 梶谷亮治、前掲註（36）文献三六〇～三六一頁
(171) 『小右記』寛仁三年六月九日条
(172) 『兵範記』仁平二年十月十二日条
(173) 関靖編『校訂増補　関東往還記』（便利堂、一九三四年）
(174) 細川涼一訳注『東洋文庫803　関東往還記』（平凡社、二〇一一年）二一五～二一七頁
(175) 高橋秀栄「思円房叡尊と羅漢信仰」（『金沢文庫研究』二七六号、一九八六年）。『関東往還記』中、羅漢供が行われた十五度の日次が掲出されている。以下日程のみ掲出する。二月廿一日、四月廿一日、五月六日、五月九日、五月廿一日、五月廿四日、六月八日、六月十四日、六月廿二日、六月廿六日、七月二日、七月三日、七月十一日、七月十三日、七月十四日。四月廿一日には、温室に羅漢を勧請する記事も見える。
(176) 高橋秀栄、前掲註（175）

(177) 前掲註(174)『関東往還記』一一九～一三〇頁、三一一頁註22

(178) ①中村元『広説仏教語大辞典』中巻（東京書籍、二〇〇一年）七四七頁。②細川涼一訳注『東洋文庫803　関東往還記』（平凡社、二〇一一年）二一六・二三七頁参照

(179) 叡尊著・細川涼一訳注『東洋文庫664　感身学正記1』（平凡社、一九九九年）一九九～二一二頁、および髙橋秀栄、前掲註(175)文献

(180)『大和古寺大観』第五巻（岩波書店、一九七八年）所収

(181) 勝浦令子「『三宝絵』西院阿難悔過」（小島孝之・小林真由美・小峯和明編『三宝絵を読む』吉川弘文館、二〇〇八年）一二〇頁。なお、前掲註(180)所収史料の「毎年勤行亡者忌日等事」に比丘尼誕生の道を開いた阿難に関する「阿難講」があることについてローリー・ミークスによる教示があったことが記されている。

(182) ①菊地大樹「「文治四年後白河院如法経供養記」について」（『東京大学史料編纂所研究紀要』一二、二〇〇二年、同『中世仏教の原形と展開』第二部第二章、吉川弘文館、二〇〇七年所収）。②菊地大樹「中世における如法経供養の展開」（二〇一二年十二月二十二日、名古屋大学比較人文学先端研究特別演習公開研究集会「中世音楽・音声の世界像」における口頭発表、於・名古屋大学文系総合館）

(183) また、意匠に雲か波のように見える表現が含まれることは、双龍こそあらわされていないものの、仁和寺蔵「摩尼宝珠曼荼羅図」に見られるような表現に通ずるところもある。内藤栄『舎利荘厳美術の研究』（青史出版、二〇一〇年）一七九頁

(184) 奈良国立博物館展覧会図録『仏舎利と宝珠——釈迦を慕う心——』（二〇〇一年）図版36（解説・内藤栄）。なお解説によれば、金銅火焰、基壇金具は後補。

(185) 前掲註(184)図版53-3（解説・内藤栄）

(186) ①和島芳男『人物叢書　叡尊・忍性』（吉川弘文館、一九五九年）八三頁。②松尾剛次『ミネルヴァ日本評伝選　忍性——慈悲ニ過ギタ——』（ミネルヴァ書房、二〇〇四年）三四頁

(187) ①内藤栄「叡尊の舎利信仰と宝珠法の美術」（松尾剛次編『日本の名僧10　持戒の聖者　叡尊・忍性』吉川弘文

館、二〇〇四年）第四章七四頁。②松尾剛次『ミネルヴァ日本評伝選　忍性――慈悲ニ過ギタ――』（ミネルヴァ書房、二〇〇四年）三四頁

(188) 前掲註（183）文献第二部

(189) 渡邉里志、前掲註（164）文献

(190) ①奈良国立博物館展覧会図録『聖地寧波――日本仏教一三〇〇年の源流：すべてはここからやって来た――』（二〇〇九年）。②馬淵和雄「叡尊・忍性教団の考古学」（松尾剛次編『日本の名僧10　持戒の聖者　叡尊・忍性』（吉川弘文館、二〇〇四年）。③山川均編『東アジア海域叢書10　寧波と宋風石造文化』（汲古書院、二〇一二年）一五五・一五九頁。文献③の図32・阿育王寺宝篋印塔は、明代以降の制作にかかるもののようであるが、本作とよく似た形状である。

(191) ①納冨常天「褊衫左衽と将来律書に思う」（松尾剛次編『日本の名僧10　持戒の聖者　叡尊・忍性』（吉川弘文館、二〇〇四年）。②津田徹英「僧形像の襟元にあらわれた「左衽」」（同編『図像学Ⅰ　イメージの成立と伝承（密教・垂迹）』竹林舎、二〇一二年）

(192) 松尾剛次「特論・黒衣と白衣――鎌倉新仏教を捉え直す――」（高崎直道・木村清孝編『シリーズ・東アジア仏教4　日本仏教論――東アジアの仏教思想Ⅲ――』春秋社、一九九五年）

第四章　絵画の論理

第三章までは、図像を生み出す文字テクストや制作主体の活動との関わりについて考察した。しかし、本作は大規模な作品であり、文字テクストの挿絵や宗派の活動記録ではない。絵画の歴史そのもの、絵画特有の論理に負う部分も大きい。従って、絵画史の文脈における考察はさらに重要である。本作をどこで何の目的のために制作したのかを考えるためにも、以下に、前代のあるいは同時代の絵画史における位置づけを考察したい。

第一節　新来の技法・図像と伝統との混在

第一項　水墨画の技法と画中画

夙に指摘されていることではあるが、本作には水墨画の技法が見られる。例えば、第四幅「妙法蓮華経信解品第四」右上の風景（図146）、第五幅「妙法蓮華経薬草喩品第五」などの遠山に、かなり手慣れた水墨画の技法が見られる。さらに画中画において、水墨画の達者な技量と複数の画題を見ることができる。

説話画における画中画は、説話内容や注文主の意向から離れて、絵師の技量やレパートリーの広さを披露する場

図146　第四幅「妙法蓮華経信解品第四」　遠山

ともなりうる。鎌倉時代の説話画の画中画には、太田昌子が指摘するように[1]、日本初期水墨画史の再検討を促すほどに、本格的な水墨による障子絵が見られる。

本作第十四幅「妙法蓮華経従地涌出品第十五」「妙法蓮華経如来寿量品第十六」（合幅）において良医（父親）が隠れる家屋に、水墨による画中画「山水図障子絵」が見られる。「山水図障子絵」（図147）の構図は、近景と遠景の高低差がなく、右側にはかなり大きな近景の樹木が描かれているので、実際に大画面にした場合には構図が破綻するかもしれないが、墨の暈かし方は手慣れている。ほかに、第十九幅「妙法蓮華経妙音菩薩品第二十四」の「長者身」「居士身」という短冊墨書のある家屋には水墨の「蘆雁図」（図148）が描かれている。

そのほか、茶地に金泥で描かれた特徴のある画中画（障子絵）がある。例えば第十四幅「妙法蓮華経従地涌出品第十五」「妙法蓮華経如来寿量品第十六」（合幅）の良医本宅の障子絵である（図149）。この種の画中画は、全幅にわたって広壮な家屋を描く場合に用いられており、ほかにも第二幅「妙法蓮華経方便品第二」にある。画面左下の「綵画作仏像」「厳飾作仏像」「或以膠漆布」「供養於画像」の短冊墨書の見られる家屋の障子絵が、茶色の地に、金泥によるものである（図150）。同幅右下の「精進禅智等」の短冊墨書

図147　第十四幅「妙法蓮華経従地涌出品第十五」「妙法蓮華経如来寿量品第十六」合幅　障子絵「山水図」

図148　第十九幅「妙法蓮華経妙音菩薩品第二十四」　障子絵「蘆雁図」

図149　第十四幅「妙法蓮華経従地涌出品第十五」「妙法蓮華経如来寿量品第十六」合幅　障子絵 「山水図」

図150　第二幅「妙法蓮華経方便品第二」「綵画作仏像」「厳飾作仏像」「或以膠漆布」「供養於画像」 茶地に金泥による障子絵

図151　奈良市・唐招提寺蔵「東征伝絵」第一巻第五段　「山水図」(『日本絵巻大成16』〈中央公論社、1978年〉より転載)

のある家屋でも、同じく茶地に金泥で竹と梅かとみられるものが描かれている。

この特徴的な画中画に類似した表現が、奈良市・唐招提寺に所蔵される「東征伝絵」の画中画にあることは注目される(2)。

「東征伝絵」においては、中国の場面として描かれた家屋の画中画に、水墨画が用いられている。一般的な水墨画のほかに、全面が黒や茶色に塗られた上に白色顔料で竹や梅を描いた事例がある。描写対象が白抜きになっている、いわば拓影のような描写が、第一巻の第一段、第五段(図151)、第六段および第三巻第七段に見られる。いうまでもなく、「東征伝絵」は、唐招提寺の開祖となった鑑真和上の伝記絵巻である。永仁六年(一二九八)、鎌倉極楽寺開山・忍性が画工・六郎兵衛蓮行に描かせ、唐招提寺に施入したことが知られている(3)。

「東征伝絵」を描いた六郎兵衛蓮行の様式は、

同時代にあって特異なものである。菊竹淳一は、「東征伝絵」の様式を「面貌表現において、いずれも眼が大きく瞠いており、瞳がどちらか一方の端に寄せられて描かれていることや、頭の鉢が大ぶりでいわゆる才槌頭に表現され、それを頭頂から前後に分けて描線を引く方法によっている」と指摘する。また、鑑真和上の表現に、現在御影堂にまつられる寿像を参照した形跡がないことから、おそらく、鎌倉の地で描いたもので、中国の風景、文物を描くに、寧波仏画を参照にした形跡があるとも指摘する。(4)

本作の画中画においては、茶地に金泥で描かれており、「東征伝絵」に使われている白色顔料と同一ではないが、描法の類似に注目しておきたい。

鑑真和上の伝えた律学の伝統は、保安年間（一一二〇～二四）には衰微しており、後に戒律復興を目指して、「東大寺戒壇院受戒式」を定めた実範が、唐招提寺を訪れた際には、「僧衆不居。庭廡之間。半為田疇。範入寺不見比丘（庭廡の半ばは田疇と為る。範は寺に入るも比丘を見ず）」というあり様であったという。(5)その後、嘉禎二年（一二三六）、叡尊、円晴、有厳とともに東大寺で自誓受戒して、嘉元二年（一二四四）に入寺した覚盛(6)による唐招提寺の復興があった。「東征絵伝」の施入者・忍性は、仁治元年（一二四〇）、叡尊を師として出家し、同年、唐招提寺中興の祖・覚盛の「梵網経古迹記」の講説をきいており、唐招提寺とのゆかりは深い。

本作に、唐招提寺ゆかりの「東征伝絵」と類似した画中画が見られることは、第二部第三章「制作主体の活動に関わる図像」に指摘した、律宗や忍性にまつわる表現とあわせて、制作者に関する示唆を与えるものと思われる。

ただし、「東征伝絵」の様式は、嘉元三年（一三〇五）に制作された神奈川県・光明寺蔵「浄土五祖絵伝」に類似することが知られているが、(7)他の絵巻物には類例のない表現である。本作の様式も、画中画を除けば似た点はない。

第二項　鯱

第七幅「妙法蓮華経化城喩品第七」の化城の回廊は、幔幕状のものが掛けわたされたり、二階建てになっている部分や金色の高欄のついた太鼓橋もあり、複雑な作りである。回廊の一部には二層の塔が張り出し、屋根の上には金色の鳳凰がおかれている。宝珠ののった方形造の建物や先端に飾りのついた竿（あるいは槍）を立てた露台もある。ほかに、周囲に幡が立てられた露台もある。これらは現実にあった建物の反映と素朴に考えるべきではなく、寺院建築や「浄土変相図」に多用される鳳凰、宝珠、露台などのモチーフを用いることによって、人々に壮麗な建物であるという印象を与えようとしたと考えるべきであろう。

図152　第七幅「妙法蓮華経化城喩品第七」　鯱

ただ、それだけでもない。僧侶のいる建物の屋根の瓦は鱗状であり、屋根の両端には、鴟尾ではなく反りの強い鯱のようなものがついている（図152）。尾ひれは細長く先に向かって二つに分かれており、安土城出土の鯱[8]とは逆に、外側に向かってはねる。この鯱によく似た形状は、滋賀県・聖衆来迎寺蔵「六道絵　畜生道幅」の龍の住まう宮殿、「同　阿修羅道幅」の勇健阿修羅王の宮殿の屋根にも見られる[9]。また、滋賀県・西明寺三重塔壁画の「五百弟子受記品」に描かれた建造物にも、より現実的に造形可能な鯱がはっきりと見られる。

これらの建築表現にも、鎌倉時代前期には見られない新しさがあるように思う。

図154　第九幅「妙法蓮華経授学無学人記品第九」「阿難説法」

図153　第二十二幅「妙法蓮華経妙荘厳王本事品第二十七」「妙法蓮華経普賢菩薩勧発品第二十八」合幅

第三項　曲彔、方椅

第二十二幅（「妙法蓮華経妙荘厳王本事品第二十七」と「妙法蓮華経普賢菩薩勧発品第二十八」の合幅）画面右上には普賢菩薩、上辺には、説法の場面が描かれて、十三人の僧侶が、白、朱、白緑などの色とりどりの袈裟を椅子から垂らし威儀を正している。一列目の僧侶は、頂相によく見る曲彔で背もたれが曲線である。それに対し、二列目以降は衣紋掛けのようにまっすぐな横棒をもつ特徴的な方椅である。(10) 補筆もあるが、形状は当初のものと思われる（図153）。

また、第九幅「妙法蓮華経授学無学人記品第九」の阿難説法の場面で、阿難は特徴のある曲彔に座している（図154）。曲彔は、背面が二段に屈曲し、背もたれ部分には扇状に葉脈がのびたような敷物状のものが見える。曲彔に使われている材は成形されておらず、自然木の屈曲をそのまま生かしたような形である。小泉和子が、玉隠英璵（一四四二～一五二四）着賛の神奈川県・建長寺蔵「喜江禅師像」に自然木を用いた方椅が見られることを指摘しているので、禅堂において用いられたことがあったようである。(11)

異国の表象であるから、椅子が見られても不思議はないが、屋外の場面では、敷物の上に座る場合がほとんどである上に、極めて禅的な雰囲気をもつ椅子であるために目を引く。

第四項　天目茶碗

また、第八幅「妙法蓮華経五百弟子受記品第八」衣裏宝珠（繋珠）の喩えの場面には、天目台にのった茶碗様のものがある。跪く蓬髪の人物が、色合いからしておそらく金属製と思われる、胴に把手のついた水差しを持っている。その背後に釜と柄杓がある。跪く人物は、肌の色が黒く、童子には見えにくいが、召し使われる少年なのであろう。蓬髪が「寒山拾得図」を連想させる（図155）。

図155　第八幅「妙法蓮華経五百弟子受記品第八」衣裏宝珠喩１

観応二年（一三五一）制作の「慕帰絵詞」（西本願寺蔵）第五巻第三段や前田育徳会蔵「祭礼草紙」（室町時代）の天目茶碗が初期の例として知られるが、本図の制作環境にも喫茶の文化があるのではないだろうか。

第五項　「龍虎図」

第十六幅「妙法蓮華経法師功徳品第十九」には、「龍虎図」のように見える図像がある（図156）。画中の短冊には「龍声」「風声」とあり、六根清浄になれば、「象声、馬声、牛声、車音、龍神声、風音」などすべての音声を聞き分けることができるという『法華経』法師功徳品の内容を示している。空中の龍とそれに挑みかかるかのような虎、大風にあおられ折れそうになびく樹木や笹が描かれている。

図156　第十六幅「妙法蓮華経法師功徳品第十九」「龍虎図」

『法華経』法師功徳品の語順に従えば、龍と虎は必ずしも一緒に描かれる必要がない。むしろ、この部分は、テクストの論理ではなく、「龍虎図」の構図を利用して描かれているのだろう。[12]四神として画題そのものは古くからあるが、[13]むしろ、二つの組み合わせの構図が目新しい「龍虎図」を利用したのではないだろうか。

龍と虎を、対幅や一双の屏風に描いたりする現存例は、陳容筆・伝牧谿筆「龍虎図」（対幅、徳川美術館蔵）があり、後代の屏風や掛幅では枚挙の暇もないほどよく知られた画題であるが、その早い例とみることもできよう。水墨による画中画や、「龍虎図」のような新しい図像は、本作が新来の絵画に影響を受けたことを示すものとみられる。

第二節　図像の伝統と集合的記憶

第一項　「聚沙為仏塔」から「賽の河原」へ

本作においては、水墨画技法と新奇なモチーフが目を引くのではあるが、実は先行作例を引き継ぐ部分も多い。法華七喩の検討の際に確認したように、見返絵や宝塔曼荼羅図など、『法華経』を描いたさまざまな形式の先行作

例のモチーフを引き継いでいる。ただ、本作においては、それ以外に、当時の人々が共有していた集合的な記憶につながる構成原理を見いだすことができるように思う。以下、第二幅「妙法蓮華経方便品第二」の「聚沙為仏塔」の図像について検討しよう（図157）。

図157　第二幅「妙法蓮華経方便品第二」「聚沙為仏塔」

画面中央やや下に、山と霞に囲まれた場面がある。右下隅には、枝のようなものを持って砂に絵を描く子どもと、それを背後から覗きこむ子どもがいる。これは『法華経』に「乃至童子戯　若草木及筆　或以指爪甲　而画作仏像」とある場面で、童子が草木や筆、爪をもって仏の像を描いても、すでに功徳を積んでいる、という意味をあらわしている。短冊墨書には「若草木及筆」とある。

場面上方には、立っている子どもが三人、座っている子どもが二人描かれている。左側の子どもの前には、石を高く積んだ塔がある。石の数は正確にはわからないが、十三、四段あり、形は球形に近いもの、方形のものなどさまざまである。部分的には五輪塔のようにも見える。右側の子どもの塔はその半分ほどの高さである。積み足す石を運ぶのか、左下には石を抱える子どももいる。これは、『法華経』にいう「乃至童子戯　聚沙為仏塔　如是諸人等　皆已成仏道」を絵画化したものとみられよう。短冊には「聚沙為仏塔」と墨書されている。成仏のためにはさまざまな実践があるが、塔を作ったり、仏像を作ったりする人ばかりではなく、戯れに砂を集めて仏塔を作る子どもも、みなすでに仏道を成就しているという。

図158　滋賀県・百済寺蔵「紺紙金字法華経」第一巻見返絵（奈良国立博物館編『法華経』〈東京美術、1988年〉より転載）

興味深いのは、子どもたちが、砂ではなく石を集めて積んでいることである。例えば、十二世紀半ば頃制作されたとみられる滋賀県・百済寺蔵「紺紙金字法華経」第一巻見返絵（図158）には、砂を集めたかのように見える円錐形の塔のようなものが描かれており、経文を正確に反映している。(14)しかし、本作では明らかに石を積んでいる。本作においてはさらに、子どもたちの右側に水の流れと橋とが描かれていることも注目される。子どもたちのいる場所は山裾に見えるし、水は切り立った崖の間を流れているので、河原とは見えにくいが、絵師は、子どもたちが石を積む場所は、水の流れに近い場所でなければならないと考えたはずである。

実は、この図像は、平安時代以来、連綿と続く水辺の作善のイメージの継承なのである。(15)十世紀の仏教説話集『三宝絵』下巻九に、如月頃、河原で石を積んで作善となす習慣があったことが記されている。(16)

石塔ハヨロヅノ人の春ノツ、シミナリ。諸司、諸衛ハ官人舎人トリ行フ。殿バラ宮バラハ、召次、雑色廻シ催ス。日ヲエラビテ川原ニ出テ、石ヲカサネテ塔ノカタチニナス。心経ヲ書アツメ、導師ヲヨビスヘテ、年ノ中ノマツリゴトノカミヲカザリ、家ノ中ノ諸ノ人ヲイノル。（後略）

同段の後半は、『法華経』や『（仏説）造塔延命功徳経』をひいて、石を積む作善の功徳を説いている。また、『小右記』には、朔日に「石塔如例」とする記事が多々ある。(17)平安時代には、石塔に関する儀礼が流行していたようである。

作善のために石を積むことと、水辺、子どものイメージとが結びつくことは、造形上、実に長い習慣となった。院政期の『法華経』方便品見返絵の多くが、河原辺を舞台とし、沙（砂）の塔ではなく、石塔が描かれること、法華経歌に、「うゐなご」「みどりご」の語が見られ、子どものイメージと結びつくことが指摘されている[18]。河原で石を積む作善と子どもとが結びつくことは、建長元年（一二四九）五月十五日、藤原姞子の御産御祈のために河原で八万四千基の石塔供養を行った記録などからも知られる[19]。夭折した子どもたちが石を積む「賽の河原」も、このイメージの組み合わせの延長線上にあるといえよう[20]。

鎌倉時代まで、大人の堕ちる地獄はあっても子どもの堕ちる地獄はなかったと考えられている[21]。つまり、子どもの地獄「賽の河原」は、十四世紀以後に創出されたと考えられているのだが、本作において、石塔と子ども、河原という、「賽の河原」イメージ創出にあたって必要な要素が絵画化されている。「賽の河原」のイメージ[22]には、『法華経』方便品の影響があることについては、廣田哲通、斉藤研一によって夙に指摘されているが[23]、本作の図像は、「聚沙為仏塔」から「賽の河原」への過渡的造形が遺存する早い例として注目される。

さらに、本作の性格を考える上でも、「子ども」「水辺」「石塔」のイメージの組み合わせは重要である。本興寺蔵本については、第二幅の羅睺羅の奇跡や、第三幅の雪山童子捨身聞偈が、本経にない説話であることがすでに指摘されており、将来本によるというよりは堂塔法華経変相の伝統に連なるものと考えられてきた[24]。それに対し、本法寺本は必ずしも、そう考えられてはこなかった。六道が描かれることや経文以外の説話を豊富に描くことから、特殊な制作の場を想定すべきであると考える論者もいる[25]。その一方で、浩瀚であり、水墨画の技法に習熟した画風に注目する向きからは、「宋元の原本を想定すべき作例」とみられてきた[26]。しかし、本作には、水辺の石塔と子どものように、平安時代末からの集合的記憶の図像が描かれている。宋元の原本を想定するよりも、むしろ前代から

図159　第七幅「妙法蓮華経化城喩品第七」　化城

の伝統に連なるとみるべきであろう。

第二項　化城――理想の庭園――

また、本作第七幅「妙法蓮華経化城喩品第七」には、虎や大蛇のいる険峻な山道を越え、疲れ極まって動けなくなった人々に、神通力で大城郭を見せる喩えが記されている。[27]偈にいう「化作大城郭　荘厳諸舎宅　周匝有園林　渠流及浴池　重門高楼閣」[28]である（図159）。見返絵に先行例はあるが、画面が狭小であるために、これほど詳細な庭園表現は見られない。この庭園表現には、平安時代以来の造形が反映されている。[29]

池と滝

一導師が指さす先に渠流（ほりわり）は無いが、浴池が大きく描かれている。池は不整形で、入り組んでいる。方池でないことに注目したい。上方と向かって左は、敷地が高くなっており、岩が切り立つように描かれている。池を囲むようにして、殿舎や塔、回廊などが描かれている。「化城喩品」の先行作例に徴する限り、楼閣や露台はあっても人工的な池は見当たらないから、池の表現は本図の特色といえる。この庭園表現に注目してみたい。

建物と池との間には段差があり、代赭と白の市松に塗り分けられた階段か、蛇腹のように屈曲した屋根付きの階段から降りてゆけるようになっている。池に中島はないが、水面上に浮島のような台があり、そこに座って手を水にひたす女性の姿が描かれている。回廊から張り出した露台から池の中の台に、屋根のない階段で上がり降りできるようになっている。

池に向かって、奥の山から三つに折れた滝が落ちる（図160）。滝は二階建ての回廊の向こう側と手前の岩の上で二度屈曲し、なだらかな丸みを帯びた白い汀を飛び越えて池に流れ込む。回廊上の、肩衣のような衣服を身につけた男性が隣の小柄な人物に、滝を指し示している。

図160　第七幅「妙法蓮華経化城喩品第七」　滝

本図の奥山は築山とみるには高すぎ、滝も実際に作るには落差がありすぎて、現実的な庭園の図像とみるのは難しい。滋賀県・西明寺三重塔内部壁画の序品等に落差のある滝が描かれるから、風景表現の一要素とみることもできる。ただ、池に流れ込むように描かれているところを見ると、庭園と無関係な、遠い眺望の一つとして描かれているのではないだろう。

『作庭記』(30)には、高低差の少

ない京中に高い滝は作りがたいという文言が見られる。実際に作りがたいものであったと思われるが、同時に滝の名称の数々や滝を立てる口伝を詳述しているから、理想的な庭園の要件の一つであったことは確かであろう。

絵画史上における滝の系譜としては、東京都・根津美術館蔵「那智滝図」のように、滝そのものを信仰対象として図像化した例がある。また、日本美術史においては、特に倭絵屏風との関わりにおいて注目される。家永三郎『上代倭絵全史』に、倭絵の嚆矢とされた、三条町（紀静子）が題詠した屏風には、滝が描かれていたことが知られているからである。(31)

倭絵だけではなく、范寛筆「谿山行旅図」（台湾・国立故宮博物院蔵、北宋）、郭煕筆「早春図」（台湾・国立故宮博物院蔵、一〇七二年）に見られるように、宋代の山水画においても、滝は重要なモチーフである。平安時代の「唐絵」の唯一の現存遺品である東寺旧蔵「山水屏風」（十一世紀）には描かれていないが、鎌倉時代以降の、新たな「唐絵」(32)と呼ぶべき水墨画において「高士観瀑図」は好まれた画題である。滝と高士とが描かれた京都市・金地院蔵「秋景図」（南宋時代、足利義満旧蔵）などの作品も知られている。

これらの絵画作品には、人工的な滝ではなく自然の景色が描かれていたと思われるが、庭園に四メートルの落差のある人工的な滝が、長承二年（一一三三）、実際に作られたことが確認されている。京都市・法金剛院に現存する青女滝(33)である。『長秋記』によれば、人々が称賛した糸落ちの滝を、待賢門院はさらに五、六尺高くさせる指示を与えたという。(34)平安時代末には、落差の大きい滝を美しいとする美意識、そしてそれを現実化する技術もあったのだ。鎌倉時代末期に制作された本作においては、滝の図像の伝統に加えて、こうした美意識が造形に反映しているだろう。

ちなみに、鎌倉時代中期に衰微していた法金剛院を復興したのは、律僧・導御（一二二三〜一三一一）である。

導御の業績は、細川涼一の著作に詳しい[35]が、壬生寺復興勧進、法隆寺・法起寺勧進修造、法金剛院・清涼寺の融通大念仏会の創始等でも知られている。民衆的な宗教活動で知られる導御が、貴族的な庭園を復興したとは直ちには考えにくいが、律僧の関与する範囲に、御願寺に準ずる寺院、しかも人工的な滝で名高い庭園をもつ寺院も含まれていたことは記憶しておきたい。

植栽

第七幅「妙法蓮華経化城喩品第七」には、神通力によって作られた化城を描いたとは思えないほど現実的な植栽が見られる[36]。

中央の「有一導師」の背後に、紅白の花をつけた相生のウメが描かれている（図161）。

画面下辺には、花のついたヤマザクラ、芽吹き始めたシダレヤナギが描かれている。遠山にもマツやサクラが見られるから、これは植栽というよりは、自生するものを描いたものかもしれない。山陰にはササやボケ[37]（図162）が見える。ボケであるならば、かなり早い絵画例になるのではなかろうか。

画面下端のマツは小さく傘型の葉と幹が描かれており、遠山の樹木表現をとっている。現在の幾何学的な遠近法であれば、画面下端は近景となるため大きく描かれるが、中世における遠近法[38]では、構図の中心から遠い部分が遠景となるため、画面下端に遠山が配置されるのも不思議ではない。奈良県・朝護孫子寺蔵「信貴山縁起絵巻」の自然景観の表現にも同様の表現が見られる。

池の端には、岩にとりつくようにマツが根を張っている。そのマツと根元を接して、フジ[39]が描かれ（図163）、花房が下がっている。出入りの多い岸辺には、『万葉集』の時代から、水辺に映る姿が愛されてきたヤマブキ[40]（図

図162　第七幅「妙法蓮華経化城喩品第七」 ヤマザクラ、シダレヤナギ、ササ、ボケ

図161　第七幅「妙法蓮華経化城喩品第七」 紅白梅

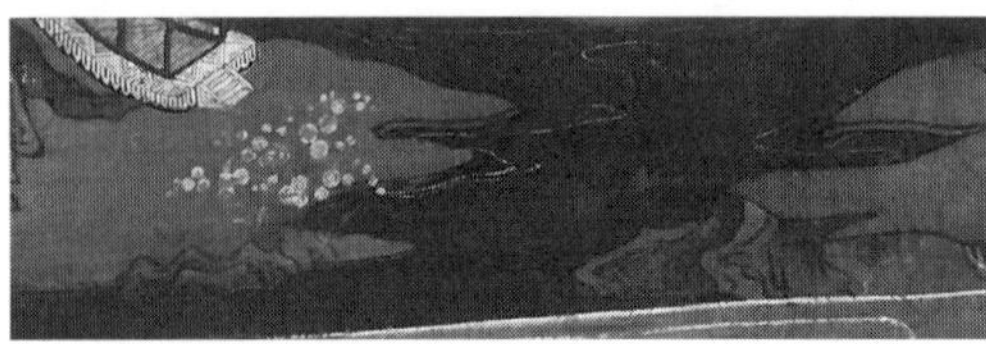

図164　第七幅「妙法蓮華経化城喩品第七」 ヤマブキ

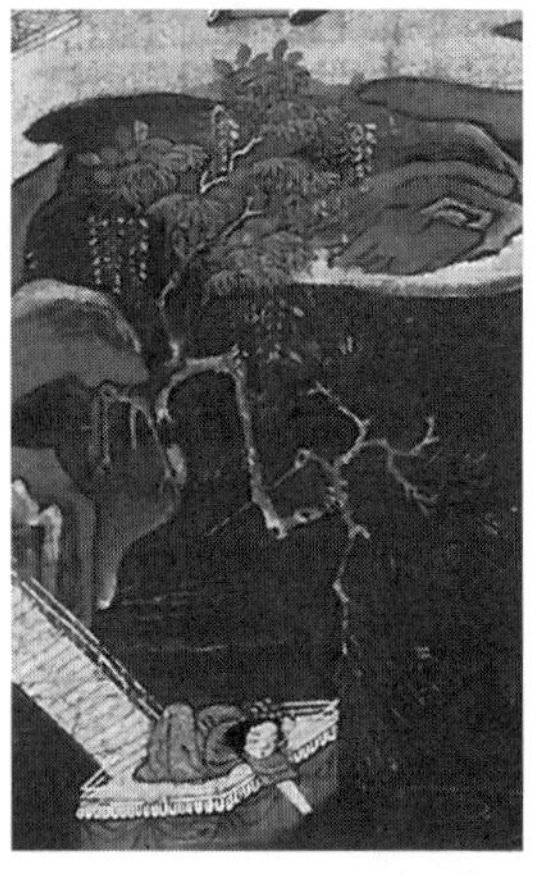

図163　第七幅「妙法蓮華経化城喩品第七」 フジ、マツ

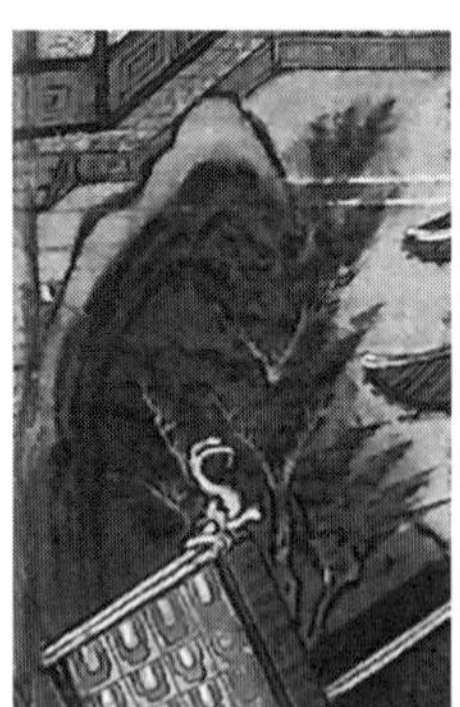

図166　第七幅「妙法蓮華経化城喩品第七」 ビャクシン

図165　第七幅「妙法蓮華経化城喩品第七」 ユズリハか

る（図164）が見られる。滝の左側の二層の建物の背後には樹種不明ながら、ユズリハのようにも見える樹木が描かれている（図165）。

こうした植栽からは、理想的な庭園には、どのような樹種が必要とされていたかがうかがえるのではないだろうか。本作は、舶載された原本をもとに制作したというよりは、むしろ、貴族的な環境における造園の伝統を背景に、当時の受容者に共有されていた理想的な庭園イメージを描いたことを示すように思われる。

ただし、四阿風の建物の背後には極めて特徴的な樹木が見られる。ビャクシン[41]（図166）である。飛田範夫『日本庭園の植栽史』[42]によれば、ビャクシンは福島県以南に自生するが、平安時代以前には植栽されなかった樹木のようである。しかし、元弘元年（一三三一）に作成された「建長寺指図」には、総門から山門までの通路の左右に各六本、山門から仏殿までの間に各五本ずつ、並木状に描かれている[43]。神奈川県・建長寺のビャクシンについては、「庭前柏樹子」で名高い公案にちなむとも伝えられている[44]。

『円悟仏果禅師語録』[45]
趙州初参南泉悟平常心是道後。来有問西来意。便対曰。庭前柏樹子。

『大慧普覚禅師語録』[46]
僧問趙州。如何是祖師西来意。州云。庭前柏樹子。恁麼会。便不是了也。如何是祖師西来意。庭前柏樹子。

「如何なるか是れ。祖師、西来の意」――達磨大師が中国に来ら

図167　奈良市・唐招提寺蔵「東征伝絵」第一巻第二段　ビャクシン（『日本絵巻大成16』〈中央公論社、1978年〉より転載）

れた意を問うに対して、趙州和尚（七七八〜八九七）が、ただ「庭前の柏樹子」と断じる。現在でも、臨済宗寺院の庭園に見られるように、禅的な気分を醸し出す樹木であろう。

本作の制作に、禅宗が関与しているとは考えにくいにもかかわらず、ビャクシンが見られることの意味は何であろうか。様式が類似すると指摘されることの多い神奈川県・清浄光寺蔵「一遍聖絵」に、ビャクシンは全く見られない。逆に、様式的にはほとんど似ていない奈良市・唐招提寺蔵「東征伝絵」には随所に見受けられる（図167）。「東征伝絵」においてビャクシンかと見える樹木が描かれるのは、唐土に限られるから、鎌倉時代末期に新しく登場した異国表象とみえる。しかし、本作のこの場面には、同時にサクラやフジが見られ、異国としてあらわされているとは思えない。むしろ、本図でのビャクシンは、「東征伝絵」に似た障子絵とともに、翳を持つ僧侶の属性を示す背障の機能をもつものかもしれない。新しい宗風を示唆する図像といえるのではないだろうか。

ちなみに、本作では、第十三幅（「妙法蓮華経勧持品第十三」と「妙法蓮華経安楽行品第十四」の合幅）と、第十七幅（「妙法蓮華経常不軽菩薩品第二十」と「妙法蓮華経如来神力品第二十一」の合作）にバショウとみられる大きな葉をもつ植物が描かれているが、バショウは、すでに京都市・高山寺蔵「華厳宗祖師絵伝」に見えており、異国表象の一つとして定着していた図像である。

州浜と荒磯

さらに、本作第七幅「妙法蓮華経化城喩品第七」において、理想的な幻の庭を造形するにあたっての州浜と荒磯の造形原理が読み取れるように思う。

池の白い汀に注目してみたい（図168）。平坦に白く塗られている。必ずしも、白砂や礫のようにはみえないが、池のほかの部分が、切り立つ岩や草地に囲まれているように描かれていることを見れば、この部分は白砂か礫を敷き詰めた州浜と考えられる。庭園における州浜は、発掘調査の結果により平城宮東院庭園(47)にあったことが知られている。ゆるやかな傾斜の州浜が出入りのある汀線を形作る池は、平安時代の庭園の特色ともなる。本図の州浜の表現は、この幻の庭園を、当時の理想的な庭園に見せる記号といえるだろう。

白く平坦な地面は、聖なる仏国土を象徴する際にも用いられる表現である。例えば、本作の第六幅「妙法蓮華経授記品第六」の方形蓮池や曲池を囲む部分は、白く平坦に塗られている。これは摩訶迦葉、須菩提が未来に仏となった時の国土である。高低差のない平坦な白い地面で、樹木は、現実にはない宝樹が描かれている。

図168　第七幅「妙法蓮華経化城喩品第七」州浜

「授記品第六(48)」

其土平正。頗梨為地宝樹荘厳。無諸丘坑沙礫荊棘便利之穢。宝華覆地周遍清浄。其土人民皆処宝台珍妙楼閣

藤井教公による釈現代語訳には以下のように述べられている(49)。

その大地は平らかで、頗梨（はり）でできており、宝の樹によって厳かに飾られ、さまざまな丘やくぼ地、砂や小石、いばらやとげ、糞尿の汚物もなく、宝でできた花があたり一面に地を覆い清らかであろう。その国土の人民は、みな宝作りの高殿、めずらしく立派な楼閣に住んでいるであろう。

平坦であることと白色のシンボリズム(50)は、聖なる仏国土の表現とも重なり合う。ただ、白い平坦地はこうした仏教的な図像と関連はするものの、むしろ日本においては、海浜に対する感性と深く関係する。

州浜の図像についての記号論的、文化史的分析については、太田昌子のアメリカ・フリーア美術館蔵「松島図屏風」に関する論[51]に詳しい。太田は、北宋時代末期の『宣和画譜』に、中国には無い珍しい主題として「海山風景図屏風」があげられていることに注目して、海賦文様、州浜台、蓬萊鏡、和鏡、香川県・志度寺蔵「志度寺縁起絵阿一蘇生之縁起」、京都市・金戒光明寺蔵「地獄極楽図」、狩野山雪筆「雪汀水禽図屏風」等の分析を行った。そして、中世の人々の深層に、聖なる土地のイメージとして共有されるものが州浜であり、そのイメージは、衣服、作り物、鏡、屏風、掛幅とさまざまな形式で、表現されたと結論づけている。太田は、また、州浜、そして州浜に対置される荒磯の図像は、日本列島における「海洋への想像力の二つの異なった方向」とする。そして、荒磯と州浜（洲崎、白浜）を対置する図像は、「異国の仙境と土地の神の宿る聖域、時には仏教の浄土をも意味する、新たな神話的図像」であると述べる[52]。

本作では、池の上側に白い州浜が描かれ、その州浜の丸みを帯びた先端と向き合うように切り立つ岩が描かれている。州浜の左側にある、横ざまに臥せられたような岩とは形が異なっている。オーバーハングしていたり、上辺が角々しい岩である。池の下側は尖った岬や入り江になっており、白く丸い州浜と対照を見せる。本図では、厳しく岩を洗い出すほどの波が描かれているわけではないが、州浜と対になる荒磯[53]のイメージが描かれているといえるだろう。

本作の図像は、現実の庭園を描いたものではないが、『作庭記』にも述べられる理想の庭園の基本的な枠組み――荒磯と州浜――に、滝、楼閣等の人工物を配したものであることは了解されよう[54]。庭園の基本的な枠組みを、荒磯と州浜に求めていることからも、本作が、宋元画を直接的に模倣したものというよりは、より伝統的な様式をもつ絵画に依拠することを指摘できるだろう。

第三項　絵画様式

以上にみたように、本作の画風は、宋元画風とはいっても、直接的な模倣からは遠いといえる。本作第十一幅「妙法蓮華経見宝塔品第十一」には礼拝対象となりうる大きさの宝塔が描かれているが、それ以外の幅における場面分けは割合細かい。この点について、太田昌子が、マイケル・サリヴァンの提唱した cell の概念[55]に基づいて解説している[56]。太田は、霞や雲、山や岩、川や樹木などの自然物をはじめ、家、土坡、壁や人によって空間が区切られた単位を空間細胞（セル）と呼んでいる。自然物、人工物、人等によって区切られた空間がひとつの空間細胞を形成し、そこに原則的にひとつの場面が描かれることになる。本作についてみれば、最少の第十一幅が三セル、最多の第一幅（補作）、第三幅が二十五セルとなるという。突出する第十一幅と補作の第一幅を除けば、平均すれば一幅あたり十四、五セルになる。本作は大幅であるから、空間細胞はだいたい人が一度に見ることのできる大きさである。

本作の場合、太田のいう空間細胞、一般的な用語では一場面として了解されている画面は全画面を十四〜十五分轄したものであるから、それほど大きいわけではない。本作は、平安時代以来の宝塔曼荼羅図、見返絵などの図像を継承し小画面を布置することによって大画面が構成されている。

かつまた、本作は忍性の記憶、鎌倉時代末期の律宗の強い影響を受けた図像や禅的なモチーフの混在する特殊な作例で、様式的にも孤立している。

画風は「玄奘三蔵絵」のような貴族的優雅さはないものの、決して荒くはない。むしろ温雅である。聖衆来迎寺蔵「六道絵」のような冷厳さはない。聖衆来迎寺蔵「六道絵」については、「唐僧取経画冊」[57]のような北宋説話画の影響の濃い元代絵画に学んだことを泉武夫が指摘しているが[58]、画面を上下に大きく二分する構成原理は、本作の細かな分節を基にした構成原理とは異なる。本作の画系としては、水墨画に接する機会は多いものの、むしろ倭絵の様式を学んでおり、絵巻物の制作に関わった画系ではないかという、極めて莫とした印象をもつのみである。常に類似を指摘される「一遍聖絵」筆者の画系とも関係し、確定しがたい。

芹摘姫の図像を検討する中で、「聖徳太子絵伝」の中に画風の近縁を感じる作例もあったが、本朝を描くこれらの作と三国をとりまぜて描く本作では、同筆、同工房であるとするまでの根拠は見いだせなかった。また、「聖徳太子絵伝」そのものの画風分類も真宗系、ゆかり寺院系という単純な二分法から研究が精緻化しつつある現在、些細な部分の類似に頼ることは危ういとも感じられた。本作の場合、多幅であるため、担当した複数の絵師の分類同定も必要であるが、補筆補彩が多いために困難を極める。現時点では確定しがたい。極めて忸怩たる思いであるが、今後の課題とせざるをえない。

以下には、大画面連幅掛幅絵であることに手がかりを求めてみよう。

第三節　大画面連幅掛幅絵と絵解き

第一項　画面形式と機能

鎌倉時代後半には、「聖徳太子絵伝」やいわゆる鎌倉新仏教の宗祖の連幅絵伝が制作されるようになるが、本作は群を抜いて巨幅であり、かつまた二十二幅の連作である。なにゆえに、どのような場で、このような巨幅の説話絵が必要とされたのだろうか。

筆者は、本法寺で現在行われている絵解きと、宮次男の所論[59]により、本作について絵解きに供されていたと推測し、批判を受けた。[60]確かに、『台記』の有名な記事のように、絵があることによって絵解きを求められる場合はあるが、[61]絵解きを目的に制作されたと考えるのは現在の視点からの臆断に過ぎる。[62]四天王寺絵殿の場合も、壁画[63]であるという画面形式からして、本来的には大衆への絵解きに供されるものではなかっただろう。壁画は秘匿されるべきものである。画面形式は公開性、非公開性に大きく関係する。

例えば、誤解されがちであるが、絵巻物[64]は現代人の眼にどのように面白く映ろうとも、「道成寺縁起絵」等のような例を別として、公開を前提とすることはまれである。大部分は奉納秘匿することを目的として作成される。資縁を募って制作し、ゆかりの寺社に奉納するという行為によって、神仏の加護を祈り、あるいは奉納した一族や教団の正式な後継者であることを主張するという機能がある。この場合、奉納することが目的であり、絵を見ること、そしてその内容を釈して理解するというのは極めて特別な場合である。

この点については、すでに宮島新一が園天満宮蔵「北野天神縁起絵」について述べており、[65]筆者も同様の見解を述べたことがある。[66]絵巻物は、特別に貴顕の観覧に供されることがあっても、本来は神庫や宝蔵に納められるべきものであった。例えば「春日権現験記絵」を奈良から運ばせて後花園天皇の叡覧の際に詞書を読んだ三条西実隆は、前日より斎戒沐浴をして絵を拝見したのである。

神仏を描いたものでなくとも、宮廷行事、故実を可視化することには高度の政治性があり、秘匿することによってさらにその権威が高まる。これについては、すでに棚橋光男が後白河王権の「絵巻物をふくめた「文化創造」のはらむ高度の政治性[67]」として示し、高岸輝が室町王権と絵巻制作、絵巻渉猟について指摘したものである。[68]

表6　画面形式による機能の違い

画面形式	移動性	公開性	絵画としての機能	支持体の機能
壁画	常置	非公開	神仏への奉納、荘厳	構造支持
巻物	可動	非公開	神仏への奉納、威信財	記録保存
掛幅	可動	公開	儀礼空間創出の装置、教育（掛図）	保存・展示
障子・襖絵	常置	公開	格付けの可視化、装飾、教育	内外の間仕切り
屏風	可動	公開	背障、文学的装置	風除け・間仕切り
衝立	可動	公開	装飾、結界	間仕切り
冊子・帖	可動	公開	教育、娯楽、威信財	記録保存
メクリ	可動	非公開	下絵、断片、反古	記録保存

大雑把ではあるが筆者の考える画面形式と機能を表6としてみた。

支持体としての機能とは、壁ならば、建造物や墓所の構造支持体であるということである。そこに絵が描かれると、神仏への奉納になったり、埋葬者への追善、荘厳の目的も達せられる。屏風の調度としての機能は、すきま風の多い日本家屋における風除け、間仕切り、あるいは衣服を掛けておくものである。しかし、例えば金地の屏風を背にすることによって存在を特別視させる機能をもつ背障となる場合もある、という意味である。

掛幅にもどれば、薄暗い堂内で細かい図像が視認できるわけではなく、現在の絵解きを中世のものと同様にみることはできないという米倉迪夫の指摘は的確だろう。(69) 掛幅の画面がどんなに大きくとも、現代のプロジェクターが細部を拡大して見せるような仕掛けがあるわけでもなく、大衆に細かい図像が見えたわけではないからだ。

また、絵解きに参集する人々は実は聴衆である。絵を見ているのではなく、説教をきいているのである。絵に即した絵解き台本をもつ富山県・井波別院瑞泉寺の「聖徳太子絵伝」の絵解きや、同・城端別院善徳寺の「蓮如上人絵伝」「聖徳太子絵伝」の絵解きの場合ですら同じである。聴衆は絵解きの音声の芸に酔うのである。現代の美術史家が図像とテクストを対照させるような絵解きは極めて特殊な近代的な手法であり、前近代、そして現代の法要でもありえないことは確認しておきたい。説教には、実は絵は必要でない。絵があるとわかりやすいとは思うが、逆に、描かれた内容を解説する必要が生じ、かえって説教の障りにもなる。

ただ、掛幅は、絵解きを制作の目的とはしないとしても、公開することを必ず前提として制作されるということもまた確認しておかねばならない。天野信治が、掛幅縁起絵、祖師絵伝を、儀礼空間を創出するパヴィリオンに喩えていることは注目される。大画面掛幅絵は、礼拝像であれ説話画であれ、語られる場を創出し、語られるものが真実であることを保証する証拠として作成されるといえるのではないか。

本作の特徴として、大画面であること、しかも壁画とは異なり、本来的に公開される掛幅形式であることは再度確認しておこう。

第二項　本作の壁画・障子絵的性格

ただ、本作は、巨幅でしかも二十二幅あり、掛幅絵としての公開の場を明確にしがたいところがある。

同じように、大規模な全体プログラムをもっていたと考えられる、香川県・不動護国寺覚城院蔵「法華経曼荼羅図（序品）」（図169）、香川県・道隆寺蔵「法華経曼荼羅図（勧発品）」の場合、おそらく一品を一幅に描いた二十八幅の連幅であり、本作とは異なる構成原理をもっている。様式的にはマニ教絵画の影響を受けたと考えられる特異なものであるが、物理的に、本紙幅五一センチメートル程度であり、全幅を掛け置く場を想定することは不可能で

図169　香川県・不動護国寺覚城院蔵「法華経曼荼羅図（序品）」（奈良国立博物館展覧会図録『聖地寧波』〈2009年〉より転載）

はない。一時的に在俗の交わる場で公開されるという空間を想定すれば、掛け置く場を想定することは可能だろう。縦一八〇センチメートル、横八〇センチメートル内外の縦長画面形式にコンパクトに事績を描く本興寺蔵「法華経曼荼羅図」も、四幅であることから比較的移動させやすく掛幅の特性を生かしやすいと思われる。

掛幅の場合、教学における掛図としての機能もある。時代は下るが、大永六年（一五二六）、京都市・本国寺（現・本圀寺）に十四幅の掛幅法華経絵が所蔵されていたことを、大原嘉豊が指摘している。[77]十四幅であるならば、おそらく『法華経』二十八品の二品ごとを一幅に描いたものと思われる。その規則性と所蔵された場から推測するに、教学において掛図のように利用された可能性もあろう。

本作には、これらのような規則性はない。保存状態と大きさからして、障子絵をはがして掛幅に仕立て直した可能性はないと思われるが、二十八品を二十二幅に描くという構成原理は極めて中途半端で、あるいは範例とした作品のあった建造物の間数に左右された可能性もあるように思われる。本作が「勧進」によって制作されたことは画中銘によって明らかであるから、もともと御願寺のような環境からは遠い制作環境にあっただろう。しかし、福井利吉郎が、「最勝光院御堂に描かれた法華経絵の面影を伝える唯一の作例(78)」として本作をあげているように、前代の大規模な障子絵に範を求めたことは考えられよう。

第三項　最勝光院御堂御所障子絵の面影

法住寺最勝光院(79)は、建春門院（後白河院妃、平滋子）の御願によるもので、『吉記』承安三年七月九日、七月十二日条の記事によって、御堂御所障子に女院・院の寺社参詣が描かれたことで有名であり、似絵に関する美術史的な議論の焦点ともなっている(80)。また本堂に連なる左右の廊に法華経変相図が描かれていたことでもまた有名である。

『吉記』（増補史料大成本、読点補）承安三年（一一七三）七月条

九日庚子　朝間甘雨暫降、辰刻参院、奏御堂雑事七ケ条、其中、御堂障子絵、可被画法花経、仏像幷地獄類、
御堂障子絵事
全不可憚之由有其仰
新御堂絵事
十二日癸卯（中略）御障子絵事等、仰云、御堂之内御所幷左右廊可画廿八品也

残念ながら、この御堂はすでに、元暦二年（一一八五）七月九日の大地震(81)および余震で、「北釣殿廊顚倒、同二階廊半倒了、進物所屋又顚倒、其外所々屋皆以傾危顚倒」というあり様だった(82)。また、建久八年（一一九七）閏六月二十五日の大風で破損(83)し、さらに、嘉禄二年（一二二六）六月四日、大火にあったことが『百練抄』『明月記』

等[84]によって知られるから、完全に焼失したとみられる。

正治二年（一二〇〇）から翌年建仁元年頃に書かれたとおぼしき『無明草子[85]』には、すでにその荒廃が歎かれている。『無明草子』によれば、密閉された壁画ではなく、参詣者が見る機会もあったように記述されているが、『無明草子』著者の身分や立場による観覧であった可能性がある。また時代的に離れすぎているから、本作の絵師がそれを見る機会に恵まれたとは考えられない。ただし、下絵や絵手本等、なんらかの形で絵師の家に図像が伝来した可能性はある。

例えば、第四幅「妙法蓮華経信解品第四」（図170）右端に、琴を携えた童子と馬に乗る老翁が画面の外側方向に向かって進む図がある。この図像は、「真言八祖行状図」（旧永久寺障子絵・出光美術館蔵、十二世紀初頭制作）の「龍智図」に、金剛智歓迎場面に向かって琴と太鼓を運ぶ童子の姿があることを思い出させる。[86]琴を携えた童子を従えて老翁が歩むのは、京都市・醍醐寺蔵「山水屏風」（十四世紀）第四扇（図171）にもあり、平安時代以来の唐絵から継承されてきた図像である。太田昌子も、本作の霞が各幅にわたること、四季絵の要素があることから、壁画・障子絵の伝統を指摘している。[87]

また、本作第八幅の左下に、短冊墨書はおかれていないが、図像からみて、阿修羅道、畜生道、餓鬼道、地獄道が描かれているとみられる部分がある。火焰に包まれた鼎とその中で苦しむ男の図像がある（図172）。これは、黒縄地獄である。六道に関する文言が含まれるのは、譬喩品、薬草喩品、法師品、見宝塔品、提婆達多品、嘱累品、妙音菩薩品、観世音菩薩普門品で、いずれも、そのような世界が存在しない仏国土を描くための文言として使われている。本作には、法華経絵であるにもかかわらず地獄類が各所に描かれていることにも注意したい。

藤原重雄によれば、金沢文庫所蔵『式法則用意条々[88]』には、仙洞御所における往生講で略すべき句として「焦熱

図171　京都市・醍醐寺蔵「山水屏風」六曲一隻第四扇（京都国立博物館展覧会図録『国宝十二天像と密教法会の世界』〈2013年〉より転載）

図170　第四幅「妙法蓮華経信解品第四」

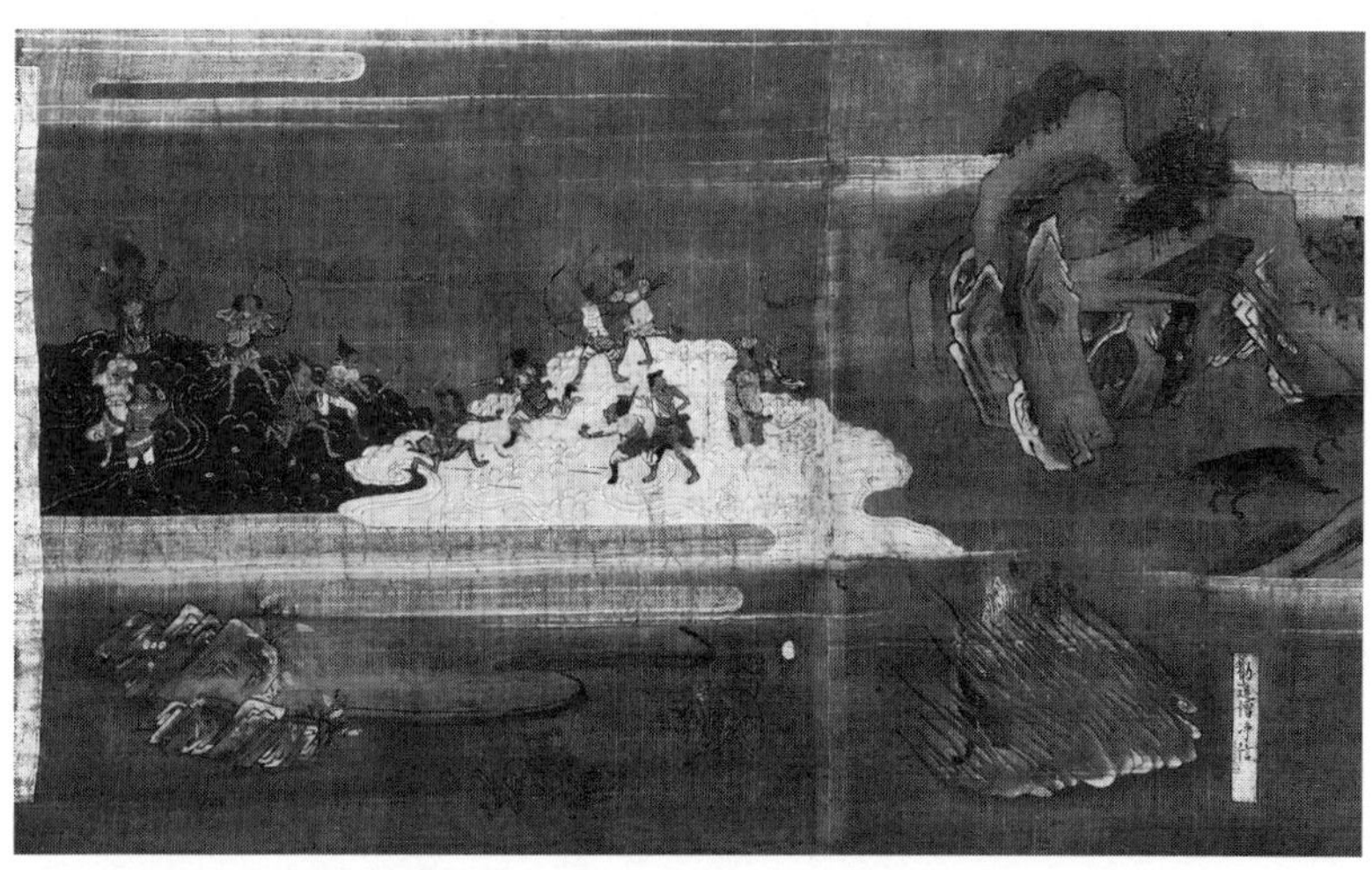

図172　第八幅「妙法蓮華経五百弟子受記品第八」 阿修羅道・畜生道・餓鬼道・地獄道

大地獄」「命終ノ時ニ臨テ」等があげられていることから、僧侶は地獄のあり様を述べることを避ける慣行があったという。[89]御願寺において忌むべきモチーフや画題は、すでに一世紀以上前の最勝光院において破られているが、藤原によればそれは「院ないし建春門院の意志がうかがえる事実[90]」で、権力者の強い要望によって描かれたと考えられる。貴族層そのものがこうした図像を好むようになったという変化によるものではない。

それに対し、本作は、もともとこうした禁忌を必要とする貴族層とは無縁であるから、地獄のあり様も憚らず描かれていると考えることもできよう。ただ、これだけの大規模な作品であれば、絵師は切実に範例を求めたであろう。筆者は、その範例を宋元画に求める立場ではなく、院政期以降の堂塔変相図に求める立場である。水墨画の技法が取り入れられており、曲彔や方椅という新奇なモチーフが認められるにしても、基本的な枠組みには、巨大な範例であった最勝光院障子絵法華経絵等の先行障子絵を仰ぐのではないかと考える。

ただ、第十一幅「妙法蓮華経見宝塔品第十一」は、明らかに宝塔が本尊として仰がれる大きさに描かれている。第十一幅の宝塔の大きさを考えれば、宝塔を本尊とし、宝塔を讃歎する儀礼の場を想定せねばならないかもしれない。ただし、現状に徴する限りは、厳密な左右対称性を必要としない儀礼であり、どのような儀礼であったかは現在のところ明らかにしえない。

第四項　本法寺の風入法要

次には、本法寺における現在の儀礼を検討し、本作がどのような儀礼の場にありうるのかを考えてみたい。

本法寺から、関係者に送られる風入法要の案内には、平成二十五年度が第六百八十六回にあたるとある。ただし、これは嘉暦元年から単純に年数を勘定しただけのものであり、絵解きを含む定期的な法要の創始時期は明らかではない。享保四年以来、出開帳、出展の記録は数多あるが、定期的な法要が行われていた古記録については未見である。ただ、少なくとも明治三十五年（一九〇二）以前から、「風入」が行われていたことは、以下の資料により確認できる。総本山本成寺内に設けられた法華宗報社が、毎月二回発刊していた「法華宗報」第壱号（編集兼発行人は土田慶良、明治三十五年三月三十日発刊）への、飯田日亮の寄稿によれば、「八尾本法寺の国宝絵曼荼羅の風入が陰暦七月六、七日をこの年より新暦八月六、七日と改定した」とある。[91]

風入法要の創始時期は明らかではないものの、宗派、地域を問わず、虫干しを兼ねた法要が行われ始めたのは江戸時代後期である。[92]富山県下においては、浄土真宗寺院・井波別院瑞泉寺の聖徳太子伝会が、十八世紀に瑞泉寺第十二代応現院真照（一六九六〜一七四五）によって創始されたという。[93]また、城端別院善徳寺は、井波別院の聖徳太子伝会にならって、明治二十九年（一八九六）に虫干法会を開始した。[94]両寺ともに、七月下旬に行われる。蓮如上人の三百回忌（一七九八年）から四百回忌（一八九八年）に多数制作された蓮如上人絵伝などの絵解きを含む法要が盛んに行われるようになったのも、江戸時代後期であり、いわゆる立山曼荼羅も、かつては「御絵伝」と呼ばれ、同じく江戸時代後期から絵解きされるようになったのである。[95]僧侶による説教や絵解きの話芸を楽しみつつ、涼しい風の吹き通る御堂で夏の有り難い一時を過ごすのは、現在でも檀家の人々の娯しみである。

しかし、法要と絵解きとは本来的には併存できない。本法寺の風入法要においても、内陣における法要と外陣における絵解きは別座である。現在の本法寺の風入法要の儀礼は、御山主・髙橋日啓師によれば、報恩感謝と追善供養の儀礼で法華宗説法式の高座説教の手順で行われる。

平成二十五年八月六日風入法要次第

九時　厨子行列——檀家が国宝殿から本堂へ御曼荼羅を納めた厨子を運ぶ。

十時　本堂において説教。

　宝物館（展示施設）において僧侶による絵の解説。

昼食
十四時　本堂内陣において風入法要。山主（僧都）は燕尾、七条袈裟着用。

法要の次第「差定(しゃじょう)」および解説は富山市の本修寺・田中靖隆師のご教示による。(96)

　差定
一、大衆入堂　方便品の一文を読誦。
一、衆来　磬子を鳴らし、開始を告げる。
一、三敬礼　三宝に声明して三度礼拝。
一、初楽　龍笛・篳篥・鳳笙・鉦鼓・楽太鼓で「五常楽」を奏す。
一、導師入堂
一、勧請　本仏釈尊・多宝如来・地涌の菩薩等仏菩薩諸天・諸神、日蓮聖人以来の先師の来臨を請う。
一、妙経（長唱〜偈言）寿量品長行読誦
　ここで二人の僧侶が立ち、御曼荼羅の厨子を開ける（御開帳）。

法要後の絵解きに用いる幅を本尊の前に奉安する。
一、讃鈸　梵讃を声明。その後、銅鑼と鐃鈸を鳴らす。
一、対揚（三段）　仏法（法華経）の常住・参詣者の先祖供養、安穏を願う偈(げ)を声明。
風入法要にあたっては絵曼荼羅の威光の増益とその功徳による参詣者の先祖供養並びに

一、神訓（行道）　家内安全等の諸願祈願を含む[97]。
神力品第二十一を訓読。内陣を右繞三匝して散華（図173）。着座。

一、自我偈（焼香）　寿量品偈頌を読誦中に焼香の案内。

一、唱題　題目を唱え、僧俗一同で唱和。檀信徒は団扇太鼓を叩く。
ここで、僧侶二人が立ち、厨子の蓋を閉める。

一、唱題三遍　玄題三唱ともいう。緩やかに三遍題目を唱える。
「正行」と位置づけられる。

一、宝塔偈　見宝塔品第十一最後の偈を頌す。

一、後楽　「越天楽」

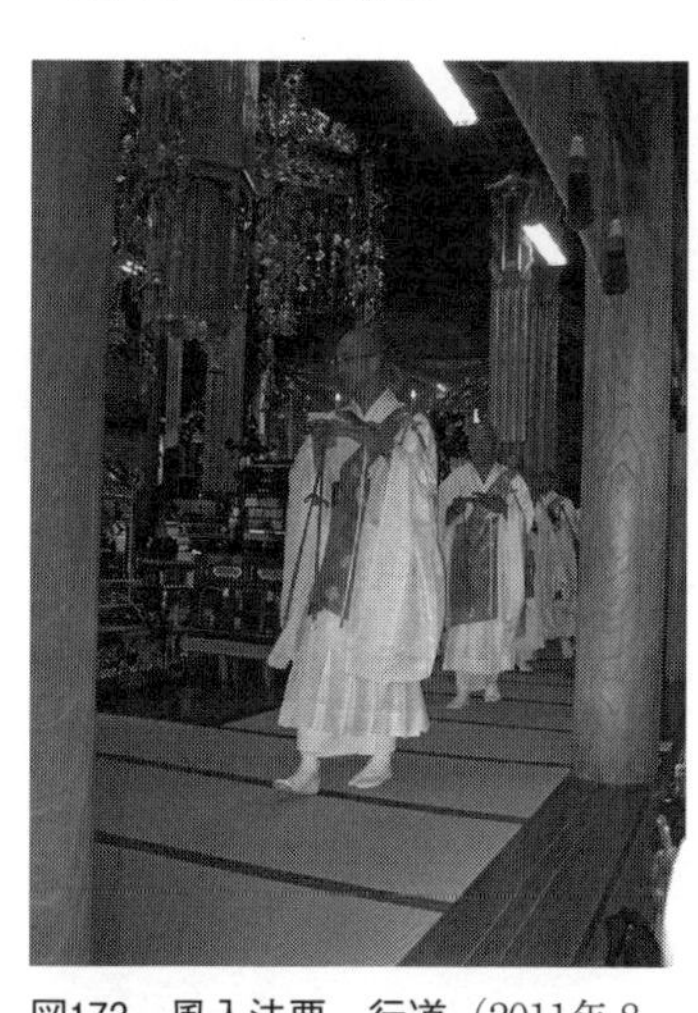
図173　風入法要　行道（2011年8月6日）

一、導師退堂

一、衆来　　鏧子を鳴らし、終了を告げる。

一、大衆退堂　「方便品」の一文を唱え退出。

十五時　本堂外陣において絵解き（図174）

十六時　厨子行列（御曼荼羅を国宝殿に収納）
厨子を担ぐ檀家の男性は裃着用、女性は団扇太鼓を鳴らしつつ随従する[98]。（図175）

「妙経」の際に、僧侶が御曼荼羅の厨子を開け、「風入」（御開帳）とする。その際、法要後の絵解きに供する幅を一幅出し、

図174　風入法要　絵解き（2011年8月6日）

図175　風入法要　御曼荼羅の入った長櫃の下をくぐると無病息災という（2011年8月6日）

巻いた状態で本尊の前に奉安する。そのほかの幅も巻物の状態で厨子に入っている。儀礼の終わり近くの「唱題」で厨子の蓋を閉める。

法要の行われる内陣に向かって左の外陣に一基の吊り台がおかれ、二十二幅のうちの一幅が吊られる。高座説教を終え、僧侶が退堂した後、導師（住職）は、絵を掛けた吊り台の近くに移動し、絵解き説法を行う。絵解きではあるが、必ずしも絵の解説ではなく、『法華経』や身近な話題をもとに、説法を行う場合もある。

来歴から考えても、現在の本法寺の風入法要が本作のもともとの儀礼であったとは到底考えられない。しかし、巻物の状態での『法華経』讃歎儀礼と別座に掛けおいての絵解きは、本作の形状に対しては理にかなっている。

註

（1）大西（太田）昌子「日本の初期水墨画史の再検討――画中画資料による――」（『美術史』三二―二、一九八二年）

（2）室町時代の例になるが、滋賀県湖南市・常楽寺所蔵「釈迦八相図」の画中画にやや類似した表現が見られる。

（3）「東征伝絵」については、以下およびそれぞれの巻末参考文献参照。①『日本絵巻物全集』二一巻（角川書店、一九六四年）。②『新修日本絵巻物全集』二四巻（角川書店、一九七八年）。③『日本絵巻大成』一六（中央公論社、一九七八年）

（4）菊竹淳一「「東征伝絵巻」について」（小松茂美編『日本絵巻大成』一六、中央公論社、一九七八年）

（5）『元亨釈書』（『新訂増補国史大系』第三一巻）巻十三明戒・中川寺実範伝一九六頁。読み下しは、蓑輪顕量『中世初期南都戒律復興の研究』（法藏館、一九九九年）二六八頁

（6）『律苑僧宝伝』巻第十一・招提寺大悲菩薩伝（仏書刊行会編『大日本佛教全書』一〇五巻、仏書刊行会、一九二三年）一三一～一三三頁。『招提千歳伝記巻中之二』伝律篇・第二十一世中興第一世大悲菩薩伝（仏書刊行会編『大日本佛教全書』一〇五巻、仏書刊行会、一九二三年）三三二頁

（7）①京都国立博物館展覧会図録『高僧伝絵』（一九八四年）。②『鎌倉国宝館図録5　鎌倉の絵巻』（鎌倉国宝館、一九八七年）。③奈良国立博物館展覧会図録『當麻寺――極楽浄土へのあこがれ――』（二〇一三年）解説98、三〇四頁

（8）大脇潔『日本の美術392　鴟尾』（至文堂、一九九九年）一六頁に復元図がある。

（9）ただ、尾の形状は違っている。聖衆来迎寺所蔵本の鯱は、尾の部分が比較的太く、むしろ鴟吻と呼ばれる、獣頭と怪魚マカラとの中間であるような形状で、前掲註（8）『日本の美術392　鴟尾』二八頁・第五九図の龍泓寺磨崖（四川省）の鴟吻に似ている。

（10）小泉和子『家具と室内意匠の文化史』（法政大学出版局、一九七九年）一一七頁の図⑭竹椅子や一一八頁の文政二年（一八一九）敬光著「大乗比丘十八物図」中の「縄床」に似ている。

（11）小泉和子『家具と室内意匠の文化史』（法政大学出版局、一九七九年）一一八頁

（12）荒巻史枝（京都大学大学院人間・環境学研究科）は、以下の発表で、版本に「龍虎図」として描きこまれた例があることを指摘した。「東アジアにおける経典見返し絵の研究――栗棘庵宋版法華経を中心に――」（美術史学会西支部例会、二〇一〇年七月十七日、於・奈良女子大学）

（13）古墳壁画にも知られる四神の図像は、平安時代には変容し、必ずしも朱雀や玄武の姿には描かれない。平安時代後期以降は、蓬萊山のイメージを源とする鶴亀が和鏡の図像となるなど、龍虎を漢とし、鶴亀を和とする図像的な変容があるようである。太田昌子『絵は語る9　松島図屛風――座敷からつづく海――』（平凡社、一九九五年）

参照。

（14）見返絵の作例では、画面が狭小であるため、石なのか、砂であるのかわかりづらいものが多い。京都市・妙蓮寺蔵本も円錐状と塔状の両方があるように見える。談山神社蔵本と立本寺蔵本の「紺紙金銀泥法華経宝塔曼荼羅図」では、円錐状ではあるが、三つの段に分かれているように見えるものが描かれている。平安時代末期以降は、砂ではなく石を積む図像に移行しつつあるように思われる。

（15）橋村愛子「『平家納経』の思想と装飾プログラム――宝塔品紙背にみる四季絵と二十八品大意絵との関わりから――」（『美術史』一六六号、二〇〇九年）

（16）馬淵和夫・小泉弘校注「三宝絵」（『新日本古典文学大系31　三宝絵　注好選』岩波書店、一九九七年）一六一頁

（17）①水藤真『中世の葬送・墓制――石塔を造立すること――』（平凡社、一九九一年）。②千々和到『日本史リブレット31　板碑と石塔の祈り』（山川出版社、二〇〇七年）三八頁。『小右記』には、寛弘二年三月二十二日に、石塔を作り、寿命経と般若心経を書写させたことから始まり、寛仁元年八月一日に石塔二百基を作らせたことなどの二十二件の記事がある。

（18）前掲註（15）

（19）『大日本史料』第五編三〇冊二九九頁。白河法皇が璋子懐妊に際して法勝寺等で供養したのが木塔であったのに対して、石塔であるのは、経済的な問題かもしれないが、興味深い。ただ、同じ『大日本史料』の暦応四年三月二十七日、康永元年五月四日、貞和三年三月十九日に、皇太子疱瘡御悩や天皇御不予等、御産ではない病悩に対しても供養が行われている例があるので、『小右記』の事例と合わせて、延命や除苦に関係する一般的な儀礼といえるかもしれない。

（20）子どもが石を積む図像と水の流れの組み合わせについては、金沢美術工芸大学・太田昌子教授からご教示を得た。また、同氏の前掲註（13）文献に指摘された概念「イメージマップ」（同書二一五頁）から多大の影響を受けた。

（21）①黒田日出男「異界の子ども　近世の子ども――浦島太郎・金太郎・桃太郎――」（江戸子ども文化研究会編『浮世絵のなかの子どもたち』くもん出版、一九九三年）。②黒田日出男「〈唐子〉論――歴史としての子どもの身

体をめぐって――」（東京国立文化財研究所編『人の〈かたち〉人の〈からだ〉――東アジア美術の視座――』平凡社、一九九四年）。③黒田日出男「戦国期の民衆文化」（『岩波講座日本通史』第一〇巻・中世四、岩波書店、一九九四年）。④黒田日出男『「絵巻」子どもの登場――中世社会の子ども像――』（河出書房新社、一九八九年）

(22) ①真鍋広済「賽の河原と地蔵和讃」（同『地蔵尊の研究』磯部甲陽堂、一九四一年）。②真鍋広済「『西院河原地蔵和讃』成立攷」（『龍谷大学論集』三五三、一九五六年）。③真鍋広済「日本文学と地蔵尊」（同『地蔵尊の世界』青山書院、一九五九年）。④梅津次郎「「子とろ子とろ」の古図――法然寺蔵地蔵験記絵巻補記――」（『MUSEUM』五〇、一九五五年）。⑤真鍋広済「賽の河原」（同『地蔵菩薩の研究』三密堂書店、一九六〇年）。⑥本田和子「「賽の河原」考」（同他『わたしたちの「江戸」――〈女・子ども〉の誕生――』新曜社、一九八五年）。⑦坂本要編『地獄の世界』（溪水社、一九九〇年、①④を所収）。⑧鷹巣純「悪童の母子――日中における図像と意味内容の変遷――」（立川武蔵編著『曼荼羅と輪廻――その思想と美術――』佼成出版社、一九九三年）。⑨渡浩一「幼き亡者たちの世界――〈賽の河原〉の図像をめぐって――」（明治大学人文科学研究所編『「生と死」の図像学』風間書房、一九九九年）。⑩井上啓治「〈地獄絵・地獄信仰〉〈女人堕獄・救済〉と〈昔話・説話〉」（同『新典社研究叢書104 京伝考証学と読本の研究』新典社、一九九七年）。⑪渡浩一「〈賽の河原〉の伝承――『富士の人穴草紙』と『賽の河原地蔵和讃』を中心に――」（『説話伝承学』五、一九九七年）

(23) 山東京伝の指摘によるという。①廣田哲通「『乃至童子の戯れに』考――事実と説話と経文と――」（同『中世仏教説話の研究』勉誠社、一九八七年）。②斉藤研一『子どもの中世史』（吉川弘文館、二〇〇三年）一七八頁

(24) 序註（5）文献⑨⑭⑮

(25) 序註（5）文献⑥⑨

(26) 序註（5）文献⑮三六〇頁

(27) 『大正蔵』二六二、九巻、二五頁下段二六行～二六頁上一三行

(28) 『大正蔵』二六二、九巻、二七頁上段一一～一三行

(29) 以下、庭園に関する考察は、庭園史を専門としない筆者が、国際日本文化研究センター共同研究「日本庭園のあ

の世とこの世――自然、芸術、宗教――」研究班（代表：白幡洋三郎同センター教授）の共同研究シンポジウムにおいて、「幻の庭――本法寺蔵「法華経曼荼羅」化城喩品・提婆達多品を例として――」（二〇一二年十一月十日、於・日本文化研究センター第一共同研究室）として発表させていただいた内容に基づく。発表時において、後日、以下を出版した研究班のメンバーよりさまざまなご教示を受けた。特に樹種については、長岡造形大学教授・飛田範夫氏、奈良文化財研究所文化遺産部長・小野健吉氏、国際日本文化研究センター外国人研究員ウィーベ・カウテルト氏よりご教示をいただいた。白幡洋三郎編『『作庭記』と日本の庭園』（思文閣出版、二〇一四年）

（30）『作庭記』は、江戸時代には①群書類従本が知られていたが、昭和十一年に最も古い写本である、正応二年（一二八九）奥書の②谷村家所蔵本が国宝指定された。その後、③『山水抄』、④『或書』等の異本が発見されている。飛田範夫は、谷村家所蔵本、『山水抄』および『或書』と比較することにより、谷村家所蔵本が原本そのものとは考えられないことを指摘している。飛田範夫「『作庭記』原本の推定」（『長岡造形大学研究紀要』七、二〇〇九年）。いずれに拠るべきかは、本書の範囲を超えているが、同論より、以下に併記引用しておく。

（谷村本二六二行）　滝を高くたてむ事京中にハありがたからむか

（山水抄四六行）　滝ヲ高ウ立ン事京中ニハ有ガタカランカ

『作庭記』の底本および研究については以下。①続群書類従完成会『群書類従』第十九輯（管絃部・蹴鞠部・鷹部・遊戯部・飲食部、一九三二年）所収、遊戯部、三六二巻。②(a)貴重書複製会影印本。(b)森蘊『平安時代庭園の研究』（桑名文星堂、一九四五年）。(c)田村剛『作庭記』（相模書房、一九六四年）。(d)林屋辰三郎等校注『日本思想大系23　古代中世芸術論』（岩波書店、一九七三年）。萩原義雄『日本庭園学の源流『作庭記』における日本語研究』（勉誠出版、二〇一一年）。③(a)小沢圭次郎「園苑源流考」（『國華』四四号、一八九三年）。(b)小林文次「『山水抄』について」（平安博物館記念論文集編集委員会編『日本古代学論集』古代学協会、一九七九年）。④(a)江上綏「『童子口伝書つき山水幷野形図』の成立とその性格（上）（下）」（『美術研究』二三八・二三九、一九七五年）。(b)江上綏「『童子口伝書つき山水幷野形図』校刊」（『美術研究』二四七・二五〇、一九七六・七七年）

（31）家永三郎『上代倭絵全史』（初版：高桐書院、一九四六年、改訂重版：名著刊行会、一九九八年）改訂重版七八頁。

『古今集』巻十七　雑歌上　九三〇
田村の御時に、女房のさぶらひにて、御屛風の絵御覧じけるに、滝落ちたりける所おもしろし。これを題にて歌よめと、さぶらふ人におほせられければ、よめる
思ひせく心の内の滝なれや落つとは見れど音のきこえぬ

(32)「唐絵」の概念変化については以下。①武田恒夫「和様の展開」(『日本の美学』第九号、一九八六年)。②千野香織「日本の障壁画にみるジェンダーの構造――前近代における中国文化圏の中で――」(韓國美術研究所『美術史論壇』第四号、一九九六年)。③千野香織「天皇の母のための絵画――南禅寺大方丈の障壁画をめぐって――」(鈴木杜幾子・千野香織・馬渕明子編著『美術とジェンダー――非対称の視線――』ブリュッケ、一九九七年、『千野香織著作集』ブリュッケ、二〇一〇年に再録)。④井手誠之輔「影響伝播論から異文化受容論へ――鎌倉仏画における中国の受容――」(板倉聖哲編『講座日本美術史2　形態の伝承』東京大学出版会、二〇〇五年)。⑤板倉聖哲「東寺旧蔵「山水屛風」が示す「唐」の位相」(④に同じ)。⑥島尾新「日本美術としての「唐物」」(『アジア遊学特集＝唐物と東アジア――舶載品をめぐる文化交流史――』一四七、二〇一一年)

(33)国指定特別名勝。田中哲雄『日本の美術429　発掘された庭園』(ぎょうせい、二〇〇二年)五二頁

(34)『長秋記』長承二年九月十四日条

(35)細川涼一『中世の律宗寺院と民衆』(吉川弘文館、一九八七年)第五章

(36)前掲註(29)飛田氏、小野氏、カウテルト氏のご教示による。

(37)カウテルト氏のご教示による。

(38)ボリス・ウスペンスキー『イコンの記号学――中世の絵を読むために――』(北岡誠司訳、新時代社、一九八三年)Ⅲ章の意味論的遠近法を参照。

(39)葉の形が違うものがまじっているが、補筆かと思われる。

(40)『万葉集』巻八・一四三五に、
河津鳴　甘南備河尓　陰所見而　今香開良武　山振乃花

（読み　かはづなく　かむなびかはに　かげみえて　いまかさくらむ　やまぶきのはな）とあり、水辺に映る姿が愛されてきたことがわかる（『新日本古典文学大系2　萬葉集二』岩波書店、二〇〇〇年、二三二頁）。

（41）前掲註（29）飛田氏、小野氏のご教示による。

（42）飛田範夫『日本庭園の植栽史』（京都大学学術出版会、二〇〇二年）一四一～一四二・一四七頁

（43）①武居二郎・尼崎博正監修『庭園史をあるく――日本・ヨーロッパ編――』（昭和堂、一九九八年）七八頁。②註（42）前掲文献同頁

（44）仲隆裕「禅宗寺院の庭園」（武居二郎・尼崎博正監修『庭園史をあるく――日本・ヨーロッパ編――』昭和堂、一九九八年）七八頁

（45）『大正蔵』一九九七、四七巻、七五〇頁上段六～一八行

（46）『大正蔵』一九九八、四七巻、八三一頁中段一～三行

（47）小野健吉は、『万葉集』巻二・一七〇・一八一・一八五を引用して、草壁皇子（六六二～六八九）の宮殿であった島宮の庭園に、すでに、曲池や海浜風景をモデルにした庭が存在した可能性を指摘し、新羅の首都・慶州にあった雁鴨池に触発されたと推測する。小野健吉『日本庭園――空間の美の歴史――』（岩波新書、二〇〇九年）四一～四六頁

（48）『大正蔵』二六二、九巻、二二頁上段二一～二四行

（49）田村芳郎・藤井教公『仏典講座7　法華経　上』（大蔵出版、一九八八年）三六六頁

（50）白色のシンボリズムについては以下。黒田日出男『境界の中世 象徴の中世』（東京大学出版会 一九八六年）一一六頁

（51）前掲註（13）文献

（52）前掲註（13）文献一二・七〇～七一頁

（53）尾吹万里は、大阪府・金剛寺蔵「日月山水図屏風」中の山の端にのぞく海、荒磯、滝、松、桜のモチーフに、

『作庭記』との対応を読み取っている。①尾吹万里「金剛寺蔵日月山水図屏風をめぐって」（東北大学大学院文学研究科美術史学講座『美術史学』六、一九八四年）。そのほか、大乗院庭園と屏風の関係を論じたものとして以下。②島田有紀「狩野元信筆白鶴美術館蔵「四季花鳥図屏風」における理想郷――浄土および現実の庭の要素をてがかりに――」（『美学』二二三号、二〇〇五年）

(54) 浄土式庭園と寝殿造庭園の造形の違いについては以下を参照した。①飛田範夫『『作庭記』からみた造園』（鹿島出版会、一九八五年）。②森蘊『『作庭記』の世界――平安朝の庭園美――』（日本放送出版協会、一九八六年）。③多々良美春・白井彦衛「「寝殿造庭園」と「浄土庭園」の比較研究――「法成寺」の庭園意匠の特徴に関する考察――」（『千葉大学園芸学部学術報告』五一、一九九七年）

(55) マイケル・サリヴァン『中国山水画の誕生』（中野美代子・杉野目康子訳、青土社、一九九五年）第三章

(56) 序註（5）文献⑱

(57) ①戸田禎佑「『唐僧取経図冊』の様式的検討」（『國華　特輯＝唐僧取経図冊』一一六三号、一九九二年）。②板倉聖哲「〈伝〉王振鵬『唐僧取経図冊』――元代絵画の中での位置づけ――」（磯部彰編『文部科学省特定領域研究〈東アジア出版文化の研究〉研究成果　東アジア善本叢刊第一冊』二〇〇一年）

(58) 泉武夫「六道絵の作風と絵師の分類」（泉武夫・加須屋誠・山本聡美編著『国宝六道絵』中央公論美術出版、二〇〇七年）二一二・二一三頁

(59) 宮次男「金字宝塔曼陀羅三本の性格」（同『金字宝塔曼陀羅』第五章、吉川弘文館、一九七六年）一三八頁

(60) 序註（17）拙稿③、および論評(a)

(61) 藤原頼長『台記』康治二年（一一四三）から久安六年（一一五〇）の条には、四天王寺の絵堂で六度「聖徳太子絵伝」の絵解きを受けたという有名な例があり、藤原頼長のような貴族が、絵解僧の誤った解説を訂正するようなこともあった。渡辺信和「頼長の見た障子絵と絵解と――鳥羽法皇の四天王寺参詣をめぐって――」（『絵解き研究』第一〇号、一九九三年、同『新典社研究叢書227　聖徳太子説話の研究――伝と絵伝と――』（新典社、二〇一二年所収）第三章第三節

(62) 村松加奈子「あらためて〝絵解き〟ってなぁに？」（龍谷ミュージアム展覧会図録『〝絵解き〟ってなぁに？――語り継がれる仏教絵画――』二〇一二年）にも、同趣旨の指摘がある。

(63) 画面形式についての考察は、以下を参考とした。大西廣・太田昌子「絵の居場所①～⑫」（『朝日百科　国宝と歴史の旅』1～12、朝日新聞社、一九九九～二〇〇一年）。特に「絵の居場所②」（『朝日百科　国宝と歴史の旅』2、朝日新聞社、一九九九年）五九頁の概念図から大きな手がかりを得た。

(64) 絵巻物は本来「～絵」と呼ぶべきであるが、ここでは巻物形式の絵でストーリー性のあるものという現在の意味で用いる。梅津次郎「絵と絵詞」（『文学』第四二巻三号、一九七四年）

(65) 宮島新一「園天満宮所蔵北野天神縁起絵について」（『月刊文化財』二〇七号、一九八〇年）

(66) 拙稿「『隔蓂記』に見える絵巻物」（冷泉為人監修『寛永文化のネットワーク――『隔蓂記』の世界――』思文閣出版、一九九八年）。中世文学研究会「中世文学会創設五〇周年記念シンポジウム――中世文学研究の過去・現在・未来――」第二文科会において、高岸輝も、絵巻を見る機会の少なさについて発言している。『中世文学研究は日本文化を解明できるか――「中世文学会創設五〇周年」記念シンポジウム「中世文学研究の過去・現在・未来」の記録――』（笠間書院、二〇〇六年）一五九頁

(67) 棚橋光男『後白河法皇』（講談社選書メチエ、一九九五年）一二八頁

(68) ①高岸輝『室町王権と絵画――初期土佐派研究――』（京都大学学術出版会、二〇〇四年）②高岸輝『室町絵巻の魔力――再生と創造の中世――』（吉川弘文館、二〇〇八年）

(69) 米倉迪夫「掛幅伝記絵研究の課題――法然伝絵から考える――」（『仏教文学』第二四号、二〇〇〇年）

(70) 瑞泉寺の「聖徳太子伝会」の創始は十八世紀といわれる。毎年七月二十一日から二十九日に行われる。瑞泉寺の歴史については以下参照。①千秋謙治『瑞泉寺と門前町井波』（桂書房、二〇〇五年）。②『真宗大谷派井波別院瑞泉寺誌』（二〇〇九年）。③千秋謙治編『年表でみる井波瑞泉寺』（桂書房、二〇一四年）

(71) 善徳寺の「虫干法会」は明治二十九年創始。日程は七月二十二日から二十九日。①城端別院善徳寺蓮如上人五百回御遠忌記念誌編纂委員会編『城端別院善徳寺史』（一九九九年）。②阿部泰郎監修・蔡佩青編『城端別院善徳寺虫

干法会』（真宗大谷派城端別院善徳寺、二〇一四年）

（72）瑞泉寺の「聖徳太子絵伝」と善徳寺の「蓮如上人絵伝」に関しては前近代からの伝統があるが、善徳寺の「聖徳太子絵伝」の絵解きについては、名古屋大学教授・阿部泰郎の指導のもと、村松加奈子ら大学院生が台本を作り、二〇〇七年から開始された。詳細は以下。阿部泰郎『中世日本の宗教テクスト体系』（名古屋大学出版会、二〇一三年）第十四章

（73）天野信治「本證寺本聖徳太子絵伝の画面構成について」（『安城市歴史博物館研究紀要』一〇・一一合併号、二〇〇四年）

（74）佐野みどりは、学習院大学人文科学研究所共同研究プロジェクト「掛幅縁起絵研究会」（平成十八年度〜二十一年度、代表者：学習院大学教授・佐野みどり）の研究会において、掛幅絵について「語られるもののevidence」と指摘している。

（75）「覚城院調査」（香川県教育委員会編『歴史博物館整備に伴う資料調査概報――平成八年度・平成九年度――』一九九九年）図版39

（76）大和文華館展覧会図録『信仰と絵画』（二〇一一年）

（77）『後法成寺尚通公記』大永六年四月四日条の記載による。序註（5）文献⑯二四〇頁

（78）福井利吉郎「大和絵数題6　六道絵（下）建春門院と法華経絵――六道絵の背後――」（『福井利吉郎美術史論集中巻』中央公論美術出版、一九九九年、三三四頁、初出『MUSEUM』一一三、一九六〇年）。本作以外に、ほとんど図様を弁じえないが、大画面法華経絵の面影を伝えるものとして、兵庫県の名草神社・三重塔壁画があげられている。三重塔は、島根県出雲大社に尼子経久が大永七年（一五二七）に寄進建立したもので、寛文五年（一六六五）に名草神社に移築された。

（79）その結構と法会については以下。①杉山信三「法住寺殿とその御堂」（同『院家建築の研究』吉川弘文館、一九八一年）。②朧谷寿「最勝光院――院政期における仏教行事の場――」（田村円澄先生古稀記念会編『東アジアと日本　宗教・文学編』（吉川弘文館、一九八七年）。③神奈川県立金沢文庫編『金沢文庫資料全書第九巻　寺院指図

篇』（神奈川県立金沢文庫、一九八八年）図版98および解説（上野勝久による）。④清水擴『平安時代仏教建築史の研究――浄土教建築を中心に――』（中央公論美術出版、一九九二年）。⑤上野勝久「記念シンポジウム・武家の都鎌倉とその中世建築　報告3　鎌倉に伝わる中世の絵図・指図」（『建築史学』第二七号、一九九六年）に「最勝光院修二月図」が収録されている。⑥野口実・山田邦和「法住寺殿の城郭機能と域内の陵墓について」（京都女子大学宗教・文化研究所『研究紀要』第一六号、二〇〇三年）。⑦野口実・山田邦和「六波羅の軍事的評価と法住寺殿を含めた空間復元」（京都女子大学宗教・文化研究所『研究紀要』第一七号、二〇〇四年）。⑧上村和直「法住寺殿の成立と展開」（京都市埋蔵文化財研究所『研究紀要』第九号、二〇〇四年）。以上、藤原重雄氏のご教示による。

（80）①梅津次郎「鎌倉時代大和絵肖像画の系譜――俗人像と僧侶像――」（『佛教藝術』二三号、一九五四年）。②赤松俊秀「鎌倉文化」（『岩波講座日本歴史5　中世1』岩波書店、一九六二年）。③並木誠士「文献より見た「似絵」」（『金鯱叢書』八、一九八一年）。④小松茂美「「似絵」の絵巻」（同編『続日本絵巻大成』一八、中央公論社、一九八三年）。⑤宮島新一「藤原隆信の生涯と才芸」（『MUSEUM』三九七、一九八四年）。⑥國賀由美子「『年中行事絵巻』朝覲御幸巻の制作に関する一試論」（『古代文化』四〇―一、一九八八年）。⑦池田忍「逸翁美術館蔵「競馬絵」の紹介とその性格」（『秋山光和博士古稀記念　美術史論文集』便利堂、一九九一年）。⑧米倉迪夫「鎌倉時代の絵画――物語と景観と人の絵画をめぐって――」（『日本美術全集9　縁起絵と似絵――鎌倉の絵画・工芸――』講談社、一九九三年）。⑨米倉迪夫「写実をこばむもの――世俗人物の遺像をめぐって――」（国際交流美術史研究会第一二回国際シンポジウム『東洋美術における写実』報告書、一九九四年）。⑩泉武夫「〈写実〉の道のり――人物絵画「影」にみる制作姿勢と表現技法――」（村井康彦編『京の歴史と文化2（院政・鎌倉時代）武――貴族と鎌倉――』（講談社、一九九四年）。⑪藤原重雄「行事絵・名所絵としての最勝光院御所障子絵」（『美術史』一四六号、一九九九年）。⑫藤原重雄「最勝光院御所障子絵ノート――『玉葉』記事の解釈をめぐって――」（東京大学文学部日本史学研究室中世史研究会会報『遙かなる中世』一五号、一九九六年）。⑬藤原重雄「最勝光院御所障子絵ノート（続）――空間の復元、「第一の冥加」――」（『遙かなる中世』一七号、一九九八年）。⑫藤原重雄「行列図について――鹵簿図・行列指図・絵巻――」（『古文書研究』五三、二〇〇一年）。⑬藤原重雄「最勝光院御

所障子絵をめぐって」（加須屋誠編『図像解釈学――権力と他者――』竹林舎、二〇一三年）

（81）『吉記』『玉葉』等同日条。なお、以下のデータベース参照。「[古代・中世] 地震・噴火史料データベース」著者：古代中世地震史料研究会、ＤＢ公開：静岡大学防災綜合センター http://sakuya.ed.shizuoka.ac.jp/erice/db/

（82）『吉記』元暦二年七月十二日条

（83）「最勝光院大風破損堂舎等注進状（折紙）」。上島有編著『東寺文書聚英　図版篇』（同朋舎出版、一九八五年）図版186および解説

（84）『大日本史料』五編三巻二四〇頁

（85）以下を参考にした。①北川忠彦解題「無名草子」（『日本思想大系23　古代中世芸術論』岩波書店、一九七三年）。②寺本直彦「『無名草子』初出「最勝光院」小考」（『青山語文』一〇、一九八〇年）。③川島絹江「『無名草子』の最勝光院」（『研究と資料』第三八輯、一九九七年）。④深沢徹「『無名草子』のトポロジー――囲い込まれ、横領される〈女〉の言説――」（平安文学論究会編『講座平安文学論究』一三、風間書房、一九九八年、深沢徹『自己言及テキストの系譜学――平安文学をめぐる七つの断章――』森話社、二〇〇二年所収）

（86）柳沢孝「真言八祖行状図と廃寺永久寺真言堂障子絵（二）」（『美術研究』三〇二号、一九八〇年）

（87）序註（5）文献⑱

（88）スティーブン・Ｇ・ネルソン「藤原孝道草『式法則用意条々』における講式の音楽構成法」（福島和夫編『中世音楽史論叢』和泉書院、二〇〇一年）。翻刻は、二三五～二七七頁、該当箇所は二四八～二四九頁

（89）藤原重雄「最勝光院御所障子絵をめぐって」（加須屋誠編『図像解釈学――権力と他者――』竹林舎、二〇一三年）

（90）前掲註（89）

（91）法華宗のＷＥＢサイトの教区通信（平成六年）に掲載された、愛知県・善行寺（伊藤静良住職）において貴重資料が発見された旨の記事である。http://www.hokkeshu.com/kyokutusin/tyubu/H06_kityo_html

（92）京都の寺院では、秋に曝涼が行われることが多いが、地方の寺院では農繁期を避ける意味もあってか、夏の土用の頃に行われることが多い。愛知県の満性寺など浄土真宗高田派寺院も夏に行う。

(93) 『真宗大谷派井波別院瑞泉寺誌』(二〇〇九年) 一四頁。ただし、開始時期は十九世紀に入るのではないかと推測する研究者もいる。
(94) 前掲註 (71) 文献①一一八頁
(95) 富山県［立山博物館］展覧会図録『立山と真宗――御絵伝がつなぐ二つの世界――』(二〇〇六年) において、絵解き創始が江戸時代後期にかかることが明らかにされた。同展図録の下記論考参照。①蒲池勢至「真宗門徒と立山信仰――二つの阿弥陀信仰――」。②福江充「御絵伝と呼ばれた立山曼荼羅」
(96) 二〇一三年九月九日、富山市・本修寺の田中靖隆師のご教示による。
(97) 前掲註 (96) に同じ。一段は法要の主旨・目的の回向、三段は本仏の讃歎と功徳の平等利益を加え、五段は多宝如来と十方分身の諸仏による法華経真実の証明と日蓮聖人への報恩が加わる。
(98) 本堂から宝蔵へ厨子を運ぶ際に参詣者はその下をくぐり無病息災を祈る。田中靖隆師は「経巻頂戴の儀」(住職が一人一人の頭上に法華経八巻を向け、参拝者が家内安全・無病息災などを祈願する儀式) と同義かとされる。

第三部　制作主体と伝来

第一章　勧進僧浄信

第一節　記名の検討

二十一幅すべての画面中央下辺に、「勧進僧浄信」の記名がある（図176）。大規模な修復が少なくとも三度（寛文十二年、昭和四十一年）は行われているので、現在の短冊状の胡粉は、塗り直しが行われ、墨書も書き換えられていると考えられる。第九幅、第十五幅、第十八幅、第二十一幅のように、今は読みづらくなっている幅もある。第二十二幅はほとんど読めない。はっきりと筆跡が確認できる幅については一筆であるといえるが、補筆である。従って、第一部第二章にも述べたように、この記名がいつ行われたのかについては確証を得ない。

鎌倉時代末期に、画中中央下辺にこのような記名を行うということ自体、極めて特異である。ただし、日蓮宗の文字曼荼羅や絵曼荼羅において、この位置に揮毫者や制作主体の僧名と花押をおくことは通例である。従って、現有寺院・本法寺に帰した時点での記銘の可能性も考えられる。しかし、それが本法寺にとって意味のある開山の名とされる日順ではないというのは不審である。

また、極めて消極的な理由ではあるが、赤外線による調査を行った際に、第十四幅においては、白く新たに塗られた胡粉の下にも少しずれた位置に「勧進僧浄信」の文字が見られた(1)。逆に、はっきりと別字が浮かび上がる画像

図176　各幅の「勧進僧浄信」の記名（記名の下の番号は幅の番号を示す）
記名は21幅とも画面下辺中央にある。

は得られなかった。二十一幅すべてに、開山ではない名が記され、それが書き継がれてきたところに、本作の制作当初よりの根拠があると考える。

第一部第二章において、すでに以下の四点を確認した。

(1)本作は、嘉暦元年から三年（一三二六〜二八）の間に、制作された。

(2)明応六年（一四九七）時以降は、婦負郡椧原保内本法寺における存在が確認できる。当時の本法寺住職は日順である。

(3)(2)の認識は、寛文時修復まで継承されたが、元禄十年（一六九七）以降、寺伝において、日順は、鎌倉時代末期における本法寺開山として記述されるようになった。

(4)宝暦十二年（一七六二）以降の寺伝においては、浄信と日順は同一人物とされる。

少なくとも、寛文時の修復に関係する史料おいて、日順の名はあれど、浄信の名は全く記されていない。しかし、宝暦十二年（一七六二）以降の寺伝においては、裏書における明応六年時の常住・日順と浄信は同一視されている。画中の「勧進僧浄信」および嘉暦年間の年号と、裏書にいう「日順」との矛盾が、宗内において問題視され、その整合がはかられたものと思われる。現段階においては、鎌倉時代当初に書記されたと断言はできないものの、こうした傍証からみて、「勧進僧浄信」の記名は、少なくとも、本法寺に施入される以前よりあり、本法寺側でも無視できないほど明示されていたと思われる。

それでは、浄信とは誰なのか。制作の中心的人物が浄信であることは間違いないといえるが、浄信という名はありふれた僧名で、宗派、性別を問わない名である。十四世紀の史料にも浄信という僧名は散見される。[2]音通する浄心という名も同時代資料に見受けられる。「大願主　勧進僧浄心」と僧尼十一人の刻名のある正和二年（一三一三）制作の京都市・誓願寺元塔頭の誠心院宝篋印塔が存する。[3] こうした勧進僧たちが、僧尼の集団を率いて勧進活動を行い、巨大な石塔や例えば広島県・草戸千軒の明王院五重塔のような大塔を建造しうるだけの募財能力をもっていたことはよく知られている。[4]

しかし、嘉暦年間に勧進に関わり、本作のように二十二幅という大規模な「法華経曼荼羅図」を制作しえた僧侶となると、おのずと、その可能性をもつ人物は限定されてゆくのではないだろうか。筆者は、播磨国福泊島関係争史料に登場する「浄信上人」「一条戻橋寺律僧不知名字」「恩徳院長老覚妙房静心」が、その人物である可能性が高いと推測する。

第二節　福泊島関係争

第一項　福泊島関と浄信上人

福泊は、現在の姫路市的形町的形または的形町福泊にあたると考えられている。[5] 延喜十四年（九一四）三善清行の『意見十二箇条』に、行基菩薩の築造にかかるとされた五つの港（他は室生泊、魚住泊、大輪田泊、河尻泊）のうちの一つ、韓泊に比定される港である。中世の福泊については、網野善彦の著作によって、[6] 律僧行円との関わりがよく知られている。また、福泊をめぐる係争史料[7]は、すでに、薗田香融執筆の『兵庫県史』[8]や細川涼一らの詳細な考証があるので、[9] 以下はそれに従って記述する。

正応五年（一二九二）頃、西大寺・叡尊の高弟である、和泉久米田寺長老・行円房顕尊が、泊の風浪を防ぐ島の築造を始め、修築料として出入りの船から艘別三百文ほどをとりたてていた（なお、鎌倉時代の文書には、「久米多寺」とあるが、現在の寺名は「久米田寺」であるので、引用以外は「久米田寺」とする）。顕尊は完成をみないまま、久米田寺にもどり、正安二年（一三〇〇）六月に入滅した。その後、檀那であった得宗被官・安東蓮聖が、銭財を投じて乾元元年（一三〇二）に完成した。南北朝期に著録された『峯相記』(10)には、以下のように記される。

　安東平右衛門入道蓮性号為条、大石ヲ畳上ゲ、数百貫ノ銭財等ヲ尽シテ、二町余沖ヘ築出セリ、其功ハ浦泊リ、兵庫島ニモ劣ラス、富貴商買（賈）ノ輩、多家ヲ造リ、上下往来ノ舟、此泊ニ付ク(11)

防波堤を作って良港となし、兵庫島をしのぐ繁栄をみせたことがわかる。その後、嘉暦年中（一三二六〜二九）頃から、福泊島関雑掌良基・明円と東大寺領兵庫島とが、関料徴収を係争している。東大寺側が六波羅に訴えた史料によれば、東大寺領である兵庫島に、福泊関雑掌の良基・明円らが乱入して、兵庫島関の津料徴収を妨げたという。ところが、事態は単純ではなく、元亨年中（一三二一〜二四）、福泊の責務は、南都西南院の大納言得業房が後証になって、量海上人に譲渡していたが(12)、律明房なる者が、照円以下の「悪党人」の協力のもとに介入したため、雑掌良基・明円と律明もまた係争中である。律明房は、正応四年（一二九一）の「称名寺三重塔供養僧衆交名注文」(13)、「沙門祐□書状」(14)、金沢文庫古文書中の「交名」(15)に名が見えるが、細川涼一は、福泊勧進上人律明房と同人であるかどうかは不明とする(16)。

これらの係争については、以下の事実のみを確認しておく(17)。

嘉暦二年（一三二七）、代官良基が改易されて、福泊島の関務は、律明上人が沙汰することとなる。ただし、『福智院家文書』八三「播磨福泊島修築料升米文書案」の元徳二年（一三三〇）三月十七日条によれば、律明上人逝去後は、門弟に譲補された。元徳三年（一三三一）七月二十日条によれば、福泊升米を徴収する権利をもつにいたった門弟は浄信上人である(18)。

第二項　恩徳院長老覚妙房静心

さらに同じく嘉暦頃からの福泊島関と東大寺八幡宮領兵庫島関との津料をめぐる複雑な訴訟過程に、正慶元年（一三三二〈元弘二年〉）八月日、名字不明の一条戻橋寺律僧（恩徳院長老覚妙房静心）が登場し、福泊島関雑掌良基・明円らの訴訟を委託されている[19]。

細川涼一は、これらの史料から、覚妙房静心と浄信上人は一致し、浄信が住持した恩徳院は、京都市・一条戻橋の維持管理を担った橋寺であるとした[20]。細川は、横井清の「橋が異界への入口である境界性をもっていたことのほか、中世の橋の構造はまだ脆弱で、大洪水ともなれば水泡に帰したからこそ、宗教的な意味合いをもって橋をかける営みは重要視された」という文章[21]を引いて、架橋・維持管理が宗教者によって担われる理由を推測している。

細川はまた、恩徳院を、『招提千歳伝記』枝院篇に「音徳院洛中[22]」とあるのをもって、唐招提寺末寺の律宗寺院であると推測した[23]。恩徳院は、『山城名勝志』巻五[24]等の近世地誌によれば、後に八条室町に移転し、三転して遍照心院[25]（大通寺）の塔頭となった。南北朝期のことになるが、足利直義と義詮が恩徳院長老に宛てた凶徒退治、天下静謐の祈禱を命じた御教書が大通寺文書として残っており、幕府の祈禱所となるほどの格を有していたことがわかる[26]。特に足利直義の御教書は興味深い。直義は、『太平記』二七巻「妙吉侍者事」によれば、一条堀川村雲の返橋（もどりばし）に寺を建てた妙吉侍者に帰依し、「日夜の参学朝夕の法談隙無かりければ[27]」と伝えられるからである。

妙吉は、『太平記』同条には、「夢窓国師の法眷」と記されており、『園太暦』貞和五年（一三四九）閏六月二日条に「近日武衛仰信禅僧妙吉[28]」とあることから、禅僧であるとみられる。細川は、『関東往還記』裏書律系譜「表無表色章血脈相承次第」の、叡尊門弟の浄禅上人の割註に「一条雲寺」とあるをもって、この妙吉侍者の住持した村雲大休寺と恩徳院が一致すると指摘している。[29] また、細川は、妙吉侍者が禅僧になる前は律僧であり、浄信の跡を継いで恩徳院を住持したと推測する。[30]

応仁頃の景観を示す「中古京師内外地図」には、「戻橋」のやや上に「村雲大休寺」の名がある。百万遍、革堂と隣り合い、誓願寺にも近い。また「中昔京師地図全」（図177）によれば、村雲の地名のあたりに、「雲寺」「森寺」の名が並ぶ。同じく、庶民的な信仰の場でもあった一条小川にもほど近い寺院であることがわかる。[31]

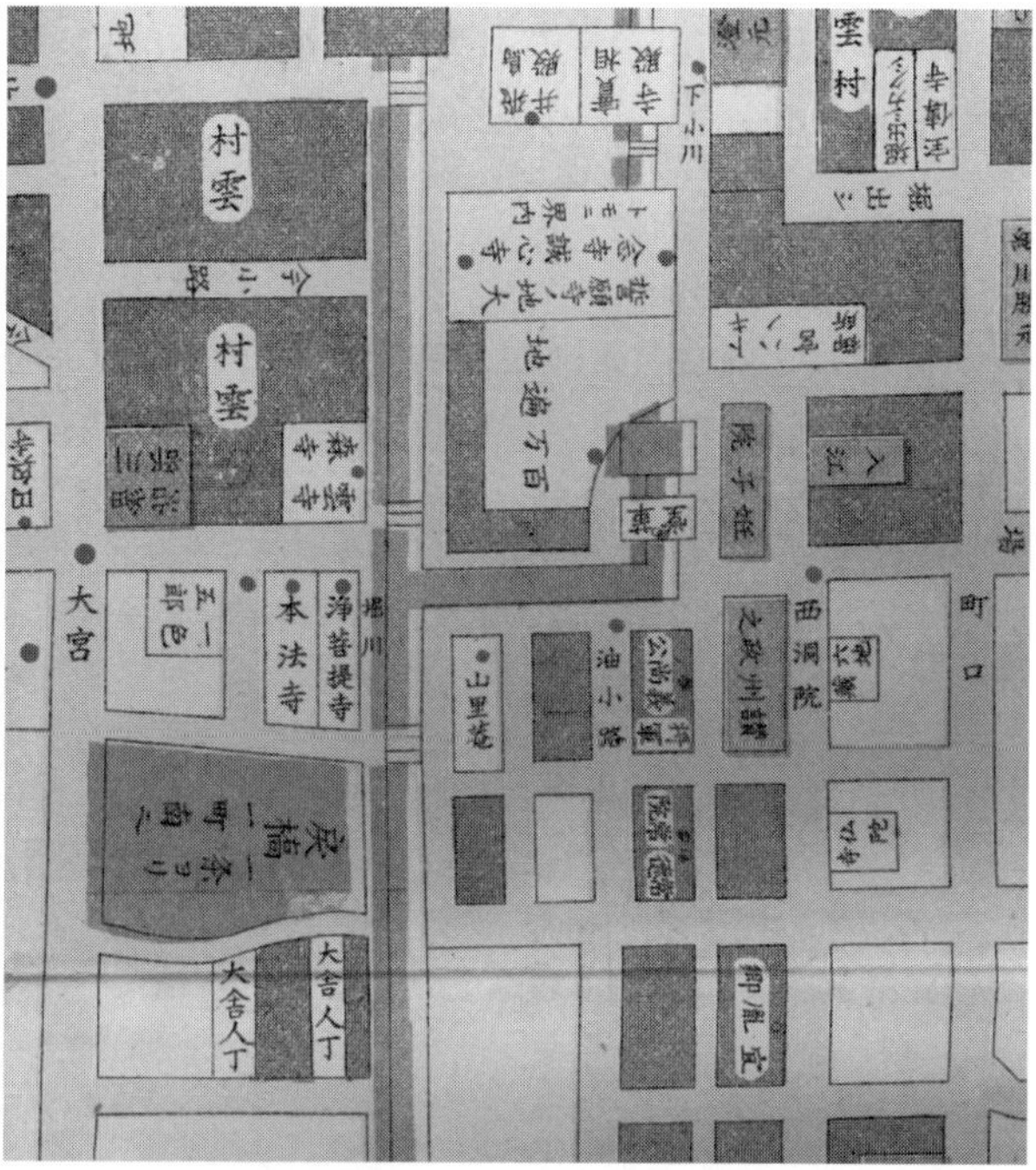

図177　「中昔京師地図全」（『新訂増補　故実叢書』38巻〈明治図書出版、1955年〉より転載）

筆者には以上を批判的に吟味するだけの準備はないが、大塚紀弘が指摘するように、当時の僧侶の集団を認識する枠組みは重層的で、[32] 兼宗の実態もある。従って、現在の教団的な組織を想定することはあまり意味がないと考える。浄信上人や妙吉侍者は、当時おしなべて「禅律僧」と呼ばれた黒衣の僧侶であり、叡尊（一二〇一～九〇）、忍性（一二一七～一三〇三）というカリスマ的な律僧の逝去以降、恩徳院の宗学の中で禅の重みが増していったのではないかと理解することとしたいが、鎌倉時代末期の律僧、律院の組織、勧進の実態と本作との関わりに関してはなお後考を期したい。

ここでは、本作銘文にいう「勧進僧浄信」と、元徳二年（一三三〇）から元弘二年（一三三二）にかけて史料に名を残す浄信上人は一致するものと捉える。この恩徳院長老浄信が律僧であることに、本作の意義が見いだせると考えるからである。

第三項　律宗寺院と「法華経曼荼羅図」

本作の制作主体「勧進僧浄信」は、厳密な『法華経』注釈活動に従事した学僧ではないにしても、『私聚百因縁集』を撰した住信や『三国伝記』を撰した沙弥玄棟のように、そして同時代の無住のように、『法華経』注釈書や説教にまつわるテクストを閲覧し、本作の典拠とすることができる環境にいたと推測する。あるいは当人にそのような学識を期待できなかったとしても、『法華経』にまつわる大規模な掛幅絵を必要とし、発注しうる寺院環境にいたことは確かであろう。

また、本作第五幅「妙法蓮華経薬草喩品第五」には「常行慈悲」の図として、筵を身に巻いた乞食に食を施し、膿血流れる足の不自由な人物を背負い、風呂を沸かして湯浴みさせ、背を流す僧侶たちの姿が描かれる（図103～105参照）。こうした『法華経』本文から逸脱した描写は、本作の制作の場や勧進の主体が、律僧あるいは律僧に極めて親近感をもった人物にあることを示すと考えられる。「常行慈悲」の僧侶たちの行動は、極楽寺忍性の非人癩者救済施行を思い起こさせる。

ただ、叡尊たち西大寺流律宗の造像活動としては、非人救済活動に関係する文殊信仰[33]や、内田啓一の研究によって明らかにされた文観房弘真の造像活動[34]はよく知られているが、法華経信仰[35]に関する造像活動の事例は知られていない。[36]「勧進僧浄信」が、律明上人の門弟である律僧と仮定するならば、さらに律僧が「法華経曼荼羅図」を制作する背景についての考察が必要であろう。

これに関しては、具体的な根拠をあげえないが、静岡県・本興寺蔵「法華経曼荼羅図」が、奈良県・楽田寺において制作されたことが、律僧の住した寺院と「法華経曼荼羅図」の関係を考える上で傍証となるように思われる。

楽田寺は、吉野から河内を経て大阪湾へと北上する大和川と、上流域に多武峰を擁する寺川（倉橋川）が出会う田原本町の河岸にある。また古代よりの下ツ道沿いにある。つまり、水陸両方の交通の要衝である。[37]楽田寺は、古代中世には、祇園社（現・津島神社）に向かい合う神宮寺であったと考えられるが、元亨二年（一三二二）の雨乞祈禱によって名を残す実佑や嘉暦二年（一三二七）に「楽田寺縁起」（南阪手・今西家文書）を撰述した進沙門定玄によって、真言の道場として中興されたと考えられる。建武二年、現在は本興寺に蔵される「法華経曼荼羅図」四幅が制作された。[38]室町時代には聖道門の楽田寺と律院の慈尊院からなっていた寺院である。[39]貞享二年（一六八五）に、融通念仏宗に改め現在にいたる。

本興寺蔵本は、交通の要衝にあり、鎌倉時代末期に中興された寺院[40]において、「法華経曼荼羅図」が制作された事例と考えられるのである。水野正好のいうように、西大寺流律宗は「人の集まり饒わう市なり港なり町を対象に教線をひろげる――過去、行基菩薩がとったのと同じような手法で教線を拡げる[41]」。楽田寺中興の担い手は、地域的、時期的に考えて、西大寺流律僧と考えてよいだろう。

また、『法華経』全体を描いたものではないが、水難や風難から人々を守る観世音菩薩の功徳を説く『法華経』普門品を絵画化した「観音経絵」（石川県・本土寺蔵）が、幕末まで京都府・宝積寺に蔵されていたことも傍証といえるのではないだろうか。[42]「観音経絵」は十三世紀の制作とみられる障子絵である。宝積寺は、交通の要衝にあり、行基建立の山崎院[43]の後身とも伝える寺院で、現在、和泉市久保惣記念美術館に蔵される「山崎架橋図」（十三世紀）も旧蔵していた。[44]鈴木美紀は、「山崎架橋図」に、橋脚を川底に打ち込む工法が詳しく描かれていることから、弘安九年（一二八六）の叡尊による宇治橋修造事業が制作契機であったことを指摘している。[45]

水陸の交通要所にある寺院において、架橋などの土木工事に関係する縁起絵が所蔵され、また、『法華経』を描いた大画面絵画が存在したことは、本作の成立事情を考える上でも示唆を与えるのではなかろうか。本作第十幅「妙法蓮華経法師品第十」下段左に、高原鑿水の譬喩が極めて具体的な井戸掘りの様子として描かれている（図112参照）ことも、律僧とのつながりをうかがわせるように思われる。

後世の勧進僧のイメージは、十四世紀後半制作の「石山寺縁起絵」第五巻第一段に見られるような、柄杓を手に道ばたで喜捨を乞う、いわば物乞いの姿である。しかし、本作の制作期である鎌倉時代末期には、庶民の信仰心を集約し、寄進活動に結びつけることが必要とされ、そして実際に募財を行い、その資金をもとに造塔造仏、架橋築港をなしえた勧進僧たちがいた。律僧浄信は勧進によって資を募り、本作を完成させ、自負をこめて「勧進僧浄信」と記名したと、筆者は考えたい。

第三節　文観房弘真付法の浄心

嘉暦年間時、「勧進僧浄信」が何処で、本作を勧進したのかはわからない。元徳二年（一三三〇）から元弘二年（一三三二）にかけて史料に名を残す一条戻橋寺恩徳院の住持・覚妙房静心、浄信上人と「勧進僧浄信」とが一致するとしても、嘉暦年間の動静については詳らかではない。

福泊島の勧進上人は、久米田寺長老・行円房顕尊から発したものであるが、顕尊はもともと唐招提寺・学律房覚盛の弟子であるし、必ずしも久米田寺長老が管轄するというものではなくなっていたようだ。東大寺八幡宮神人の申し立てによれば、興福寺西南院の大納言得業房が後証になって、量海上人に譲渡されていたものを、律明上人なるものが狼藉とある。[46]福智院家文書においては、浄信は律明の門弟と明記されるが、正慶元年（一三三二）の『大日本古文書』所収の「東大寺八幡宮神人等中状土代」では「称有律明上人之譲[47]」と、継承の正統性すら疑われており、浄信の系譜は明らかではない。

ただ、嘉暦年間に、福泊の地子料が久米田寺経蔵造営にあてられていることは、『岸和田市史』所収の「安東助泰書下写[48]」によって知られ、福泊島関と久米田寺の関係は続くようである。また、久米田寺に、浄信と音通する浄心という僧侶がおり、活動時期も重なっていることから、この時期の久米田寺について検討する必要があるだろう。

第一項　鎌倉時代末期の久米田寺

以下、納冨常天の論文「泉州久米多寺[49]」によって、久米田寺の概略を示す。なお、前掲のように本書では引用以外は、現在の寺名・久米田寺とする。

久米田寺は、行基創建の四十九院の一つで[50]、聖武天皇、光明皇后の帰依を受けた。草創以来、興福寺の末寺であり、別当は一乗院から出ていた。弘安年間頃は、まだ相当な寺運を残すものの、昔日の面影はなかった。[51]ここに、得宗被官・安東蓮聖が、京都大番役中の建治三年（一二七七）、熊野に参詣し、その折りに託宣を受け、久米田寺の再興を志す。[52]納冨および『岸和田市史[53]』は、安東蓮聖が和泉国に所領を有しており、久米田池を領有する久米田寺を支配下に入れることによって、領地の灌漑に資することを企図していたと指摘している。実際に、正応二年（一二八九）、円戒房禅爾[54]により久米田池の浚渫修造が行われている。[55]

安東蓮聖は、建治三年（一二七七）十月、東大寺実玄から別当職を買得し、顕尊を開山として、伽藍の復興にかかった。弘安三年（一二八〇）十月二十日、西大寺・思円房叡尊（諡号興正菩薩）を導師として落慶供養が修されている。三間四面の堂舎一宇、多宝塔一基、経蔵、僧堂、温室各一宇が再興され、寺観が整えられたのは、釈迦如来像、普賢菩薩像、十一面観音像、不動明王像、毘沙門天像各一体に、両界曼荼羅一鋪である。弘安五年（一二八二）には後宇多天皇の御祈願所となり、八月には叡尊の堂供養、非人施行、[56]九月には蓮聖による殺生禁断の下知[57]があり、華厳・戒律・真言の道場としての隆盛は著しいものがあった。同時代の東大寺戒壇院・示観房凝然が、一切経、華厳聖教の納置を特筆していることから、[58]学問的環境も整った場であったことがうかがえる。

さらに、安東蓮聖が瀬戸内海の港湾に関係していたことにより、中国文化に接する機会は多かった。横内裕人によれば、[59]久米田寺には、揚州大都督府西域に居住していた「揚　邦彦、髄心、覚慧」の三人が正応三年（一二九〇）二月十一日に書写した『金剛般若経疏論算要』が残っている。ちなみに、この三人は、同年末、東大寺戒壇院に移り、華厳宗の学僧・十悟の『大法広仏華厳経随疏演義鈔』書写を助けている。[60]

そのほか、大東急記念文庫蔵『大法広仏華厳経随疏演義鈔』第十六巻も、永仁三年（一二九五）十二月十日、久米田寺において唐人智恵が書写したものである。後、鎌倉の称名寺に移動したことがわかっており、[61]久米田寺における盛んな写経活動と、称名寺との学問的交流を証する例となっている。

第二項　久米田寺第四代長老浄心

その久米田寺の第四代長老に浄心という人物がいる。江戸時代以降の編纂伝記によれば、戒壇院九世でもある。元禄二年（一六八九）に、戒山慧堅（一六四九～一七〇四）が撰述した『律苑僧宝伝』には、以下のようにある。

『律苑僧宝伝』[62]

浄心律師慧伝

律師諱照慧。字浄心。師事覚行律師。有敏才。学通経律。文和年間子身入諸夏。遍参知識。及回国依盛誉律師於久米田寺。未幾誉遷化。師権寺事。又住戒壇院。唱毘尼華厳二宗。兼弘密宗。応安四年十一月二日寂於八幡善法律寺。寿未詳。

同じく、江戸時代の編纂伝記である『伝律図源解集』下[63]、『招提千歳伝記』巻中之二[64]、『本朝高僧伝』[65]、『戒壇院住持次第』[66]の記事によっても知られる。これらによれば、諱照慧字浄心なる人物は、覚行照玄（戒壇院七世）[67]に師事したという。

また、納冨常天が、金沢文庫蔵『作法儀』に「正和四年九月五日、於久米多寺堂頭、以明式御房御本写之畢、照慧」とあるを紹介しているので[68]、正和四年（一三一五）に久米田寺に在していたことがわかる。文和年間（一三五二～五六）に入元し、盛誉明智（一二七三～一三六二）の跡を継いで久米田寺を住持し、戒壇院や竹林寺にも住したという。享年は未詳だが、応安四年（一三七一）に八幡善法寺で亡くなっていると記されている。この浄心は、内田啓一が、『瑜伽伝灯鈔』に文観房弘真[69]が付法した二七一名の中の一人である「浄心」と一致するかと指摘している[70]。

浄心諱照慧の伝記は江戸時代の編纂史料であるし、房号と諱を問わなければ、浄心房照慧と覚妙房浄信と音通はする。ただし、『瑜伽伝灯鈔』と『福智院家文書』に記された名は、伝聞によって音通してしまったのではなく信頼できる記名と思われる。現時点では、久米田寺の浄心と福泊の浄信上人は別人とみるほかはないだろう。

しかしながら、典拠不詳だが、本法寺の開山・浄信と同一視される日順について「応安元年五月九日寿八十七才にて入滅す(71)」と伝えられることを思い起こせば、久米田寺・浄心と本作の「勧進僧浄信」とは、ほぼ同時代に生きたはずである。そして本作の「勧進僧浄信」もおそらく律僧である。西大寺、唐招提寺、久米田寺、戒壇院、竹林寺、善法寺、恩徳院等の律宗寺院は、門流を超えてこれら律僧たちの交錯する場であった。このいずこかの場に「勧進僧浄信」はいたのである。

第四節　法勝寺末寺恩徳院住持浄信

さて、福泊の浄信上人と恩徳院の関わりは、福泊島関の係争文書において明らかであるが、筆者は偶然にも、恩徳院が法勝寺末寺であるとする史料を見いだし、別の展望をもつにいたった。

『大日本古文書　醍醐寺文書之四』六六八　恩徳院僧衆重申状

（端裏書）「恩徳院僧衆」

法勝寺末寺恩徳院僧衆重言上

欲早被経御　奏聞、三宝院僧正（賢俊）坊背数ケ度　院宣・六ケ度廻文、一向無音上者、以違背篇預　勅裁、菩提田

一町壱段小間事

副進

一巻　院宣幷廻文・聴裁・手継証文等案
一通　系図
右田地者、当院住持浄信相伝次弟〔第〕先ゝ具言上ゝ者、不能重説、爰三宝院僧正坊無故被押領之間、就訴中、雖被成度ゝ　院宣幷数ケ度廻文、無理之余、依令遁避対決、去年（暦応二）十月・十一月両度可申左右之由、重被成下院宣之処、尚以無音上者、違背至極訖、仍御沙汰不可有尽期者哉、所詮任傍例、以難渋篇、不日預　勅裁、弥為致御祈禱精誠、恐ゝ重言上如件、

暦応三年二月　日

この文書によれば、暦応三年（一三四〇）二月、恩徳院僧衆が法勝寺末寺を名のり、足利尊氏の護持僧・三宝院賢俊と恩徳院住持浄信相伝の田地をめぐって係争している。『大日本古文書　醍醐寺文書之八』一八〇一にも、この菩提田をめぐる係争に対する光厳上皇院宣がある。ここに登場する浄信は、年時から考えて、福泊島勧進・浄信上人であり恩徳院長老でもある人物と同一人物と考えてよいだろう。つまり一条戻橋寺恩徳院は、後世の編纂史料においては唐招提寺末寺であるが、暦応三年時の恩徳院僧衆自意識としては、法勝寺の末寺でもあったのだ。

当時、法勝寺は、円観（恵鎮、慈威和尚、一二八一～一三五六）のもとに威勢があった。『閻浮受生大幸記』[72]によれば、円観は、永仁三年（一二九五）出家し、延暦寺戒壇で受戒した官僧であるが、嘉元元年（一三〇三）に遁世行道し、南都の戒律復興運動を受けて師の興円（伝信和尚、堯光上人）[73]とともに円頓戒を興行した。興円の跡を継いで元応寺二世となり、後醍醐天皇をはじめとする貴種に伝戒、諸寺を修造興隆した。嘉暦元年冬の頃に沙汰があって法勝寺大勧進に就任し、十一月より法勝寺に移住し、勧進の功により、法勝寺を住持する。[74]元弘元年（一三三一）、中宮御産祈禱に寄せた関東調伏に関わったことが露見し、関東の結城上野入道の預かりとなるが、二年後

に帰京し、五代国師として尊崇を集める。御願寺・法勝寺は、律僧・円観が住持する寺院であった。

この史料が筆者にとって興味深いのは、『法華経』の内容をわかりやすく平易な言葉で語る法華直談興行を行ったことが史料的に確かめられる最初期の事例が、円観の弟子・慈伝（心空）によるものであるからだ[75]。場所は、越前国久次庄経王寺、延文四年（一三五九）、円観三回忌のことである[76]。その後、慈伝は京都に戻り、「鎮増私聞書」によれば「公家武家。諸寺諸山。諸門跡。顕・密・戒・悉曇ノ談義在之。眉目無申計云々」という。法華直談は、能の母胎ともなり、当時の文化に豊かなイメージを提供した。室町時代は、直談の全盛期であり、柏原談義所（近江国坂田郡、現・米原市）の慶舜や、関東談義所の尊舜たちの直談の記録が『法華直談私類聚抄』『法華経鷲林拾葉鈔』[77]などとして残っている。江戸時代にはそれらが出版もされて、近代にいたるまで影響を与えた。本書でもすでに幾度か引用した。

本作には、『法華経』二十八品の内容が逐一正確にわかりやすく絵画化されている。さらに、図像解釈に記したように、法華経注釈活動の成果を思わせる説話内容や教相判釈の図像も加えられている。本作はいわば絵による談義、描かれた法華直談である。このような本作の絵画化を企画しうる人物は、その修行過程において、『法華経』二十八品を読みこなし、知識を蓄えるだけではなく、大衆に向けて平易に語る術をも身につけていたと考えられる。さらにそれだけではなく、本作には忍性たち律僧の記憶に結びつくような図像が付け加えられている。こうした図像とそれにまつわるテクストは、交通の要衝にあり、貴賤僧俗さまざまな階層の人々が集まる律宗寺院に住し、後には法勝寺とのつながりももつ僧侶が勧進したものであった場合に、特別な意味をもつのではないだろうか。

憶測に憶測を重ねるにすぎないのであるが、「勧進僧浄信」は、福泊島における港湾利権という経済基盤と経営手腕をもっていた。そして、寛元元年（一二四三）、勝尾寺が唱導で有名な安居院に縁起絵を発注したように[78]、絵画制作をすることによって『法華経』への結縁をすすめ、さらなる興行的利益を得ることになった人物である可能性もある。

南北朝期以前の談義や直談の実態については、記録には乏しいし、一条戻橋寺恩徳院が法勝寺末寺であったにしても、律僧浄信が住していた時期に、法華直談が行われたという確証もない。嘉暦年間に律僧浄信がどこに住していたかについてさえも前節にみたように明確ではないのである。さらに、「勧進僧浄信」が、どのような身分であったのかについても確信を得ない[79]。ただ、作善の際、作品に直接記される署名には、尊称などを含まないことが普通であるから、「勧進僧・浄信」ではなく、「勧進・僧浄信」と分かち読みすることも考慮にいれるべきであるし、また、三昧聖や斎戒衆を除き、律宗内での身分上昇というのは充分ありうることとは考える。文観のように、律僧の枠を超えて、寺僧としての身分に上昇した事例もあるからである。しかし、その推測が当時の実態にそったものなのかについては今後さらに検討を加えたい。ここでは、本作は、十四世紀第二四半期に、律宗と法華直談の結節点にいた人物と関わりがあったと推測し、批判を待ちたい。

第五節　篠野庄内極楽寺と浄信

筆者は、本作に記名される「勧進僧浄信」を、福泊に関係し、元弘二年（一三三二）から暦応三年（一三四〇）の間、一条戻橋寺恩徳院を住持したことが確認できる人物であると考える。しかしもし「勧進僧浄信」が本作ほどの規模の「法華経曼荼羅図」の勧進を行い、恩徳院長老であったとすれば、その記録は断片的に過ぎるようにも思える。

以下の史料はおそらく本作の「勧進僧浄信」とは無関係であると思われるが、浄信の名とともに叡尊ゆかりの地名があり、当時の律宗の活動についての知見を得たことをもって掲出しておきたい。

『大日本古文書　東大寺文書之七』四八五　極楽寺家田地売券

沽却　水田新券文事

　合弐段者（裏書）○二行目ト三行目ノ行間紙裏ニアリ

　「西一反ハ東□（大）寺火灯ノ倉本ニ、応安元年戊申六月五日ウル、」

　在大和国添上郡七条四坊十六坪内、○字真野前垣内

四至、本券之面在之

右件水田者、宇陀郡篠野庄内極楽寺不断如法経料田也、而今可□〔然〕依有便田、為買代、限直銭弐拾貫、沙弥善願房ニ永代令沽却畢、為向後亀鏡、寺僧僧〔所〕加判行也、向後更ゝ不可有違乱妨、若有違乱出来時者、本□〔銭〕於可返進者也、仍為後日証文、所放新券之状如件、

院主信覚（花押）

正平十六年辛丑卯月　日　僧浄信（花押）　僧円観（花押）

宇陀郡篠野庄内極楽寺不断如法経料である大和国添上郡七条四坊十六坪内（字真野前垣内）の田地を沙弥善願房に永代沽却する旨の売券である。正平十六年（一三六一）は南朝年号で、円観恵鎮は、延文元年（一三五六）に逝去しているから、署名にいう僧円観が誰かはわからない。

複雑な一続きの売券の一部であり、筆者には解析するだけの能力がないが、この極楽寺が、『金剛仏子叡尊感身学生記』弘安六年（一二八三）三月一日から九日の間登場することに多少のゆかりを感じる。[80] 叡尊は、宇陀極楽寺

の住侶の来寺勧請を受けて極楽寺に赴き、「梵網経十重古迹記」を講じ、六百四十九人に菩薩戒を授けている。また、『大乗院寺社雑事記』には、寛正二年（一四六一）四月五日、大乗院尋尊らが室生寺参詣の帰路に立ち寄っていることが記される[81]。交通要路にある律院であることがわかる。

『日本歴史地名大系30　奈良県の地名』によれば、宇陀郡（現・宇陀市）には篠野極楽寺村（榛原町大字篠楽[82]）と八咫烏神社神宮寺（榛原町大字高塚小字八咫烏[83]）に、二つの極楽寺があったとされているが、地理的には近い。あるいは同じ寺院の別の機能をもった施設であったかもしれない。

『角川日本地名大辞典29　奈良県』高塚項によれば、山城高山寺所蔵「声字実相義」奥書や金沢文庫所蔵聖教奥書などから、極楽寺（高塚寺）で盛んに写経が行われていたことがうかがえる[84]。神宮寺で教学が行われ、同じ寺院名をもつ別の施設で療病が行われていた可能性もありえるのではないだろうか。服部英雄が、太宰府の極楽寺と療病院との関係について指摘しているが[85]、極楽寺という寺名には、療病院の機能をも含むようだ。鎌倉・極楽寺にも、太宰府・極楽寺にも救癩施設があった。

註

（1）序註（17）文献①拙稿

（2）本文以外に十四世紀前半から半ば頃に活動した浄信という僧侶は、管見に及んだ史料と東京大学史料編纂所データベース検索の範囲では、以下の通りである。①『大日本古文書』東寺百合文書ろ第一巻二五八・二六二・二七二頁に、徳治二年（一三〇七）、延慶二年（一三〇九）、正和五年（一三一六）「真言院後七日御修法請僧」のうちの一人。②『続群書類従第二十七輯上　護国寺供養記　下』一九一頁「建武元年九月二十二日石清水護国寺供養行列護国寺供養行列綱掌六人」のうちの一人。③『大日本古文書』東大寺文書之七・四八五号「正平十六年卯月日売巻」に、「院主信覚僧浄信　僧円観」の署名がある。同名ではないが、音通する「浄心」の名は、誠心院宝篋印塔刻名のほか、『瑜伽伝灯鈔』文観付法の中にもある。④内田啓一「文観房弘真に関係する絵画二題――白鶴美術館蔵五字文殊画像と尾道浄土寺蔵如意輪観音菩薩画像――」（『南都仏教』七八号、二〇〇〇年）註13

（3）①川勝政太郎『日本石造美術辞典　新装版』（東京堂出版、一九九八年）一二七頁。②五来重『宗教民俗集成6寺社縁起からお伽話へ』（角川書店、一九九五年）一九〇頁。正和二年の「浄心」は、「浄信」と音通はすること、活動場所が、誓願寺の旧地である一条小川付近であることは興味をひく。しかし、本作の「勧進僧浄信」と同一人物といえるかどうかは不明である。他の僧尼の名を見れば、律宗というよりも時宗とみられる名が多い。

（4）同時期の備州における造塔造仏勧進活動については以下。①河合正治「西大寺流律宗の伝播――瀬戸内海地域を中心として――」（『金沢文庫研究』一四（七）、一九六八年）。②中尾堯「備州における勧進聖の系譜」（河合正治編『瀬戸内海地域の宗教と文化』雄山閣出版、一九七六年）。③松井輝昭「西大寺律宗展開の問題」（『芸備地方史研究』一三八号、一八八二年）。④中尾堯『中世の勧進聖と舎利信仰』（吉川弘文館、二〇〇一年）。⑤日本の国宝別冊『朝日百科　国宝と歴史の旅12　中世瀬戸内の寺と社会』（朝日新聞社、二〇〇一年）

（5）①千田稔『埋れた港』（学生社、一九七四年／小学館ライブラリー、二〇〇一年）小学館ライブラリー本一〇一～一〇二頁。②『国史大辞典』（吉川弘文館、一九七九年、一九八三年）第一巻六八七頁「五泊」項、第三巻六五八頁「韓泊」項。③松原弘宣「古代瀬戸内海における津・泊・船瀬について」（『愛媛大学教養部紀要』二五巻一号、一九九二年）

（6）①網野善彦『日本の歴史10　蒙古襲来』（小学館、一九七四年）二八九～三〇二頁。②網野善彦『平凡社選書58無縁・公界・楽――日本中世の自由と平和――』（平凡社、一九七八年）一六四～一七六頁

（7）①『神戸市史』資料一（一九二三年）。②『史料綜覧』巻五・嘉暦三年二月条。③花園大学福智院家文書研究会編『福智院家文書』（花園大学、一九七九年）五二号。④上島享・末柄豊・前川祐一郎・安田次郎校訂『史料纂集（古文書編）36　福智院家文書　第二』（続群書類従完成会、二〇〇五年）

（8）『兵庫県史』第二巻（一九七五年）四二四～四六六頁、六〇一～六〇九頁

（9）①細川涼一「鎌倉仏教の勧進活動――律宗の勧進活動を中心に――」（高木豊編『論集日本仏教史4　鎌倉時代』雄山閣出版、一九八八年）。②久野修義「鎌倉末～南北朝期における東大寺別当と惣寺――嘉暦三年「東大寺年預所記録」をめぐって――」（中世寺院史研究会編『中世寺院史の研究　下』法藏館、一九八八年）。③細川涼一『中世寺院の風景――中世民衆の生活と心性――』（新曜社、一九九七年）。④細川涼一「四条・五条橋の橋勧進と一条戻橋の橋寺」（門脇禎二・朝尾直弘編『京の鴨川と橋――その歴史と生活――』思文閣出版、二〇〇一年）

（10）①各務健司「『峯相記』諸本とその受容」（『論究日本文学』七五巻、二〇〇一年）。②大山喬平「歴史叙述としての『峯相記』」（『日本史研究』四七三巻、二〇〇二年）

（11）斑鳩寺『峯相記』本による。『兵庫県史』史料編中世第四巻（一九八九年）六二～六三頁。その後に、「但賀古河尻ノ砂浪ニ寄ラレテ、嶋ノ内ウマリテ、大船出入セス、次第ニ衰微スルナリ」とあり、『峯相記』の著録された興国三年（一三四二）頃にはすでに加古川の排砂により港としての機能を失いつつあったことも記される。

（12）『大日本古文書』家わけ第十八、東大寺文書第二十冊、二三八頁（文書番号一三六七）、嘉暦三年二月日条

（13）『神奈川県史』資料編2（一九七三年）一〇九三号

（14）『神奈川県史』資料編2（一九七三年）一一〇三号

（15）『金沢文庫古文書』第9輯仏事篇（一九五六年）九二頁・五九〇〇号

（16）細川涼一「鎌倉仏教の勧進活動――律宗の勧進活動を中心に――」（高木豊編『論集日本仏教史4　鎌倉時代』雄山閣出版、一九八八年）註79

（17）叡尊の弟子・覚証房性海（大和喜光寺長老、一二三五～九二）は、魚住泊の修築のための升米徴収の権利を与えられている。①『鎌倉遺文』一七一五四号、正応二年（一二八九）。②黒田義隆『明石市史』上巻（明石市、一九六〇年）一〇一頁。③『兵庫県史』第二巻（一九七五年）四三九～四四一頁。④細川涼一訳注『東洋文庫803　関東往還記』（平凡社、二〇一一年）一八八頁

（18）①花園大学福智院家文書研究会編『福智院家文書』（花園大学、一九七九年）五二号。②『史料纂集（古文書編）36　福智院家文書　第二』（続群書類従完成会、二〇〇五年）八三「播磨福泊島修築升米文書案［二箱四一号］」

(19) ①『神戸市史』資料一（一九二三年）二〇八～二一一頁。②『大日本古文書』家わけ第十八、東大寺文書之十一・二百八十六号

(20) 前掲註（16）文献一九八頁

(21) 横井清『朝日百科　日本の歴史13　中世Ⅱ②　河原と落書・鬼と妖怪』（朝日新聞社、一九八六年）

(22) 「招提千歳伝記巻之三」枝院篇⑤（関口靜雄・山本博也編著『唐招提寺・律宗戒学院叢書第一輯　招提千歳伝記』昭和女子大学近代文化研究所、二〇〇四年）一九〇頁

(23) 前掲註（16）文献一九九頁

(24) 『新修京都叢書13　山城名勝志　乾』（臨川書店、一九九四年）二四五頁。他の地誌はほぼこれに倣う。

(25) 同院も唐招提寺末である。「招提千歳伝記巻之三」枝院篇⑤一九〇頁（関口靜雄・山本博也編著『唐招提寺・律宗戒学院叢書第一輯　招提千歳伝記』昭和女子大学近代文化研究所、二〇〇四年）一九〇頁

(26) 前掲註（16）および、今谷明『室町時代政治史論』（塙書房、二〇〇〇年）一四五～一四七頁。
また、東京大学史料編纂所のデータベースによれば、『大日本史料』六編に恩徳院宛て六件の祈禱御教書がある。
貞和三年九月十五日一条　直義発給／貞和四年八月一日二条　直義発給／観応元年二月二十一日二条　義詮発給／観応元年九月九日二条　幕府発給／観応元年十一月二十五日二条　義詮発給／貞治三年五月二十七日二条　義詮発給

(27) 足利直義は、貞和三、四年（一三四七、四八）に南方凶徒退治のために観世音経転読を、紀州凶徒退治のために大般若経五部の転読を恩徳院長老に命じている。

(28) 高橋貞一校訂『新校太平記　下』（思文閣、一九七六年）一五六頁

(29) 『園太暦』貞和五年閏六月四日条には「近来権勢僧妙吉」、同年八月十四日条の尊氏邸包囲の条には「僧妙吉」「妙吉ハ逐電」とある。

(30) 前掲註（9）文献④一一九～一二二頁

(30) 前掲註（9）文献④一二一頁

（31）「中古京師内外地図」（『新訂増補　故実叢書』三八巻、明治図書出版、一九五五年）。成立は、寛延三年（一七五〇）であるが、その当時まで残っていた古地図に依拠するものである。同書に収録されている「中昔京師地図全」は宝暦三年（一七五三）に板行されたもので応仁の乱後の荒廃を示す図とされている。いずれも現在では国際日本文化研究センターの所蔵地図データベースで見ることができる。

（32）大塚紀弘『中世禅律仏教論』（山川出版社、二〇〇九年）一八〜二〇頁。本書序章に、現在の禅律論における問題の所在が分析されている。

（33）①杉山二郎「般若寺文殊菩薩像について」（『MUSEUM』一三三、一九六二年）。②松尾剛次『救済の思想――叡尊教団と鎌倉新仏教――』（角川書店、一九九六年）。②二七頁に、『金剛仏子叡尊感身学正記録』『関東往還記』に基づく叡尊教団の文殊信仰、非人救済をまとめた図がある。

（34）以下の、内田啓一の研究は、網野善彦『異形の王権』（平凡社、一九八六年）が普及させた文観の怪僧イメージを訂正することを促すものである。①内田啓一「西大寺叡尊及び西大寺流の文殊信仰とその造像」（『美術史研究』二六、一九八八年）。②内田啓一「文観房弘真に関係する絵画二題――白鶴美術館蔵五字文殊画像と尾道浄土寺蔵如意輪観音菩薩画像――」（『南都仏教』七八号、二〇〇〇年）。③内田啓一「興正菩薩叡尊画像について――室泉寺本を中心に（文化史学会第十三回大会発表要旨）――」（『昭和女子大学文化史研究』九号、二〇〇五年）。④内田啓一『文観房弘真と美術』（法藏館、二〇〇六年）。⑤内田啓一「西大寺叡尊と弥勒来迎図――東京芸術大学美術館本を中心に――」（『佛教藝術』三〇二号、二〇〇九年）

（35）「倉栖兼雄書状」（『金沢文庫文書』五五九整理番号八〇四）によれば、称名寺では、毎年、夏安居の終了した時期に法華経読誦を行っていた。橋本素子「鎌倉時代における宋式喫茶文化の受容と展開について――顕密寺院を中心に――」（『寧楽史苑』第四六号、二〇〇一年）二二頁

（36）『性公大徳譜』によれば、建長四年九月十五日、忍性が常陸鹿島社に三日参籠して法華経を読誦しており、なんらかの祈念のために読誦されることがあるようだが、造像活動に結びつく事例は見当たらない。①細川涼一訳注『東洋文庫803　関東往還記』（平凡社、二〇一一年）一〇七頁。②松尾剛次『ミネルヴァ日本評伝選　忍性――慈悲

ニ過ギタ――』（ミネルヴァ書房、二〇〇四年）五四頁

(37) ①『田原本町史』本文編（一九八六年）一二〇七頁。②岸俊男「大和の古道」（橿原考古学研究所編『日本古文化論攷』吉川弘文館、一九七〇年）三八五頁

(38) 倉田文作・田村芳朗監修『法華経の美術』（佼正出版社、一九八一年）一九八頁

(39)『大乗院寺社雑事記』明応七年（一四九八）正月二十六日条

(40)「和州は多いので略す」旨の注記があるので、確定はできないが、「招提千歳伝記巻之三」枝院篇には「楽田寺」の名はない。ただ、割註に「唐古」とある養福寺の名があがっている。言うまでもなく唐古は田原本の地名である。『唐招提寺・律宗戒学院叢書第一輯　招提千歳伝記』（昭和女子大学近代文化研究所、二〇〇四年）一九〇頁

(41) 水野正好「叡尊と忍性の考古学」（シンポジウム「叡尊・忍性と律宗系集団」実行委員会編『叡尊・忍性と律宗系集団』大和古中近研究会、二〇〇〇年）三頁

(42) ①宮島新一「本土寺所蔵観音経絵について」（『美術研究』三二五号、一九八三年）。②加須屋誠「本土寺蔵観音経絵小論」（佐野みどり・加須屋誠・藤原重雄編『中世絵画のマトリックス　Ⅱ』（青簡舎、二〇一四年）。加須屋は、本土寺蔵本制作について、一条実経の関与を想定しており、交通要所所在という観点はとらない。

(43) ①井上薫編『行基事典』（国書刊行会、一九九七年）一二二頁。②笠井純一「行基と山崎橋」（『大山崎町史』本文編、一九八三年）

(44) 専論は、鈴木美紀「「山崎架橋図」小考――橋と人物を中心に――」（佐々木剛三先生古稀記念論文集編輯委員会編『日本美術襍稿』明徳出版社、一九九八年）。鈴木論文註6に、作品解説の掲出がある。

(45) 前掲註（44）

(46)『大日本古文書』家わけ第十八、東大寺文書第二十冊、一二三八頁（文書番号一三六七）、嘉暦三年二月日条。『鎌倉遺文』三〇一六四・嘉暦三年二月日

(47)『大日本古文書』家わけ第十八、東大寺文書第十一冊、二九七頁

(48)『岸和田市史』第六巻・史料編1（一九七六年）四二六・四二七頁、一一一七「安東助泰書下写」嘉暦三年（一三

二八）七月十一日

（49）納冨常天「泉州久米多寺」（『金沢文庫研究紀要』七号、一九七〇年）

（50）「行基年譜」行年六十七歳甲戌聖武天皇十一年（天平六年甲戌）条にある「澄池院久米多」にあたるとされている。井上薫編『行基事典』（国書刊行会、一九九七年）二六三頁

（51）前掲註（49）納冨論文一三五頁。弘安三年（一二八〇）四月顕尊律師『隆池院堂舎修復勧進牒』によれば、什物は「釈迦三尊塔婆一基山中書生之霊像寺内本願之真影而已」、弘安五年五月三日『太政官牒』では「残者釈迦三尊塔婆一基地神所現黄牛像本願真影」。鐘楼、経像、二十宇の僧坊禅室は礎石を残すのみとある、という。

（52）前掲註（49）納冨論文註10『泉州久米多隆池院由緒覚』による。

（53）『岸和田市史』第二巻（一九九六年）四一一〜四一四頁

（54）禅爾については、以下。①「仏律図源解集」下（仏書刊行会編『大日本佛教全書』一〇五巻、一九一三年）一一二頁。②「招提千歳伝記巻中之二」明律篇（『唐招提寺・律宗戒学院叢書第一輯　招提千歳伝記』昭和女子大学近代文化研究所、二〇〇四年）一〇四〜一〇五頁。③『律苑僧宝伝』巻第十四・泉州久米田寺円戒爾律師伝（仏書刊行会編『大日本佛教全書』一〇五巻、一九一三年）二八〇頁

（55）前掲註（49）納冨論文註10『泉州久米多隆池院由緒覚』による。

（56）『金剛仏子叡尊感身学生記』（『岸和田市史』第六巻、一九七六年）中世編七二

（57）弘安五年九月日「六波羅下知状写」（『岸和田市史』第六巻、一九七六年）中世編七一

（58）「円照上人行状上」（『続々群書類従』第三、続群書類従完成会、一九七〇年）五〇二頁上

（59）①横内裕人「久米田寺の唐人――宋人書生と真言律宗――」（『アジア遊学　特集＝東アジアを結ぶモノ・場』一三二、二〇一〇年）。②納冨常天「泉州久米寺」（『金沢文庫研究紀要』七、一九七〇年）

（60）さらに時代が下った嘉暦四年（一三二九）にも、宋人浄智が興福寺において『因明四種相違疏文』の書写を行うなど、南都における宋人書生の活躍がみられる。

（61）前掲註（49）納冨論文

(62)『律苑僧宝伝』巻第十四・覚行玄律師伝（仏書刊行会編『大日本佛教全書』一〇五巻、一九一三年）一六〇頁

(63)「伝律図源解集」下（仏書刊行会編『大日本佛教全書』一〇五巻、一九一三年）一一一頁

第九代浄心諱照恵。元是照玄和尚弟子。文和年中入唐。帰朝後従盛誉和尚。誉公後住持久米多寺。亦住持本寺。弘二宗並真言上同。後於城州八幡善法律寺。応安四年辛亥十一月二日遷化。

(64)「招提千歳伝記巻中之二」明律篇（『唐招提寺・律宗戒学院叢書第一輯　招提千歳伝記』昭和女子大学近代文化研究所、二〇〇四年）一〇九頁

浄心律師伝律師浄心。諱名照慧。不聞何地人也。為覚行律師之徒。解行倶高。声明顕著。其年依久米田寺盛誉律師精究持犯。未幾誉入滅。師継其席。後住戒壇院。不唱華厳戒律二教。兼弘密乗。又住馬山竹林律寺云。応安四年十一月二日寂於八幡善法寺。年歯未考也。

(65)「本朝高僧伝」（仏書刊行会編『大日本佛教全書』一〇二巻、一九一三年）

(66)東大寺図書館蔵。前掲註（49）納冨論文による。

(67)①『律苑僧宝伝』巻第十四・覚行玄律師伝（仏書刊行会編『大日本佛教全書』一〇五巻、一九一三年）二八三頁。②「伝律図源解集」下（仏書刊行会編『大日本佛教全書』一〇五巻、一九一三年）一一一頁

(68)前掲註（49）納冨論文註61に、久米田池修造に関連して、「正和四年九月五日、於久米多寺堂頭、以明式御房御本写之畢、照慧」という文書が紹介されている。

(69)文観の事績は以下に詳しい。①岡見正雄校注『太平記　一』（角川文庫、一九八二年）補注十二―九、四七二～四七六頁。②百瀬今朝男「元徳元年の「中宮御懐妊」」（『金沢文庫研究』二七四巻、一九八五年）。③網野善彦『異形の王権』（平凡社、一九八六年／平凡社ライブラリー所収、一九九三年／『網野善彦著作集』第六巻所収、岩波書店、二〇〇七年）。④井野上眞弓「東寺長者と文観」（速水侑編『日本社会における仏と神』吉川弘文館、二〇〇六年）

(70)①内田啓一「文観房弘真に関係する絵画二題――白鶴美術館蔵五字文殊画像と尾道浄土寺蔵如意輪観音菩薩画像――」（『南都仏教』七八号、二〇〇〇年）註13。②内田啓一『文観房弘真と美術』（法藏館、二〇〇六年）付章

「弘真の付法」三〇〇頁。内田は、文献②において、前掲註（69）文献③における異形の強調や、『太平記』中に「無法流相続門弟一人」とある極端な没落の記述を正し、文観房弘真門弟法流の再検討を行うべきであることを指摘している。

（71）大正七年本堂再建記念誌（本書巻末資料編、資料2参照）

（72）①『大日本史料』六編二〇巻三七七～三九六頁。②『閻浮受生大幸記』（『続天台宗全書　史伝2』春秋社、一九八八年）四三〇～四四二頁

（73）『伝信和尚伝』（『続天台宗全書　史伝2』春秋社、一九八八年）四一〇～四二九頁

（74）『閻浮受生大幸記』（『続天台宗全書　史伝2』春秋社、一九八八年）四三四～四三五頁

（75）鎮増と法華直談に関しては、①渡辺守邦「直談と説話」（『国文学：解釈と鑑賞』四九巻一一号、一九八四年）。②阿部泰郎「中世天台と文学――室町時代の一律僧の生涯　上・下・補遺――」（『春秋』三一三～三一五号、一九九〇年）。③田中貴子「『鎮増私聞書』の世界」（『池坊短期大学紀要』二一巻、一九九一年）。④廣田哲通『中世法華経注釈書の研究』（笠間書院、一九九三年）。⑤廣田哲通「談義直談」（本田義憲他編『説話の講座3　説話の場――唱導・注釈――』勉誠社　一九九三年）。⑥山崎誠「唱導と学問・注釈――澄憲の晩年と『雑念集』――」（『仏教文学講座8　唱導の文学』勉誠社、一九九五年）。⑦田中貴子『室町お坊さん物語』（講談社現代新書、一九九九年）および所収文献リスト

（76）『続天台宗全書　史伝2』（春秋社、一九八八年）所収「鎮増私聞書」四五六頁

（77）『法華経直談鈔古写本集成』（臨川書店、一九八九年）所収。年紀の明らかなものは以下。尊舜撰『鷲林拾葉鈔』永正七年から九年（一五一〇～一二）。栄心撰『金台院蔵本法華直談抄』天文十五年（一五四六）。『五季文庫蔵本法華直談私類聚抄』永正三年（一五〇六）

（78）「勝尾寺毎年出来大小事等目録」（『鎌倉遺文』七一八五）。①芸能史研究会編『日本芸能史3　中世』（法政大学出版局、一九八三年）。②中ノ堂一信『中世勧進の研究――その形成と展開――』（法藏館、二〇一二年）一七四～一七九頁

（79）第八回北陸芸術学研究会（二〇〇三年七月十六日、於・金沢美術工芸大学）において、「本法寺蔵法華経曼荼羅に関する新知見」と題して発表した際、「一寺の長老や上人とも呼ばれる人物が勧進僧を名のるだろうか」という質問があった。

（80）『金剛仏子叡尊感身学生記』八十三歳条

（81）『大乗院寺社雑事記』二（増補続史料大成普及版、臨川書店、二〇〇一年）四六四頁

（82）『日本歴史地名大系30　奈良県の地名』（平凡社、二〇〇一年）七五八頁

（83）前掲註（82）七六九頁

（84）『角川日本地名大辞典29　奈良県』（角川書店、一九九〇年）六四九頁には以下のように記されている。山城高山寺所蔵「声字実相義」奥書に「弘長元年辛酉七月四日宇陀郡於極楽寺高塚書写畢」、同じく「三昧耶吉祥」奥書には「本云、建長八年丙辰七月十一日於宇陀郡高塚寺書写了　執筆金剛仏子空詮　生年七十」とある（寺社雑事記文明十五年九月三十日条）。また金沢文庫所蔵聖教奥書に「書本云、文永八年辛未九月八日戊尅許、於大和国宇多郡之内高塚極楽寺、賜覚舜房御本書写了」（金沢文庫古文書10）。西大寺大慈院旧蔵「孔雀明王法」奥書に「文保元年丁巳七月二日於和州宇陀郡高塚之寺、以師真海宝御本写了　仏子空源」とあるなど（日本古写経現存目録）、教学も盛んであった。

（85）服部英雄『河原ノ者・非人・秀吉』（山川出版社、二〇一二年）第三章「都鄙の療病院・悲田院・清目」二七二～二七八頁

第二章　本法寺現蔵の経緯

前章までにおいて、筆者は、画中の銘と図像とを手がかりに、福泊島関勧進上人、一条戻橋寺律僧浄信を本作の「勧進僧浄信」と一致するものと推測した。本作が恩徳院等、律僧浄信の関係した畿内の寺院に所蔵されていたかどうかは現時点では確かではないが、浄信が勧進の中心的人物である以上、恩徳院等の動向については確認しておく必要があるだろう。

恩徳院は、移転し遍照心院（大通寺）子院となりつつも洛中に存続している。この点については、近世の地誌[1]において明らかである。それでは、恩徳院長老であった浄信と越中はどのように結びつくのか、なぜ本作が富山県の本法寺に現蔵されるのか。自らを法華経行者と名のる日蓮を祖師とし、『法華経』を格別に扱う法華宗寺院に、「法華経曼荼羅図」が伝来し尊重せられていることは、当然とはいえるが、越中と結びつくことの蓋然性は何か。以下においてそれを探ってみたい。

第一節　「自海底出現」の意味——海運拠点・放生津——

第一部第二章第二節の「古表具之裏書」に見たように、寛文十二年の本法寺住持日逞の注記によれば、本作は「一百四代御土（ママ）御門天皇御宇明応年中」に海底より出現し、「富山城主神保若狭守」が、当寺先住日順法印にこれを寄進したという。明応年中に海底から出現したのであれば、いまだ築城されていない富山城の主ではなく、当時の守護所城主名があげられねばならない。しかし、ここでは、日逞の注に従って、海底より出現したことの意味について考えてみたい。

本作の制作年代である十四世紀、越中の政治の中心は、放生津であった。現在の射水市（旧・新湊市）の海岸部にあたり、射水市立放生津小学校グラウンドが、守護所であった放生津城の跡地と考えられている。(2) この放生津にある曼陀羅寺（図178）に、本作が一時安置されていたと伝えられている。当時の曼陀羅寺は放生津八幡宮（図179・180）の隣にあった。文政八年（一八二五）に、曼陀羅寺中興二十七世聴誉上人が撰述した「当山起立の由来」(3)（巻末資料編、資料2）によれば、曼陀羅寺の開山縁起は、概略以下のようなものである。

建治年中（一二七五〜七八）、則阿上人が善光寺に参籠して、是より北西の放生津の小庵を尋ねるべしという夢告を得る。小庵を守る具徳という僧は、即阿上人の夢告をきいて庵室を譲り、常に随従給仕し、六字の声が絶えることはなかった。延慶元年（一三〇八）海中震動雷電して漁民が船を出せず嘆き悲しんだ。則阿上人が浜辺に出て、海中安全、万民撫育を祈願したところ、波に漂う大木が打ち上げられ、難風震動が止んだ。薪にすべく大木を打ち割ったところ、中から二十二軸の法華経曼陀羅が出現した。第二十五品を本尊として、庵室を曼陀羅堂と称した。この曼陀羅を黒瀬の山伏が奪い取った。山伏は仏罰により絶え、曼陀羅は日蓮宗に帰した黒瀬本法寺の什物となっている。

海中震動雷電や山伏による強奪云々は別として、本法寺に入る前に、まず放生津に上がったことは、鎌倉時代の交通事情からしても当然と考えられる。

射水市の海岸部は、昭和三十年代までには、東西二キロメートル、南北一キロメートルの小さな淡水湖が残るのみとなっていたが、(4)古代中世においては広大な潟湖が形成されていた。この外海に出入りできる潟湖の利点を生かして、放生津では莫大な物資の集散が行われており、関東御免船も寄港する海運拠点として活況を呈していた。(5)

図178　曼陀羅寺

図179　放生津八幡宮

図180　放生津八幡宮の築山神事（写真はいずれも新湊市教育委員会『新湊の文化財　改訂版』〈1995年〉より転載）

この地域は、もともとは奈呉の浦と呼ばれていたが、十三世紀後半頃に放生津と呼ばれるようになる。嘉元元年（一三〇三）から徳治二年（一三〇七）の間に原本が成立したとみられる宗俊本「遊行上人縁起絵」第七巻第二段詞書の冒頭に、放生津の地名が初めて見える。[6] 地名の変化は、八幡宮の放生会あるいは真言律宗寺院の放生会に由来するかと考えられている。[7] 叡尊が宇治川の網代を切って、漁民に生業を転換させようとした話は有名だが、漁業の盛んなこの地において、西放生津浜曽根には江戸時代初期まで漁場の設定がなかったという。[8] 西放生津浜曽根には、忍性開基とされる禅興寺が存したことが「西大寺諸国末寺帳」によってわかっており、地名の変化と無縁ではないだろう。[9]

第二節　鎌倉時代末期の放生津

第一項　西大寺末寺・曽根善興寺と名越氏

松尾剛次によれば、越中国には、「曽弥・禅興寺、長沢・弘正院、黒河・宝薗寺、野尻・聖林寺」の西大寺末寺がある。[10] さらに追書によれば、禅興寺子院で後（明徳三年〈一三九二〉時）には長徳寺を名のる大慈院、再追書には、所在不明ながらもとは法華寺と呼ばれる国分尼寺であった円満寺が、弘安四年〈一二八一〉の詔勅により、西大寺末寺に施入されたともいう。再々追書には、国分寺の名も見える。

鎌倉時代末期の越中放生津は、西大寺流律宗と深い関わりをもつ水上交通の要衝なのである。この時期、すなわち放生津という名が登場する十三世紀末から十四世紀初頭にかけての越中守護は、名越氏である。[11] 実際には守護代が下向し、守護は鎌倉に在したはずであるが、名越氏は、正和年間、当地の放生津八幡宮に神領地を寄進をしたという伝承も残る。「八幡宮由緒書」に、「正和年間名越氏が放生津八幡宮に神領地を寄進し、社司別当を設けた」という記事があるという。[12]

また、『太平記』巻第十一「越中守護自害事付怨霊事」[13]には、北条氏の滅亡に伴い、元弘三年（一三三三）、越中守護名越遠江守時有[14]とその一族郎党が放生津に滅び、妻女たちも入水し果てたと伝える。

越中の守護名越遠江守時有、舎弟修理亮有公、甥の兵庫助貞持、出羽、越後の宮方、北陸道を経て京都へ攻め入るべしと聞えしかば、道にてこれを支へんとて、越中の二塚と云ふ所に陣を取つて、近国の勢をぞ相催されける。かかる処に六波羅已に攻め落されて後、東国にも軍起つて、鎌倉へ攻め入るなど様々に聞えければ、催促に随つて只今まで馳せ参りつる能登、越中の兵ども、放生津に引き退いて、守護の陣へ押寄せんとぞ企てける。これを見て今まで身に替り命に替らんと義を存じ、忠を致しつる郎従も、時の間に落ち失せて、剰へ敵軍に加はり、朝に来たり夕に来、交りを結び情を深くせし朋友も、忽に心変じて害心を挿さむ。今は残り留る者とては、三族にはなれぬ一家の輩、重恩を蒙りし譜代の侍、纔に七十九人なり。五月十七日の午刻に、敵已に一万余騎にて寄すると聞えしかば、「われら小勢にて合戦をすとも、何程の事をか仕出すべき。愁ひなる軍して、云ひ甲斐なき敵の手に懸り、縲紲の恥に及ばん事、後代までの嘲りたるべし」とて、敵の近づかぬ前に、女性、少き人々をば舟に乗せて沖に沈め、わが身は城の中にて自害をせんとぞ出立たれける。（下略）

これをみれば、鎌倉時代末期の世相混乱に伴い、在地領主たらんと下向した可能性も考えられる。ただ、江戸時代初期には放生津八幡宮に関わる旧記は失われているようであり、井上鋭夫校訂『加越能寺社由来』所収の「貞享二年神社由来書上」[15]では以下である。

一　同郡放生津八幡宮、往古大社ニ而捕縄時政再興之由申伝候得共、寄進状等無御座候。古来ヨリ名古浦与申祭礼八月十五日幸放生会ニ付、嘉暦三年ヨリ放生津与改申由、越後長尾鎌(ママ)信放生津浦城主与合戦之節致焼失、縁起等無御座候

本書巻末資料編、資料3・4に別記した文化二年・富田景周撰『越登加三州志』[16]、明治十八年自序・森田柿園編著『越中志徵　上』[17]においても、嘉暦三年における放生津への改名は確認できるものの、名越氏の神領地寄進については確認できない。

名越氏の宗教環境については、『関東往還記』や「西大寺田園目録」等により、西大寺叡尊に帰依したことが知られているので[18]、西大寺末寺の曽根・禅興寺を保護し、資縁を提供し、放生会を行った可能性は否定できない。しかし、残念ながら、名越氏と十四世紀の放生津とを結びつける史料は全くない。

第二項　国分寺再興運動

ただ、当時の元寇以降の海防意識の高まりと八幡信仰の隆盛[19]、国分寺再興運動[20]という時代環境からみて、守護所に近い寺院が国分寺に準じる祈禱所として位置づけられて中興され、その折り、名越氏を大檀越として「法華経曼茶羅図」が制作されたという可能性がないわけでもない。

国衙は、現在の高岡市伏木古国府の勝興寺寺地にあり、南北朝頃まで存続したようである。国衙近辺である高岡市伏木一宮薬師堂付近に金堂跡があり、天平十四〜十七年（七四二〜七四五）頃の瓦が出土しているから、奈良時代の国分寺がおかれたと考えられている[21]。場所は、小矢部川を経て、放生津とは対岸にある。旧国分寺の、中世における再興はなかったようである。越中国分寺の再興運動については史料で明らかにはされていないが、再興があ

りえたとすれば、むしろ鎌倉時代末期における越中の政治経済中心地である放生津においてであろう。放生津において、国分寺に準ずる祈禱所となりえる寺院といえば、先述の曽根・禅興寺か、あるいは、放生津八幡宮と近い関係を有するとみられる曼陀羅寺[22]をおいてほかはないであろう。曼陀羅寺が祈禱所として位置づけられた八幡宮神宮寺であったと仮定するならば、本書においてとりあげた「法華経曼荼羅図」についても、制作事情が想定できないわけでもない。

第三項　曼陀羅寺と放生津八幡宮

曼陀羅寺は、江戸時代以降は浄土宗寺院であるが、十四世紀頃制作の「青不動二童子像」（図181、富山県指定文化財）が現蔵されている。日本海海運史上名高い本阿と、曼陀羅寺開山・則阿上人を同一視する見解によって、浄土宗以前の曼陀羅寺は時宗であると考える論者が多い[23]が、このような仏画が伝来する以上、時宗だったと簡単には結

図181　富山県・曼陀羅寺蔵「青不動二童子像」（新湊市教育委員会『新湊の文化財　改訂版』〈1995年〉より転載）

論づけられないだろう。

平安時代制作とみられる「四天王像」（射水市指定文化財　一体は室町時代制作）も現蔵されているが、江戸時代に祠堂銭によって購入したことが記録にある。これについては浄土宗の儀礼である五重相伝の道場荘厳に必要とされた可能性が高い[24]。曼陀羅寺は、江戸時代に、「観経浄土変相図」（富山県指定文化財）を魚津の西願寺より購入[25]し、浄土宗寺院としての結構を整えている。

前出の「青不動二童子像」については、入寺の由来がはっきりしない。前田利長より拝領という伝承があるが、これは「唐絵[26]」を「青不動二童子像」と誤解したものである。利長が下賜したのは、橋本芳雄・長島勝正・高瀬保編『曼陀羅寺』の口絵を飾る明代の花鳥画であろう。「青不動二童子像」はむしろ曼陀羅寺の前身や国分寺再興運動に関わるものではないだろうか。

『新湊市史[27]』および『曼陀羅寺[28]』によれば、曼陀羅寺は、寛延二年（一七四九）以前は、放生津八幡宮[29]東隣にあり、八幡宮付近の小祠の管理を行っていたという。また、現在も盛んに行われている放生津八幡宮祭曳山の最古の記録に、曼陀羅寺から曳山が出されたという延宝四年（一六七六）八月十五日新湊市姫野の鈴木家旧記がある。現在も、大阪府・久米田寺の行基堂に、だんじりが参ることなどを想起させる。

筆者は、曼陀羅寺の前身は放生津八幡宮神宮寺であり、善光寺信仰の浸透とともに浄土宗に転じた可能性があると考えている。神宮寺であるならば、「法華経絵」施入の可能性がある。例えば、福井県・妙典寺に蔵される「紺紙金字法華経」十巻は、巻第一奥書に金字で「奉施入　八幡宮御宝前右志者為現世安穏後生善処以功徳上分金輪聖王天長地久乃至法界諸人快楽也元弘三年癸酉九月日　沙門宗俊啓白」と記されており、いずこかの八幡宮に元弘三年（一三三三）に施入されたことがわかっている[30]。また、宇佐八幡宮神輿内部の障子絵であった「綾本著色法華経絵」八面（京都市・細見美術館蔵）（図182）がある。徳治二年（一三〇七）の放生会か、その二年後の延慶二年（一三〇九）の宇佐八幡宮回禄で神輿が焼失した後に発注されたと考えられるものである。[31] 元寇以降の寺社において隆盛した八幡信仰と法華経信仰の結びつきが、遺品によって知られるのである。

鎌倉時代、鶴岡八幡宮では、関東安泰、戦勝祈願のための大仁王会という仏事が行われていたことが知られている。同宮の放生会は鎌倉武士が流鏑馬で綺羅を飾り、将軍も拝礼する重要な行事であったが、その経供養では、最勝王経を転読する石清水八幡宮とは異なり、滅罪を祈る『法華経』が読まれていた。[32] 越中守護名越氏が、鎌倉武士として放生津八幡宮に手厚い寄進をすることは、蓋然性の高い行為といえるだろう。名越氏は、鎌倉時代前期には得宗家に次ぐ経済力をもっていたことが知られているし、[33]「法華経曼荼羅図」二十二幅の大檀越として不足はない。

図182　京都市・細見美術館蔵「綾本著色法華経絵」八面のうち（倉田文作・田村芳朗監修『法華経の美術』〈佼成出版社、1981年〉より転載）

残念ながら、名越氏は、前出のように元弘三年（一三三三）五月に鎌倉幕府の滅亡に伴って没落しており、その後幾度も兵火にあった放生津においては、名越氏、本作、勧進僧浄信との関係を文献的、資料的に確かめようがない。史料としては、明応六年時に越中婦負郡楡原保に在ることを証するものしかないからである。次節では、より蓋然性の高い越中とのつながりを証する史料を検討してみよう。

「古表具之裏書」では、本作を本法寺に寄進したのは「富山城主神保若狭守」とされていた。しかし、明応修復時には、いまだ富山城は築城されておらず、「富山城主神保若狭守」の名には根拠がないと思える。

第三節　明応年間の放生津

第一項　寄進者・神保若狭守

実は、本法寺の開基から江戸時代以降まで一貫して有力な檀越であったのは斎藤氏である。前出のように、天正元年七月二十七日に没した斎藤利基（伯耆守、法名浄賢、妻は神保氏張の女）は越中新川郡蛇尾（じょうのお）（城生）の本法寺に葬られ、次代・信利は京都・本禅寺（法華宗陣門流別院）に、その子利政以降の当主は、東京丸山・本妙寺を菩提寺とするが[34]、越中を離れても、法名を本法寺に送り、供養を怠らなかったという[35]。

ところが「古表具之裏書」には本作寄進者として神保氏があがっている。これは、本作が、国人クラスの斎藤氏にではなく、越中国射水婦負両郡の旧領主（守護代）である神保氏により寄進された権威あるものである、とする江戸時代以降の認識とみるべきかもしれない[36]。しかし、本法寺の有力な檀越で、城生城[37]の主である斎藤氏ではなく、むしろ斎藤氏と敵対した神保氏の名があえてあげられるのは、なんらかの根拠があったと考えられるのではないだろうか。

越中神保氏については、久保尚文の詳論がある[38]。以下は、久保尚文著作と『県史』通史編Ⅱに多くを負って記す。神保氏は、河内・紀伊・越中・能登の分国守護であった管領・畠山氏の被官で、海底より本作が出現したという鎌倉時代末期には越中にいない一族である[39]。越中入部は永享年間（一四二九～四一）頃と考えられ、越中守護代とし

て史料に登場するのは、嘉吉三年（一四四三）である。(40)

『蔭凉軒日録』明応二年（一四九三）閏五月五日条(41)には、細川政元の政変に際して誉田城において切腹したという、神保八郎、および神保三郎左衛門尉の名が見え、畠山政長に神保氏の一族が近習していたことがわかる。越中神保氏の本拠地は放生津城であった。ただ、永正十七年（一五二〇）十二月二十一日の長尾為景の総攻撃によって神保慶宗（よしむね）が滅亡した後は、鎌倉時代以来の婦負郡代所在地である長沢(42)（現・富山市婦中町）を拠点として再興をはかったと考えられている。(43)その長沢と至近の距離にある富崎城(44)は、「三州志」所引の地元伝承によれば(45)、嘉吉元年（一四四一）に神保八郎左衛門(46)によって築城されたともいう。

富崎城は平山城で、海岸部の守護所・放生津と楡原保・本法寺近辺を経て飛騨にいたる街道脇に位置する。神保慶宗の子かとみられる神保長職（ながもと）（生没年不詳、一五七二年頃没すか）が富山に進出するまでの居館でもあった。江戸時代初期においては、富崎城に蟠踞した神保氏の記憶はいまだ鮮明であっただろう。寛文十二年時、本法寺十二世住持・日逞が、「富山城主神保若狭守」を本作寄進者としてあげ、そして以後の寺伝においても、「富崎之城主神保氏」を寄進者としてあげる根拠は、富崎城築城者であり、そして永正十七年、放生津から婦負郡に拠点変更を行った放生津神保氏の記憶にあったといえるのである。

さらに、「法華経曼荼羅図」と神保氏との関係を考える上で、「古表具之裏書」に記された明応六年（一四九七）時に、越中守護代であった神保長誠（ながのぶ）はきわめて興味深い人物である。本作が本法寺入寺以前になんらかの関連があったことをうかがわせる放生津の地に、室町第十代将軍足利義稙（義材・義尹　本書では義稙に統一）（一四六六～一五二三）を迎えて庇護しているからである。

第二項　神保長誠と足利義稙

神保長誠は、管領・畠山政長（一四四二～九三）麾下の武将である。畠山政長は、明応二年（一四九三）閏四月二十五日、細川政元の政変[47]によって、河内・正覚寺に自害したが、長誠は病によりたまたま放生津の館におり変を免れた。この政変により、足利十代将軍・足利義稙は将軍を廃され、細川政元の被官・上原元秀邸に幽閉されていた。長誠はこの義稙を救出し、放生津・正光寺[48]にかくまっているのである。足利義稙が滞在した明応二年から七年までの間、越中放生津は、格別な様相を呈していた。

長誠は、知略優れた勇将として知られるが、さらに越中寺社に対するさまざまな寄進行為でも知られている。畠山氏内訌（畠山政長と義就の家督争い）に際しての戦勝祈願として、文正元年（一四六六）六月三日付で立山山麓の芦峅寺（立山町）に閻魔・地蔵・媼堂復興資金として十貫文の寄進を行っており、その寄進状が現存する。[49]文明七年五月二十一日には、立山権現社頭幷拝殿造営のための材木伐採の許可を与えてもいる。[50]

足利義稙が滞在した明応年中にも、勧修寺西林院に「御祈念肝要候」と祈禱を依頼し、その巻数（かんじゅ）が到着したことを感謝する書状を残している。[51]

神保氏の菩提寺は、曹洞宗の光巌寺であるが、各宗の寺院を手厚く遇しているし、[52]長誠の子である神保慶宗（生年不詳～一五二〇年没）も寺院外護者としての役割が知られている。[53]年紀不明ながら、小法師（おそらく長職）出産に際して、石清水八幡宮別当善法寺が巻数を送付したことについて感謝の書状を残している。[54]当然、武家として、石清水八幡宮のみならず当地の放生津八幡宮に対する崇敬も篤いものであっただろう。神保氏のこうした宗教的行為の記憶が、本作寄進者として名をあげられる所以でもあろう。

しかも、「古表具之裏書」にいう明応六年五月前後には、越中・放生津に在した足利義稙の上洛問題が具体化し、機内にその風聞が伝わった時期である。七月十四日には実際に、神保長誠の被官・鞍河兵庫助が数千貫の料足をもって細川政元邸に赴き義稙の上洛について談合してもいる。[55]上洛は、明応三年頃より幾度も取り沙汰されたが、明応五年五月二十日に義稙を最も敵視していた日野富子（一四四〇〜九六）が急逝したその一年後に漸く本格化したのである。義稙が、実際に放生津を出立し越前一乗谷に赴くのは明応七年九月朔日[56]で、将軍に復位するのは永正五年（一五〇八）七月一日であるが、放生津においてこうした動きのあった明応六年五月二十一日に、本作が越中に在ることを証する史料が初めて登場することはあらためて注目されてよいと考える。

「古表具之裏書」の内容からすれば、明応第六年五月二十一日とは、寛文時以前に行われた修復が完成した時期か、あるいは本作が本法寺に施入せられた時期と考えられる。修復とすれば、これほどの規模の作を修復するのは並大抵の事業ではなく、この時期、放生津において数千貫の料足を動かせた神保長誠をおいて檀越たりえる人物は考えられない。また、修復であれ施入であれ、この時期の神保氏の最大の祈念は、義稙の上洛成就をおいてありえないのではなかろうか。筆者は、本作を、明応六年に越中において修復あるいは奉納した人物は、神保長誠と推測する。

第四節　法印日順と足利義稙

第一項　法印日順

ただ、明応六年時修復あるいは施入の檀越を神保長誠に求めた場合、いかにも法華宗の僧らしい名をもつ日順と神保氏、あるいは足利義稙との接点はどこにあるのだろうか。日順とは誰なのだろうか。「古表具之裏書」の「明応第六丁巳伍月廿一日　法印日順」という記述からして、また寛文十二年時に日逞の注した裏書に、ただ「先住」と記されるだけであることからみて、日順は、寺伝にいう「開山」ではない。本法寺の開基そのものは、第一部第一章にもみたように十四世紀半ば頃と考えてもよいが、十五世紀以前は信頼するに足る史料に乏しく、日順の出自は明らかではない。

この時期の史料の中に日順の名を求めてみれば、『本化仏祖別頭統紀』に、時の大樹義稙より寄進を受けたとする摂津上牧村（現・大阪府高槻市上牧）の本澄寺開山日順（一四二九～一五一一）伝[57]がある。

師緯《ハ》日順未㆓詳其出処㆒智行兼美補㆓権大僧都㆒寓㆓于洛本満寺子院㆒窃《ニ》編㆓一寺啓建之志《ヲ》㆒偶遊㆓摂之島上郡上牧村《ニ》㆒幸相《ニテ》㆓勝地《ヲ》㆒寄寓累日一夜大風倒㆓一老㆒松掘㆑之見㆑石之祖塔也村老異㆑之遂造《ニ》㆓精廬《ヲ》㆒時之大樹義稙卿聞《テ》而崇㆑之割㆑地供㆑之今之本澄寺是也是地古来扁㆓大聖山㆒有㆓一木社㆒又呼㆓神南備㆒和歌名所也縉紳誌㆑之和歌亦多又有㆓一奇事㆒総之滝山村主由良氏光弘寄㆓高祖像㆒不㆑知㆓誰作㆒胸蔵㆓肉牙㆒其霊如神遠近相伝妖疾病魔至信訴㆑之如㆑告生然於後東福門院及烏丸家欣敬殊加如今村中一無㆓他宗㆒悉為㆓檀越㆒呼寄哉松根顕石其是石誰為乎霊像来格神南備之護乎時熟縁熟見㆓是妙利㆒日順者夫異人乎哉上牧霊地可㆑謂本国土妙也順也永正八年辛未九月十九日化寿八十一

本満寺子院に寓する日順がたまたま島上郡上牧村において、大風の掘り起こした松の根元の石の祖塔を発見し、精舎を建立したこと、また、この本澄寺開山・日順と、将軍すなわち足利義稙と接点があったことが記されている。義稙と記されるのは二度目に将軍在職中であった時のことであろうか。『本化仏祖別頭統紀』は、後世の編纂史料であるし、この日順と越中の接点は記されていないが、義稙との関わりについては注目したい[58]。

第二項　足利義稙と『法華経』

足利義稙は、五山や石清水八幡宮ほか諸寺に参詣したり、聖護院道興や三宝院義尭に祈禱をさせたりしており、将軍としての通常の宗教環境にいたとみられる。ただ法華宗に対する態度は、第六代将軍・義教が行った苛烈な取り扱いなどにくらべ、ゆるやかなものであったようだ。(59)

『法華経』に対する関心も見受けられる。永正十三年と永正十七年には、美濃の美江寺に自筆の「法華経普門品」を寄進してもいる。(60)永正十三年時には、病のため三宝院義尭に「法華経普門品」を代筆をさせているが、永正十七年時は、自筆であり、「法華経普門品」の外題を三宝院義尭に書かせている。(61)

美江寺は天台宗で、寺伝によれば、入京以前の義視・義稙親子を後見をしていた土岐成頼が永正三年（一五〇六）に大修復を行ったことで知られる。(62)義稙が「法華経普門品」を寄進したのは、同寺の本尊が十一面観音であったからだと考えられるが、この寄進は、おそらく流寓の時期を支えてくれた土岐氏と神仏に対する感謝の意味だろう。さらに、将軍としての通常の宗教行為以上の『法華経』に対する関心をもうかがわせるのではないだろうか。

第三項　恩徳院と花山院政長

そのほか、花山院政長（一四五一～一五二五）の妹兼子（後土御門院上臈）に正親町三条公兄の所領を取りあげて与えたことも目を引く。(63)この背景については不詳であるが、法華宗との関わりで興味深い。この時期、近衛政家（一四四五～一五〇五）が本満寺に帰依するなど、上層公家階級の法華宗への接近が知られているが、その中でも花山院政長は法華宗に改宗し、題目を門前に貼ったりするほど傾倒したことによってひときわ注目される人物である。(64)

さらに、筆者にとっては、「勧進僧浄信」が住持した一条戻橋寺恩徳院の応仁文明期の檀越としても、関心をひく人物である。(65)

『山城名勝志』巻五(66)

恩徳院　或京程図在八条北、室町東、顕隆堂、金色堂、恩徳院等載于一所暁筆記云洛陽西洞院恩徳院と申侍る寺は花山院殿の御寺とかや応仁の大乱の内花山院殿の室かくれ給ひしにみたれの内の事なれば御死骸を忍ひて恩徳院へうつされし　今按、遍照心院塔頭有恩徳院　至于後世而遷之乎

つまり、一条戻橋寺恩徳院と法華宗を結ぶ人物が、足利義稙と同時代に生きた花山院政長なのである。本作が一条戻橋寺恩徳院にあったとは確認できないが、この花山院政長を介することによって、法華宗と足利義稙は結びつく。今後さらなる検証を行いたい。

以上、本作を、越中に結びつける可能性をもつ人物として、鎌倉時代末期の越中守護・名越氏、修補の明応六年前後に室町第十代将軍・足利義稙を放生津に迎えた神保長誠を想定した。いずれも充分な史料を伴わないが、現時点で蓋然性があると考えるものである。

註

（1）「山城名勝志　坤」巻五・恩徳院（『新修京都叢書』第一四巻、臨川書店、一九九四年）二四五頁

（2）①『しんみなとの歴史』（新湊の歴史編纂委員会、一九九三年）三五頁。②富山県埋蔵文化財センター『富山県中世城館遺跡総合調査報告書』（二〇〇六年）四〇頁、一七七頁

（3）橋本芳雄・長島勝正・高瀬保編『曼陀羅寺』（曼陀羅寺、一九七三年）所収。

（4）この潟湖を利用する形で、昭和四十三年（一九六八）に、富山新港が開港した。http://www.pref.toyama.jp/cms_sec/1545/

（5）関東御免船と当時有名な船主本阿については、以下に詳しい。①『県史』通史編Ⅱ（一九八四年）五九～六一頁。②『新湊市史』（一九六四年）一六一～一六七頁。③久保尚文「中世越中時衆史の一考察――放生津本阿をめぐって――」（『日本海地域史研究』第二輯、文献出版、一九八一年）。④久保尚文『越中における中世信仰史の展開増補版』桂書房、一九九一年、初版一九八四年）。なお『福井県史　通史編２・中世』（一九九四年）一七四頁には、本阿の係争事件を三国湊から見た記述がある。また近年の成果は以下。⑤『港湾をともなう守護所・戦国期城下町の総合的研究――北陸を中心に――』平成十七年度～十九年度科学研究費補助金（基盤研究（Ｂ））研究成果報告書（研究代表者・仁木宏）

（6）宮次男「遊行上人縁起絵の成立と諸本をめぐって」（『新修日本絵巻物全集』二三巻、角川書店、一九七九年）一三頁

（7）『新湊市史』（一九六四年）一二七頁

（8）前掲註（7）一四五頁

（9）①近岡又四郎「越中における人和西大寺の末寺について（一）」（『越中史壇』一六号、一九五九年）。②『新湊市史』（一九六四年）一三八～一五四頁。③奈良国立文化財研究所編『西大寺関係史料（一）――諸縁起・衆首交名・末寺帳――』（一九六八年）。④「光明真言結縁過去帳衆首分上」（西大寺蔵）「洛西葉室浄住寺開山興正菩薩略年譜」（『西大寺叡尊伝記集成』雄山閣、一九七七年）

（10）松尾剛次「西大寺末寺帳考――中世の末寺帳を中心に――」（『三浦古文化』五一号、一九九二年、同『勧進と破戒の中世史――中世仏教の実相――』吉川弘文館、一九九五年所収）

（11）①佐藤進一『増訂　鎌倉幕府守護制度の研究――諸国守護沿革考証編――』（東京大学出版会、一九七一年）一二〇～一二三頁。②久保尚文「越中守護名越時有とその所領について」（『富山史壇』六四号、一九八四年）。③渡辺晴美「北条一門佐介氏について」（中央大学大学院文学研究科『論究』五号、一九七八年）。④『県史』通史編Ⅱ（一九八四年）四三～四七頁。⑤久保尚文「鎌倉期越中の守護支配について」（同『越中における中世信仰史の展開増補版』桂書房、一九九一年、初版一九八四年）一三一～一三六頁。本書は特に②⑤に多くを負う。

(12)『しんみなとの歴史』(新湊の歴史編纂委員会、一九九三年) 三八頁
(13) 高橋貞一校訂『新校太平記　上』(思文閣、一九七六年) 二九五～二九七頁
(14)『尊卑分脈』第四篇 (吉川弘文館、一九五八年) 一八頁。『新版　系図纂要』第八冊上平氏二 (名著出版、一九九五年) 三〇四頁
(15) 井上鋭夫校訂『加越能寺社由来　上』(金沢大学法文学部内日本海文化研究室編、日本海文化叢書第一巻、石川県図書館協会、一九七四年)
(16) 富田景周「越登賀三州志」(『重訂　越登賀三州志』石川県図書館協会、一九七三年) 五五〇頁
(17) 森田柿園『越中志徴　上』(石川県図書館協会編纂『越中志徴』富山新聞社、一九五一年) 四三一・四九〇頁
(18) ①『新湊市史』(一九六四年) 一五二～一五四頁。②『西大寺叡尊伝記集成』(雄山閣、一九七七年)。「西大寺田園目録」によれば、文永九年 (一二七二) に没した名越時章の妻かと目される名越禅尼が弘安十年 (一二八七) 西大寺に寄進し、名越教時の女も、永仁四年 (一二九六) に寄進している。
(19) ①海津一朗『中世の変革と徳政――神領興行法の研究――』(吉川弘文館、一九九四年)。②海津一朗『神風と悪党の世紀――南北朝時代を読み直す――』(講談社現代新書、一九九五年)。③中野幡能編『八幡信仰事典』(戎光祥出版、二〇〇二年)
(20) ①永井規男「丹後国分寺建武再興金堂の成立背景」(橿原考古学研究所編『橿原考古学研究所論集――創立三十五周年記念――』吉川弘文館、一九七五年)。②石川登志雄「丹後国分寺再興縁起について」(京都府立丹後郷土資料館『丹後郷土資料館報』第五号、一九八四年)。③追塩千尋『国分寺の中世的展開』(吉川弘文館、一九九六年)
(21) 奈良国立博物館展覧会図録『国分寺』(一九八〇年)
(22) 井上鋭夫校訂『加越能寺社由来　上』(石川県図書館協会、一九七四年) に「荼羅寺」の名がある。
(23) 前掲註 (5) 文献②④⑤
(24) 前掲註 (3)
(25) 前掲註 (3)

(26) 前掲註（3）口絵
(27) 『新湊市史』（一九六四年）八四七頁。漁場確認の山立図により、位置がわかるという。
(28) 前掲註（3）五一頁
(29) 富山県指定無形民俗文化財の築山神事で知られる。
(30) 奈良国立博物館編『法華経——写経と荘厳——』（東京美術、一九八八年）図版九二、解説四七〇頁
(31) ①関口正之「宇佐神宮の神輿障子絵について」（『美術研究』二八九号、一九七三年）。②宮次男「綾本著色法華経絵　図版解説」（倉田文作・田村芳朗監修『法華経の美術』佼成出版社、一九八一年）
(32) ①江部陽子「鶴岡八幡宮発展の三階梯——源頼朝の信仰——」（『神道学』六三号　一九六九年）。②伊藤清郎「鎌倉幕府の御家人統制と鶴岡八幡宮」（東北大学文学部国史研究室『国史談話会雑誌』豊田・石井両先生退官記念号、一九七三年）。③川上淳「鶴岡八幡宮における供僧の役割」（『駒沢史学』二五号、一九七八年）。④外岡慎一郎「鎌倉時代鶴岡八幡宮に関する基礎的考察」（『中央史学』三号、一九八〇年）。⑤松尾剛次『中世都市鎌倉の風景』（吉川弘文館、一九九三年）。⑥佐々木馨「鎌倉幕府の宗教政策とその基調」（佐伯有清先生古稀記念会編『日本古代の祭祀と仏教』吉川弘文館、一九九五年）。⑦上横手雅敬「源頼朝の宗教政策」（同編『中世の寺社と信仰』吉川弘文館、二〇〇一年）
(33) ①福田豊彦・海老名尚「『田中穣氏旧蔵典籍古文書』「六条八幡宮造営注文」について」（『国立歴史民俗博物館研究報告』第四五集、一九九二年）。②福田豊彦「『六条八幡宮造営注文』と鎌倉幕府の御家人制」（同『中世成立期の軍制と内乱』吉川弘文館、一九九五年所収）
(34) 『寛政重修諸家譜』巻七九八・新訂版第一三巻（続群書類従完成会、一九六五年）一四一頁
(35) 序註（5）文献⑦佐藤清賢「越中斎藤氏と本法寺　本法寺縁起と法華経絵曼陀羅」一七二頁所引系譜（東京都斎藤富美子氏蔵）参照。および同書一七四頁。
(36) 序註（5）文献③中坪久一「本法寺曼荼羅について」。宝暦十二年の縁起に対してだが、「縁起制作者の脳裏には、むかしの婦負郡の領主として神保氏の外が存しなかったことを示す」とある。

(37) ①富山県埋蔵文化財センター編『富山県中世城館遺跡総合調査報告書』(二〇〇六年)二〇二～二〇三頁。②佐伯哲也『越中中世城郭図面集Ⅰ――中央部編(富山市・中新川郡・射水市)――』(桂書房、二〇一一年)三〇～三一頁

(38) ①久保尚文『越中中世史の研究――室町・戦国時代――』(桂書房、一九八三年)。②久保尚文『越中富山　山野川湊の中世史』(桂書房、二〇〇八年)第二編

(39) 『寛政重修諸家譜』巻一一八一・新訂版第一八巻(続群書類聚刊行会、一九六五年)一二七頁に「神保某　山城守　越中国富崎の城主たり。後彼国を去て近江国に住し、甲賀郡山南の庄を領す。某年死す。法名武辺」と記され、子孫が歴代八郎を名のる人物もいる。同家譜は、富崎城主神保某以下の系図を、年時があわない点を指摘しつつ、畠山氏の被官である越中守護代・神保長誠(ながのぶ、生年不詳～一五〇一年没)と同祖かと論じている。また『角川日本地名大辞典25　滋賀県』四〇三頁(角川書店、一九七九年)によれば、甲賀郡甲賀町佐治庄には明治の村字として神保の名があり、近江六角氏の被官である神保氏の領有という。

(40) 『県史』通史編Ⅱ(一九八四年)四二二頁・『県史』史料編Ⅱ(一九七五年)四九三頁七〇二号「徳大寺家文書」嘉吉三年十二月二十七日付守護奉行人連署奉書案

(41) 「誉田城江討捕頸注文　畠山駿河守殿　池田三郎　林　神保出雲守(中略)、生捕之衆　畠山中務少輔殿　神保八郎廿六日於誉田城切腹　同三郎左衛門尉同前　椎名降参」

(42) 長沢城については以下。①『富山県中世城館遺跡総合調査報告書』一九四～一九五頁。②『越中中世城郭図面集Ⅰ』一一一～一一二頁

(43) 『県史』通史編Ⅱ五一〇～五一二頁、九一九～九二一、九三四～九四二、九六八頁参照。

(44) ①金子拓男他編『日本城郭大系』第七巻(新人物往来社、一九八〇年)、三二三～三二四頁。②『富山県中世城館遺跡総合調査報告書』一九六頁。③『越中中世城郭図面集Ⅰ』一〇～一一頁

(45) 富田景周著・日置謙校「故墟考巻之一」(『重訂　越登賀三州志』石川県図書館協会、一九七三年)五五五頁に「方(ママ)人相伝ふ、嘉吉元年神保八郎左衛門居たりと」とある。

(46)「古表具之裏書」が改竄された際、「富山城主神保若狭守」の上の貼紙に書記されていた名である。
(47)『親長卿記』明応二年四月二十六日条および『後法興院記』・『蔭凉軒日録』明応二年四月二十七日条。
(48)『大乗院寺社雑事記』明応二年七月二十六日。新川郡には同名の寺院があるが、放生津にはない。音通だけならば寛正元年開基の勝光寺がある。井上鋭夫校訂『加越能寺社由来　上』(石川県図書館協会、一九七四年)
(49)『県史』史料編Ⅱ五五四頁八二五号「神保長誠料足寄進状」(芦峅寺一山会文書)
(50)『県史』史料編Ⅱ五九一頁八八六号「神保長誠材木寄進状」・八八七号「寺嶋誠世宗綱連署奉書」(芦峅寺一山会文書)
(51)『県史』史料編Ⅱ七一四〜七一五頁一〇九九号・一一〇〇号「勧修寺文書」神保長誠書状。なお『史料綜覧』巻九・五頁に、勧修寺文書として、明応三年四月七日条「義材、禁制ヲ山城勧修寺西林院ニ掲グ」とある。
(52)当然のことながら、こうした寄進や保護は、個人的な信仰を超えて、軍事力とも直結する寺社勢力との連携行為である。長誠が当時の神保氏の支配領域である射水婦負両郡を超えて立山山麓の芦峅寺に寄進するという行為からは、相当な僧兵集団を有したと考えられる芦峅寺衆徒に対する統制をうかがわせる。久保尚文前掲註(38)①参照。
(53)『県史』通史編Ⅱ四九一〜四九六頁・五〇五〜五〇七頁
(54)『県史』史料編Ⅱ八二三頁一三〇四号「菊大路家文書」神保慶宗書状
(55)『大乗院寺社雑事記』尋尊大僧正記。明応六年五月五日、同年七月二十二日、同年八月二十六日。
(56)『史料綜覧』巻九・六八頁、明応七年九月二日一条
(57)六牙院日潮撰『本化仏祖別頭統紀』(享保十六年成稿、寛政九年刊)二十一巻列伝諸山〇摂州上牧本澄寺開山日順上人伝
(58)註(57)前掲『本化仏祖別頭統紀』において日順の名で知られる僧侶は、本澄寺開山(一四二九〜一五一一)のほかに、紀州吹上白雲山報恩寺の開山(一六三六〜一七〇〇)がいる。また、以下にも日順の僧名が見られるが、いずれも時代的には別の人物と考えられる。
『史料綜覧』巻十一・一四七頁、天正五年六月十一日一条。長宗我部元親が、日順とともに土佐桂昌寺の寺規を

定めるという記事がある。

『大日本史料』第一一編二〇冊三九八頁。天正十三年九月二十八日二条に、秀吉が、日蓮宗の再興を許し、礼物を課した際に、同宗諸寺代本満寺日順等が和泉堺の諸寺に礼物調達の為の勧進を許すという記事がある。

（59）『大日本史料』第八編八冊六七〇頁、延徳三年七月十八日二条に本能寺の寺地を安堵する記事と『大日本史料』九巻五冊三八二頁、永正十五年八月二十一日条に、妙本寺に天下静謐を祈禱させた記事とがある。

（60）『大日本史料』第九編六冊四八五頁、永正十三年十一月二十九日

（61）『大日本史料』第九編一一冊一六八頁、永正十七年八月五日。義尭は、前関白九条政基の子で、義尹の猶子である。

（62）①『日本名刹大事典』（雄山閣出版、一九九二年）八三〇頁。②『岐阜市史』史料編近世一（一九七六年）・通史編近世（一九八一年）。③『岐阜県史』史料編古代・中世一（一九六九年）

（63）『大日本史料』第九編七冊五七頁、永正十四年八月二十一日

（64）中尾尭『日蓮信仰の系譜と儀礼』（吉川弘文館、一九九九年）第三章

（65）細川涼一「鎌倉仏教の勧進活動――律宗の勧進活動を中心に――」（高木豊編『論集日本仏教史4　鎌倉時代』雄山閣、一九八八年）

（66）『新修京都叢書13　山城名勝志　乾』（臨川書店、一九九四年）二四五頁

第四部　資料編

資料1

［海中出現法華経廿八品図貌略縁起］

本法寺智光院日遥、宝暦十二年（一七六二）撰。本法寺蔵

（表紙）

海中出現

法華経廿八品図貌略縁起

越中国

本法寺

法華経廿八品図画之縁起

人王九十五代後醍醐天皇の御宇正中二年 夏乃頃より嘉暦元年の 正月に至るまで越中の国放生津乃浦の海上においてゐて毎夜光を発して波浪 紅 に変ず魚鱗怖をなして都て近づき湊る事なし漁人網をおろすに一魚をも得ずしかも此所には田畑なければ耕作乃 営 共なく但昼夜すなどりを業として妻子を 糧 世をわたる然るに半年を過れども一魚をもとり得ざれは浦人飢に苦しんで他郷に移者多し 故 に此 趣 を以て宦吏に訴ふ宦吏恠をなして大綱をしつらひ光のもとを探求るに一奇物を獲たり其形団ヽとしてうき木のごとく海艸生しげり群貝よりついて海底に在こと幾歳を経とも計がたし打摧て内を窺ふに中に廿二幅の巻軸あり 則 同国富崎乃 城 主神保氏に是を献ず城主披きみ給ふに仏

菩薩殊勝なる尊貌人天大会の渇仰乃体脩羅乃闘諍瞋恚乃刃をよこたへ餓鬼の飢渇して痩衰たる有様地獄の罪人燎燃猛火の炎にむせふを獄卒鉄杖を揚て打責るていくるしく畜生の共相残害重を負かたきを越惣して鱗甲羽毛山河草木の類に至るまで寔に生たる如く自然天成にして玄妙神絶也凡人の所作にあらず是何の世になせる物なるいかなる国より来くるらん絵の微妙なるさま中々往古の名画の師たりとも及さる所なり（おの〳〵たけ八尺余よこ四尺余其地ハ絹に似絹にあらす蓮の糸にて織たるかと古より云伝）然といへどもいかなる事を画捲したりといふ子細を知らず是に依て儒釈内外の有識をまねきて尋求れとも知者あへて一人もなし爰に吾寺乃開祖日順法印字ハ浄信といふ者博学の名あり是をめして問給ふ法印披見して恭敬礼拝し感歎袂を浸して渇仰信伏する事殆真仏に向ふがごとし城主是を見て問て云公既に敬礼する事群をこえたり是いかなる事を画たるぞや法印泪を押て答云是ハこれ本師釈迦牟尼世尊当初霊鷲山におゐて八箇年の間説給ふ処の法華経廿八品二処三会説法開導の図貌なり夫釈尊乃大慈法華経を説て普く法界の群類を救給ふに上は有頂に至り下は阿鼻獄に至る然に我等宿善薄して仏在世におくること已に二千余回の星霜を送り霊鷲山を去こと悠に幾十万里の山海を隔年来是を歎おもふ処に今此図貌を拝し奉れば幸に仏在世に生れ値て牟尼の尊貌拝し直に霊鷲山に往詣して真仏の御口より法華経一部の始終を聴聞し奉る心地して歓喜身にあまり覚えずして落涙すと城主これを聞て感歎斜ならず則法印を請じて絵釈談義を聞給ふ事三年に及ぶ是に依て信伏随従し終に法華経受持の行者となり此曼荼羅を以て日順に賜ふ日順これを得て当寺に納て什物とす是此絵乃吾寺の霊宝たる由来也嘉暦元年海中出現より今年壬午に至るまで都て四百三十七年也当寺開闢より以来一般も火難にあへることなし是此画の霊徳歟実に無類画像無双の重宝なり是を以て去享保四亥年免許を蒙四谷大木戸理性寺におゐて六十日開帳す今般亦免許を蒙り芝伊皿子長応寺におゐて四月朔日より開帳し貴賤男女の結縁下種を希ものなり抑此法華経は諸仏出世乃本懐衆生成

仏之直道也是を以五逆の達多は天王如来の記莂を蒙り八歳龍女ハ南方無垢の成功を唱ふ顕本遠寿の悦は永衆経に異也一念信解の功徳ハ五波羅蜜の行に超五十展転の随喜ハ八十年の布施に過たり然といへ共此経に値たりつる事甚難く一眼の亀の浮木の穴に遇がたきに譬たり仮使たま〳〵あふといへども亦能信じる者甚難しいかにいはんや末代の衆生三毒強盛にして昼夜三途の業因をなす妙法乃功徳にあらずんは悪趣を脱るゝ事寔に難し然に今此曼陀羅は法花経一部の始終を絵に写ぬれば一文不通の児女たりとも一度拝奉れば求ずして二処三会の席に臨歩ずして霊山浄土の台に到実に末代相応の絵像信心開発の善巧也然ば則一信一礼の輩は曠劫の業障を忽に除無始の煩悩頓に滅して現世には不祥乃災難を払ひ後生には無上乃仏果を成せん妙経を信じる者得脱を願ふ者誰人か礼せざらん何輩か拝せざらん信教を進が為縁起を示こと略して如斯

越中国婦負郡黒瀬谷

長松山本法寺

維時宝暦第十二壬午四月　智光院日遥述之

資料2

【曼陀羅寺史】

橋本芳雄・長島勝正・高瀬保編『曼陀羅寺』（一九七三年）

(a) 曼陀羅寺中興二十七世聴誉上人、文政八年（一八二五）撰「当山起立の由来」

抑当寺起立の来由を尋ぬるに、其昔建治年中之頃、則阿上人と申奉るハ何国之生に哉、其産数年累代にして、詳ならず、然に則阿上人之薫業をさくるに、精進堅固之清徳にして、化粧更に見聞なし、只真実の門に入り生得なるにや、幾程なる経論の訓詁皆通暁せり、或時上人、予幼年よりあまねく内外の典を習ふ、浄志学におよひて切ニ囂塵を厭ひ、偏に閑寂を甘すといへとも、境界所詮衆生済度自作教他之結縁こそ、釈門之常ならむと、寝食ややもすれは廃して、仏祖の教旨に随順せんことを要とせり、欣仰の床には一心専念して、四修の護りをごそかに、十悪の園に臨むことなし、然に則阿上人我が有縁の住処を仏教にまかさんと、夫より信州善光寺如来是そ我朝の霊像、諸人奇恭之事なれは、殊更に一七日を要期して、歩ミを瑞籬の内にはこび、住処の懇禱誠をいたされけるに、不思議なる哉、如来上人精誠を照覧ましましけるにや、第七之夜ニ夢中心に一光三尊之御仏、大光明を放ち示し給ふは、是より北西に当て放生津といふ処あり、彼地に小庵あり、是こそハ汝が有縁之地なり、尋ね行へしと霊夢を感じ、則阿上人誠に奇異の思ひなし、如来の霊告唐損ならず、他日長夜の法灯をかかけて苦海の迷途を照さむ事の嬉しさよと、霊夢の地名を尋るに、不日にして当所にいたり給ひ、小庵を守給ふに、その砌至て小庵則主は発心者にて具徳といふ僧あり、彼の庵主を頼み一宿し給ふ、其夜の物語りニ仏の霊告を庵主に語り給ふに、発心者共ニ随喜の余り、翌日則阿上人に庵室を譲り、常随之給士をなし、昼夜六字の声絶すとなり、然に延慶元年之春、当浦海中震動雷電して、漁人も渡世之出船更に絶て歎き悲む折から則阿上人当浜辺に被出、海中安全、万民撫育之祈願ありしかば、遥に向より大木波にただよふ有様見る内に、彼大木岸にうちあげ、則阿上人忽ち〳〵人々を頼み、大木引上げ薪にもせんと思ひ給ふうち、難風震動も直にやみ、諸人の悦限なし、日経て彼大木打割り給ふ処に、不思議哉、彼割目より法華経之曼陀羅廿二軸出現す、則阿上人歓喜之涙袂をしぼり、彼廿二軸を庵室に尊敬し給ふうち、廿五之巻を本尊となし彼庵室を改て、曼陀羅堂と称し、その後則阿上人の知徳諸方になびき、法界之助力意の儘にして一宇を造立し曼陀羅寺と号す、其頃いまだ曼陀羅堂たりし時、富山領内にくろぜといえ処(ママ)より山伏等当処修行に来り、黄昏にまんたらとうに来り、則阿上人ニ一宿を頼む、則許容して止宿す、其夜彼の法花之曼陀羅を拝し、海中出現の始終を聞き、真とやせん虚とやせむ、及落涙に其夜の内に本尊を残し、廿壱軸をうはい行方不知成にけり、則阿上人もとやせむ、かくと思召といへ共、元より慈悲第一の上人なれば、其儘に捨置給ふとなり、右之山伏等もかかる宝物をうはいし罪にや、今は山伏も絶ひ日蓮宗となり、くろせ本法と号し廿一軸之曼陀羅、彼の寺の什宝とす、其後本尊廿五之巻ハ当寺に安置して、中興ハ此一軸を観音之御腹籠となし、其より龍宮伝来御腹身之観音とあかめ奉る、この観音は往昔より当寺ニ伝来する処尊像なり、尤観音之由来は別に縁起有之なり、誠にむかし小庵の砌仏勅に依て当処来り給へ、剰ひ海中より廿二軸之曼陀羅を授受し給ふ事、況に如来之不忘語誠諦之金言、何れ人が信せさらむ哉と、此趣意は焼失之後、書籍董記等数巻焼本これあり、其内に此の由来審に書記し有之、予篤と熟覧するに古今于世伝ひ聞と合符のことし、なんの疑ひかある、按するに右曼陀羅の証拠今におひてくろせにハ山伏之因縁を以貝を吹く事顕然なり、仍而則阿上人当寺開山と尊称し奉る者歟入寂より五百秋年に及といへとも、今猶繁栄にして仏光増輝の明照なり、末世末学今按を以本宗の正意をみたすことなかれと爾云、是　文政八乙酉天歓喜日／現寓放生山／聴誉書写之

(b)　**曼陀羅寺二十八世真誉上人、安政二年(一八五五)撰「開山上人　廿七代聴誉上人略歴」**

夫開山則阿上人は勢州山田郡の人なり、信州善光寺江三七日参籠あつて仏勅を蒙り嘉元三年弥生のころ北越此土に来会し給ふ、然る已然永仁二甲午春曼陀羅弐拾八品海中より出現し時に翁あり、是を拾ひ揚け則ち護持の為に剃髪

して名を万海と云、此僧その尊絵を堂舎を造営し安置して直に曼陀羅堂と称し、守護することまさに十弐年なり、爰に則阿上人掛錫有て、堂号を改め放生山具徳院曼陀羅寺と称し在住し給ふ事既に八年にして正和元年三月十八日此寺に示寂し給ふ、以来今に嫡孫連続して真俗日々に盛と云とも、或は逆浪境内江打寄墻木を崩す、是を憂患して大府太守に歎く、ときには公命して壱丈有余之築地是を附給ふ、或時は風波の難を憂て転地を公訴して今の地にその堂宇を移しが、代々時移り廿六代に至而回録の難にかかり再建し給ふ事両度に及ぶ、爰に廿七代の主聴誉上人は廿五才の時学林に在て師の遺命を蒙と云とも相承未だまんせず、依て文化十弐亥年縁山の天角聞了和尚の座下を辞て廿七才の三月七日此寺に晋山す、堂舎仮にして麁なる事宛も賤家の住居にも尤劣る、住山の後は寝食休からす、苦辛し給ふて本堂庫裏再建あつて本尊をお移しあけ奉られ、実に蔭徳困苦なし給ふ事三拾三ケ年なり、序に諸般成就し給ふ事後に記すが如し、依而後開基上人大和尚と崇め奉ると／遺弟爾云／安政二乙卯年九月／遺弟廿八主　真誉／校　常照寺　林誉法立／毫　善照寺　宣誉大音

（後略　二十三主より三十世までの歴代住職略歴）

(c)　年時不詳「当山観世音菩薩略縁起」

抑当壇上に安置し奉る正観世音菩薩の尊像をは尋奉るに、往昔人皇九十六代後醍醐天皇の御宇正中二年夏の初より嘉暦元年の正月に至るまで、当所奈呉浦なる蒼海に夜毎に光を放ち、浪も紅に染渡る、漁人網を引くに一魚も不獲、就中此地ハ田地田畑稀にして漁業を渡世とせり、かくして半年を過れとも猶かくなりけれハ、浦人飢に苦しむ事言いかりなし（ママ）、故に此の趣を富崎の城主神保氏へ愁訴へ申に、神保安芸守あやしみ玉へ、爰に当所網主大工屋瀬平へ

命して大網を設けて光を採らしむるに、不思議なる哉、光明耀々として大ヘナル古木海上に浮ひ、是を得玉ふて開き見るに法華経二十八品の曼陀羅なり、城主歎て曰、幾久しく浪底に有ていろくずを渡し玉ふ曼陀羅なりと雖も、今哉人界の衆生を渡し玉ふなりと深く渇仰の余り、永く城中に崇め、然ニ当時（ママ）開山則阿上人の道徳を感して、法華序品壱軸幷薬師如来の尊像等之を給り、余品ハ故ありて当国負婦（婦負）郡黒瀬の郷法華本法精舎江納之て今に現前（然）たり、依而諸人呼て放生山曼陀羅寺と号す、然ニ物換り星移りて宝徳元年の頃、当山第五世良阿上人夢見らく、正観音現て玉へて汝ち我カ像を彫刻して、法華経序品壱軸我カ体中に納めよと告け玉へ、驚き見るに金光を放ち給ふなり、こハ難有しと感涙を流し仏名を唱るに、夢ハ其儘覚にけり、依而良阿上人自ら彫刻して序品壱軸此尊像の御腹籠りと下玉ふや、依て拝礼の諸人へ唯有一乗法無二亦無三の大益を価ハんト誓約し玉ふ、猶委しくハ広縁起に詳なり、此度不思議の因縁ニヨリテ開扉結縁せしむる処なれハ、一ト度拝礼の輩ハ現世にハ無量ノ幸ひを得、諸々の災をまぬかれ、当来ハ必す極楽ニ引接し玉ふ、若し八寒八熱にありて苦を受る者にハ、其苦にかわらせ玉フ大慈大悲の尊像なれハ、名々信心頭ヲかたむけ、称名諸ともに謹て拝礼遂らるべき者也

補注　橋本他編『曼陀羅寺』には、「黒瀬谷長松山本法寺曼陀羅縁起　経王尊図伝説」という文書が参考として掲載されている。内容は資料1の平仮名を片仮名に改める以外一致する。慶応二年（一八六六）頃に資料1を参考にして作成されたものとみられる。ただし、以下の三つの内容が文中に追記されている。

網ヨリ取出シノトキ其ノアタリノ清泉ニテ洗フ　其アト今ハ同所湊橋ノムカフナリ

日順法印ハ越ノ後州本門道場ノ根本長久山本成寺ニ祖日印聖人ノ弟子トナリ末山トハナレリ、日順法印ハ浄信

ト号ス、人王九十代後宇多院ノ馭寓弘安五年当国ノ産レナリ、天性聡敏ニシテ早ク出家シ、始メハ天台ヲ学ビ研修ヲ累ネ、博覧強記ニテ声ヲ遠近ニ趯ス、延慶二年二十八歳ニシテ我本山日印聖人ニ帰伏シ、三十五歳ノ時当山草創ス、僧房四十六院末寺三十四宇アリ、ハタ深ク宗要ヲアキラメ法灯ヲカカヤカサレタリ、我法ノ北陸道ニヒロマルコト此人ニアリトテ、当山ヲ北陸道ノ末頭ト定メラレタリ。江戸ニオイテ御免許ヲ蒙リ享保年中マタ宝暦年間ニ開帳セリ、其節故アリテ忝モ大御奥殿向ヨリ霊宝ニ御紋ヲ拝領セリ。

資料3

［越登加三州志］

富田景周、文化二年（一八〇五）撰（五五〇頁、石川県図書館協会、一九三三年）

放生津　放生の諸国に行はるゝこと、景周類聚国史を按ずるに、第百八十二巻の仏道部に、天武天皇五年八月壬子即詔諸国以放生と云ふ、是其の初め也。古へ放生田あり。出羽国放生田一町割乗田永充之等の事、延喜式に見ゆ。又放生池と云ふも、類聚国史放生の条に、遍勅諸国こと見ゆ。然れば放生津も亦此の類ならん。放生津は古への所謂奈呉浦也。八雲御鈔に、法性寺・奈呉江とある法性寺は放生津の過聴なるべし。但し是其の古徴也。放生津八幡社記には、此の神会八月十五日なれは、幸ひ放生会式日ゆゑ、嘉暦三年より放生津と奈呉浦を改名すとあれども、類聚国史に依りて見れば、是より以前よりも有るべき也。猶其の詳は余が楢葉越枝折に記す。蓋し放生津在大袋庄古城址。本丸南北七十間、西方二十四間、東方四十六間、高十丈許。東北は瀕にて、二丸南北二十八間、東西二十間、今の中出米倉所と云ふ。正慶二年越中守護名越時有起るとき、能・越烏合の兵放生津へ引退くと太平記にあれば、此の時既に此の地に堡障有りしなるべし。一書。名越作奈呉。以拠放生城故耶。天文十四年四月九日長尾為景此の城を屠る事本記にあり。此の時徳大寺大納言実通卿此の城に在りて討たる。其の詳は註本記天文十四年。永禄六年八月謙信松倉・小出両城を攻め放生津へ出張の事、北越太平記に見ゆ。天正二年八月二日より九月十一日まで謙信能州を攻め、夫れより放生津へ来陣の事、武辺夜話と云ふ書に見ゆ。方伝には此の城に神保宗五郎居すといへども、履歴年月不詳。文禄元年国祖肥前名護屋在営の間は、放生津城に山崎庄兵衛長鏡を置くと也。山崎は増山の守将なれども、此の時放生津へ来り留守すと云ふ。然れば此の頃までも城構ありや。廃城年月旧記不録之。

資料4

【越中志徴】

森田柿園編著、明治十八年（一八八五）自序（上、四三二・四九〇頁、富山新聞社、一九五一年）

放生津八幡宮　貞享二年由来書に、放生津八幡宮は往古大社にて、北条時政再興被レ成由申伝候。当地名奈古と申来処、此八幡宮を時政再興レ成、毎年八月十五日祭礼。往昔者社人等多有レ之処、放生津之城主越後謙信と合戦之節、悉焼亡に付、社人等退転、縁起等も紛失。故に委細之義相知不レ申と、高岡稲荷和主関氏書出せり。今以同人兼帯社とす。○土屋義休の大路水経に、放生津は漁人多し。所に八幡宮を崇む。昔中納言家持此国の国司たる時、勧請し給ふ。放生会を行はれてより放生津と云り。それまでは奈古浦と云ふ。○楢葉越栞に、放生津八幡の社記を見るに、此社いにしへ大社北条時政再興のよし。且古来の浦を奈古といへるが、神会八月十五日にて、幸ひ放生会式日なれば、嘉暦三年より放生津と改めるよし見ゆといへり。○平次按ずるに、上文に載たる石清水八幡旧記抄。永徳二年の古文書に依れば、往古石清水の紳領かりし故に、勧請せし社なるべし。

黒瀬谷実成院本法寺　勝劣派日蓮宗。混見摘写に云、越中黒瀬谷本法寺に法花経の什物あり。往昔海辺へ流れ来りしを、本法寺時の住僧写絵なる事を知て什宝とする事、彼寺の縁起に委しくあり。八巻之内二軸無レ之を、富山公より補写被二仰付一。然るに先年東都へ出て開帳あり。松雲公被二聞召一、御借用ありて狩野家のもの数人に写を被二仰付一、出来御覧にいる。写違無レ之哉と被二仰出一、とくと元本と見合べき旨を命ぜらるに、経文を机にのせし絵に、彩色のちがひ有。其段申上候へば、朱軸、黄表にするは経文の法也。又産湯をつかふ所も彩色違ひ、御とがめ有レ之。何も見当らざる旨申上候に、産だらひの内彩色相違仕よし。元本は朱色なり。是も古法のよしなり。土佐の絵と見えて極彩色、結構至極のものなり云々。○松雲公の桑華書志に、

法華経二十八品図絵二十二幅

有越中州婦負郡楡原保黒瀬谷長松山実成院本法寺什物也。己亥秋。於二四谷理性寺一、令下二僧俗一拝上レ之。収二施物一。且作二縁起一示二于諸人一。此絵不レ知二画工一。唯称二嶋絵伝一。称出二於龍宮一。聊記二事由一俟二異同一云。其月冬十月卅日識。

按ずるに、己亥は享保四年也。

資料5
［法華経／二十八品　画曼荼羅説明書　序］

本法寺真要院日亮（飯田日亮）、明治三十三年（一九〇〇）撰。高岡市立図書館蔵

法華経二十八品画曼荼羅説明書

画像の縁起は　人皇九十五代　後醍醐天皇の御宇正中二年の夏の頃より翌嘉暦元年の正月に至る迄越中国射水郡放生津浦（今は新湊町と云ふ）の海中に於て毎夜光明を発し漁民網を曳くに一魚をも獲す元来此地は田畑稀にして常に捕魚を以て生活とせり而して半年を過くるに浦人飢に苦しみ他郷に移るもの数多し依て此事を官に愁訴す吏

之を怪しみ大網を設けて浦長大工屋喜平（其家今は大井清平と云ふ末裔十余戸あり）に命して光下を捜らしむるに一の奇木を得たり析いて之を撿するに中に二十二巻の画幅あり各八尺余横四尺余其地は絹の三巾続に似たり時の人未た其画の何たるかを知らす直に是を領主富崎城の神保氏に呈す城主之を展観するに仏菩薩の尊貌人天渇仰の体相総して三善三悪六凡四聖の形容寔に活るか如く殊に絵具彩色の美麗なる自然天成にや玄妙神絶非凡のものなり蓋し仏画とも識られすとて之を内外の有識に尋ね問はれしに更に答ふる者なし爰に吾寺の開山浄信法印日順は越の後州法華宗門道場の根本長久山本成寺の開祖日印聖人の上足にして博学の聞え高かりけれは則ち召して問はれしに法印一見して恭敬礼拝し曰く此は本師釈迦如来天竺に於て説き給ふ法華経二処三会の尊容なり今是画像を拝し奉れは則ち仏在世に生れ霊山の一会に列なりて真仏の御口より親く金典一部を聴聞するに異ならす歓喜身に余り覚えす落涙せりと領主之を聞き共に感歎せられ即座より法印請して其説明を聴かれしこと三年に及ひ終に法華経受持の行者となり是画像を日順に賜ふ是に因て初て当山の霊宝とはなれり幅中の文字は是れ日順の自筆なり爾来数百年の間当寺は是霊宝保護の為に幾多の艱難を経或は兵乱を避けて山窟に籠居し或は盗難を恐れて地中に埋蔵する等の事件往々ありと云ふ海中出現後百七十余年を経て明応六年に一度表装を修治せり其の海中出現の表具切と称するもの今僅に一片を存す復百六十余年を経て万治三年に富山初代の城主松平淡路守利次君図画の破損を悲しみ城中に於て家礼松井庄右衛門宗有に命じて之を修理せしめ十三箇年を経て寛文十二年五月漸く成る即今の表装是なり加ふるに田畑山林を寄附して灯燭の資に供せられる又二十二幅の内序品一軸紛失せり其の何れの時代と云ふことを知らす次て富山二代の城主松平大蔵大輔利之君遍く諸国を捜索せられしも之を獲ず依て当時の画工狩野某に命して一幅を模画せしめ之を補はる実に延宝七年なり其後享保四年に江戸に開帳し遍く大小諸侯の拝観あり就中加州五代の太守松平綱紀卿

殊に之を感賞せられ邸内に留めらるゝこと月余則ち狩野即誉同舟人等に命して之を写さしむと云ふ又宝暦十二年再ひ江戸に開展し将軍徳川家治公の拝覧に預かり当時奥殿に懐胎の女性あるを以て安産祈禱の為に殿中に留め置かれ年を越江たり此時葵紋の油単を寄附せらる後享和三年二月富山城主より長持内筥及ひ紋付油単の寄進あり明治三十一年七月富山市に於て　小松宮彰仁親王殿下の御覧に供す同三十二年官允を得て東京及ひ諸府県に開帳し遍く内外識者の賞讃を受け大に宗教美術両界を裨益せり就中前田侯伯子爵等の一門は従来の縁故浅からさりし為め特に拝観ありて深く保存の至れるを歎賞せらる又内務省は古社寺保存会委員をして之を監査せしめ明治三十三年四月七日告示第三十二号を以て国宝と確定公告せられたり知るへし天下の逸品希代の霊宝なりと云ふことを画像の縁起大略斯の如し

各品の説明に先たつて法華経の大旨を述れは釈迦牟尼仏印度に降誕し十九出家三十成道より八十入滅に至るまで五十年の間華厳、阿含、方等、般若、法華の五時の教法を説て一切衆生を済度し給ふ其中に前四十二年間の華厳之至般若の四時の説法を方便の権説と為し後八箇年間の法華経を真実の極説と名く其旨無量義経の四十余年顕真実の文法華経の世尊法久後要当説真実の文に憑て明かなり而して法華経に二十八品あり前十四品を迹門と云ひ後十四品を本門と云ふ各序品文、正宗分、流通分の三段あり迹は垂迹にして影の如く本は本体にして形の如し本迹二門に各法門の要あり迹門の要は方便品に顕れ本門の要は寿量品に顕る而も一経の主要は止しく本門寿量品に説尽せり余の二十七品は皆其功徳の枝流なり又首の序品一品は結集者の置く所第二の方便品以下は正しく仏の説教なり今其一部二十八品の相を絵画に書顕したるか即此二十二幅の画曼荼羅なり其内一品を一軸に書きたるもの十六軸二品を合して一軸と為せるもの六軸都合二十二軸にて全部完結せり

（以下各幅解説省略）

資料６

［大正七年本堂再建記念誌］

大正七年（一九一八）刊行

（表紙）

本堂再建記念　本法寺

（扉）

成心拝　日期（花押）

（口絵）

表門　石段　本堂

宝蔵　鐘楼

○本堂再建事業経過

当寺は明治四十三年二月火災に罹り先代の住職日亮師同年五月檀信徒の協賛を得て当国井波町松井角平氏の設計に基き予定金四万八千円七カ年の継続事業として起工資源は檀信徒を始めとし広く県下の有志諸士の同情を得て勧財を為す事とし先つ仮堂建設を急ぎ大正元年十一月間口十二間奥行十一間半の仮堂（現在の客間等）を建設し爾後鋭意本堂建築に力を尽せしが勧財予想額に達せず従て工事進捗せず当時日亮師の苦心亦想ふべし然るに不幸なるかな

大正二年十一月十二日事業央にして遷化せしより一時事業中止の已むを得さることゝなれり後ち大正三年六月日期入山先住の志を継ぎ更に檀信徒の協賛を得て設計を新にし本堂を十二間四方に拡大し規模も変更して第二回に捗り勧財を為し起工せしが爾来物価の暴騰に依り総ての予算膨張し最初の予定額に約二倍半の多額を要するに至りたり斯くて起工以来九カ年を経過し本日上棟式を挙行するに至れるは之れ全く檀信徒有志諸士を始めとし工事当局者及び門末寺院の能く後援せられたる賜と云ふべし今や事業経過を記するに当り併せて感謝の意を表す

大正七年八月二十三日

黒瀬谷長松山本法寺卅三世

小松日期

◎長松山沿革

当寺は人皇九十四代花園天皇の御宇正和五年「丙辰」の創立にして大正七年を距る六百三年なり。開山は初め浄信法印と号す天台宗にして博学の聞あり後に法華宗総本山越後国本成寺開祖日印（宗祖日蓮の高弟日朗の弟子なり）当国弘法巡錫の砌帰伏して日印の弟子となり名を日順と改め婦負郡井田村に於て当寺を創立す（当寺末寺三十余寺坊舎四十二宇と旧記に見ゆ）。日印曰く我が法の興らんことは汝の力なりと付するに北陸道の弘通を以てし当寺を法華宗北陸道の総末頭と定めらる。日順這寺に於て大に宗風を奮ふ本宗の国中に弘まるは偏に日順の力なり。同村に居住二百余年（日順法を弟子日賢に付し応安元年五月九日寿八十七才にて入滅す二世日賢は応永十五年三月十二日寿七十五才にして入寂其の後日秀日仙日真日栄日清当時（ママ）の代官として一百十余年を経たり）法運世道と共に漸次衰頽す時に同郡城生斉藤氏の三男出家して総本山九世日覚大僧正の弟子となり名を日葉と号す縁故に依て寺を城生に引き大に当寺の傾廃を中興す実に大永元年なり。当寺日覚大僧正　後奈良天皇の勅命に依て上洛し法華経御講談の時日葉之に随伴して昇殿を許され法印の官を賜ふ日葉博覧強記にして法威甚だ熾盛なり斉藤氏亦た深く本宗を信じ常に日覚大僧正を城内に留めて法義を聴聞あり且つ口葉の弘化を輔け宗風再び振ふ其後五十余年を経て難を避けて寺を同郡樫尾村に転す時に永禄年中四世日雄の代なり。後五世日詔の代に至り天正十一年六月斉藤信和より当寺へ補任状を賜ひ大に本宗の行化を助く当時の威勢想ふ可きなり樫尾に居住凡三十余年天正十九年に亦黒瀬谷に転地す即今の所有地内古屋敷と称する処是なり是を六世日侃の代とす（此以前に一度同郡小井波村へ移転せしことありと口碑に伝へ且つ同地に寺屋敷と称する字も残りあれとも世紀年代等詳ならず）。其後十四世日達の代に至り寛文七年六月富山城主前田淡路守利次より寺地田畠山林寄附の黒印を賜ふ。後廿世日遥の代明和年中に寺を山上に移す即今の地なり。廿九世日界代慶応二年九月有栖川宮御祈願所に仰付られ大功徳院宮一品中務卿韶仁親王の尊牌及殿中安全御祈願の尊牌を安置せられ御令旨並に御寄附物件を賜ふ。又当代に富山藩士島田基明の墓碑を建設す茲に開闢以来五百六十四年に当り明治三年午十月三十世日讃代富山藩命に依り合寺申付られ伽藍建物等悉皆取毀梵鐘等の銅器を召上られ一時富山大法寺へ合併せられしも明治五年十一月元新川県に於て開寺復旧を許可せらる。次て三十一世日晋代明治八年より再建に着手し同十六年に至て本堂玄関書院等を建築し明治廿八年以後表門鐘楼等を再興したり。然るに又復明治四十三年二月火災に罹り本堂庫裏に至るまで悉皆烏有に帰したり当時日亮師は東奔西走の結果大正元年十一月仮堂を建設し爾来本堂建築に苦心せしが事業央にして大正二年十一月十二日遷化したるを以て一時中止の已むを得ざるに至り当代日期大正三年六月住職になりしより規模を拡大して本堂を再建し大正七年八月上棟式を挙行するに至りた

り未だ造作等の成効を見さるも稍旧観に復すに至れり

◎国宝曼荼羅縁起及説明

（資料5と同じにつき省略）

◎古文書写

斉藤信和判持物。不寄本知新知他宗之諸寺当宗江帰伏堅可被仰付候若不応其意候者寺領之儀急度御作配可有称候弓矢之冥加昼長末代迄毛頭違犯者有間布候仍補任如件

天正十一癸未六月朔日　　信　　和　　花印

本法寺御衆徒御中

総本山本成寺十六世日柔上人書。以上得幸便一書申入候然者貴寺勇健候や朝昏無心元候此地無別儀候条可安心候去年之秋中是許江入院仕候共終不得便候故不及書中候其元隙之透候ば少参詣候て可然候貴寺之儀者北国之末寺頭候条可替余仁候条富山江如在者有間布候愚や入院致候故角ては仏祖無之候将又会素是元々有候て奉公仕満足申候何様対面之節呉々可申述候　恐々

卯月廿一日（寛永七年）　　本成寺日柔　花押

本法寺御同宿中

前田利次黒印。寺地田畠共弐町林柴山弐万坪事於以来令寄附訖仏等勤行不可有怠慢者也

寛文七年六月二日

越中国婦負郡黒瀬谷　本法寺

有栖川宮御令旨

許状

有栖川宮就御帰依今般御祈願所被仰下然上者殿内安全長久之祈念可抽丹誠者依令旨

執達如件

慶応二丙寅歳九月

武藤左衛門胤長　花押

宮崎縫殿喜資　花押

松浦左兵衛権大尉孝顕　花押

嶋崎大蔵大丞俊厳　花押

前川式部少丞茂矩　花押

前川大宰大監茂行　花押

中川紀伊守長正　花押

山本伊予守邦保　花押

藤本雅楽頭成城　花押

越中国婦負郡黒瀬谷　本　法　寺

有栖川宮御寄附状

御寄附状

一御祈禱料金　五十両

一御翠簾　　弐枚
一御紋付御幕　　弐張
一御紋付御挟筥　　一対
一御紋付御提灯　　四張

右今般御祈願所被仰付且大功徳院宮御尊牌就于被為安置御寄附候条依而如件

慶応二年九月

武藤左衛門胤長　　花押
宮崎縫殿喜資　　花押
松浦左兵衛権大尉孝顕　　花押

本法寺

有栖川宮御法号書

大功徳院宮
有栖川一品中務卿韶仁親王
弘化二乙巳歳二月廿八日薨御年六十二

有栖川宮御名書

有栖川中務卿幟仁親王　御歳五十五
有栖川大宰師熾仁親王　御歳三十二

内務省告示第三十二号

古社寺保存法　第四条に依り左記の物件を以て国宝の資格あるものと定む

明治三十三年四月七日　　　　　内務大臣侯爵西郷従道

等級	種類	品目	所有者
甲種三等	絵画	絹本著色法華経曼荼羅図 二十一幅	富山県婦負郡黒瀬谷村 本法寺

（奥付）

本堂再建上棟式為記念作成

維時大正七年八月二十三日　非売品

発行所　黒瀬谷本法寺　執事　桃井光瑞

八尾町史編纂委員会『八尾町史』（三六〜四六頁、一九六七年）

資料7

［法華経二十八品曼荼羅図大要］

法華経二十八品曼荼羅図大要

釈迦牟尼仏印度に降誕し一代五十年の説教あり阿難尊者之を結集せり其中に法華経は最後八箇年の説法なり支那姚泰の羅什三蔵之を翻訳して妙法蓮華経八巻二十八品と為せり今此図は一品を一軸に画けるもの十六幅と二品併し

て一軸と為せるもの六幅と合して二十二幅を以て全部完備せり此曼荼羅図は　後醍醐天皇の嘉暦元年越中国射水郡放生津の海中より揚る時に本法寺の日順之を鑑識説明せる功に依り時の領主神保氏より之を日順に賜ふ爾来同寺の什宝と為れり。絵画の筆者年代等は詳かならさるも国宝鑑査員の説に依れは我邦古代の筆画にして今より六七百年以前に於ける名家の製作なるをは諍ふ可らすといへり。原本二十二幅の内最初序品の一軸は後世紛失せるを富山の城主前田利之卿時の画工狩野某に命して他の図に模し之を描補せしむ時に延宝七年なり。

第一軸　序品第一（続補）

此品は釈尊印度国王舎城の辺の霊鷲山の麓に在て数多の大衆に囲繞せられ出生の本懐宗教道徳の原理なる妙法蓮華経を説かんとする時に中り説法入定両華地動衆喜放光等種々希有の瑞相ありしを文殊弥勒の二菩薩之を問答斐釈して大衆の疑惑を氷解し一同に妙法の説教を聴かんと欲待せし図なり。上段は、左方は王舎城、右方は霊鷲山なり。中段は、地動、雨華、放光等の瑞相に対し文殊弥勒問答の体なり。下段は、その問答中にある事項を写せるなり。

第二軸　方便品第二（以下真本）

此品以下は正しく釈尊の説法なり。上段の右方は此品説法の相なり此品には如来出世の本懐たる真実の妙理を説顕諸経は悉く此経に引入るる権りの方便なる旨を明せり是れを開権顕実の法門と名つけ上根の弟子に対する法説段と称す中段右方の上に家屋を造営するは須達長者祇園精舎を造立して釈尊に供養する事を写せり。左方の上中段及ひ中央弁に右方の中段より下は人天の衆生の諸仏に供養する布施、持戒、起塔、造像、香華、妓楽、礼拝、唱名、等種々の相状を描けり。最下方一帯は釈尊の教化せんとする地獄、餓鬼、畜生、修羅、人間、天上の六道の生死苦患の相状なり経文には見二六道ノ衆生ヲ一貧窮テ無二福慧一入二生死ノ険道ニ一相続シテ苦不レ断深ク着シテ於五欲ニ一如シ二犛牛ノ愛レ尾ヲ一為ニ二貧愛ノ一自ラ蔽盲瞑ニシテ無レ見と説けり。

第三軸　譬喩品第三

上段左方は此品説法の相なり此品には前の方便品に説ける開権顕実の妙理を再ひ長者火宅三車大車の譬喩に寄せて中根の弟子を化度せり之を譬説段と称。中段の火宅は三界無レ安猶如二火宅一の図なり。釈尊の長者は此の火宅の救主として種々の方便を設けて之を救出せり。中段左方門外にある三の羊鹿牛の小車は諸法の方便に譬へ一の大白牛車は此経の真実に譬へたり。下段一帯は真理に違背せる者の財宝及び此経を説き聞かすへき機根を描けり。

第四軸　信解品第四

中央上方は此品説教の相にして此品には前の譬説を聞て開悟せる中根の四大弟子迦葉、迦旃拵延、目連、須菩提等仏に自己の領解を述ふ。中段以下一帯は四大弟子領解の相を描けるものにして即ち長者窮子の譬喩を以て釈尊一化の大要を叙述せり。左方の上段は仏恩の広大なることは種々の珠宝を以て塔廟を起して、多年供養するも尚ほ報し難しとの経意を写せり。左方の中段は目連神通を以て二龍を消度する図なり。

第五軸　薬草喩品第五

上段中央は此品説教の体なり此品は仏、迦葉に対して先の信解品の領解を允可し更に仏の慈悲の平等なることを三草二木の譬喩を以て明せり譬へは大旱に雲雨を降し大小の草木等しく繁茂するか如く仏慈は雲の如し説教は一味の雨の如し更に彼此愛憎の差別なし潤ひを受くる衆生は草木の大小あるか如く貴賤利鈍各々其分に随て生長利益を蒙る旨を説けり。

第六軸　授記品第六

上段左方は此品説法の相なり此品には中根の四大弟子に成仏の記を与ふることを説けり。上段右方は迦葉及び須菩提の成仏の体相なり。左方中段は迦旃延及び目連の成仏の体相なり。右方中段以下、下方一帯は迦葉、迦旃延二人の前世の因縁を描けり迦旃延は貧女たり迦葉は全師たり道徳の行ひに依りて世々に福裕の果報を受け今仏弟子となりて成仏得道せり。

第七軸　化城喩品第七

上段右方は此品説法の相なり此品には下根の弟子に宿世の因縁を談して開語得説せしむ故に因縁説段と称す。中段左方は過去に一人ノ王あり出家成道して大通智勝仏と成り説法教化の図なり。右方中段は十六王子父王の跡を慕ふて大通智勝仏に詣し出家する図なり。上段左方は十六王子学道功成りて八方に成道を唱ふる相なり。下段一帯は化城宝所の譬喩の説法にして譬へは人ありて宝所に至らんとするに長途の嶮難悪道に倦み疲れて退き還らんとする時一人の導師ありて方便して一の宝所に斉しき大城を化作し人の疲労を憩しめ而して更に実の宝所に引導するか如く仏陀の説法にも方便と真実とありて其方便は即ち真実に引入るるの弄引なる旨を明せり。

第八軸　五百弟子受記品第八

中央の上部は此品説法の相なり此品は下根の弟子五百人に成仏の記を授け及び五百の弟子譬喩を説て領解をのぶることを明せり。右方上部は富楼那及び憍陳如の成仏浄土の体なり。中段右方は釈尊阿含十二年間小乗経説法の図なり。中段左方は釈尊方等十六年間大乗経説法の相にして先の阿含小乗経の執着を弾呵せり。中央の角堂は維摩方丈の宝にして方等会の時小乗小心の者は悉く維摩居士の為に大乗の法を以て弾呵せらるる図なり。下段一帯は憍陳如等五百の弟子譬喩を以て領解をのぶる相を描けり喩へは人ありて無価の宝珠を持てるを忘れて自ら貧里に彷徨せり後に親友に過て自己の衣嚢（いのう）に繋ける無価の宝珠を指示せられてはじめて大富人となるか如く仏陀の説教も亦た斯の如し一切衆生の自己の仏性の開発せしむるなり。

第九軸　授学無学人記品第九

右方上部は此品説法の相なり此品も阿難、羅睺羅等の下根の弟子二千人に成仏の記を授くる旨を説けり。中央上部の楼閣は阿難成仏浄土の相なり。左方下段の富殿は羅睺羅成仏浄土の相なり。下段左方は羅睺羅の密行を写せるなり羅睺羅は人知れす密かに不浄観慈悲観の徳行を修めたり二人衣を洗ふは不浄観を示し龍虎の瞑りを止むるは慈悲観を順はせり。中段右方は阿難常に多聞を好み三世の説法を護持し伝弘する図なり。

第十軸　法師品第十

上段左方は此品説法の図なり以下の五品は仏の滅後に此経を流通することを明せり中に於て此品は滅後の人と法とを称歎して妙法を信受すれは在世の弟子と同一なる利益を得ることを説けり。左方下部は此経を受持、読誦、解説、書写する五種の法師を描けり。右方上下一帯は滅後の法師の功徳及ひ之を毀誉する罪福を写せり。上段中央は此経所在の処には七宝の塔を造立すへし何となれは此経は是れ諸仏如来の全身なれはなりとの経文を図せり。中央及ひ左方は釈尊の現在に提婆の為に怨嫉せらるるを説いて滅後の法師の遭難を予言し之を忍ふへしと教へし経文の意なり。中央下部の室宅は弘法の師なる者は宜しく慈悲の室に入り忍辱の衣を着し法空の座に坐して法を説くへし是れ未来の如来なれはなりとの意なり。下段鑿井の図は譬喩なり譬へは人あり水を得んとするときは初めは乾土なるも漸々功を施して已（や）まざれは遂に清水を得るか如く仏道の修行も思惟修習の功を積むときは必す菩提の結果を得るとの経意なり。

第十一軸　見宝塔品第十一

上部左方は此品説法の相なり此品には宝浄世界の多宝仏七宝の塔に乗して釈尊説法の面前に涌現し従来説ける所の説教を真実なりと証明し偖は以後の説教の由来となりしなり。上部右方は宝浄世界の多宝仏の浄土の体なり。中央は多宝仏の宝塔涌現して虚空に懸かれる体相なり続いて十方より分身の諸仏来集し宝塔の戸を開き釈尊宝塔の中に入り二仏並座の体なり以下の諸品は総て教理甚深なるか故に二仏並座の上に十方の諸仏来集の上の説法なり多宝は真理の不滅を表し釈迦は真理に契ふの智を表す二仏並ひ座するは妙智の真理に契合するなり宝塔は一切衆生の色心を表す已れか身心即ち七宝の妙塔なることを示す宝塔の開くは仏陀の教に依りて妙智の開発するなり。

第十二軸　提婆達多品第十二

中央上部は此品説法の図なり此品には五逆の提婆と八歳の龍女の成仏を明して善悪不二邪正一如の勝用を顕す。右方中段の左方は釈尊往世に国王の身なりしも世の無常を観して解説の法を求め一人の仙に随て出家する図なり。右方下段は山中の仙崖に在て真理証得の為に多年難行苦行の体なり其時の仙人とは今の提婆達多其時の国王とは今の釈尊なり。中段右方は提婆達多成仏の体なり提婆は釈尊の仇敵となり五逆罪を犯し現身に阿鼻の火坑に沈みしも是は仏菩薩の善巧方便にして衆生に悪因悪果の恐るへきを知らしめんか為の変作なり今釈尊の本師なるに対して成仏の記を与ふ。下段左方は文殊龍宮に於て説法教化の体なり。

中段左方雲に乗て来るは龍王の女八歳になるか得道して仏所に詣するなり。上段左方は龍女成仏の体なり他経には五障三従等と明して女人の成仏を許さす此経には十界皆成仏と談して悪人女人すら尚仏果を遂し況や善人男子に於てをや速疾頓成掌を指すか如しとの経意なり。

第十三軸　勧持品第十三
安楽行品第十四　合幅

上段右方は此品説教の体なり、勧持品には諸の菩薩衆の未来弘経の導師ならんことを望み及ひ釈尊の姨母憍曇弥幷に耶輸陀羅女に成仏の記を与ふることを明し又諸の菩薩滅後弘経の時に中りて三類の強敵種々の迫害あるへきも法の為に仁受すへしと誓ふ、安楽行品には滅後初心の行者に対し安楽に弘通得へき行法を示す即ち身に老険なる悪処を避け口に悪言を吐かす意に平等之慈悲を起し一切衆生を抜苦与楽せしめんと誓ふなり。上段中央及ひ左方は二女成仏の体なり。中央上部及ひ左方は滅後弘経の人の法難を写せり。中段左右一帯及ひ下段左方は初心弘経の人は身、相権相撲等を好ます牧畜畋、猟販肉、花街等に近つかす常に閑処に在て坐禅誦経し大慈悲心を以て施湯を行ふ等の図なり。下方戦闘の図は転輪聖王の諸の小王の命に順はさる者を討罸するなり是は教理の智剣を以つて迷倒の魔賊を退治するの譬喩なり。下段右方は戦後の論功行賞なり軍兵の強弱は智の浅深に譬ふ此経は最第一の智慧にして能く煩悩の巨魁を殯す故に輪王髻中の明珠を賞賜す。

第十四軸　従地涌出品第十五
如来寿量品第十六　合幅

上段右方は此品説法の相なり総して法華経二十八品の内前十四品を迹門と号し来た教理の淵底を尽さす是より以後を本門と称して仏陀の本証を説き以て一切経の大綱骨髄なる教理を顕せり中に於て涌出品には釈尊滅後の弘法を托せんとして先つ本化の弟子を召出す依て数多の菩薩一命の下に地より涌出せり是を本門の序と為す、次に寿量品には正しく仏陀の本地を明し其の寿命の久遠劫来三世に常住なることを説て十方の諸仏は皆迹影なることを示し以て宇宙の大真理の古住今来不生不滅なる旨を顕せり是を開迹顕本の法門と称す。中央下方の家屋は医師の譬喩を評せり譬へは良医の諸の方便手術を尽して一切の病苦を治か如く仏陀の医王も常住不死の良薬を嘗めて三世常住の寿命を保ち尚其良薬を施して長へに衆生の苦患を救ふ者なりとの経意を評せり。左方上中段は三世常住の真理を証得せる仏陀は大火にも焼けす我此土安穏天人常充満の体なり。下段一帯は放逸にして五欲に耽る者は悪道の中に堕るの図なり。

第十五軸　分別功徳品第十七
随喜功徳品第十八　**合幅**

上段左方は此説法の相なり分別品には上の寿量品を聴ける人の功徳を分別し、随喜品には滅後に此経を聴きて随喜する人の功徳を称疑(ママ)せり、以下の諸品は総て滅後に流通することを説けり。上段右方は此経の一念信解の功徳は布施持戒等の五波羅蜜の行に勝れ及ひ此経の行者は塔寺、僧坊、園林、浴池を作り衆僧を供養する功徳と等しき旨を描けり。中央は仏の舎利に七宝の塔を建てゝ音楽等を奏し之を供養する図なり此経は仏の舎利なるか故に此経を供養すれは即ち此の功徳を具せり。下段一帯は滅後に此経の一句一偈を聞て随喜する人の功徳を称疑(ママ)するに五十展転の随喜を明し其最後五十人目の随喜の功徳を八十年の布施の行に勝ると明し又未来に六根具足の果報を得る旨を説ける図なり。

第十六軸　法師功徳品第十九

上段右方は此品説法の相なり此品には滅後の法師の現身に眼、耳、鼻、舌、身、意の六根清浄の果報を得て三千世界の有ゆる諸法下は地獄界より上は天上界に至るまて悉く見悉く知る等と説けり。上段左方は天上界の相、下段右方は地獄界の相、其他は人間界畜生界等の生死の有様なり、眼根清浄なるときは是等を悉く見ることを得る旨を描けり。中段一帯及ひ下段左方は耳鼻二根の功徳を写せり所謂る象、馬、牛、車、啼、哭、愁歎、螺、鼓の声及ひ男女の声等一切の音声を聞て一切の物の所在を知り及ひ地中に伏蔵する物をも悉く知る等の図なり。

第十七軸　常不軽菩薩品第二十
如来神力品第二十一　**合幅**

上段右方は当品説教の相なり、不軽品には六根清浄の功徳を得たる人を出し、神力品には十神力を現して滅後末法の法華経本門の弘経を本上化行等の諸菩薩に附嘱する旨を明せり。中段右方は過去に威音王仏と云へる仏出現せり其時一人の菩薩あり常不軽と号す此菩薩は常に衆人を軽しめす只礼拝するを以て行となせり。中央及ひ其左方は常不軽菩薩を悪に罵詈し及ひ杖木、瓦石を以て之を打擲するに更に尚礼拝の行を継統せり此功徳に依て現に六根浄の果報を得たる旨を写せり。下段右方は不軽菩薩を迫害せし者の千劫阿鼻の悪果を感し後再ひ不軽菩薩に遇ひ得道する図なり。上段左方は此経所在の処には若しは林の中にても若しは白衣の舎にても若しは殿堂に在ても若しは山野広野にても皆塔を起て丶供養すへし何となれは此経は諸仏の生処、得道、転法輪、入涅槃の処なれはなり。

第十八軸　嘱累品第二十二
薬王菩薩本事品第二十三　**合幅**

上段中央は此品説教の図なり嘱累品には釈尊座より起て三たひ諸菩薩の頂を摩て滅後の弘法を托せり薬王品には薬王菩薩の本の苦行を明して身軽法重の弘通を勧むるなり。中段右方は過去に日月浄明徳仏と云う仏あり其時一人の菩薩あり喜見菩薩と号す此菩薩法の為に若干の苦行を為し最後に身を焼て供養せり此功徳に依て後に王家に生れ復た日月浄明徳仏に諸す。中央及ひ左方は浄明徳仏喜見菩薩に滅後の弘法を托し入滅す喜見菩薩は之を荼毘し舎利を収めて塔を起て又臂を焼て灯明に代へ供養する図なり。下方一帯は此経の功徳を称歎せり即ち経文に如寒者得火如裸者得衣、如商人得主、如子得母、如渡得船、如病得医、如暗得灯如貧得宝、如賈客得海、如炬除暗と説ける図なり。上方右隅は阿弥陀仏の浄土なり其下は此経の行者は能く諸の魔賊を破り生死の軍を譲り病即消滅して不老不死の体相なり。

第十九軸　妙音菩薩品第二十四

上段右方は此品説教の相なり此品には妙音菩薩釈尊の所に詣して種々の供養を為し又三十四年に身を示現して衆生を利益する旨を明せり。上段左方は妙音菩薩の本土にして浄華宿王智仏の浄土なり妙音菩薩今彼土より此世界の釈尊の所に来らんとして先つ仏前の数多の蓮華を生せり深智の文殊も尚此相の由来を識らす是は教理の深遠なるを表するなり。中段右方は妙音菩薩宿世に雲雷音王仏に数多の妓楽及宝鉢を供養して音楽常に身に随ふ功徳及ひ妙音の名を得たり。中段左方より下段一帯は妙音の三十四身示現の相を写せり。

第二十軸　観世音菩薩普門品第二十五

上段中央は此品説法の体なり此品には観世音菩薩の功徳利益を説き三十三身の示現済度を明せり横列の三十三体即ち是なり。中段より下段一帯は観世音の種々利益の相を写せり所謂る火難、水難、羅刹難、王難、鬼難、枷鎖難、怨賊難の七難及ひ貪欲、宗恚、愚癡の三毒を放れしめ又は人の男子を求め女子を欲するに其所願を満たし或は軍陣中に在ては怨敵を退散せしめ諸の悪獣、毒虫等の危難を避け此経の行者をして福聚海無量ならしむ。上段右方は人の高崖より堕落せん時観世音の妙智力を以て之を救ひ一毛をも損せさらしむ。上段左方は観世音は十方の国土に身を現して一切衆生の悪道の苦を抜き生老病死の苦を脱せしむ。

第二十一軸　陀羅尼品第二十六

中央は此品説法の相なり此品には薬王菩薩、勇施菩薩、毘沙門天王、持国天王、鬼子母神、十羅刹女の五番善神、法華経の行者を守らんと各々仏前に於て陀羅尼を説き誓言を立てられたり横列十体は即ち十羅刹女なり。下段右方の室内は此経を受持し読誦し通利し書写する行者の相なり。下段左方及ひ下部一帯は此経の行者悪鬼に悩まさるることなく、諸の災害、病苦を脱れ、又此経の行者を悩すものの罪報を父母を殺す罪又は油を圧す殃、斗秤を以て人を欺く罪と同等なる旨を描けり。上段右方は数多の仏を供養するよりも此経の一句一偈を持つ功徳甚だ多しとの意なり。上段左方は五番善神常に此経の行者を擁護する図なり。

第二十二軸　妙荘厳王本事品第二十七　合幅
普賢菩薩勧発品第二十八

上段左方は当品説教の体なり妙荘厳土品には妙荘厳王の因縁を説て人間の親子兄弟夫婦眷属の中にも仏菩薩の応現利生あることを明して人倫道徳の根源を示し勧発品には普賢菩薩の再演法華を請して未来永々に此経を流通することを説けり。下段左方は過去に雲雷音宿王華智仏と云ふ仏あり。下段左方は其時に妙荘厳王と云ふ国王あり夫人を浄徳と号し二子を浄蔵浄眼と名つく此王邪見放逸にして徳政を失するを夫人二子は種々の神通方便を設けて此を誘ひ遂に王の邪見を翻して宿王華智仏に詣し得道せしむ。中央は妙荘厳王及ひ夫人二子の宿世の因縁を描出せり往昔四人の比丘あり山林に交りて学道す時に一人の比丘飢寒に逼られ学道の成功し難きを思ひ里に出て衣食を乞ひ之を三人に餉て学道を成就せしむ然るに一人の比丘ある時国王の行幸に遇ひ深く其の光栄を羨望せしか福力の招く所夫より世々人天の帝王と為り最後に妙荘厳王と生れたり既に王の福力尽きて未来悪道に堕つへきを先の三人得道の眼より之を鑑み一人は夫人となり二人は愛子となりて遂に妙荘厳王を邪見の淵より救ひ出せり。上段右方は普賢菩薩の本土なる宝威徳上王仏の国なり彼に一人の菩薩あり普賢と名く今や釈尊の法華経将さに終らんとする時普賢菩薩之を慈慕渇仰して数多の眷属と共に仏前に詣し再び妙法の説教を請ひ尚慈願を以て此経を閻浮提に広く流布して断絶せさらしむ。

○飯田日亮『法華経二十八品画曼荼羅説明書』（長松山本法寺、一九〇〇年、資料5参照）に基づき、町史編纂委員の一人が要約補注したものかと思われるが、詳細は不明。

資料8　律明関連

［文名］年月日不詳

金沢文庫蔵（『金沢文庫古文書』仏事第九輯仏事篇、五九〇〇号、九二頁、一九五六年）

恵鏡房　□□
見一房　道日
禅忍房　□□
思禅房　□□
円仙房　戒静
律明房　道明

【称名寺三重塔供養僧衆交名注文】 正応四年（一二九一）九月二十四日

金沢文庫蔵（『神奈川県史』資料篇2、一〇九三号、一九七三年）

称名寺三重塔供養僧衆事 諸事略定

(忍性カ)長老 導師	(信)道心房 浄福寺 呪願	円真房 願成寺 唄師
(審海)妙性房 散華	道証房	(朗禅)覚忍房
阿印房	観教房 石河	明戒房 荒海
浄縁房 安楽寺	空照房	観忍房
証観房 報恩寺 梵音	静印房	(鏡心)順恵房
日円房	成戒房	性仙房 松室
明眼房	良証房	行観房
持観房	(良覚)妙心房	本寂房
行忍房 錫杖	覚静房	(賢恵)観達房
阿日房	現観房	明壱房
寂壱房	宗忍房	(祐範)戒円房
(劔阿)明忍房 達堂	乗鏡房	

已上比丘卅五人

乗壱房	行円房	忍乗房

思静房　　円月房　　（玄恵）順覚房
道俊房　　円戒房　　学順房
已上法同九人
円証房　　（道明）律明房　　本明房
尊覚房　　（浄恵）禅如房　　（快賢）道日房
証智房　　明照房　　智本房
（円海）覚道房　　円念房
已上形同十一人
舎利講役人廿三日夜幷一夜不断宝篋印陀羅尼在之
式円真房　　唄妙性房　　散華観教房
梵音浄教房　　錫杖学順房
伽陀成戒房観達房
正応四年辛卯九月廿四日　　綱維比丘賢恵
金沢文庫蔵付法伝聞書裏文書（『神奈川県史』資料篇2、二一〇三号、一九七三年）

［沙門祐□書状］　年不詳五月十八日

一、律明房下向之時、御事告候し、雖何時候、さ様事者たやすく存候、若さる御事も候ハん時は、可承候、但御

遺跡（御坐）者、不致存候、
一、茶壱裹令進覧候、乏少之至、不少其憚候、兼者不具香呂候之由、律明房被申候、御定立方にて、此阿闍梨下給ハリ候へく候、材木ひわたの用途、指合て難治候之間、今度者不進候、代相のへて給はり候へく候、恐々謹言

五月十八日　　　　沙門祐□（花押）

謹上　宝塔院御侍者

資料9　久米田寺・福泊島関連

［安東助奉書下写］嘉暦三年（一三二八）七月十一日　久米田寺蔵（『岸和田市史』六巻、四二六頁、一九七六年）

為関東御祈禱、被造営久米多寺経蔵之間、自当年冬季至于明後年、福泊地用途六十貫文、為彼料足所令寄進也、異于他宿願候也、無緩怠六十貫文分、不相待寺家使者、可沙汰進候、縦御用事雖被仰、料足仁可令不足者、可申子細也、更々不可有無沙汰之状如件

嘉暦三年七月十一日　　　　円恵（安東助泰）

馬五郎入道殿

○『岸和田市史』六巻六五四〜六六九頁「泉州久米多寺隆池院由緒之覚」にも同文書が引用されている。「一鎌倉宮将軍ヨリ御祈禱ノ為メ於テ当山ニ一切経蔵御建立之時、安東平治右衛（門脱カ）入道円恵居士厳命ヲ象（蒙）リ、泉州守護代御下知左ニ記ス（以下同文）」

資料10　福泊島関係争史料（浄信関連）

［播磨福泊島修築料升米文書案］延慶三年（一三一〇）九月十日

『福智院家文書』八三、二箱四一号（史料纂集古文書編36『福智院家文書 1』続群書類従完成会、二〇〇五年）

（六）関東御教書案

播磨国福泊升米事、一円与梵証相論之趣、不可然之間、撰他人之器量、可被仰付之由、可令申入西園寺左大臣（公衡）家之状、依仰執達如件、

延慶三年九月十日

陸奥守（大仏宗宣）御判

相模守（北条師時）御判

右馬権頭（金沢貞顕）殿

越後守（北条時敦）殿

［播磨福泊島修築料升米文書案］元応二年（一三二〇）六月二十六日・十二月十六日・元亨二年（一三二二）閏五月十六日、元応三年一月二十三日

『福智院家文書』八三、二箱四一号（『福智院家文書 1』）

（七）後宇多法皇院宣案

播磨国福泊嶋修固事、律明上人申状（副具書）如此、子細見状候歟、可為何様候哉、可被申関東之由、〇平出御気色所候也、仍

執達如件、

（元応二年）六月廿六日　　権大納言（吉田）定房

謹上　北山殿（西園寺実衡）

（八）関東御教書案

播磨国福泊嶋修築（×固）料升米事守今年六月廿六日　院宣旨、於当嶋可致関務之状、依仰執達如件、

元応二年十二月十六日

相模守（北条高時）御判

前武蔵守（金沢貞顕）御判

律明上人御房

（九）関東事書案

関東事書

関所事前後略之、

播磨国福泊嶋升米　当所築料、律明上人沙汰、

年記（紀）永代　雑物停止之、

元亨二　閏五　十六

（一〇）六波羅御教書案

播磨国福泊嶋修築料升米事、任去年十二月十六日関東御教書、於当嶋可被致関務也、仍執達如件、

元応三年正月廿三日　陸奥守御判（大仏維貞）

律明上人御房

『大日本古文書　東大寺文書之二十』一三一〇号

〔六波羅御教書幷施行状案（前闕）〕嘉暦二年（一三二七）三月三十日・五月二十五日・七月十二日・八月二十二日

乱入当嶋（兵庫嶋）、致関務之旨就訴申、重相触之処、良基於当嶋不致沙汰、於福泊関所可糺返之由、令催役云〻、彼良基等相語山崎神人、乱乗往反船及狼籍（藉）之間、為本関違乱之由申之、所詮、伊丹左衛門二郎相共、良基向後於兵庫嶋致関務者、厳密可停止之、若及違犯者、且召進其身、注申子細、且載起請詞、可被申請文也、仍執達如件、

嘉暦二年三月卅日　越後守御判（常盤範貞）
武蔵守御判（金沢貞将）

渋谷四郎太郎入道殿

今一通略之、

東大寺衆徒申、播磨国福泊雑掌良基・明円等乱入摂津国兵庫嶋、致津料妨由事、東南院僧正（聖尋）御房御消息副重解状具書、如此、

就明円等之訴、於福泊逃船者、可糺返舛米於福泊由、其沙汰畢、爰如衆徒解者、福泊舛米於当泊(福泊)可致沙汰、而或海上、或マ(於)渡辺・神崎、動致関務之由、有其聞、違犯之実否可注申旨、被下関東御事書歟、而称逃船、於兵庫嶋及呵責之間、務称致関務之条、無子細、且漏船事、戸津□(新カ)浜舛米之時、自関東被停止歟、逃船・漏船難被捨別之由、令訴申之条、非無其謂、所詮、伊丹左衛門三郎相共、於福泊舛米者、於彼泊厳密致関務之沙汰、至兵庫嶋者、彼舛米事、一向被停止之由、且相触守護代幷在所地頭、且可被□其旨也、仍執達如件、

嘉暦二年五月廿五日　越後守(常葉範貞)御判

武蔵守(金沢貞将)御判

渋谷四郎太郎入道殿

今一通略之、

播磨国福泊関雑掌明円申、商人梶取等、逃摂津国兵庫嶋、不弁舛米由事、重申状具書如此、就先下知状度ゝ雖令施行、于今不事行云ゝ太以□(無)其謂、所詮、於抑留承伏輩者、任法相留、先於福泊関所、可令糺返之由、可被致厳密沙汰也、仍執達如件、

嘉暦二年七月十二日　御(常葉範貞)判

小串新右衛門尉(貞秀)殿

播磨国福泊関務雑掌明円申商人梶取等、逃入摂津国兵庫嶋、不弁舛米由事、去月十二日御教書副具書如此、早任被仰下旨、可被致沙汰之状如件、

嘉暦二年八月廿二日　右衛門尉(小串貞秀)判

大井藤内左衛門尉殿

［播磨福泊島修築料升米文書案］ 嘉暦二年八月七日・八月二十七日・九月四日

『福智院家文書』八三、二箱四一号（『福智院家文書 1』）

（一）関東御教書案

播磨国福泊嶋修築料升米事、律明上人申状・具書進覧之、良基令向背之間、改易代官云々、帯関東御教書之間、向後彼律明可致其沙汰也、可存知其旨之旨、可令下知守護代給候、恐々謹言、

（嘉暦二年）八月七日　武蔵守御判（赤橋守時）

謹上　越後守殿（常葉範貞）

（二）六波羅探題常葉範貞施行状案

播磨国福泊嶋修築料升米事、良基令向背之間、改易代官、律明上人致其沙汰之由、御教書幷訴状・具書如此、早任被仰下之旨、可存知其旨由、可令下知代官之状如件、

嘉暦二年八月廿七日　御判（常葉範貞）

小串四郎兵衛尉殿（貞雄）

（三）播磨守護代小串貞雄遵行状案

播磨国福泊嶋修築料升米事、御教書幷御施行・訴状・具書如此、任被仰下之旨厳密致其沙汰、且可注進子細之状、如件、

嘉暦二年九月四日　（貞雄）

上月四郎左衛門尉殿

【播磨福泊関務雑掌明円申状】嘉暦三年二月

『大日本古文書　東大寺文書之二十』一三六七号

（端裏書）○興福寺別会五師専憲筆、
「福泊関雑掌明円申　嘉暦三□（年二）□月」

播磨国福泊関務雑掌明円申

欲早被立季頭（春日社）使者、被相尋東大（寺脱）訴詔実否、被経厳密御沙汰、仰憲法御使被成下御教書、被尋究狼籍（藉下同ジ、）実否、被行姦訴咎、至紏返舛米者、於福泊請取、兵庫嶋関所雑掌讃岐国流人少納言五師（実玄）、違背五ケ度御下知、扶持三郎太郎入道以下罪科人等、敵対余、結句、得律明房語、押取紏返舛米、為自科恐後訴、借本寺、号興福寺衆徒、得量海上人語、及狼籍由訴申、構作沙汰、弥招重科間事

副進

一巻御教書御施行等案　為流刑被召之、或可紏返舛米之由事
雖有数通略之、

右、去年十月五日如被経御評定、去元亨年中於当関務者、以南都西南院（興福寺）大納言得業房、立後証避渡量海上人之間、達愁訴之程、[先][為]加築嶋修持、依令借季頭銭、被下使者神人、明円共致関務、且営築嶋、且令紏返借物之処、律明房得照円以下悪党人等語、擬悔返之間、捧西南院所見状幷倫（論カ）衆事書、同　公家・武家所進辞状以下避状等、依訴申、被経御評定、被召出件文書正文等、与律明房可有御紏明之由、被仰出之間、自北方（六波羅探題）度々被下召文之処、不出対、

剰於使庁致一事両様姦訴之刻、被究訴陳、被召決之処、違背至極之上者、可被行謀略罪科之由、訴申之処、年内月迫間、明春可有御沙汰之旨大理(万里小路藤房)被仰之処、正月四日令他界畢、爰去年十二月十日、件律明房背　公家・武家御沙汰、相語兵庫守護使左衛門三郎並少納言五師等、押取糾返舛米間、且云召文違背、且云一事両様姦訴、且又云謀略之篇、被停止彼押妨、任公方御沙汰之旨、可被召進之旨、先於北方、就与奪御沙汰、依訴申、被成御書下、重御施行之、致催促舛米糺返之処、流人五師逃上、隠居兵庫送多年、結句、被任関所雑掌之間、過分之余、誇自科構姦訴之上者、早被尋実否於東大寺、就季頭解状、被経急速御沙汰、仰憲法使、被成下御教書、且云逃舟漏舟差別、且云狼籍有無、被尋究子細、於件五師等者、為被行姦訴幷狼籍人扶持・御下知違背之罪科、雑掌解如斯、

嘉暦三年二月　日

『大日本古文書　東大寺文書之二十』一三六八号

【春日社末季頭衆評定事書】（嘉暦三年二月）

(端裏書)○興福寺別会五師専憲筆、
「末季頭衆状」

春日社末季頭衆評定称、東大寺方訴当寺(興福寺)住侶否事、今月三日就福泊関務雑掌明円解状、季頭衆催学侶集会、被相尋東大寺之処、衆徒書上無之、院家(東南院)亦不被出挙状之上者、訴詔之条当寺(東大寺)敢不存知、在関雑掌(少納言五師実玄)等若致自由沙汰歟、急速相尋子細可加誡云々、此上者関務雑掌(明円)申旨誠有謂歟、然者早為被経急速御沙汰、末季頭衆集会状如斯、

【興福寺別会五師専憲書状】 嘉暦二年（一三二七）二月十日

『大日本古文書　東大寺文書之二十』一三二一号

（端裏書）
「別会五師状□［　　　　　　］」

播州福泊関務之僧（明円）、当社（春日大社）神物借用事候之間、未季頭衆致其沙汰候之処、称貴寺雑掌、当寺（興福寺）於兵庫嶋可致悪行狼藉之旨訴申于武家候由其聞候、実事候哉、非衆徒書上、又不帯寺務之御挙而、只捧雑掌解歟之由聞候条、不審之間尋申候也、恐ゝ謹言、

（嘉暦二年）二月十日　別会五師専憲

謹上　年預五師（頼昭）御房

【東大寺衆議事書案】 嘉暦二年（一三二七）二月二十七日

『大日本古文書　東大寺文書之二十』一四一二号

（端裏書）
「奏聞書上案良基・明円等事嘉暦二二廿七　遣列参衆中、」

被衆徒僉議称、播磨国福泊雑掌良基・明円等令乱入摂津国兵庫嶋、連ゝ致狼籍（藉、下同ジ、）之間、就当寺之訴、武家重ゝ其沙汰畢、凡其所之津料、於他所不可沙汰之旨、関東厳制也、仍去年三月卅日・同五月廿五日両度成下知畢、案文備進之、而近日又相語所ゝ悪党可令乱入之由、依有其聞、雖訴于武家、其沙汰遅引之間、去廿五日彼悪党等既乱入兵庫嶋云ゝ、悪行狼籍絶常篇、言語道断之次第也、所詮、厳密可令誡沙汰之由、欲被成下　綸旨於武家、以此趣可被経御沙汰之旨、衆議如「斯」（○此ニ重ネ書ス、）、

嘉暦三年二月廿七日

【播磨福泊島修築料升米文書案】元徳二年（一三三〇）三月十七日、元徳三年（一三三一）四月二十日・七月二十日
『福智院家文書』八三、二箱四一号（『福智院家文書　1』）

（四）関東事書案

関東事書
播磨国福泊升米事前後略之、

元亨三年九月被遣事書了、爰上人逝去之間、譲補門弟云々、早云修固之有無、云関務体、且知検知、且尋問地頭、〔加〕
可注申焉、

元徳二　三　十七

（五）六波羅御教書案

播磨国福泊升米事、任去年三月十七日関東御事書、云修固之有無、云関務之体、梶取弥六相共、不日加検知、以起
請詞可被注申也、乃執達如件、

元徳三年四月廿日

左近将監（北条時益）御判
越後守（北条仲時）御判

高橋新左衛門尉殿

（十一）沙弥覚書状案

当国福泊升米事、今年四月御教書案如此、任被仰下之旨、為見知後日廿二日　可令入部候、恐々謹言、

元徳三年七月廿日　　沙弥覚忍判

浄信上人御房代官

『大日本古文書　東大寺文書之二十』一三九一号

［東大寺八幡宮神人等申状土代］正慶元年（一三三二）八月

（端裏書）「神人解土代正慶元　八　九」

東大寺八幡宮神人等謹言上

欲早以去嘉暦年中御沙汰下、（ママ）於　公家・武家、被経厳密御沙汰、播磨国福泊関雑掌良基・明円等譲面於京都一条戻橋寺律僧（恩徳院静心カ）不知名字、寄事於興福寺一切経印板料所、背関東・六波羅御下知、於兵庫嶋取彼泊舛米、擬妨当関所務条、罪科不軽上者、任嘉暦二年三月卅日・同七月十二日六波羅下知、速被召捕良基・明円其身、自今以後、被停止当関煩子細事、

副進

一通　神人申状案嘉暦二年九月　日

一〻通　御下知案嘉暦二年三月卅日〇七ニ重ネ書ス、

一〻通　重御下知案同年「五」月十二日

一通　守護所御文案同「七月」（○五月ニ重ネ書ス、）廿五日

一通　同御代官小串新右衛門尉状安同八月廿五日

右、良基・明円等、猛悪姦曲之次第、マ（先年）御沙汰事旧了、其子細嘉暦二年三月卅日・同五月廿五日御文幷御下知等分明也、■■〔依之〕雖然、当国守護〔代脱カ〕小串新右衛門尉貞秀得件良基等之語、引入悪党、匪啻致関務之煩、剰於海上押買等之悪行、超常篇之間、東西両地頭・預所・土民以下至遊君等、及烈参、雖訴申、被塞貞秀之権威、其沙汰不厳密之間、当寺為全　勅願之料所、忽及神訴企嗷ゝ大訴□□〔之間〕、貞秀為遁自科、譲咎於代官久岐三郎左衛門「尉」（○重ネ書キ）等、「永」（○重ネ書キ）（永）追□〔放カ〕其身、自今以後、於当嶋、守護使■〔永〕不可入ア之由、御沙汰治定了、而良基・明円等、云　公家、云武家、伺無御存知之時分、□縦横之沙汰之条、太以不可然之上者、向後若雖替其面、福泊雑掌於当嶋致関務者、以先年御沙汰之分、莅彼所、速可召進其身之旨、欲被成御下知矣、仍マ（殊為被経急速御沙汰、）粗勒事由、謹言上如件

正慶元年八月　日

『大日本古文書　東大寺文書之二十』一三九三号

【東大寺八幡宮神人等申状土代】年月日不詳

（端裏書）「八幡宮神人解土代　関務事　正慶元八」

東大寺八幡宮神人等謹言上

欲早為満寺厳密御沙汰、且被経御　奏聞、且被訴申武家、任去嘉暦年中良基・明円等時例、被停止恩徳院長老覚妙房静心無理濫訴、マ（為）全当寺八幡宮　勅願料所摂津国兵庫嶋関務、於福泊関津料者、■■■■■■〔於彼所致其沙汰〕（永）マ於当嶋不可

〇成所務煩ニ重ネ書ス、「致其沙汰旨」、被申下　院宣子細事

副進

一通　六波羅下知状案嘉暦二年三月卅日良基於兵庫関成所務煩者、可召進其身由之事

一通　重下知状案同年五月十二日子細同前、

右、摂津国兵庫関者、去延慶年中於当社八幡宮、被始置十箇条　勅願之時、為彼要劇可為永代之社領之旨（以歟、）、被定置以降、為重色一円之料所、更無権門勢家之煩、而近年福泊関雑掌良基・明円等、称律明上人之代官、号逃船・漏船、於当嶋可勘取未進之旨、相語当国守護〔代脱〕小串新右衛門尉貞秀、於西国往反之舟船、致非分之濫妨之間、為遁其煩、大小之船等、全分〻（依）不入当嶋、当社御願之要劇、空及損失之間、専及当寺御大訴之上、当所東西地頭幷領家土民百姓以下至遊君等、悉企烈参、雖触訴武家、不事行之刻、当寺衆徒不堪御鬱陶、忽欲及神輿御入洛之時、〻（如）去嘉暦二年三月卅日、■■■■■〔同五月十二〕武家下知状者、彼良基等相語山崎神人、乱乗往反船、及狼籍〔藉〕之間、為本関違乱之由申之、所詮、伊丹左衛門三郎相共、良基向後於兵庫嶋致関務者、厳密可停止之、若及違「乱」（犯）〇犯ヲ書キ改ム、者、可召進其身云と、同五月十二日子細同前、其上〇以下『大日本古文書東大寺文書之十一』第二八六号、

『大日本古文書　東大寺文書之十一』二八六号

〔東大寺八幡宮神人等申状案（前闕）〕　正慶元年（一三三二）八月

雖〻■■■（御沙汰事繁）〔多子細〕不遑毛挙、爰彼恩徳院長老覚妙〔静心〕、称有律明上人之譲、掠賜　院宣、於当嶋可勘取福泊津料之旨、廻縦横之秘計之由、有其聞、云　公家云武家、先年〻（御）沙汰之次第、伺無御存知之〻（時）節、就掠申〻（子細、）若被成下院宣〻（者、可）為

（此辺ニ文字落歟、）御沙汰者哉、然者早以此等之趣、雖有掠□旨、不可「有」（○成下ニ重ネ書ス、）勅許之旨、急速欲被経御　奏聞矣、仍粗勒子細、謹言上如件、

正慶元年八月　日

【初出一覧】

本書は下記の旧稿を全面的に改稿増補した学位論文に基づく。本書をもって現在の私見とさせていただければ幸いである。

序（新稿）

第一部　所蔵寺院

第一章　所蔵寺院・長松山本法寺について

・「八尾・本法寺所蔵『法華経曼荼羅』の伝来に関する新知見」（『富山県立大学紀要』第一四巻、二〇〇四年）

第二章　寺内資料

・前掲「八尾・本法寺所蔵『法華経曼荼羅』の伝来に関する新知見」

第三章　宗義と二十二幅の構成

・「富山・本法寺所蔵『法華経曼荼羅』の図像解釈と勧進僧淨信」（『京都美学美術史学』三号、二〇〇四年）

第二部　二十一幅の図像の根拠

第一章　『法華経』に基づく図像

・前掲「富山・本法寺所蔵『法華経曼荼羅』の図像解釈と勧進僧浄信」

第二章　『法華経』の注釈書、仏伝、『維摩経』等に基づく図像

・「本法寺蔵「法華経曼荼羅」にみる掛幅説話絵の論理」（佐野みどり・新川哲雄・藤原重雄編『中世絵画のマトリックス』青簡舎、二〇一〇年）

第三章　制作主体の活動に関わる図像

・前掲「富山・本法寺所蔵『法華経曼荼羅』の図像解釈と勧進僧浄信」

・「法華経曼荼羅と女人成仏――富山市・本法寺所蔵本を中心に――」（研究代表者・岡佳子『基盤研究（B）日本の宗教とジェンダーに関する国際総合研究――尼寺調査の結果を基礎として――　平成十八年度〜二〇年度』報告書、二〇〇九年）

・「本法寺蔵『法華経曼荼羅』における阿難と羅睺羅の図像――舎利信仰と出家者――」（『富山県立大学紀要』第二三巻、二〇一三年）

・「本法寺所蔵『法華経曼荼羅』と女性の信仰――芹を摘む女と変成男子――」（佐野みどり・加須屋誠・藤原重雄編『中世絵画のマトリックスⅡ』青簡舎、二〇一四年）

第四章　絵画の論理

・「幻の庭園――本法寺蔵『法華経曼荼羅』化城喩品を例として――」（白幡洋三郎編『「作庭記」と日本の庭園』思文閣出版、二〇一四年）

第三部　制作主体と伝来

第一章　勧進僧浄信

・「富山県本法寺蔵法華経曼荼羅について」（『鹿島美術財団年報』第八号、一九九一年）

・前掲「富山・本法寺所蔵『法華経曼荼羅』の図像解釈と勧進僧淨信」

第二章　本法寺現蔵の経緯

・前掲「八尾・本法寺所蔵『法華経曼荼羅』の伝来に関する新知見」

【図版一覧】

（注）本法寺蔵「法華経曼荼羅図」図版は、富山県教育委員会、（株）チューエツ提供。描き起こし図は石崎誠和氏による。図版の転載書名のないものは筆者撮影。

口絵

口絵1　本法寺蔵法華経曼荼羅図第一幅「妙法蓮華経序品第一」描き起こし図
口絵2　同　第一幅「妙法蓮華経序品第一」
口絵3　同　第二幅「妙法蓮華経方便品第二」描き起こし図
口絵4　同　第二幅「妙法蓮華経方便品第二」
口絵5　同　第三幅「妙法蓮華経譬喩品第三」描き起こし図
口絵6　同　第三幅「妙法蓮華経譬喩品第三」
口絵7　同　第四幅「妙法蓮華経信解品第四」描き起こし図
口絵8　同　第四幅「妙法蓮華経信解品第四」
口絵9　同　第五幅「妙法蓮華経薬草喩品第五」描き起こし図
口絵10　同　第五幅「妙法蓮華経薬草喩品第五」
口絵11　同　第六幅「妙法蓮華経授記品第六」描き起こし図
口絵12　同　第六幅「妙法蓮華経授記品第六」
口絵13　同　第七幅「妙法蓮華経化城喩品第七」描き起こし図
口絵14　同　第七幅「妙法蓮華経化城喩品第七」
口絵15　同　第八幅「妙法蓮華経五百弟子受記品第八」描き起こし図
口絵16　同　第八幅「妙法蓮華経五百弟子受記品第八」
口絵17　同　第九幅「妙法蓮華経授学無学人記品第九」描き起こし図
口絵18　同　第九幅「妙法蓮華経授学無学人記品第九」
口絵19　同　第十幅「妙法蓮華経法師品第十」描き起こし図
口絵20　同　第十幅「妙法蓮華経法師品第十」
口絵21　同　第十一幅「妙法蓮華経見宝塔品第十一」描き起こし図
口絵22　同　第十一幅「妙法蓮華経見宝塔品第十一」
口絵23　同　第十二幅「妙法蓮華経提婆達多品第十二」描き起こし図
口絵24　同　第十二幅「妙法蓮華経提婆達多品第十二」
口絵25　同　第十三幅「妙法蓮華経勧持品第十三・安楽行品第十四」描き起こし図
口絵26　同　第十三幅「妙法蓮華経勧持品第十三・安楽行品第十四」
口絵27　同　第十四幅「妙法蓮華経従地涌出品第十五・如来寿量品第十六」描き起こし図
口絵28　同　第十四幅「妙法蓮華経従地涌出品第十五・如来寿量品第十六」
口絵29　同　第十五幅「妙法蓮華経分別功徳品第十七・随喜功徳品第十八」描き起こし図
口絵30　同　第十五幅「妙法蓮華経分別功徳品第十七・随喜功徳品第十八」
口絵31　同　第十六幅「妙法蓮華経法師功徳品第十九」描き起こし図
口絵32　同　第十六幅「妙法蓮華経法師功徳品第十九」

第一部

第二部

二二一頁

図133　静岡県・本興寺蔵「法華経曼荼羅図」第二幅「羅睺火坑」（奈良国立博物館編『仏教説話の美術』〈思文閣出版、一九九六年〉より転載）　二二二頁

図134　第九幅「妙法蓮華経授学無学人記品第九」「羅睺羅」　二二四頁

図135　第十五幅「妙法蓮華経分別功徳品第十七」「妙法蓮華経随喜功徳品第十八」合幅　分別功徳品　六角九重塔　二二九頁

図136　第十五幅「妙法蓮華経分別功徳品第十七」「妙法蓮華経随喜功徳品第十八」合幅　随喜功徳品　塔、舞楽法要　二二九頁

図137　第十五幅「妙法蓮華経分別功徳品第十七」「妙法蓮華経随喜功徳品第十八」合幅　舎利塔　二三〇頁

図138　奈良市・西大寺蔵「金銅火焔宝珠形舎利容器」（奈良国立博物館展覧会図録『仏舎利と宝珠』〈二〇〇一年〉より転載）　二三〇頁

図139　奈良県・談山神社蔵「紺紙金銀泥法華経宝塔曼荼羅図」第七幅「舎利八分後八塔供養」の図像（奈良国立博物館『法華経』〈東京美術、一九八八年〉より転載）　二三一頁

図140　第二幅「妙法蓮華経方便品第二」布施を受ける僧侶　二三三頁

図141　第二幅「妙法蓮華経方便品第二」寺院を建立する施主と開山　二三三頁

図142　第二幅「妙法蓮華経方便品第二」石塔を指す僧侶　二三三頁

図143　第三幅「妙法蓮華経譬喩品第三」長者と「或人」　二三三頁

図144　第八幅「妙法蓮華経五百弟子受記品第八」「浄名居士」と対面する文殊と従僧　二三三頁

図145　第七幅「妙法蓮華経化城喩品第七」「有一導師」　二三四頁

図146　第四幅「妙法蓮華経信解品第四」遠山　二五八頁

図147　第十四幅「妙法蓮華経従地湧出品第十五」「妙法蓮華経如来寿量品第十六」合幅　障子絵「山水図」　二五九頁

図148　第十九幅「妙法蓮華経妙音菩薩品第二十四」障子絵「蘆雁図」　二五九頁

図149　第十四幅「妙法蓮華経従地湧出品第十五」「妙法蓮華経如来寿量品第十六」合幅　障子絵「山水図」　二六〇頁

図150　第二幅「妙法蓮華経方便品第二」「綵画作仏像」「厳飾作仏像」「或以膠漆布」「供養於画像」茶地に金泥による障子絵　二六〇頁

図151　奈良市・唐招提寺蔵「東征伝絵」第一巻第五段「山水図」（『日本絵巻大成16』〈中央公論社、一九七八年〉より転載）　二六一頁

図152　第七幅「妙法蓮華経化城喩品第七」鯱　二六三頁

図153　第二十二幅「妙法蓮華経妙荘厳王本事品第二十七」「妙法蓮華経普賢菩薩勧発品第二十八」合幅　二六四頁

図154　第九幅「妙法蓮華経授学無学人記品第九」「阿難説法」　二六四頁

図155　第八幅「妙法蓮華経五百弟子受記品第八」衣裏宝珠喩1　二六五頁

第三部

あとがき

平成二年（一九九〇）に新設された富山県立大学工学部の教養教育（当時は一般教育）に赴任して以来、富山・本法寺蔵「法華経曼荼羅図」について二十六年考え続けてきたことになる。諸般の事情で、実質的には研究を継続して行うことはできなかったが、常に、勧進僧浄信とは何者なのか、本作をどこで制作したのか、なぜここにあるのかを考え続けてきた。

しかしながら、あまりにも大規模な作品であることと、その一方史料が不足しており、「自海底出現」の寺伝以上についての考察はすすまなかった。所蔵寺院の刊行物等によって図像解釈を試みたが、経文とは一致しない部分も多い。少しずつ『法華経』を読み、『法華経』に依拠する図像、そして該当しない図像の典拠を探していったが、ほとんど成果もあがらないまま、自治体の依頼を受けて県内寺院所蔵絵画の調査を続けていた。その過程で、寺院所蔵絵画の来歴や県内地勢に関する知見を少しずつ得ていった。それによって、おぼろげながらも富山県内については多少の歴史的、地理的な勘が働くようになった。

そして次々と出版された律宗、法華直談関係のめざましい研究成果、インターネット上に公開されたデータベースを援用することによって、理解不能であった図像についての手がかりが多少は得られるようになった。伝来に関しては現在でもあまりにも不明なことが多く、本作の歴程について、本書においても充分解明できたとは思えない。修復時における神保氏の関与は推測できるが、それ以前の来歴についてはあまりにも史料に欠ける。課題は多いが、二〇〇四年以降は、図像の根拠と制作された環境について若干の知見を積むこともできたと考える。

本作は、『法華経』の経文を忠実に描くのみならず、『妙法蓮華経文句』『妙法蓮華経玄義』『妙法蓮華経玄賛』等の『法華経』注釈活動に関わるテクストに依拠した図像を含む。それだけではなく、『維摩経』等の経文、『法苑珠林』のような典籍、そして当時の口演唱導から派生し、『草案集』や『花文集』に収められた内容を表わす図像までも描いている。この伝統は江戸時代の刊本にまで影響を及ぼしている。本作を発注した「勧進僧浄信」には相当な教学理解があったか、平安時代以来の説教の流れをくむ口演唱導あるいはそのテクストをも利用しうる環境にあったと考えられる。

しかも、ただ単純にテクストを絵画化した挿絵ではない。曲池をもつ庭園の図像や四季に富むモチーフからは、平安時代以来の堂塔変相図の図像的伝統がうかがわれる。賽の河原への過渡的図像も存する。そして足の不自由な人を背負う図像や湯屋の図像からは、制作に律僧が関与したことが推測できる。特に、変成男子の図像には、『転女身経』を開板した西琳寺・惣持にいたる鎌倉時代中期の思想が影響していると思われる

時代は「志度寺縁起」、「源誓上人伝絵」、「聖徳太子絵伝」等、より大衆に向けて大規模な作品が制作された時代である。口演唱導あるいはテクストを、より大衆に向けて開く場として、本作が発想されたと考える。

本書は学位論文を基にしているが、誤植も含め、提出以降の知見をもとに訂正を施している。しかし、それでもなお浅学菲才の身にはあまりにも大きな研究対象であり、誤謬も多いと思う。宗学的な素養の無い筆者は『法華経』そのものに対する理解が浅薄である。また、工学部単科大学に所属しているので、唯一の人文科学系同僚で

あった中哲裕先生（現・名誉教授）のご指導ご高配や優秀なる図書館司書の方々のご援助をもってしても、文献に関しては苦労した。本作の描写内容が多岐にわたるので、日本史、国文学、民俗学等の領域にまで踏み込んでしまい、最新の知見を網羅することもできていない。多くの科研や研究会に参加させていただき、貴重な、本当にありがたいご指導ご教示を賜った上、学位審査においては、京都大学大学院文学研究科の根立研介先生、上島享先生、京都大学人文科学研究所の稲本泰生先生に懇切な指導を賜ったが、筆者の能力では消化しきれず、本書に充分反映できなかったところもある。お詫び申し上げたい。

それでも富山県に奉職し、本作が五百年以上尊重され保存されてきた地域の資料に接することが可能な筆者がなし得る貢献もありうるかと、できる限り本作の考察に必要な地域資料を網羅するように留意した。筆者にできることは、これらの資料を集積し、本作に関する基本的情報を提出することのみと考えたからである。そして、これほど壮大な作でありながら、モノグラフのない状況に対して、たたき台を提出することも意味があるかと考えたのである。

勿論、筆者のこのような論考よりも、大型図版の刊行こそが待たれるのであるが、現在の出版事情からして、筆者にはそのような力がなかった。今回、幸運にも平成二十七年度科学研究費補助金（研究成果公開促進費）の出版助成交付を得て、法藏館から学位論文を出版させて頂けることになったことは望外の喜びである。しかも、本法寺と国宝護持会のご厚意により、全幅のカラー写真を掲載させていただけることになった。さらに佐賀大学文化教育学部の石崎誠和先生には描き起こし図の利用を快く了承していただいた。真に有り難く、どのように感謝申し上げても足りないほどである。

本務校の業務のあいまに本書を書くことは苦しいものであった。大学を取り巻く環境が激変し、人文科学の研究を継続することそのものが困難になりつつある。逆にそうした中で、本作について考えることは無上の喜びであった。本作のすばらしさをもっと多くの人に知ってもらいたい。説話文学、芸能史、民俗学など様々な分野から関心をよぶ図像もたくさんある。

二〇一三年八月五日、富山国際会議場で、「法華経絵研究会2」と称して小さな研究会と、翌日の本法寺風入法要拝観を企画したところ、県内外からは多くの研究者の参加があり、美術史のみならず、文学、歴史学にわたる多様な分野の研究者に本作と本法寺の儀礼に関心をもっていただけた。本作の価値がさらに少しでも多くの人々に、そして様々な分野の人々にも知られ研究されるようになることを願っている。本書はいたらないものではあるが、筆者がここに掲出した史料や資料がもつ可能性と解釈の不備をご指摘頂ければこれに勝る喜びはない。

本法寺御山主・髙橋日啓師、本法寺前住・西川日闡師、本法寺前々住・本宮日顕師、安楽寺御住職・西片元証師、本修寺御住職・田中靖隆師、国宝護持会、檀家中の方々には、調査、資料の利用においてご厚情を賜った。深く感謝申し上げる。

京都大学教養部に出講されていた帝塚山学院大学の吉田友之先生の謦咳に接して美術史学を志して以来、学部・大学院を通じての指導教官であった故・吉岡健二郎先生、故・清水善三先生、佐々木丞平先生をはじめとする先生方、先輩方など多くの方々のご支援、御叱正を賜った。本書が形をなしたのもその御陰である。特に、学位論文の出版を引き受けて下さった法藏館、戸城三千代編集長、編集を担当して叱咤激励してくださった田中夕子副編集長、校正の岸本三代子氏には別して御礼申し上げたい。課題のごく一部に形を与えたに過ぎず、誤謬の責はすべて筆者にあるが、各位に心より感謝申し上げる。

本書を泉下の父・原口隆雄、母・壽美子に捧げる。

二〇一六年二月一日

原口志津子

索　引

あ行――

か行——

さ行——

た行——

な行——

は行——

ま行――

や行――

ら行――

わ行――

著者略歴

原口　志津子（はらぐち　しづこ）

1960年（昭和35年）生まれ。京都大学大学院文学研究科美学美術史学専攻博士後期課程二年次中退。博士（文学）。京都大学文学部助手、富山県立大学工学部一般教育講師、同助教授を経て現在、富山県立大学工学部教養教育教授。
主な編著、論考に、「瑞龍寺法堂の天井画」（『国宝高岡山瑞龍寺』瞬報社、1999年）、文化庁芸術拠点形成事業・富山県まるごと博物館共通解説書『富山の絵画』（2003年）中世近世絵画解説担当、「『吹抜屋台』について——源氏物語絵巻を中心として——」（京都大学大学院文学研究科編『世界の中の「源氏物語」』（臨川書店、2010年）などがある。

富山・本法寺蔵
法華経曼荼羅図の研究

二〇一六年　二月二九日　初版第一刷発行

著　者　原口志津子
発行者　西村明高
発行所　株式会社 法藏館
京都市下京区正面通烏丸東入
郵便番号　六〇〇―八一五三
電話　〇七五‐三四三‐〇〇三〇（編集）
〇七五‐三四三‐五六五六（営業）

装幀者　高麗隆彦
印刷・製本　亜細亜印刷株式会社

ISBN 978-4-8318-6381-2　C3015